The Construction
of Revolutionary
Situation
Swallowed by Fire

The Image of the Situationist
International Trend

烈火吞噬的革命情境建构

情境主义国际思潮的
构境论映像

张一兵 著

南京大学出版社

In girum imus nocte et consumimur igni.[1]

---

[1] 《我们一起游荡在夜的黑暗中，然后被烈火吞噬》，这是居伊·德波 1978 年拍摄的最后一部电影的名称。

目　录

序　　　　　　　　　　　　　　　　　　　　　　　　001

第一章　列斐伏尔与"日常生活批判转折"　　　　　001

第二章　激进的波希米亚：作为艺术先锋的字母主义　015

第三章　德波与诗意革命的字母主义国际　　　　　030

第四章　革命的约恩：眼镜蛇与想象包豪斯　　　　055

第五章　《冬宴》：走向马克思主义的德波　　　　092

第六章　情境主义国际不是什么：先锋艺术实践的
　　　　历史逻辑　　　　　　　　　　　　　　　107

第七章　思考布莱希特：被动的景观与革命的情境
　　　　建构　　　　　　　　　　　　　　　　　126

第八章　建构革命情境：反对景观拜物教的思想旗帜　163

第九章　情境主义国际的风风雨雨　　　　　　　　193

第十章　情境建构的诗性瞬间与列斐伏尔的革命
　　　　浪漫主义　　　　　　　　　　　　　　　213

第十一章　被资本殖民的资产阶级日常生活　238

第十二章　整体都市主义：重构被金钱化的微观
　　　　　心理氛围　271

第十三章　心理地理学、革命的游戏与漂移　316

第十四章　异轨：革命的话语"剽窃"　365

第十五章　景观：表象背后隐性认同的霸权关系　392

结语　红色的终点　432

参考文献　449

附录　457

　一、《字母主义国际宣言》　457

　二、《眼镜蛇运动宣言》　460

　三、《想象包豪斯的形成》　470

　四、《关于文化革命的提纲》　473

　五、《阿姆斯特丹宣言》　477

　六、《情境主义国际宣言》　481

　七、《关于定义革命规划同一体的纲要》　486

　八、《一月宣言》　496

　九、红色五月风暴标语　499

后记　518

序

这本小册子,是要向读者介绍那个始终被遮蔽于艺术先锋思潮构式中,实质上却早已**转向马克思社会批判理论**的情境主义国际(Internationale situationniste,IS,1957—1972)。在西方马克思主义的理论逻辑构式中,他们应该占有极为重要的历史地位。用鲍德里亚的话来说,"由于他们,所有的马克思主义上层建筑都被彻底地震动了"①。1957年,由居伊·德波②发起,已经有较大影响的前卫艺

---

① Baudrillard,*D'un fragment l'autre*,Paris:Albin Michel,2003,pp. 30 - 31.

② 居伊·德波(Guy Debord,1931—1994):当代法国著名思想家、实验主义电影艺术大师、当代西方激进文化思潮和组织——情境主义国际的创始人。德波出生于巴黎,幼年父亲早逝。1951年加入字母主义运动,1953年组建字母主义国际,创办《冬宴》杂志。1957年组建情境主义国际,主编《情境主义国际》等杂志。主要代表作有:电影《为萨德呐喊》(1952)、《城市地理学批判导言》(1954)、《异轨使用手册》(与乌尔曼合作,1956)、《漂移的理论》(1956)、《关于情境建构和国际情境主义趋势的组织及活动的条件》(1957)、《关于文化革命的提纲》(1958)、《定义一种

术团体字母主义国际、想象包豪斯运动、伦敦心理地理学协会合并,共同创建了情境主义国际。从当代西方艺术思想史上看,情境主义国际应该算是达达主义和超现实主义的后来者,因为,他们明显承袭了二者那种以先锋派艺术的方式反抗或改造异化了的西方社会现实生活的传统。然而有所不同的是,情境主义国际已经接受了马克思主义理论的根本立场,进而提出了一系列新的革命理念:今天反对资本主义的革命不再是传统的经济-政治斗争和反抗,而转换为拒绝资产阶级景观(Spectacle)的隐性意识形态支配,将存在瞬间艺术化的"日常生活的革命"(la révolution de la vie quotidienne);传统左翼力量在宏观社会关系上扬弃异化和反对经济拜物教的努力,

---

整体革命计划的预备措施》(与康泽斯合作,1960)、《日常生活意识变更的一种视角》(1961)、《关于艺术的革命判断》(1961)、《关于巴黎公社的论纲》(与瓦纳格姆合作,1962)、《对阿尔及利亚及所有国家革命的演讲》(1965)、《景观商品经济的衰落——针对沃茨的种族暴乱》(1965)、《景观社会》(1967)。1973年,德波根据自己的《景观社会》一书拍摄了同名电影。1988年以后,德波写出了半自传体的著作《颂词》,并继续完成了其《景观社会》的姊妹篇《关于景观社会的评论》(1988),进一步完善了对当代资本主义社会的批判理论。1994年,德波与布瑞吉特·考那曼合作,完成自己最后一部电影《居伊·德波——他的艺术与时代》。影片完成之后,当年11月30日,德波在其隐居地自杀身亡,享年63岁。

变成了证伪景观拜物教的异化场境的"整体都市主义"（urbanisme unitaire）战略、革命艺术家中断资本劳作时空惯性构式的"漂移"（dérivé）行走实验，以及革命性构境的观念"异轨"（détournement），这些文化革命的独特本质，就是在证伪资产阶级意识形态幻象的基础上建构本真的生存"情境"（situation）。其实，情境主义也正是由此构序得名的。

在我看来，情境主义国际是 20 世纪中后期欧洲非常重要的一波革命先锋艺术思潮，不同于通常的前卫（avant-garde）艺术实践，它最显著的特点是决不妥协的马克思主义**左翼激进质性**。可以看到，明确反对布尔乔亚的情境主义国际著名的《阿姆斯特丹宣言》第一条就宣告："情境主义者在任何时刻反对落后的意识形态和力量（Idéologies et aux forces rétrogrades）。"①我以为，它既是直接影响欧洲现当代先锋艺术和后现代激进哲学话语的重要思想母体之一，也是德波的《景观社会》（*La Société du Spectacle*，1967）②和瓦纳格姆的《日常生活的革命》（*Traité de*

---

① *Textes et Documents Situationnistes（1957—1960）*，Paris：Allia，2004，p.82.中译文参见刘冰菁译稿。

② Guy Debord，*La Société du Spectacle*，Paris：Gallimard，1967.

savoir-vivre à l'usage des jeunes générations, 1967)①等重要论著的直接革命实践母体。在法国1968年的"红色五月风暴"②中,作为一种批判当代资本主义的激进话语,情境主义国际和西方马克思主义思潮一起,在西方近现代历史进程中第一次成为所谓的新型"文化革命"的战斗旗帜。

---

① Raoul Vaneigem, *Traité de savoir-vivre à l'usage des jeunes générations*, Paris: Gallimard, 1967.《论几代青年运用的处世之道》,英译为 *The Revolution of Everyday Life*, 即目前国际学界通常意译的《日常生活的革命》。中译本由张新木等译,书名沿用了国际上的通常译法,由南京大学出版社2008年出版。

② "五月风暴"(French Revolution of May)指发生于1968年由学生运动导引的法国巴黎所爆发的全国社会运动。整个过程由学生运动开始,继而演变成整个社会的危机,最后甚至导致了政治危机。1968年3月22日,因与学校的矛盾,巴黎楠泰尔文学院(现为巴黎第十大学)学生占领了学校。骚动很快波及整个巴黎大学。5月3日警察进驻巴黎大学,驱赶集会学生,封闭学校。5月6日,6000多名学生示威,与警察发生冲突,结果600多人受伤,422人被捕。5月10日深夜,学生在拉丁区巴黎索邦大学与向街垒冲锋的警察又发生大规模冲突,360余人受伤,500多人被捕,100多辆汽车被焚毁。骚动很快波及外省城市。随着冲突的扩大,法国工会与左派政治人物开始声援并且加入学生运动[例如后来的法国总统密特朗(Francois Maurice Marie Mitterrand)、法国第四共和国的总理皮埃尔·孟戴斯-弗朗斯(Pierre Mendès-France)],到5月13日就达到大约20万人。而5月14日起,法国整个社会则陷入瘫痪状态,900万人响应罢工,并且占领工厂。至此,"五月风暴"已经演变为一场涉及全社会的政治危机。更重要的是,这场激进的学生运动迅速波及整个欧美地区,形成了特有的"革命的60年代"。

情境主义国际的主要代表人物,除了著名的德波和瓦纳格姆①,还有切奇格洛夫(常用名伊万)②、伯恩斯坦③、约恩④

---

① 　鲁尔·瓦纳格姆(Raoul Vaneigem,1934—　):法国作家,情境主义国际成员。1934年生于比利时的莱辛纳斯(Lessines)。1952年至1956年在布鲁塞尔自由大学修习罗曼语语文学,学士论文的研究对象为法国诗人洛特雷阿蒙(原名伊齐多尔·迪卡斯),随后在比利时尼伟勒当地学校教书至1964年。当他读了列斐伏尔的《总和与剩余》和《日常生活批判》等书之后深受震动,于是他写信给列斐伏尔,附上了自己关于诗意的零碎思考,由此结识列斐伏尔。1961年,经列斐伏尔介绍,他与德波相识并参与了国际情境主义的活动,1970年11月14日退出。主要代表作为:《日常生活的革命》(*Traité de savoir-vivre à l'usage des jeunes générations*,1967)、《快乐之书》(*Le livre des plaisirs*,1979)和《关于死者统治生者及摆脱这种束缚给生者的致词》(*L'Adresse aux vivants sur la mort qui les gouverne et l'opportunité de s'en défaire*,1990)等。

② 　伊万·切奇格洛夫[Ivan Chtcheglov,又名Gilles Ivain(吉尔·伊万)]:法国政治理论家和诗人,字母主义国际的成员。1950年,切奇格洛夫因埃菲尔铁塔的灯光妨碍他入睡而试图炸毁铁塔,也因此被警察逮捕。其主要的贡献在于1952—1953年间完成的《新都市主义宣言》(*Formulaire pour un urbanisme nouveau*)。虽然伊万在1954年就被字母主义国际开除了,但他在新都市主义方面提出的许多观点和实践活动,成为情境主义国际建构情境的关键一环。因而,1958年情境主义国际的第一期刊中就收录了伊万的这篇文章,成为指导情境主义国际进行先锋实验的资源之一。

③ 　米歇尔·伯恩斯坦(Michèle Bernstein):法国艺术家。1954年与德波结婚,并加入了字母主义国际,此后也是情境主义国际的成员。1972年情境主义解散,德波和伯恩斯坦也正式离婚。主要代表作:《国王所有的马》(小说,1960)、《夜》(小说,1961)等。

④ 　阿斯格·约恩(Asger Jorn):丹麦画家,眼镜蛇运动、想象包豪斯国际运动和情境主义国际的创始人之一。

和康斯坦特①等人。我发现，情境主义思潮其实深刻地影响了后来在国外马克思主义和激进话语中格外活跃的几个显要角色，除去直接与情境主义相互影响的列斐伏尔②

---

① 康斯坦特·安东·纽文惠斯（Constant Anton Nieuwenhuys，通常人们称他康斯坦特，而非纽文惠斯，1920—2005）：荷兰著名先锋艺术家、未来主义建筑大师。曾就读于工艺美术学校和荷兰国家美术学院（Rijksakademie voor Beeldende Kunst）。康斯坦特精通各种艺术，除了创作绘画、雕塑作品，也涉足音乐。1948 年，康斯坦特组建了前卫艺术组织"荷兰实验团体"，又称"反射"；同时，作为组织阵地的同名杂志《反射》（*Reflex*）创刊。他认为，高等古典艺术是对自由的阻碍，应当被摧毁。所以，刊登在《反射》上的运动宣言里写道："画不是由色彩和线条勾勒起来的结构，而是一种动物，一个夜晚，一个男人，或者是这所有的一切。"后来，反射运动整体加入约恩组织的眼镜蛇运动。1957 年，康斯坦特成为情境主义国际的成员，后被德波开除。他最著名的作品则是关于未来城市的"新巴比伦"建筑计划。

② 亨利·列斐伏尔（Henri Lefebvre，1901—1991）：法国著名马克思主义思想家。1919 年在索邦大学学习，获哲学学士学位。1928 年加入法国共产党（1958 年被开除出党）。1948 年加入法国国家科学研究中心（CNRS）从事研究工作。1954 年获博士学位。先后在斯特拉斯堡大学（1961—1965，1962 年成为斯特拉斯堡大学的社会学教授）、巴黎大学楠泰尔分校（1965—1971）、巴黎高等研究专科学校（1971—1973）等任教。代表作有：《辩证唯物主义》（*Matérialisme dialectique*，1939）、《日常生活批判第一卷：导论》（*Critique de la vie quotidienne In troduction*，1947）、《马克思主义的现实问题》（*Problèmes actuels du marxisme*，1958）、《日常生活批判第二卷：日常性的社会学基础》（*Critique de la vie quotidienne II，Fondements d'une sociologie de la quotidienneté*，1962）、《元哲学》（*Métaphilosophie*，1965）、《现代世界中的日常生活》（*Everyday Life in the Modern World*，1968）、《都市革命》（*La révolution urbaine*，1970）、《城市权利·第二卷（空间与政治）》（*Henri Lefebvre，Le droit à la ville，vol. 2：Espaceet politique*，1973）、《资本

和利奥塔①,还有后来的鲍德里亚③、南希④和维利里奥⑤,

主义的幸存:生产关系的再生产》(*La survie du capitalisme*:*La repro-duction des rapports de production*,1973)、《空间的生产》(*La produc-tion de l'espace*,1974)、《日常生活批判第三卷:从现代性到现代主义(走向日常的元哲学)》[*Critique de la vie quotidienne*,Ⅲ.*De la modernité au modernisme*(*Pour une métaphilosophie du quotidien*),1981]等。

① 让-弗朗索瓦·利奥塔(Jean-François Lyotard,1924—1998):当代法国著名哲学家,后现代思潮理论家。1950年至1952年在法属阿尔及利亚的君士坦丁一家中学担任哲学教师。1958年获得法国大学与中学教师学衔。1971年获文学博士学位。利奥塔曾在中学任教10年,在高等教育机构供职20年。1955年成为激进团体"社会主义或野蛮"的阿尔及利亚分支的领导成员。1960年前后,与德波等情境主义国际的成员有过较密切的交往。在"社会主义或野蛮"及以后的"工人权力"团体从事了12年的理论和实践工作。其后在巴黎第八大学任教,也一度在美国加州大学厄湾分校和亚特兰大的艾默瑞大学等处任教。代表作为:《现象学》(1954)、《力比多经济》(1974)、《后现代状况》(1979)、《争论》(1983)、《海德格尔与犹太人》(1988)、《旅程》(1988)、《非人道》(1988)和《政治性文字》(1993)等。

② 让·鲍德里亚(Jean Baudrillard,1929—2007):法国当代著名思想家。

③ 让-吕克·南希(Jean-Luc Nancy,1940—2021),当代欧洲著名哲学家,斯特拉斯堡大学教授。1940年7月26日出生于法国波尔多附近的冈戴昂(Caudéran),1962年巴黎索邦大学哲学系毕业,于1968—1973年在斯特拉斯堡哲学系任助教。1973年拿到博士学位,指导导师是著名哲学家和现象学家保罗·利科(Paul Ricoeur)。1987年获得国家博士学位,答辩主持人有德里达、利奥塔、格兰内尔等。1988年任斯特拉斯堡哲学系教授。代表作有《无用的共通体》(*La communauté désoeuvrée*,1986)、《世界的意义》(*Le sens du monde*,1993)、《独一复多的存在》(*Être singulier pluriel*,2000)等。

④ 保罗·维利里奥(Paul Virilio,1932—   ):法国当代著名文化理论家和哲学家。

后马克思思潮中的阿甘本①,以及作为晚期马克思主义②理论家的哈维③和凯尔纳④等人,可以说,情境主义也是当代资本主义消费社会批判理论、后现代思潮的关键性学术资源。所以我觉得,这是我们在研究当代国外马克思主义思潮中不可缺失的重要逻辑线索。

在很多年以前,我第一次读到德波的《景观社会》和他那些令人恼怒的"反电影"的影片⑤时,就被其极富冲

① 吉奥乔·阿甘本(Giorgio Agamben,1942—　):当代意大利著名思想家,欧洲后马克思思潮主要代表人物。
② 晚期马克思主义(Late Marxism)是我在2000年提出的概念,它是指活跃在当前西方左派学界中的一群至今坚持以历史唯物主义生产方式构架来重新解决当代资本主义发展新问题的马克思主义者。参见拙文:《西方马克思主义、后马克思思潮和晚期马克思主义》(《福建论坛》2000年第4期)、《何为晚期马克思主义?》(《南京大学学报》2004年第5期)。
③ 大卫·哈维(David Harvey,1935—　):当代美国著名地理学家,晚期马克思主义学者。
④ 道格拉斯·凯尔纳(Douglas Kellner,1943—　):美国加州大学洛杉矶分校(UCLA)教授,乔治·奈勒教育哲学讲座教授,马克思主义批判理论家。
⑤ 德波的电影全集共七部:《为萨德呐喊》(Hurlements en faveur de Sade,1952)、《关于在短时间内的某几个人的经过》(Sur le passage de quelques personnes à travers une assez courte unité de temps,1959)、《分离批判》(Critique de la séparation,1961)、《景观社会》(La Société du spectacle,1973)、《驳斥所有⟨景观社会⟩电影的判断,无论褒贬》(Réfutation de tous les jugements,tant élogieux qu'hostiles,qui ont été jusqu'ici portés sur le fil,1975)、《我们一起游荡在夜的黑暗中,然后被烈火吞噬》(In girum imus nocte et consumimur igni,1978)、《居伊·德波——他的艺术与时代》(Guy Debord,son art et son temps,1995)。2001年在威尼斯电影节首映。

击力的批判精神和奇异思想所深深震撼。应该说明,之所以一直坚持译介情境主义国际,还有一个很重要的原因是这一思潮的形而上学构式与我的社会关系场境论和主观构境论①十分接近。因为我们共同关注了人的历史性生存活动中**社会关系场境存在**和**当下生命情境格式塔突现**现象。在这一次对情境主义国际的研究过程中,我对场境-构境论与日常生活**场境**的关系,塑形-脱形、构序-祛序(disorders)、赋形与反本质(deformation)、构式-解构、筑模-返熵、构境-破境等复杂矛盾关系也有了一些新的认识。在过去,我所关注的社会定在场境论,更多的是社会生活的宏观经济关系和政治关系建构起来的,而没有留心一定社会生产关系会涉及每个人日常生活微观场境存在。

---

① "构境"(situating)是我在 2007 年提出的核心哲学范式,它的最初出场是寄居于《回到列宁——关于"哲学笔记"的一种后文本学解读》一书的方法描述。在我这里,构境概念被表述为关于**人**的历史存在论的一个**东方式**的总体看法,它不涉及传统基础本体论的终极本原问题,而只是讨论人的历史性生存的最高构层级和高峰体验状态。我区分了社会生活空间中的**物性塑形、关系构式、构序驱动和功能性的筑模**之上的人的不同生存层级,以及与这些不同生存状态和意识体认可能达及的不同生活情境,我将主体存在的最高层级界定为**自由的存在性生活构境**。很显然,在当代思想的形而上学内省和焦虑中,人们因为担心存在变成石化的在者、概念变成死亡的逻各斯本质,于是做作地在存在和概念的文字上打叉(海德格尔的"删除"和德里达的"涂抹"),而构境之存在就是当下同体发生的建构与解构性。情境之在不存留,只是每每辛苦的重建。当然,在现实历史事实中,构境存在通常是**与他性镜像**与**伪构境**(幻象)同体共在的。

我的思考比较多地从建构论的维度正面讨论了人的主体性实践和观念活动,焦点意识主要集中于对外部世界和主观精神层面中的塑形-构序-赋形-构式-筑模和构境机制,却没有更细致地从批判的维度关注所有社会场境生活与观念建构活动同体发生的脱形-祛序-反本质-解构-返熵和破境机制。在这一次对情境主义国际的研究中,我不仅获得了较为深刻的**场境**认识论和**批判**认识论的新见识,也将传统拜物教批判中的**关系异化**观念推进到**场境异化**的层面。当然,我的构境理论与情境主义的差异也是明显的。其中最本质的区别,就是我的场境-构境理论是牢牢建立在历史唯物主义基础之上的,并且,它最深刻地表达了我们民族体知文化的根本特征。关于这些问题,我将在下面的具体研讨中一一分析。

这些年,我们虽然在译介和研究情境主义国际思潮方面上做了一些努力[①],也引起了一些学术反响,但在总体上还是严重不足的。一方面,读者在面对这些打破阅读常规

---

① 对情境主义国际文献的译介工作包括:[法]居伊·德波:《景观社会》,王昭风译,南京大学出版社,2005 年版;张新木译,2016 年版。[法]鲁尔·瓦纳格姆:《日常生活的革命》,张新木、戴秋霞等译,南京大学出版社,2008 年版。[法]米歇尔·德·塞托:《日常生活实践》(1—2 卷),方琳琳译,南京大学出版社,2009 年版。[法]樊尚·考夫曼:《居伊·德波:诗歌革命》,史历平译,南京大学出版社,2009 年版。《情境主义国际文献》,载《社会理论批判纪事》第 7 辑,南京大学出版社,2017 年版。学术活动有:2015 年 9 月 19 日,南京大学马克思主义社会理论研究中心与

的另类精神样态中的情境主义文本时,会一头雾水地不知从何下手入境,这也说明,对于情境主义和他们那个特定的历史场境,我们在中文语境中还是缺少一些完整的历史分析和更深入的方法论学术探究;另一方面,特别是在国外许多关于情境主义国际的评介中,一些人刻意遮蔽这一重要左翼艺术思潮的马克思主义色彩,现有的大量对德波等革命艺术家的讨论和评价,肤浅得令人伤心。我想,地下的德波如果看到这些评论,依他的脾气,肯定会愤怒地

南京大学出版社、法国领事馆在南京共同举办了"遭遇景观——居伊·德波的电影空间与情境主义思潮"国际研讨会。此次研讨会是国内第一次系统讨论德波思想和情境主义运动的大型学术会议,不仅聚集了来自国内外研究德波的哲学理论、电影作品、情境主义国际的学者,而且先后在上海二十一世纪民生美术馆、南京先锋书店举办了德波电影展,希望借此把这位法国思想家的理论和作品介绍给中国读者。研究成果主要有:张一兵、姚继斌:《"情境主义国际"评述》(《哲学动态》2003年第6期);张一兵:《景观意识形态及其颠覆——德波〈景观社会〉的文本学解读》(《学海》2005年第5期)、《颠倒再颠倒的景观世界——德波〈景观社会〉的文本学解读》(《南京大学学报》2006年第1期)、《虚假存在与景观时间——德波〈景观社会〉的文本学解读》(《江苏社会科学》2005年第6期)、《孤离的神姿:阿甘本与德波的〈景观社会〉》(《马克思主义与现实》2013年第6期);王昭风:《德波的景观概念》(博士论文,2006年)、《影像消费的时间和时间消费的影像——试析德波的"景观时间"观》(《南京社会科学》2004年第4期)、《居伊·德波的景观概念及其在西方批判理论史上的意义》(《南京社会科学》2008年第2期);仰海峰:《德波与景观社会批判》(《南京社会科学》2008年第10期);刘怀玉:《消费主义批判:从大众神话到景观社会——以巴尔特、列斐伏尔、德波为线索》(《江西社会科学》2009年第7期)等。

爬起来对自己的脑袋再多开几枪的。一些论者根本无法真正理解发生于那个时代中的"漂移""异轨"和"情境建构"等革命艺术实践的意义,更不要说进入景观拜物教批判构境和当代资产阶级消费意识形态的深刻透视中的马克思主义立场。正是上述这种令人焦心的双重困窘,迫使我这个根本不在艺术史研究领域的外行,在本书中多说了很多不得不多说的话。

针对上述这两种缺失,在这本概论性的论著中,我首先从西方马克思主义的整个理论逻辑构式的大线索出发,说明了这种不同于马克思恩格斯关注社会经济政治关系的意识形态批判理路之缘起,特别是突显了列斐伏尔基此再转向微观日常生活批判的重要开端。在整个关于情境主义国际的理论讨论中,我特别关注了他们对马克思主义观念赋形的自觉接受,以及在批判当代资产阶级意识形态方面的所谓"超越马克思"的努力。这算是一个历史逻辑构式上的重新接合。因为这样,也就第一次在思想史上将情境主义国际纳入和入序到整个西方马克思主义的历史发展进程中来了,这为国外马克思主义研究打通了走向艺术实践领域的认识论障碍,也破境了长久以来的一个重要逻辑盲点。可以看到,列斐伏尔与情境主义国际是有重要交集的,无论是在艺术观念还是在对当代资本主义日常生活的批判和具体改造上,他们通过"让日常生活成为艺术"、建构打破消费意识形态支配的情境（诗意瞬间）建构、消除工具性劳作时间的游戏般的节日狂欢，以及从文化知识型中解构和拒绝资产阶级文化（景观）控制等方面，站在了同一条战线上。当然，列斐伏尔与情境主义国际在理论赋形和实践筑模上存在着重要的差异性，在他们之间也有激烈的非学术纷争，相比在学术构境上的共同点，后者则是可以忽略不计的。

其次，我的研究表明，20世纪尼采对工具理性的控诉并非仅仅回响在学术思想的山谷之中，法兰克福学派对启蒙辩证法的深层反思也并不是荡漾在意识形态力量场中，在先锋艺术实践中，以达达主义和超现实主义开始的捣乱式的"行为艺术"中，已经内嵌着对现代性生活构式的深刻反叛，开启了批判认识论的新的赋形层面，传统空想社会主义的乌托邦社会工程，被前卫诗人们赋形于日常生活场境层面对麻木现实惯性屈从的激进反抗中，这是一个并不仅仅属于艺术史的了不起的贡献。更重要的是，德波、瓦纳格姆、约恩和康斯坦特等马克思主义艺术家，在批判当代资产阶级景观-消费意识形态的斗争中，从日常生活的"小事情异化"（列斐伏尔语）中找到权力的毛细血管渗透点，极富想象力地提出了改变生活空间关系的各种行动方案和大胆尝试，这为新的社会主义文化战略方向的开辟提供了新的思考意向。如果联系到后来发生的"红色五月风暴"这种全新的反对资产阶级世界的文化革命,这会是特别需要我们关注的理论构序方向。

其三,情境主义国际的左翼先锋思想和艺术实践活动,特别是其领袖型的人物德波的理论思考和革命实践,是当代国外马克思主义研究中不可缺少的重要财富。

一是德波已经认识到,"历史本身是由**关系**构建起来的",这是对马克思历史唯物主义非直观构序本质的重要透视。这也是海德格尔和广松涉都已深刻达及的构境层级。仅就这一点,德波的学术构式层级就超出了马克思主义教条主义的传统解释框架。在德波这里,超出实体论,透视到社会定在之上的日常生活本质不是物性实在层面的变换,而是非实体的特定社会关系构序和场境存在筑模。这样,在场境存在论的构境层中,他才会深刻地直观到,当代资产阶级生活表象中的异化和麻木心理,并不是"达达"式文化艺术造反所能简单克服的东西,根子在于人对资产阶级**生产关系赋型的臣服**。只是,不同于马克思恩格斯,德波将经典作家关注的政治经济宏观社会关系异化,进一步回落到更加微观的生活**场境异化**的关注之中,依我的理解,这正是对葛兰西霸权观念在二战后当代资本主义社会统治新情况的积极思考结果。通过凯恩斯主义、福特主义加福利政策,资产阶级缓解了西方资本主义社会经济关系中的直接压迫,却以消费主义的微观生活场境治理重新布局了社会控制的格局。德波推进社会批判理论中的景观意识形态批判的构序基点就在于此。当然，这一点是在列斐伏尔的"日常生活批判"的已有证伪逻辑构式上推进的。

二是在布莱希特"陌生化"戏剧革命构式的影响下，马克思批判经济拜物教的证伪和破境，被德波重构为篡位的**颠倒性景观**。景观概念，是德波思考今天资本主义社会中的人对资产阶级生产关系赋型的臣服微观化的结果，是德波用来揭示今天资产阶级世界日常生活隐性奴役本质的决定性批判范式。面对当代资本主义社会中的新情况，德波将景观视作现代资产阶级日常生活交往中取代商品和金钱关系的隐形上帝，因为，它以虚幻的中介影像关系和"伪交往"场境取代了原先马克思已经揭露的**事物化颠倒**①了的主体际的真实关系。所以在这个构境意义上，景观是

① 在马克思那里，事物化（Versachlichung）是指在资本主义生产方式中，人与人的直接社会关系颠倒地表现为事物与事物之间的关系，事物化是一个客观发生在资本主义商品-市场经济过程中的关系颠倒事件；同时，他还进一步将这种物的关系（社会属性）被人们错认为对象的自然属性的认知误认现象称为"物化"（Verdinglichung）。由此，经济拜物教的三个主观构境层，分别对应商品的社会属性向自然物性的假性转移——商品拜物教（这是广松涉所指的主观错认物化）、人与人的直接劳动关系在商品交换（事物与事物的关系）的历史进程中现实抽象为独立主体化的价值形态——货币拜物教（它面对的价值形态不是主观错认，而是客观的事物化的社会存在）、G-G'中达到事物化关系的再神秘化——资本拜物教的最高点。

从关系异化向场境异化的转换，是**异化的二次方**。这也是马克思的批判认识论在新情况下的重要进展。在德波看来，今天资产阶级世界中的日常生活场境现实，通常是平庸但迷惑人的无脑伪情境，这也就是德波所指认的被动性消费意识形态景观幻象所建构起来的场境异化。我认为，德波用来指认整个当代资产阶级消费社会本质的景观（spectacle）概念，缘起于布莱希特戏剧中的那个亚里士多德式的旧戏剧中演出（spielt），而这里的观众（spectateur），正是采取了传统戏剧中那个采取了不干涉态度的景观Zuschauer（旁观者），这个演出/景观的旁观者，通过被动的认同于表演中的英雄，而同质于演出/景观。德波的精妙之处，在于他将那个处于被动地位的无思的剧场观众，隐喻式地挪移到今天资产阶级世界的日常生活中来，观众正是入序于被资产阶级景观制造的虚假欲望，被动式地迷入疯狂购买的消费者。我以为，德波的景观拜物教是对马克思拜物教批判理论构式的推进，并且具有深刻的**批判认识论**意蕴。在这一点上，德波深刻地启发了后来的鲍德里亚。

三是情境主义国际所主张的**建构情境**，是要脱形于由资产阶级景观幻象所构序起来的这种日常生活中惯性的伪情境，使之转变为一种自觉革命集体的共有瞬间情境。这既是对达达主义和超现实主义拒斥麻木日常生活的继承，也是列斐伏尔"让日常生活成为艺术"口号的落地。与传统无产阶级革命理论有所不同的是，情境主义国际更加关注打破景观幻象之后，我们每天生活其中的资产阶级日常生活场境世界的诗意重新构序，通过革命的情境建构创造全新的行为条件。并且，他们已经将作为革命瞬间的情境建构从艺术诗境推进到建筑、城市生活的实际改变活动中去了。应该注意，这种革命实践仍然是建立在社会场境存在论之上的。

四是情境建构的**整体都市主义**实际上是对象化在资产阶级城市中的革命艺术实验，它的目的是祛序资产阶级用商业结构和劳动时间建立起来的城市日常生活场境，所以，它将是着眼于一种人与人、人与物的**关系场境的重新筑模**。在他们看来，资产阶级世界的日常生活场境中的特定建筑、街道、广场中实现出来的人的活动轨迹，已经是由商品-市场的中介关系构序起来的功利性的"世俗世界"（巴塔耶语），在黑格尔看到宏观"市民社会"的地方，情境主义者看到了原子化个人活动被入序于金钱化都市关系中的微观生活细节，这种细节化的"氛围"（ambiances）不是由人主动构序和塑形，而是由景观操控的伪场境存在。建构革命的情境，就是要破境景观氛围，而建立起新的中断景观氛围的革命化情境，即逃出商业时间-节奏的游戏化瞬间——革命性的日常生活场境"微-氛围"。

在这一点上,应该说情境主义很深地启发了列斐伏尔,他于 1974 年写作的《空间生产》(*La production de l'espace*,1974)①一书,正是基于这种全新关系存在论批判的基础之上的。

五是情境主义情境建构中的**漂移**祛序。漂移游戏,是刻意制造异质性空间情境的动态实践,它可以是从一个固定的生活区域走向另一个陌生化的区域,从一个熟悉的城市走向另一个陌生化城市,从一个日常生存空间到另一个更有激情的空间的漂移。漂移的流动和转场的实质,在于打破主体空间在场的凝固性。从本质上看,情境主义的漂移就是要祛序资产阶级通过景观塑形起来的经济枷锁,绝不在一个角色化空间中过一种凝固化的经济劳作的日常生活。让资产阶级用金钱量化效用法则锁住生活的凝固性被自由的游戏打碎,无功利的、偶然相遇的漂移要对抗"去质化",移动中获得的在场性是有质性的存在。这是一个有深度思考的情境建构尝试。也是后来空间理论与实践的先导性实验。

六是革命性的**异轨**。这也是情境主义国际批判认识论的一个重要理论层面。开始,异轨只是一种词语的革命性反抗,它直接表现出**反解释学**特征,它不是对原文的解

---

① Henri Lefebvre, *La production de l'espace*, Paris: Gallimard, 1974.

释和对原始构境的逼真还原,异轨的出发点已经是超越性的"进步"。异轨的本质,在于对一种历史文本内在的话语和词语的"抄袭"和故意挪用,所以,异轨是一个差异性关系范畴。异轨的具体做法,表现为将原来文本中的表达和语句删除,替换为思想进步所需要的全新观点和概念。进一步,异轨就是以无功利、无目的的游戏态度,打碎消费意识形态和景观的支配,说得更大一些,异轨就是通过改变现实中的决定性条件,进而彻底变革整个资产阶级世界的武器,等等。

这些来自先锋艺术中的革命概念和激进观念,与我们所熟知的西方马克思主义理论逻辑构式和学术话语有着天壤之别,然而,它们却为我们打开了一扇了解西方激进左翼艺术思潮的大门,是值得我们认真关注和了解的新方向。当然,情境主义的理论与实践也包含了大量的缺陷和不足,特别是他们在转向先锋文化和微观日常生活革命的时候,严重忽略了当代资本主义经济体制和科学技术构式的深刻变化,过高估计了主观诗性和前卫艺术的批判张力以及改变现实生活的实际可能,这使得他们的艺术解放游戏在客观的资本筑模前面仍然是苍白无力的,必然以悲凉的失败而告终。对于这些问题,我也会在本书的具体讨论中一一进行分析界划和尖锐批评。

本书没有采用通常艺术史研究中的外部描述法的写

作方式,而主要依据当事人自己的文本和话语事件分析为构式逻辑主线,对情境主义国际进行了真正意义上的学术研究和思考,这应该是一个新的构境突显点。

真心地希望,我的这些跨界努力会引起国外马克思主义研究学界的共同关注,并由此在研究视域的宽度和深度上都有大的突破。

张一兵

2020 年 2 月 2 日于南京仙林南大和园

2020 年 3 月 20 日再改于和园

2020 年 4 月 6 日于和园

第一章
列斐伏尔与"日常生活批判转折"

———————

> 从日常生活的最小方面,从日常生活的细枝末节
> 之处,改造生活。
>
> ——亨利·列斐伏尔

在日常生活中发动革命,本身就是一个让人难以理解的政治学偏光镜。因为,我们熟知的英法等国的资产阶级革命,都是从政治上直接推翻黑暗专制的封建统治的;俄国十月革命那个"伟大的晚上",则是进一步打碎资产阶级国家机器,创造出新生的现实社会主义。一直以来,社会革命的构式①总是社会政治体制和经济关系层面上发生的

———————

① "构式"(configurating)是我在 2009 年从建筑学研究领域中的"空间句法(Space Syntax)理论"中挪用来的概念。我当时是想用其指认"人与物、人与人主体际的客观关系系列及其重构(再生产),这是人类生存超拔出动物生存最重要的**场境关系**存在论基础"。与有目的、有意图的主体性的劳动塑形不同,也区别于点状的有序创造性,关系构式往往是呈

宏大战事,这也是马克思主义革命观所承袭的传统。可是,我们应该看到,在20世纪生成的西方马克思主义思潮中,传统革命观中慢慢地开始出现了一些重要的目光偏移。

首先是意大利的葛兰西①,落入资产阶级黑暗监狱中的这位共产党总书记已经开始怀疑,在资本力量强大的欧洲,照搬东方俄国的十月革命模式是不是一个实践错位,并且,今天资本主义的政治统治逐渐开始摆脱简单的暴力构序②,国家机器表面弱化的背后,资产阶级意识形态的黑

现为一种受动性的结构化的客观结果。它既是社会生活的场境存在形式,又是社会空间的建构。参见拙文:《劳动塑形、关系构式、生产构序与结构筑模》(《哲学研究》2009年第11期)。在后来的海德格尔和福柯研究中,我发现,"构式"一词竟然也是德国现象学和法国科学认识论研究域中一批重要学者使用的范式。

① 安东尼奥·葛兰西(Antonio Gramsci,1891—1937):意大利哲学家,西方马克思主义第一代人物。1891年1月23日,葛兰西生于意大利撒丁岛一个小职员家庭,家境贫寒,靠勤工和奖学金读完都灵大学。在大学期间,1913年他加入意大利社会党。1921年1月21日意大利共产党成立,葛兰西是创始人之一。1922年5月,葛兰西作为意共代表当选为共产国际执委会书记处书记。1922年10月,以墨索里尼为首的法西斯分子在意大利夺取了国家政权。葛兰西受共产国际委派回国领导意共开展反法西斯斗争。1926年11月不幸被捕。1937年4月27日,葛兰西病故于法西斯狱中。代表作为:《狱中札记》(1929—1937)、《狱中书简》(1926—1937)等。

② "构序"(ordering)是我在1991年提出的一个概念,在复杂性科学中,构序即负熵。构序与马克思历史唯物主义中的物质生产力同义,是指"**人类通过具体的实践历史地构成特定物质存在层系的人的社会定在的带矢量的有序性**"。2009年,我在构境论的基础上再一次确认了这一概念。"与主体性的劳动塑形活动和客观的主体活动关系、塑形物的链接

烈火吞噬的革命情境建构

手开始押宝于芸芸众生对民选政治的隐性认同和无意识观念赋型[1]，从而，葛兰西意识到，应该关注马克思恩格斯没有聚焦的、看不见的他性**文化霸权**。在葛兰西看来，今天首要的革命任务，是破境[2]资产阶级这种新型的意识形态迷雾，唤醒被物化的无产阶级阶级意志的新型文化革命。这一新的革命动向，也成为另一位西方马克思主义创始人——匈牙利的共产党理论家卢卡奇[3]的理论思考构序

　　构式不同，生产构序是整个社会生产过程中活生生表现出来的特定组织编码和功能有序性，或者叫保持社会定在消除其内部时刻发生的坠回到自然存在无序性熵增力量的有序性**负熵源**。社会历史存在中的构序能力，是由劳动塑形为主导的整合性的社会创造能力，这种构序能力随着社会生产的日益复杂化而丰富起来。"参见拙文：《实践构序》（《福建论坛》1991年第1期）；《劳动塑形、关系构式、生产构序与结构筑模》（《哲学研究》2009年11期）。

[1] 这是我在《神会波兰尼》一书中增加的一个重要范畴——关涉式**赋型**（formating），用以补充一个逻辑缺环。如果说劳动塑形是指对物质存在为我性具象改变，那**关涉性**赋型则是将对象有意图地入序于特定的历史存在方式之中。

[2] "破境"是我在《发现索恩-雷特尔》一书中新生成的概念。对应于思想构境的突现发生，理论批判的核心将不再是一般的观点证伪，而是彻底瓦解批判对象的构境支点，从而使某种理论构境得以突现的支撑性条件彻底瓦解。破境是故意造成的，它不同于通常在思维主体暂时离开思想活动和文本解读活动现场时发生的构境与**消境**。当我们处于睡眠状态或一个文本静静地躺在书架上时，思想构境是不存在的，每一次鲜活的学术构境都是随着我们的主体苏醒和思想到场重新复构的，从不例外。

[3] 格奥尔格·卢卡奇（Georg Lukács，1885—1971）：匈牙利著名马克思主义哲学家、美学家，西方马克思主义哲学思潮的"奠基人"。卢卡奇1885年4月13日出生于布达佩斯一个富裕的犹太银行家的家庭。中学毕业

点。于是,无产阶级革命的重心,就从马克思和列宁关注的政治经济体制变革,转向了扬弃合理化-工具理性对劳动者的物化意识,重新塑形①无产阶级阶级意识的能动的**总体性主客辩证法**。这种转向,在对当时资本主义现实问题的重新思考上,显然有其合理性,但也埋下了方法论上的**隐性唯心主义**伏笔。其次,1932年刚刚问世的青年马克思的《1844年经济学哲学手稿》,突然成为西方马克思主义文化革命的公开旗帜,重新被发现的青年马克思的人本主义劳动**异化史观**逻辑构式,支撑起以人学逻辑重新赋型马克思的历史重任。早先葛兰西在"实践哲学"、青年卢卡奇在"总体性"原则下苦苦寻觅的主体性,突然以青年马克思

后,卢卡奇去布达佩斯大学学习法律和国家经济学,并攻读文学、艺术史和哲学。1906年获法学博士学位。1918年12月加入匈牙利共产党。1933年当选苏联科学院院士。1944年任布达佩斯大学美学和文化哲学教授。1946年—1956年任国会议员,1956年曾任纳吉政府教育部长。1971年6月21日死于癌症。其主要著作有:《历史与阶级意识》(1923)、《理性的毁灭》(1954)、《美学》(1963)、《社会定在本体论》(1970)等。

① "塑形"(shaping)是我2009年在汉语学界独立提出的概念。在马克思晚期的经济学-哲学语境中,它表征了"人类劳动活动为我性地改变物性对象存在形式的生产和再生产过程。物质是不能创造的,但劳动生产却不断地改变物质存在的社会历史形式。**人的劳动在生产中并不创造物质本身,而是使自然物获得某种为我性(一定的社会历史需要)的社会定在形式**"。参见拙文:《劳动塑形、关系构式、生产创序与结构筑模》(《哲学研究》2009年第11期)。

的鲜亮人学形象在场,这也激励着早期的弗罗姆[①]、萨特[②]和列斐伏尔等人本学的马克思主义者,一时间,《1844年经济学哲学手稿》也成为他们拒斥第二国际"经济决定论"和斯大林式教条主义诠释框架的强大思想武器。其三,如果说,葛兰西和卢卡奇的文化革命旨趣,还处于从可见的宏大社会关系奴役走向**隐性意识形态支配**的过渡环节中,那么,这批新兴的人本学的马克思主义者,则开始将这种思

[①] 艾里希·弗罗姆(Erich Fromm,1900—1980):美国著名德裔哲学家和心理学家,也是早期法兰克福学派的主要代表人物。出生于德国法兰克福,1922年在德国海德堡大学获工学博士学位,同在慕尼黑大学和柏林精神分析研究所工作。1934年去美国,先后在芝加哥心理分析学院、耶鲁大学、哥伦比亚大学任教。其主要著作有:《逃避自由》(1941)、《为自己的人》(1947)、《健全的社会》(1955)、《爱的艺术》(1956)、《马克思关于人的概念》(1961)、《在幻想锁链的彼岸》(1962)、《人心》(1964)、《占有还是生存》(1976)等。

[②] 让-保罗·萨特(Jean-Paul Sartre,1905—1980):法国20世纪最重要的哲学家之一,法国无神论存在主义的主要代表人物。他也是优秀的文学家、戏剧家、评论家和社会活动家。1915年,萨特考入亨利中学,学习成绩优异,期间接受叔本华、尼采等人的哲学影响。1924—1928年,萨特在具有现代法兰西思想家摇篮之称的巴黎高等师范学院攻读哲学。1929年,他在全国大中学教师资格考试中获得第一名,并结识了一同应试并获得第二名的西蒙娜·德·波伏娃。1933年萨特赴德留学,悉心研读德国哲学家胡塞尔和海德格尔等人的哲学。一生中拒绝接受任何官方授予的奖项,包括1964年的诺贝尔文学奖。学术代表作有:《存在与虚无》(*L'être et le néant*,1943);《辩证理性批判》(*Critique de la raison dialectique*,1960—1985)等。

考对象化为新人本主义①构境中对**个人生存**的关注。比如弗罗姆在将马克思与精神分析学的嫁接构序中，关注了资产阶级对个人心理无意识的隐性支配；萨特在存在主义人学与历史唯物主义的"飞地"构式中，聚焦于反抗惰性实践的个体辩证法；而列斐伏尔，则将这种思考进一步对象化和微观化为对资本主义社会中个人**场境**②**被塑形**的批判性透视，这最后一点，正是情境主义国际"日常生活革命"的重要理论前提。

　　在作为西方马克思主义哲学家的青年列斐伏尔那里，从宏大经济政治叙事的批判构式转向**日常生活批判**的思想构境意向本身，就是极其复杂的逻辑塑形-赋型错位。首先，在 1936 与诺伯特·古特曼③合作的《被神秘化

---

① 新人本主义完全拒斥传统人本主义的**类意识和社会本位**，它主张个人当下生存的首要性；反对抽象的类本质，确证个人的直接生存可能性；否定非历史的理性概念，崇尚具体的感性。这种新人本主义以克尔凯郭尔和施蒂纳对类意识和人神的批判为源头，在 20 世纪初期逐渐在西方思想中获得发展。

② "场境"一词，是我在构境理论中提出的概念，以区别于布尔迪厄已经使用的"场"概念。在我看来，从物理学电磁场中挪用来的场概念更偏重于客体向度，而场境概念中的"境"则突显了客体向度与主体向度的融合。在这里，我的场境概念与情境主义的情境概念是接近的，只是他们多用 situation，而我更倾向于使用动名词 situaing。不过在这一次对情境主义国际的研究中，我特别突显了日常生活的场境存在本质。

③ 诺伯特·古特曼（Norbert Guterman, 1900—1984）：波兰裔美国学者。早期在华沙大学学习心理学，后来在索邦大学学习，1923 年获心理学学

的意识》①一书中,他将青年马克思的人本主义异化理论与后来历史唯物主义基础上对经济拜物教批判非法地杂糅起来,生成了对资产阶级市场意识形态**神秘性**(*mystifiée*)的价值批判。人本学的价值悬设之上的道德审判与科学的劳动关系的事物化颠倒之神化的科学破解,在方法论中完全不同的异质性被无意识夷平,这本身就是一个无意识的构序倒错和伪境②。在此书中,青年列斐伏尔说,资产阶级世界中的日常"生活不再有意义,也不再有价值,它已被碎片化为成百上千种神秘化的价值,其结果是,为了弄清生活是什么,我们不得不在神秘化的道路上折返探源"③。也是从这里,马克思过去对雇佣劳动关系事物化颠倒的透视,开始转移为对资产阶级日常生活的价值评判,马克思主义批评商品-市场经济拜物教的视角开始转向个人微观生活。我认为,虽然在方法论上内嵌着非法性的误认,但

位。在 20 世纪 30 年代,与列斐伏尔共同翻译马克思和列宁的论著,并与列斐伏尔共同撰写了关于异化与神秘性研究的著作。1933 年,移居美国,主要从事翻译和出版工作。

① Henri Lefebvre, Norbert Guterman, *La Conscience mystifiée*, Paris: Gallimard, 1936.

② 伪境意为虚假的心理情境和观念构境,但伪境通常显现为真实关系,并支撑日常生活。微观一些的方面,是谎言对生活的支撑,大一些,则是意识形态幻象对伪场境存在的支撑。

③ [法]列斐伏尔:《神秘化:关于日常生活批判的笔记》,郭小磊译,载《社会批判理论纪事》第 1 辑,中央编译出版社,2006 年版,第 166 页。

列斐伏尔的这一**批判认识论**转向本身还是有意义的。其次,在 1939 年独立完成的《辩证唯物主义》①中,他明确拒绝斯大林传统教条主义的**物质本体论**哲学立场,他用卢卡奇总体性构序原则在人学理论中的延伸物——**总体人**(l'homme total)的概念,猛烈撞击了停留在拜物教实在论层面的**伪辩证唯物主义**。这个"总体人",是对《1844 年经济学哲学手稿》中"人对自己全面本质的重新占有"的诠释和撮要。列斐伏尔得意地说,是他"第一次在现代哲学里发展了'总体人'的观念,把'总体人'与马克思主义的基本论题联系起来,与辩证逻辑联系起来,与异化理论和经济拜物教联系起来"②。这是列斐伏尔早期全部理论逻辑的前提。仔细地思量,列斐伏尔是在用一种错误拒绝另一种错误,因为他所主张的"总体人"仍然是非历史的抽象物。其三,1947—1961 年《日常生活批判》(第 1—2 卷)③中,列斐伏尔直接将马克思的社会定在④具象到个人的日常生

---

① Henri Lefebvre, *Matérialisme dialectique*, Paris: Gallimard, 1939.

② [法]列斐伏尔:《日常生活批判》(第 1 卷),叶齐茂、倪晓辉等译,社会科学文献出版社,2018 年版,第 164 页,注释 1。

③ Henri Lefebvre, *Critique de la vie quotidienne*, vol. 1: *Introduction*, Paris: Grasset, 1947; vol. 2: *Fondements d'une sociologie de la quotidienneté*, Paris: L'Arche, 1961.

④ 历史唯物主义的基本原则是社会定在决定意识,并非传统教科书解释框架中所言的"社会定在决定社会意识"。马克思在德文原文中使用定在(Dasein)、社会定在(Gesellschaftliches Dasein)和定在方式(Daseinsweise)这

　　　　　　　　　　　　　烈火吞噬的革命情境建构

活,探寻了可见的人和对象在**不可见的日常性关系**中的平庸沉沦,**小事情异化**,是列斐伏尔将马克思的劳动异化概念回落到现代资产阶级**微观统治**的重要推进。从西方马克思主义批判话语的思想史维度上看,这正是所谓"日常生活批判转向"的肇始。这不仅影响到我们这里将讨论的情境主义国际的"日常生活革命",也波及前东欧"新马克思主义"中的赫勒①等人。应该说,列斐伏尔此处的"小事

三个关键概念,而它们在从德文转译为俄文,再从俄文转译为中文的过程中被翻译成了"存在"社会定在"存在形式",这重误译隐藏了历史唯物主义思想与思想史上一些至关重要的资源的关联,更遮蔽了马克思关于"社会定在决定意识"这个重要的历史唯物主义的深层构境。参见拙文:《马克思历史唯物主义中的社会定在概念》,《哲学研究》2019年第6期;《定在概念:马克思早期思想构境的历史线索》,《中国社会科学》2019年第9期。

① 阿格妮丝·赫勒(Agnes Heller,1929—2019):匈牙利哲学家,东欧新马克思主义的重要代表人物,布达佩斯学派最主要的代表人物。赫勒生于匈牙利布达佩斯的一个中产阶级的犹太人家庭,1947年考入布达佩斯大学学习物理和化学,加入共产党,并很快转入哲学系学习,成为卢卡奇的学生,开始接受马克思主义。1953年赫勒在卢卡奇的直接指导下获得博士学位,1953年开始在布达佩斯大学哲学系任教,成为卢卡奇的助手。1956年"匈牙利事件"之后,匈牙利开展了一场大规模的反对修正主义运动,卢卡奇和赫勒等人都受到严厉的批判。赫勒被开除出布达佩斯大学,去一所中学任教。直到60年代初,情况才有所改变。卢卡奇重返哲学界,赫勒在1963年得到一定程度的平反并在匈牙利科学院从事研究工作。以赫勒为代表的卢卡奇的学生们组织了一个名叫"布达佩斯"的小组,经常在一起讨论异化等理论问题,从青年马克思的异化理论和青年卢卡奇的《历史和阶级意识》的基本思想出发,致力于"社会主义的人道化"。1971年卢卡奇逝世后,布达佩斯学派的主要成

情异化"也是后来德波等人日常生活**场境异化**的构序先导。

列斐伏尔

青年列斐伏尔明确提出,在今天,必须要"恢复(retrouver)马克思主义的人**本主义**(*l'humanisme marxiste*)",这可以"全面发展作为一种哲学、一种方法、一种人本主义、一种经济科学、一种政治科学的马克思主义"①。这是列斐伏尔公开打出人本学的马克思主义的旗号,这当然是将马克思主义重新人本主义化的错误导向。不过,与弗罗姆、萨特等的抽象人本学不同,在列斐伏尔看来,这种人本学马克思主义不再仅仅停留在对资本主义政治经济体制的批判,而要具体转向对今天资产阶级社会中发生的**日常生活异化**的批判,深入**"怎样生活"**(*Comment on vit*)的更深反思层面。依他之见,必须对当代资产阶级世界中

员陆续把活动中心转移到国外,1977年,赫勒与丈夫费赫尔到澳大利亚,后在悉尼和墨尔本大学任教,1986年转到美国纽约社会研究院政治学和社会科学研究生院任教。主要代表作:《日常生活》(1968)、《马克思的需要理论》(1974)、《激进哲学》(1978)等。

① [法]列斐伏尔:《日常生活批判》(第1卷),叶齐茂、倪晓辉译,社会科学文献出版社,2018年版,第163—164页。

人的日常生活塑形机制进行细致的考查,进行不同生活方式的比较研究,最终使马克思所说的"改变世界"的目标落实在改造旧世界个人的日常生活之中,要"从日常生活的最小方面,从日常生活的细枝末节之处,改造生活"①。这恰恰是针对了资产阶级日常生活的小事情异化。然而,如何改造日常生活呢? 列斐伏尔给出的方案,就是要让"生活成为艺术",即按照马克思"总体人"的全面发展要求,人的生活成为目的本身,"作为一个整体的生活,日常生活,应该成为一种艺术作品,一种能让自己快乐起来的艺术作品"②。这个"让日常生活成为艺术"的口号,正是后来让德波、约恩和瓦纳格姆等一大批先锋艺术家为之倾倒的革命新航向。

对于列斐伏尔开启的这种所谓"日常生活批判转向",我的看法是辩证的:一是充分肯定列斐伏尔依据欧洲资本主义发展中的新问题、新现象,关注资产阶级以福利政策和社会保障机制调整经济关系后的统治新形式,紧追资产阶级将奴役退缩和隐匿于日常生活行为支配,揭露日常生活中的"小事情异化"。这是有重要理论贡献的动向,值得关注和深思。二是绝不能将对资产阶级日常生活的批判,

---

① 〔法〕列斐伏尔:《日常生活批判》(第 1 卷),叶齐茂、倪晓辉译,社会科学文献出版社,2018 年版,第 208 页。
② 同上书,第 184 页。

脱离整个资本主义生产关系和政治制度的资本逻辑，因为，资本统治关系的"以太"并没有放弃它的魔力，只是成了日常生活背后的"隐蔽的上帝"（戈德曼语）。

还应该指出，在列斐伏尔的日常生活批判构式背后，始终洋溢着一种充满激情的**浪漫主义艺术情怀**。在根子上，哲学家、社会学家列斐伏尔有着艺术家的内在气质。早期，他的思想就与反叛麻木的日常生活的超现实主义思潮有共鸣。他很早就聚焦于中断平庸日常生活中的激情**瞬间**（moments），这种不期而遇的诗性瞬间，像耀眼的闪电，划破工具性的日常生活呆木黑夜中的物性异化节奏。有如节日中的无隔膜的狂欢、无功利的游戏和酒神式的发疯，人活着像生命原欲中的人。后来科西克[①]那个著名的"平日断裂之外历史呈现"，不过是列斐伏尔这个打破日常生活的瞬间的海德格尔式的悲情改写。科西克是用"向死而生"替代了列斐伏尔的节日狂欢。在存在论的构境层中，列斐伏尔的这一观点是接近**场境**存在论的，也是在这

---

① 卡雷尔·科西克（Karel Kosik，1926—2003）：捷克新马克思主义哲学家和作家。1926年生于布拉格。二战以后，先后在列宁格勒大学和布拉格查尔斯大学学习哲学。1963年以前，在捷克科学院哲学研究所工作。1963年起任查尔斯大学文学系教授。1968年在捷共第十四次特别代表大会上当选中央委员，不久被开除党籍，免去一切职务。主要论著为：《激进的捷克民主主义》（1958）、《具体的辩证法》（1963）、《我们的政治危机》（1968）、《新马克思主义：现代激进民主主义》（1982）等。

一点上,他会与之后的情境主义国际的"建构情境"相知相遇。在这一消除平庸日常生活惯性的革命场境建构瞬间中,列斐伏尔的核心关键词是**诗性创制**(poiesis),当然,这不是诗人写作的诗歌(poetry),而是不同于对自然**占有性**生产和**产品**的实践,理想化于**取用性关系**下创作艺术**作品**的本有生命活动。[①] 同时,诗性创制构境,将建构不同于劳作节奏的**生命本有节奏**。这个本有的生命节奏,是列斐伏尔晚期最后的思考。[②] 列斐伏尔这里的瞬间、诗性创制、节日狂欢、游戏和生命节奏的观念,都将与情境主义国际的革命艺术实践发生很深的共鸣。这也就是说,虽然列斐伏尔表面上挪用了马克思的经济拜物教批判,将自己的理论基础定位于青年马克思的《1844 年经济学哲学手稿》,但他

---

① Poiesis 一词,源自古希腊语 ποίησις,原意为通过活动制造出原先没有的东西。Poiesis 也有 production、formation 之义,但是区别于通常的物质生产劳作。柏拉图将其看作事物"自我运动的固有原则或形式",而海德格尔则将ποίησις视作本有性的**产生**,如他解释的,花朵是花朵盛开的时候,从茧中出来的蝴蝶;当雪开始融化的时候,瀑布就要飞泻下来了。以此区别于功利地打交道于世的劳作操持。在《元哲学》一书中,列斐伏尔曾经列举诗性创制为:"创造城市的活动""献身的爱""精神分析"和"改变生活的决断"等。它是非功利的创造性改变。在一定的意义上,"五月风暴"就是一次没有目的的诗性创制活动。

② 1991 年列斐伏尔去世后,他的最后书稿《节奏分析要素:节奏知识导论》出版。Henri Lefebvre, *Éléments de rythmanalyse:Introduction à la connaissance des rythmes*, preface par René Lorau, Paris:Syllepse, 1991.

的逻辑构式支点并非真的是以传统人本主义作为价值悬设的劳动类本质，而是新人本主义个人生存的诗意浪漫主义的情怀。当然，列斐伏尔晚期的思想发生了重要的逻辑构式异轨，他于 1974 年写下《空间的生产》，由此进入历史唯物主义的关系存在论，开启了**晚期马克思主义和空间场境理论**的全新思想构境。①

---

① 参见笔者新作：《回到列斐伏尔——〈空间的生产〉的构境论解读》一书。

第二章
激进的波希米亚：作为艺术先锋的字母主义

达达死了！字母主义万岁！

——伊西多尔·伊索

可以说，正是西方马克思主义哲学家列斐伏尔的这种改变日常生活的革命浪漫主义情怀，深刻地影响了情境主义国际运动的主要代表人物，比如德波、约恩和康斯坦特等人。这也正是瓦纳格姆《日常生活的革命》一书最重要的学术支援背景。在1983年的一次访谈中，列斐伏尔讲述过他与情境主义者们的密切关系。他甚至说，情境主义的不少思想都是"在我带他们去乡间散步时讨论出来的——我带他们漫无目的地走上一条风景优美的小路，这条小路淹没在树木、田野之中"。这听上去，好像是老师带着学生，边走边教。

那么，情境主义国际运动，到底是一个什么样的组织呢？他们为何会与西方马克思主义者列斐伏尔发生交集呢？其实，从历史线索上看，与列斐伏尔"带着"情境主义者玩的自我拔高表述不同，法国情境主义国际运动，应该是 20 世纪与西方马克思主义思潮**同向并进**的两条平行线，在 1968 年"红色五月风暴"中，这两条平行线历史性地交织在一起。在一定意义上，我们甚至可以说，情境主义国际的思想构序缘起较之会更早更远。

文献显示，情境主义国际成立之初，沿袭了很深的先锋派文学和艺术传统。这些传统一直可以追溯到未来主义、达达主义和超现实主义等欧洲激进艺术运动，上述先锋派团体的思想，直接或间接地生发和塑形出情境主义国际的早期观念，一举奠定了情境主义国际的理论构序基础和发展方向。之所以说情境主义的思想缘起会早于西方马克思主义，是因为上述前卫艺术实践的发生基本上都早于青年卢卡奇和葛兰西的西方马克思主义著述。1957 年，情境主义国际在意大利宣告成立。这是已经存在多年的先锋艺术组织字母主义国际（Internationale Lettriste，IL）、想象包豪斯运动国际（Mouvement Internationale pour un Bauhaus Imaginiste，MIBI）和伦敦心理地理学协会（L'Association psychogéographique de Londres，LPA）合并的结果。我们下面会逐一介绍和讨论这些先锋艺术思潮。在此，我不得不先讨论这个看起来十分陌生又略显怪异的"国际"（Internationale）概念，因为在这里，我们一下子看到好几个"国际",字母主义国际、想象包豪斯运动国际,以及情境主义国际。其实,这个"国际"就是我们非常熟悉的《国际歌》中的那个一定要实现的"英特纳雄耐尔"。它的具体缘起,是马克思恩格斯在《共产党宣言》中的所说的"全世界无产者联合起来",目的是共同推翻资产阶级的世界统治所创立的工人运动的"第一国际"(简称"国际")[1]。这也就是说,"国际"是一个倾向于无产阶级革命世界联合的**左翼政治标签**。在这一点上,马可里尼意识到了,他说,情境主义的"'国际'是为了暗示工人运动组织的革命计划"[2]。所以说,这是三个革命的"英特纳雄奈尔"的再联合

---

[1] 第一国际(First International)全称为国际工人协会(International Workingmen's Association,IWA),成立于 1864 年,是马克思恩格斯亲手缔造的国际性工人运动组织。由于会名太长,人们取它的第一个单词"International"(国际),在马克思主义传入中国的翻译中,这就是"英特纳雄奈尔"。第二国际(Second International),正式名称是社会主义国际(Socialist International),是马克思去世后,恩格斯领导建立的一个由世界各国工人政党组成的国际联合组织。1889 年 7 月 14 日,在巴黎召开了成立大会,通过了《劳工法案》及《五一节案》,决定以同盟罢工作为工人斗争的武器。第三国际(Третий интернационал)也称共产国际(俄文为 Коммунистический интернационал,缩写为 Коминтерн),是 1919 年 3 月在列宁领导下成立的一个共产党和共产主义组织的国际联合组织,总部设于苏联莫斯科。实际上,还有一个第四国际(the Fourth International),全称为国际共产主义联盟(The International Communist League),由流亡海外的苏联领袖托洛茨基创建,以与第三国际相抗衡。

[2] Patrick Marcolini, *Le Mouvement Situationniste : une histoire intellectuelle*, Montreuil: L'Échappée, 2012,p.27.中译文参见刘冰菁译稿。

和彻底重构。从此时算起，直到 1972 年宣布解散，情境主义国际的存在先后历时十五年。

对于大多数并不经常接触艺术思潮的读者来说，看到这么一大堆令人眼花缭乱的先锋艺术组织名字，就像我们在当代艺术博物馆中突然遭遇达利、杜尚等人的后现代的美术作品，立刻就会产生头大的感觉。我们翻译过来的情境主义国际的诸多文本，之所以往往被读者束之高阁，恐怕最直接的原因之一也在于此。为了能够使读者顺利入境情境主义国际的历史发生和思想观念构境，我在这里将有轻有重地选择性介绍一下这些先锋艺术思潮所内含的深刻思想构式意向。关于达达主义和超现实主义思潮的思想潜质，我已经在《不可能的存在之真——拉康哲学映像》一书中做过比较详细的分析。[①] 在此，我的讨论将集中于由情境主义直接脱胎而来的两个先锋艺术组织——字母主义国际和想象包豪斯国际。[②]

---

① 参见拙著：《不可能的存在之真——拉康哲学映像》（修订版），上海人民出版社，2020 年版，第 88—103 页。

② 之所以不展开讨论伦敦心理地理学协会，因为它的影响力相对小一些。这个号称协会的组织，只是在 1957 年由英国艺术家拉夫·拉姆尼（Ralph Rumney, 1934—2002）在意大利科西欧达罗西成立的先锋艺术组织。实际上，拉姆尼是该协会的唯一成员。拉姆尼是布鲁塞尔的"第一届心理地理学展览"的组织者之一（展览中也展出了他的作品），有一定的影响。最终，伦敦心理地理学协会与字母主义国际、包豪斯国际运动合并汇入了情境主义国际。

第一个重要的先锋艺术组织是**字母主义国际**。字母主义国际的前身，是纯粹艺术实践运动的字母主义（let-trisme），它是欧洲20世纪40年代中期出现的一场**波希米亚**①式的前卫艺术运动，巴黎是它的实践中心。放荡不羁的波希米亚艺术精神，是对资本主义日常生活中占主导地位的精致的利己主义的小布尔乔亚（"小资"）精神的代替。字母主义运动，作为一种超越现实的艺术祛序②反叛，它燃遍了诗歌、绘画、电影、政治理论等各个艺术文化领域。其创始人是伊索③和波美兰④。传说，1946年1月21日，达达主义者查拉⑤的戏剧《逃离》（*La Fuite*）于老鸽

---

① 波希米亚（拉丁语，Bohemia），中欧的地名，原是拉丁语、日耳曼语对捷克的称呼。原意指生活在捷克斯洛伐克的放荡不羁的、以歌舞为生的吉卜赛民族，后来则开始转喻视世俗准则如粪土的前卫艺术家。在波希米亚崇尚自由的旗帜下，小布尔乔亚的理想——追逐财富和精致的利己主义，逐渐开始为先锋派所不耻。

② 祛序是构序的反义词，为我在《反鲍德里亚》一书中提出的概念，祛序不同于自然熵化的无序，而是与建构存在有序性的构序相反，祛序是使存在的重新进入无序状态。

③ 伊西多尔·伊索（Isidore Isou，1925—2007）：罗马尼亚裔法国现代著名先锋艺术家。字母主义运动的创始人，也是一位多产的画家、诗人、理论家、剧作家。

④ 加布里埃尔·波美兰（Gabriel Pomerand，他的真实姓名是 Pomerans，1926—1972）：法国现代先锋艺术家，诗人，波兰犹太难民。他在1945年遇到了伊索，并在字母主义早期成为前者的最忠实的助手。1956年他被字母主义运动开除，开始沉溺于鸦片，并于1972年自杀。

⑤ 特里斯唐·查拉（Tristan Tzara，1896—1963）：罗马尼亚人，达达主义运动创始人。

巢剧院(Théatredu Vieux-Colombier)首演,伊索按照达达主义的挑衅传统在现场大叫:"达达死了! 字母主义万岁!"剧终时,伊索跳上舞台,滔滔不绝地谈着他的字母主义观点,并读了几首字母主义的音节诗,然而谁都不知道他在说什么。字母主义的诞生,就是一个典型的达达主义祛序(disorders)"捣乱"。其实,达达主义式的捣乱是对资产阶级惯性日常生活场境的深刻打搅,这也是一种波希米亚精神的体现。[1] 塔夫里[2]说,达达主义的祛序源自

---

[1] 在这一点上,我赞成马克里尼的分析,他认为在 1840 年之后的欧洲先锋艺术中,出现了从浪漫主义向超现实主义的转换,其中资产阶级浪漫主义现代性中的忧愁、恐惧和厌烦,开始被波希米亚式的放荡不羁所代替,"捣乱"和丑闻式的惊奇(surprise)和奇异(extraordinaire)逐渐占据前卫艺术的主位。甚至,"在现代文化背后,酒、毒品开始出现,开始体现一种从资产阶级世界的体验中解放出来的意愿——从繁重的工作、时间的量化、有效性的活动精神、教条式的行为一致化和严肃的精神等。这种墨守陈规和烦恼成为现代性的病症,那么只有一些冒险的、混乱的存在方式才能彰显自由的维度"。Patrick Marcolini, *Le Mouvement Situationniste: une histoire intellectuelle*, Montreuil: L'Échappée, 2012. p.57. 中译文参见刘冰菁译稿。这是一段极为深刻的思考。实际上,酒精、毒品,还应该加上后来的摇滚乐,是现代资本主义工具化日常生活的悲情反叛。在这个意义上,"捣乱""醉酒"已经成为革命存在论层面上的行动方式。现在,有时在"抖音"上看到那些"喝倒青岛"的女孩子,仔细想,这却是令人落泪的画面。20 世纪 90 年代,我曾经在南京的五台山体育场亲身体验过一次摇滚乐的演出场面:巨大的惊雷般的电子音响和全场听众的介入式疯狂失态,让人所有平日被压抑的情绪都直接喷泻出来,那不是演出,而是反日常劳作构序的狂欢。

[2] 曼弗雷多·塔夫里(Manfredo Tafuri, 1935—1994):意大利建筑理论家和建筑史学家,后马克思思潮代表人物。1935 年生于罗马,1960 年于罗

烈火吞噬的革命情境建构

兰波。① 依我的理解,这也是
当代批判认识论在艺术领域
缘起的一个重要构序端点。

这是伊索自己刻意再生
产的"字母主义自画像",他用
一堆字母脱形②了自己原先的
完整表象相片。以表示字母
主义的主张,即将任何**总体性**
的话语和表象祛序为断裂性

伊索制作的自己的肖像,1950 年

的字母,建立以音素和字母为基础的返熵③性造反艺术。
很显然,字母主义吸收了超现实主义的激进文学传统以及

馬大学获得建筑学位。他曾在罗马、米兰、巴勒莫大学教授建筑史,也
曾在苏联和美国等地讲学。自 1968 年起,塔夫里成为威尼斯大学建筑
学院(the Instituto Universitario di Architettura di Venezia,IUAV)的教
授,主持建筑史研究室(the Institute of History of Architecture)。代表
著作为:《建筑与乌托邦》(*Architecture and Utopia:Design and Capi-
talist Development*,1976)、《建筑学的理论与历史》(*Theories and His-
tory of Architecture*,1980)等。关于塔夫里的专题介绍和研究情况,可
参见《社会批判理论纪事》第 2 辑,中央编译出版社,2007 年版。

① [意] 塔夫里:《建筑学的理论与历史》,郑时龄译,中国建筑出版社,2010
年版,第 32 页。

② 脱形是塑形的反义词,它表示对已有塑形的故意破坏。这是现代先锋
美术创作中常用的手法。

③ 返熵的概念是我此次在对先锋艺术思潮研究中获得的新认识,它意味
着故意破坏传统总体性表象和认知方式中的有序组织结构,以混乱和
无目的的熵化布展表达生命和意识的某种未入序状态。

达达主义的前卫发音方法，然而与达达派不同的是，字母主义者将注意力更多地放在字母、抽象符号和音节的祛序拆解之中。其实，这是更早的批判认识论中的**解构**。这里需要思考的问题有二：一是与平行的西方马克思主义理论逻辑构式相比，这种证伪总体性的艺术先锋祛序显然是更加前卫和先锋的。此时，列斐伏尔刚刚开始卖弄自己的"总体人"的概念，而萨特还没有进入"总体化辩证法"的理论塑形。二是后现代思潮中那种畸变的批判认识论的发生学线索，从艺术理论和实践上可再向前延伸一些。德里达的解构、福柯的非连续性和德勒兹的游牧消解，都可以从这里找到思之缘起。字母主义运动的期刊《离子》（*Ion*）发表了大量这样的作品。①

1947年，伊索发表了

字母主义杂志《离子》第1期

---

① 《离子》的完整版由让-保罗·罗歇出版社（Jean-Paul Rocher）于1999年再版。在物理学中，离子是指原子或原子基团失去或得到一个或几个电子而形成的带电荷的粒子。伊索等人的作品真的是像带电的捣乱粒子。

《新诗歌与新音乐导言》和小说《名字与救世主的集合》,前者可被视作字母主义的理论旗帜。伊索自己说,字母主义音节诗歌、字母美术影像作品与勋伯格①的**无调性**音乐②非常相似。这一指认是重要的,它说明了先锋艺术与前卫音乐在构境背景上的同质性。让我想起阿多诺反对总体性和同一性霸权的无调式的否定辩证法。也旁证了我所说的阿多诺终结了从青年卢卡奇到萨特的西方马克思主义总体性逻辑的判断。在伊索看来,艺术的再现(représentation)通常会经历所谓修饰阶段(amplique)和雕琢阶段(ciselan-te),如果说,在传统的修饰阶段,资产阶级的再现(表象)是以丰满的色彩和笔调或者完美的总体性话语,在美术作品和诗歌等文学作品中逼真地模仿和塑形现实对象,那么在新的雕琢阶段,则是用极端的"废除艺术"的方式全面摧毁

---

① 阿诺德·勋伯格(Arnold Schoenberg,1874—1951):奥地利出生的作曲家,1941年加入美国籍。主要作品有:弦乐《升华之夜》、交响诗《佩利亚斯与梅丽桑德》。勋伯格堪称21世纪伟大的新音乐变革家,他的早期作品属瓦格纳以后的浪漫主义风格,中期则开始将变化音与和声发挥尽致,追求无调性(free atonality)和表现主义,晚期推出12音阶体系的作曲法。他是对阿多诺哲学思想影响最深的音乐大师。
② 这是指勋伯格等人在所谓12音阶中造就的不合谐音合法性的"无调性音乐"。12音是中期勋伯格音乐创作手法,他使用12个半音作曲。首先选定12个半音排列成一个序列,即原形,再派生出三种变形:逆行、倒影、逆行倒影。原则上序列的选择横向不能形成音阶,纵向不能形成三和弦。序列的基本形式及其变化所得出的48种结果,也就是12音音乐写作的全部材料。

和解构这种虚假的完满性表象方式。我觉得,这应该是先在的艺术**解构主义**。如果说,伊索这里所说的艺术修饰属于传统逼真性认识论的构式,那么他所指认的艺术雕琢则开辟了以**祛序-脱形-解构-返熵为核心的批判认识论**新方向。当然,没有进入历史唯物主义的伊索无法历史性地透视到,这是资产阶级现代性表象系统走进后工业社会之后的生产与生产关系构式变迁在艺术赋形上的表现。

我们来说得再具体一些,因为只有具象的感受,才能让读者慢慢进入这种另类的先锋艺术构境。第一,在诗歌的发展中,伊索认为,直到维克多·雨果①,诗歌的特点都是总体性表象中对现实的认同性塑形和修饰,而从波德莱尔②开始,诗歌则开始解构总体性的再现,将逼真性的表象简化至最基本元素的"雕琢"。这有一定道理,但是过于简单了。历史地看,雨果一类资产阶级文学家,首先是在启蒙的构式中批判了专制黑暗的强制,然后才在资产阶级总体性逻辑构序中理想化资产阶级的现实,从祛序神学的

① 维克多·雨果(Victor Hugo,1802—1885):法国作家,19世纪前期积极浪漫主义文学的代表作家。其代表作有长篇小说《巴黎圣母院》《九三年》和《悲惨世界》等。

② 夏尔·皮埃尔·波德莱尔(Charles Pierre Baudelaire,1821—1867):法国现代派诗人、象征主义诗歌先驱。从1843年起,波德莱尔开始陆续创作后来收入《恶之花》的诗歌,诗集出版后不久,因"有碍公共道德及风化"等罪名受到轻罪法庭的判罚。1861年,波德莱尔申请加入法兰西学士院,后退出。作品有《恶之花》(1857)、《巴黎的忧郁》(1864)等。

"魔鬼-天使"善恶二值构式夷平的非自然神福音诗性符码,复归到冉阿让式的复杂丰满人性总体构序,首先是现代性构境中的进步,然后,才会有对这种总体性构式新的返魅性解构。如果只是将波德莱尔开始的对总体性的消解视作外部的简化,这是弱视的看法。考夫曼就评论说,"波德莱尔将其简化至诗歌形式,魏尔伦简化至诗句,兰波简化至字词,马拉美简化至声音格式,查拉简化至无和胡言乱语。终了,伊索完成了最后一步,将诗歌简化至字母,纯粹的毫无意义的符号"[1]。这显然是一种肤浅的认识。在伊索这里,字母主义的音节诗歌,是建立在达达主义以"非概念的方式"即以字母音节本身的纯粹性出发来建构起来的"拟声"诗,即只有声音没有内容的诗。[2] 这里的"非概念的方式"的证伪方式很重要,它可以链接到阿多诺对概念帝国主义的破境,这是对理性主义现代性表象构式的

① [法]考夫曼:《居伊·德波——诗歌革命》,史利平译,南京大学出版社,2014年,第104页。
② 1916年2月8日,一群艺术家在苏黎世的小酒馆里用一把裁纸刀不经意地插进一本拉鲁斯法文字典时,获得了一个没有任何意思的音响能指"DADA"。它的发现者查拉解释说:"一个词儿诞生了,我们不知怎么回事,达达达。我们借这个什么意义也没有的嬗变的新词宣告友谊的开始。其实,这个词还是最大的抗议,也是最强烈的肯定,且具有问候、自由、臭骂、大众、战斗、速度、祈祷、安静、私事、否定和绝望者的巧克力诸多意蕴。"查拉:《苏黎世历记》,转引自[法]亨利·贝阿尔、米歇尔·卡拉苏:《达达——一部反叛的历史》,陈圣生译,广西师范大学出版社,2003年版,第9页。

拒斥。我记得,曾经到访南京大学的日本能乐①大师的表演中,也是只有简单的拟声和动作,这是本真的原始表象方式。这与伊索的字母主义激进构式无意间是同向的。我以为,伊索这里的艺术造反具有一定的认识论新意,因为它爆破了传统认识论中那种总体性的还原表象意愿,对概念-理性至上的观念筑模②形成了一定的冲击。这也为后来情境主义国际的**场境存在论和批判认识论**打通了前进的路径。这种诗歌,并不以原来诗歌的韵律和复杂的此-彼隐喻构序为栅格化,而是以其书写到纸张上的散乱视觉表现力和无法朗读实现自身。对此,列斐伏尔的评论是,"伊西多尔·伊索和字母主义者。他们同样有着国际范围的野心。但那是个玩笑。显然伊索的达达主义诗歌都是些无意义的音节和词语碎片。他想在咖啡馆朗诵这

---

① 能乐(日文为能楽;日文假名为のうがく),在日语里意为"有情节的艺能"。我推测,应该是从古时祭神的仪式演变而来的,是最具有代表性的日本传统艺术形式之一。

② "筑模"(modeling)一语是我从英国科学社会学家皮克林那里挪用的。它指当下地、功能性地生成一种模式,用以更精准地呈现马克思原先用生产方式观念试图表达的意思。当然,筑模也同样发生在更复杂的思想逻辑建构之中。不同于有序关系或系列的构式,筑模是一种融于实践和思想活动之中的总体性功能结构,它就是动态中的**构序活动**,正是它不断创造着社会定在和观念进化的**负熵源**。参见拙文:《劳动塑形、关系构式、生产构序与结构筑模》,《哲学研究》2009 年 11 期。

些诗"①。这如果不是理论短视,就应该是故意的贬低。

第二,伊索还创作了大量字母主义的美术作品,这都是以无序字母解构的方式,反对和拒绝总体表象构序的图绘塑形的奇特作品。下面我们来看一幅他的字母主义美术作品,很有象征意义的《超图:多元逻辑》。

伊索《超图:多元逻辑》
(*Hypergraphie,polylogue*,1964 年)

在这幅作品中,没有了西方美术修饰阶段中传统绘画单一透视结构的可感塑形元图(metagraphics),既没有现实主义构式中的写实自然风景,也没有启蒙后重新还原人性的感性人物,写满字母的多元网状抽象筑模,象征着反本质主义的多重逻辑祛序力量冲击后的非总体化返熵存

---

① Henri Lefebvre,Kristin Ross,"Henri Lefebvre on the Situationist International," in *October* 79,Winter 1997.

在。依伊索的解读，这是雕琢阶段的**超图**美术。超图即我所说的**脱形**，它与美术绘画中传统的总体性表象塑形意向正好是相反的。这应该趋向后现代美术的先声。在下面我们遭遇约恩等人的"眼镜蛇"运动中的美术作品时，会进入相近的**脱形**和**返熵**情境。这应该也是达利、毕加索和杜尚一类先锋派美术的基本构境意向。

第三，伊索还第一次在电影创作中引入了这种祛序式的雕琢手段，突现了所谓"雕琢电影"（film ciselant）的新浪潮。从这一视角入境，我们可更为精准地理解伊索字母主义的批判认识论构式本质。字母主义第一次关于雕琢电影的作品，是伊索 1951 年的电影《诽谤言语与不朽》（*Traité de Bave et D'éternité*，120 分钟）。在这部电影里，伊索使用了"不符的蒙太奇"技巧（montage discrépant），即故意使电影声带和电影影像不同步，这是使传统有声电影中的通识构式解构，胶片也被故意漂白和划擦，画面有时还上下倒置，这是反表象塑形的逆向祛脱形。这是后来德波那个著名的"反电影"异轨事件的缘起。情境主义电影作品断裂式构境的入口正在此处。并且，之后逐步发展起来的欧洲新浪潮电影的"艺术片"，也多用闪烁画面，声轨与影像的不同步、祛序，多声道同时输入交叉，对已经塑形的电影表面进行直接破坏性脱形操作，以及鼓励观众在观影过程中的积极参与等。

伊索的电影《诽谤言语与不朽》截图

我们知道,电影的发生恰恰是摄影技术兴起以后突现的综合性艺术表象方式,一张张纪录已经不在场的相片被高速运转在灯光前,塑形为动态的存在复现影像,从无声影片到有声影片,音像同轨模拟存在在场是电影叙事构境的基础,这一切,被伊索认定为电影的"修饰"构式,而他故意将音像不同步,降低清晰度,是为了进入所谓祛序修饰和破境电影意识形态的先锋造反情境。我觉得,伊索的字母主义艺术实践是值得我们细品和回味的。

第三章
德波与诗意革命的字母主义国际

——————

> 我沉睡的今天,诗歌的时代已经结束了。①
>
> ——吉尔·约瑟夫·沃尔曼《反概念》

1951 年,年仅二十一岁、刚刚通过高中会考的年轻人居伊·德波在戛纳看到伊索的电影《诽谤言语与不朽》,一下子就被这种"解构电影"(伊索语)的闹事吸引住了,兴奋不已。这一年的 10 月,他就加入了令青年人热血沸腾的字母主义运动。在他后来写下的《为什么是字母主义?》一文中,德波谈到了当时他自己的认识,他说,"字母主义团体所实践的或是所准备的那些荒诞的抗议(解构为字母拼写的诗歌、元图像的叙事、没有图像的电影),在艺术中引起了巨大的反响。因此,我们毫不犹豫地加入了他们"②。

——————

① C'est fini le temps des poètes aujourd'hui je dors.
② *Potlatch* (1954 - 1957), Paris: Gallimard, 1996, p.195. 中译文参见刘冰菁译稿。

烈火吞噬的革命情境建构

字母主义时期的德波，墙上写着当时的偶像伊索的名字，1951 年

青年德波(左三)与伊索等字母主义成员在一起，1951 年

这个"我们"，指的是德波和沃尔曼[①]。

很快，"所有伊索在电影中运用的技巧，都被年轻的字母主义者发挥到了极致，并且之后成了情境主义国际成立的基础"[②]。这个判断是对的。伊索的先锋艺术实践，是后来情境主义国际批判性理论与实践重要的构式前提。

---

① 吉尔·约瑟夫·沃尔曼(Gil Joseph Wolman，1929—1995)：字母主义运动成员、画家、诗人、电影制作者。从 20 世纪 50 年代开始，沃尔曼就活跃在伊索的字母主义运动中。随后，由于激进的革命倾向，他和德波一起独立出来创立了字母主义国际，并几乎参与了字母主义国际的所有活动。1957 年 1 月，在情境主义国际成立的几个月前，字母主义期刊《冬宴》第 28 期上发表了开除沃尔曼的声明，理由是"长期以来就被批评活得很可笑，思想日益愚蠢"(Guy Debord, *Œuvres*, Paris：Gallimard，2006，p.295.)，但德波仍然夸赞了沃尔曼在成立字母主义国际、先锋电影制作等方面发挥了重要的作用。

② Patrick Marcolini, *Le Mouvement Situationniste：une histoire intellectuelle*, Montreuil：L'Échappée，2012，p.33.中译文参见刘冰菁译稿。

德波的贡献是将这种前卫艺术反叛入境于马克思主义的社会批判构式之中。1951年9月,在伊索的《诽谤言语与不朽》放映的四个月后,另一位字母主义的成员沃尔曼制作了他第一部"没有图像的"电影:《反概念》(L'Anticoncept)。这部电影里只有无序的黑白色的影像和一些吵闹的音轨碎片。这是在电影艺术造反中反对阿多诺所指认的概念帝国主义。从伊索在原表象上的脱形和祛序,到"另一轨道"上的反对概念支配表象总体的"无图像",是批判认识论中的一个畸变。它深刻地启发了德波。

这部"无图像"电影在巴黎人类博物馆的先锋电影俱乐部上映,不久便遭到禁映,1952年2月,沃尔曼在一个探测气球上放映此部电影,并宣布:"所有圆东西都是沃尔曼。"德波后来评论说,"那个时代的字母主义的复杂因素(伊索、沃尔曼等人的电影作品),因而完全具有解构阶段

L'ANTICONCEPT

ARGUMENT   CINEMATOCHRONE
POUR UNE   PHASE PHYSIQUE
DES   ARTS
D   E

GIL J WOLMAN

沃尔曼的电影《反概念》招贴   青年时代的德波,1952

(le phase de décomposition)的特点"①。可由于革命目标的不明确,爆裂的祛序打碎和破坏性返熵成了目的本身。应该指出,这是在德里达从形而上学构境层系统阐释解构理论很久之前的事情。

在几个月之后,1952年6月30日开始,德波在位于6区的巴黎人类博物馆中的一个名叫"先锋电影俱乐部52"的"智者社会"影院播放了他制作的第一部电影《为萨德呐喊》(64分钟),这显然是一部字母主义电影的模仿之作。②表面看起来,德波的起点显然要高一些,因为,萨德③出场了。在常人看来,萨德不过是一个下作的色情狂,作品中泄露着暴力、变态和畸形色情的秘密,依福柯的解释,萨德

---

① Guy Debord, *Textes et documents situationnistes* (1957－1960), Paris: Allia, 2004, p.38.

② 《为萨德呐喊》的原初脚本写作是在1951—1952年的冬天,它的海报刊登在字母主义的杂志《离子》上。最终的脚本第一次发表是在1955年12月由比利时超现实主义者主办的杂志《裸唇》(Les lèvres nues)上。

③ 萨德(Marquis de Sade, 1740—1814):法国近代著名作家、思想家。萨德是一位法国贵族,也是一系列色情和哲学作品的作者,尤以描写色情幻想和另类行为所引发的社会丑闻而出名,"萨德主义"(Sadism)后来成为变态性虐待现象的别名。1740年,萨德出生于一个没落的法国南部的贵族家庭。萨德的母亲是孔代王妃的高级女侍,他本人即出生于孔代亲王在巴黎的宫殿里,并在那里度过了幼年时代。10岁到14岁间,在巴黎的路易大帝学校(Collège Louis-le-Grand)上学;此后,进入一所只有高级贵族才进得去的军官学校。1764年,萨德的父亲过世,他继

的东西绝不是写给在现行教化构序体制中的常人们看的，他通过一种极端的写作方式捕捉了那些理性规范边缘中的"无法抵挡之物，不可言说之物，激动、麻木、销魂、沉默、纯粹的暴力，无语的手势"，他使用的语言"充满着毒性"，这种语言根本不属于这个功用世界中已经被规训了的话语，"它从内部反对自己，在自己的内部摧毁自己"。如果德波将自己的第一部电影看作对萨德反叛意向的"呐喊"，这似乎说明他的批判构式和方法论起点是自觉的。这也是当时观众愤怒的地方。然而，德波的心机是更复杂、更具反讽性的。在电影放映的现场，德波的伙伴故意解释说，这里的萨德并不是那个著名的萨德，而不过是德波做

承了父亲担任的法国与瑞士交界的三个省的荣誉总督的职务，也获得了使他过上丑闻昭著生活的财富。不久，萨德就因犯罪被捕并被关押；1784年，萨德越狱未遂，被关押到巴士底狱。萨德的牢狱生活持续了五年半，但恰恰是这段时间成为他写作上最有成就的一段时光。1790年，萨德在法国大革命中被释放；1801年拿破仑上台后，萨德又因为写作色情作品而在未经审判的情况下被再次关押。1803年，他被指发疯，关入疯人院。就在这之后，他还组织疯人院里的疯子进行过多场演出。1814年，萨德侯爵逝世于疯人院内，享年74岁。其主要代表作：《索多玛的120天》（又译《放纵学校》，1782）、《美德的不幸》（1787年）、《朱斯丁娜》（或《喻美德的不幸》，1791）、《朱丽埃特》（1796）、《新朱斯丁娜》（或《喻美德的不幸》以及《于丽埃特》或《恶行的走运》，1797）、《萨克森王妃布伦瑞克的阿德莱德》（1812年印刷）和《巴伐利亚的伊莎贝拉秘史》（1813年印刷），以及自传式小说《香阁侯爵》（1813年印刷）等。

金融工作的一个朋友欧内斯特·萨德。这里更深的构境层为:如果这个萨德仅仅是一个普通人,为一个普通人呐喊和疾呼,恰恰是对日常生活的愤怒。在一定意义上,德波电影构境表现的批判构式是更加复杂的。

与伊索电影中的音像不同步和故意模糊视像不同,德波的这部电影,从存在论的意义上看,干脆是彻底拒绝西方视觉中心主义的,塑形世界表象的"看"突然失去了自己的基础性地位。一张张静止的胶片从灯光前高速转过时,模拟在存在在场的电影突然没有了图像和声音,这造成了电影构序的彻底**返熵**。电影开始的旁白这样说道:"马上要放映的电影,本来是德波本该做几分钟的介绍。他本想说:根本不存在电影。电影已死——不再可能再有电影。如果你愿意,一起投入争论吧。"影片没有任何有序的总体性表象(图像),传统电影制作中的蒙太奇构序和刻意的编导赋型消失了,因为白屏时出现的独白音轨是杂乱无章的混音,多为新闻片段、法庭记录、电影台词和日常交流的无序短句。影片在黑屏和 24 分钟的沉默中结束。其实约翰·凯奇①在同一年创作音乐作品《4′33″》,长

---

① 约翰·凯奇(John Cage,1912—1992):20 世纪美国著名的实验音乐作曲家和先锋艺术家。偶然音乐和电子音乐的开拓者,也是战后先锋派艺

达 5 分多钟的演奏是无声的寂静,这与德波的黑屏是完全

术在音乐领域的领军人物。凯奇 1912 出生于美国洛杉矶,幼年学习过
钢琴,高中毕业后,1928 年入波莫纳学院。但两年后便放弃大学学业,
去欧洲巴黎、柏林、马德里及其他城市考察,致力于音乐、美术和建筑艺
术的研究,直至 1931 年秋回加利福尼亚。回国后,凯奇继续音乐创作、
写诗和画画。同时随 R.布林学作曲,从此决心献身于音乐。两年后又
去纽约,师事魏斯学习音乐理论和作曲技术。他还在社会研究新学院,
在考埃尔指导下学习东方音乐、民间音乐和现代音乐。1934 年回加利
福尼亚后又入勋伯格门下,研习对位法。1958 年在纽约市音乐厅举行
了个人作品音乐会。1964 年,他的《黄道带》在林肯中心由著名指挥家
伯恩斯坦指挥公开演出。其代表作为在美国黑山大学演出的《4′33″》
(1952)。演奏家走上台,在钢琴前坐下,在 5 分 40 秒的"演奏"中,他在
一开始先用右手做了一个悬空弹奏的姿势,然后一直保持左手悬在空
中,2 分钟时,他放下右手,然后在将手放置在胸前,4 分钟时再次放下,
然后弯曲手臂再放置在胸前,一直到最后鞠躬离开。表演现场始终没
有琴声,只留下一片寂静。这是一首听不见的乐曲。凯奇在琴谱上
写道:

> 第一乐章（Ⅰ）
> 休止（TACET）
> 第二乐章（Ⅰ）
> 休止（TACET）
> 第三乐章（Ⅰ）
> 休止（TACET）

《4′33″》体现了凯奇的先锋音乐哲学的一个观点:音乐的最基本元
素不是有声的演奏,而是无声的聆听。他提出"空的节奏结构"概念,就
是在作曲家划定的时间结构内,任何声音都可以投入空的时间框架之
中。他在著名的"关于一无所有的演讲"中反复强调禅宗中的"空"的境
界:"我无话可说但我正说着,因此这正是我所需要的诗意。"

　　　　　　　　　　　　　　烈火吞噬的革命情境建构

同质的。① 凯奇的返熵音
乐,是对勋伯格-阿多诺的无
调式音乐的极端化。有趣的
是,我每年在博士生的公共课
上播放德波的这部影片时,时
常会有同学因为长时间的黑
屏,上讲台来帮我修"坏掉的"

偶然音乐家凯奇

计算机。在长期无思地屈从于传统电影的表象构式之后,
我们真的很难入境于德波的反批判认识论场境。

德波的《为萨德呐喊》电影剧
本手稿首页

德波的《为萨德呐喊》电影
剧本印刷版首页

① 《情境主义国际》第 2 期的编者按《缺席及其服饰供应商》中,提及了
这一重要的关联。*Internationale situationiste* 2(December 1958),
pp.6-8.参见《社会理论批判纪事》第 7 辑,方宸、付满译,南京大学出版
社,2014 年版,第 82 页。

其实,大多数人一开始看德波的《为萨德呐喊》,都会一头雾水,真的不知道这算是什么电影,甚至有些气愤。因为,我们眼中看惯了的电影,已经被表征一个刻意构序故事的满满的音像画面和当下建构起来的虚幻场境存在所充斥。就像现在我们陷在智能手机上久久不能自拔一样,我们在欲望深层渴求饱满的景观喂养,五彩缤纷的景观已经在存在论的意义支撑着我们的世界观。可以想象,一旦我们习惯了一早就打开的智能手机突然白屏,我们会陷入怎样的焦虑。"没有网络",已经是我们今天在存在论的恐慌。1993年,德波自己说:

> 我以一部没有影像的电影作为开始,即1952年的《为萨德呐喊》。当有声音的时候屏幕是白色的,当没有声音的时候屏幕是黑色的,这样就显得更加漫长,最后一段黑屏的时间延续了24分钟。"电影的特殊情况允许我用大段沉默中断故事。"①

"用大段沉默中断故事",这个故事是后来德波指认的资产阶级景观生产的伪境。在这部大约1小时15分钟的

---

① ［法］德波:《回忆录》序《证言》,转引自［法］考夫曼:《居伊·德波——诗歌革命》,史利平译,南京大学出版社,2014年,第49页。

《为萨德呐喊》中，与沃尔曼保留部分残缺的黑白影像不同，视觉表象干脆被彻底消除了，伴随着影片的完全白屏，它象征了对传统视觉中心论的爆裂，一种故意的**表象白内障**使总体性表象突然死亡。我以为，这是德波批判认识论的最早出场。在删除影像的同时，并不是讲故事的旁白的人声（德波、伊索和沃尔曼等人的讲话）和其他杂音的音轨持续了大约 20 分钟。不用说，早在结尾的 24 分钟黑色沉默（让"周围世界"消失）场景之前，被斩断了通常观景场境存在的观众情绪已经非常厌烦和焦虑。我自己就有这种亲身的感受。还应该指出的更深一层构境意义在于，德波的艺术实验从一开始就出离于传统物性实体中心论的形而上学构式，他的思考点始终是人们在场境关系中建构起来的当下场境状态，这是他后来走向情境主义的重要起点。

德波自己得意扬扬地说，他的这个电影革命的具体生产是从伊夫・克莱因①的单色（虚无）绘画中得到的灵感。

---

① 伊夫・克莱因（Yves Klein, 1928—1962）：法国艺术家。1928 年 4 月 28 日出生在法国南部，在法国尼斯附近长大。他的父母都是画家。1948 年，他开始创作自己的作品，即一首单音符和一长段空白组成的乐曲，并称之为《单音调静音交响曲》。十几岁的时候，克莱因开始学习柔道。1952 年，他在日本度过了 15 个月，成为 4 级黑带柔道选手。他在著名的高道馆柔道学院的学习时，受到禅宗哲学的强烈影响，这使克莱因沉迷于佛教思想中的"虚无"。克莱因把这种虚无思想带入自己的绘画艺术中。他主张，只有最单纯的色彩才能唤起最强烈的心灵感受力，这是他单色绘画的构式缘起。在他看来，画作只是"作品的灰烬"。1954 年他

其实，克莱因还创作过无声的《单音调静音交响曲》和《跃入虚无》的摄影作品。可以看出，德波的思想赋形来源也并非只是伊索的字母主义，而包含当时先锋艺术中的大量他性镜像。

克莱因《跃入虚无》，1960 年

实际上，德波和凯奇的作品都是突然截去景观（图像或者声音）的反音像式的祛序和脱形，此时，**场境存在论上的被喂养性**才在返熵式的缺失（我们无法离开景观的"愤怒"之**伪要**）中呈现出来。正是从这一祛序意向延伸出去，由数字化模拟以超级真实生产出来的清晰度极高的逼真性，取代存在的质朴在场，才成为德波的后继者鲍德里亚等坚决反对的东西。

出版了《伊夫的涂抹》（*Yves Peintures*）和《海格洛的涂抹》（*Haguenault Peintures*）二书。1958 年在艾丽斯克莱特画廊展出了名为《虚无》的作品，他画的是白色而没有别的。加入这一有争议事件的人之一是阿尔贝·加缪（Albert Camus），他留下了一张纸条："虚无，充满力量。"1960 年秋天，克莱因拍摄自己从建筑物的屋顶上往下扑倒的相片。这张相片也被命名为《跃入虚无》。同年，克莱因在化学家的帮助下，获得了国际克莱因蓝（IKB）的专利，之后，他开展了这种特殊的单色人体绘画实验，即在模特身上涂色，再间接印反在画布上，由此绘制了大量单色作品。

我以为，青年德波早先一直刻意不让自己清晰度高的相片出场的形而上学意义也在这里。

这张照片发表在字母主义的杂志《离子》(Ion)上，德波经过深思熟虑的处理，故意让相片像布满尘埃，意味着岁月流逝，图像模糊不清并带有许多污痕，象征着德

刊登在《离子》上的德波相片，1952年

波拒绝资产阶级制造出来的神目观中的**逼真性**。当然，德波这是在模仿此时他的老师伊索那幅返熵作品，从手法上看，德波是将伊索的字母主义解构变成了从清晰到模糊的表象白内障脱形。以此，来反对固定下来的他者目光，反对将来他指认为景观的支点——被赋型的清晰表象。考夫曼说，"他不想在发表的影像上被看得太清楚，是为了确保他本身优先于自己的影像。而对于那些满足于表象的人，他只留下一些残缺、划损、反射的影像"。并且，"德波借助有划痕的影像和撰写文本，对表象进行了不遗余力的批判"①。

① ［法］考夫曼：《居伊·德波——诗歌革命》，史利平译，南京大学出版社，2014年，第26—28页。

这是有道理的。并且,这很深地链接于后继者鲍德里亚反"拟像-拟真"的"超真实"批判构式。后来,德波将这张相片作为自己全集的封面,可见其重要性。

显然,年轻的德波与字母主义的蜜月是短暂的。其实,《为萨德呐喊》播放后不久,前辈伊索就意识到自己被后来者超越了。这种分裂的公开,则是德波与其他几位字母主义中的激进分子在一次"捣乱"事件之后另立山头,宣布成立新的字母主义**国际**。前面我已经说过,国际(Internationale)是马克思主义的世界解放象征,所以,**字母主义国际**,是将原来字母主义的纯粹先锋艺术实践,从政治立场上的盲目祛序转换为反对资产阶级的革命艺术实践联盟。我觉得,这也是德波开始超出所有前卫艺术思潮构式的起点。原先,字母主义擅长的"捣乱",开始也仅仅是单纯的前卫行为艺术。请注意,前卫艺术中所有的行为艺术都不是在传统实体中心论构境中的实存,而在突现的奇异断裂场境中破坏现存的关系场境。前述达达主义的查拉、伊索的字母诗和克莱因的《跃入虚无》,这些行为艺术的目的都不是实存中的对象,而是突显一个断裂性的新情境。理解这一点,是我们慢慢进入情境主义逻辑构式的前提。例如在 1948 年的复活节(11 月 8 日),字母主义的四个成员让·吕利耶(Jean Rullier)、塞尔日·贝尔纳(Serge Berna)、吉斯兰·德·马尔拜(Ghislain Desnoyers de Marbaix)和米歇尔·穆和（Michel Mourre），突然出现在巴黎圣母院弥撒现场，穆和伪装成多米尼加修士登上祭坛，宣称"上帝已经死了"，引起听众的巨大骚动，他的讲话很快就被打断，愤怒的信徒们暴打了这群捣蛋鬼，最后多亏警察出面相救。字母主义这一事件的本质，是通过制造一个故意伪造的神性场境来消解神学情境的现场"真实"生产，"捣乱"本身是尼采"我们杀死了上帝"真相剧的情境建构。字母主义的这种做作的"捣乱"行为，后来经常为先锋艺术家所模仿。比如英国的性手枪乐队①，曾经在圣诞节时，跑到超市中假扮成售货员，将商品免费赠送给顾客。那时，字母主义的捣乱只是哲学化的行为艺术，而非有明确目的的政治活动。可是，德波他们的这次捣乱事件，是对美国电影大师查理·卓别林（Charlie Chaplin）发动的现场**政治攻击**。

1952 年 11 月，卓别林到巴黎参加即将上映的影片《舞

---

① 性手枪乐队（sexual gunners band）是 20 世纪 70 年代一支著名英国朋克乐队。70 年代初，英国蓝领阶层的年轻人中弥漫着一股受挫感，1975年，性手枪乐队在这种氛围中孕育而生。乐队在伦敦的小俱乐部中得到乐迷的注意，并逐渐扩大了乐迷群。他们用各种尖锐、猥亵的方式，猛然抨击了当时的社会制度。1979 年，专辑《摇滚大骗局》(The Great Rock & Roll Swindle)发行。他们原先录制的新版唱片后来也不断问世，如《我们为你们的孩子而来》(We Have Come for Your Children)和1988 发行的《活着比死好》(Better Live Than Dead)和《微型专辑》(The Mini Album)等。

台之光》(*Lime-light*)首映活动,并接受由巴黎当局颁授的奖项。在丽兹酒店(Ritz)举办的新闻发布会上,德波等人冲破了保安的警戒线,进场散发了题为"大平脚滚蛋"(Finis Les Pieds Plats)的传单,宣布卓别林是赚取金钱的资产阶级骗子。传单上写着:"因为你(卓别林)与弱者和受压迫者认同,攻击你就是攻击弱者和受压迫者,可是在你藤条的阴影中有人已经可以窥见警察的木棒。"[①]这里,艺术捣乱有了明确的政治祛序指向:**反对资产阶级!** 用马克里尼的话来表述,即"他们沉迷于制造丑闻,做在资产阶级眼里不可被接受的事情"[②]。我个人觉得,德波等人的这一举动的政治倾向是值得肯定的,可是他们对卓别林艺术作品的理解是存在片面性的。一方面,德波他们没有看到在《摩登时代》(*Modern Times*,1936)一类作品中,卓别林的极其深刻在于显现了泰勒制流水线对劳动者的规训本质,这是青年卢卡奇对流水线对工人的齐一物化反思和后来福柯《规训与惩罚》反抗逻辑的艺术先行版;另一方面,德波等人担忧卓别林电影中对小人物的嘲弄式塑形,有可能成为资产阶级意识形态的同谋,这种批评在激进话语构式

① 转引自《社会理论批判纪事》第 7 辑,方宸、付满译,南京大学出版社,2014 年版,第 18 页。

② Patrick Marcolini, *Le Mouvement Situationniste:une histoire intellectuelle*,Montreuil:L'Échappée,2012,p.27.中译文参见刘冰菁译稿。

中也是成立的。当然,卓别林被资产阶级政府当局奖励,是令德波等人愤怒的重要原因,被资产阶级表扬则意味着同谋。这一点,与后来德波他们反复批判"马克思主义者"萨特获得资产阶级的诺贝尔奖的观点是一致的。这一有政治倾向的爆炸性丑闻事件,令伊索大为光火,他立即在法国《战斗报》(Combat)上发表公开信,题为《字母主义者们反对攻击卓别林的侮辱者》[①],向卓别林道歉,声明此事与字母主义无关。于是,与此事有关的德波顺势拉上沃尔曼,还有贝尔纳[②]、布罗[③],宣布成立不同于伊索资产阶级字母主义的革命的字母主义国际。这一"国际"的标签,自然带有反对资产阶级的左翼色彩。

字母主义国际成立之初,就是由德波、沃尔曼、贝尔纳和布罗四人构成,他们共同参与并发表了字母主义国际成立的奠基性文本,比如《字母主义国际的位置》[④]和《欧贝维

---

① «Les Lettristes Desavouent Les Insulteurs de Chaplin», Combat, 1952, November 1.

② 瑟杰·贝尔纳(Serge Berna):字母主义国际成员。1953 年,贝尔纳的活动由于逐渐偏向文学而被开除。

③ 让-路易·布罗(Jean-Louis Brau):字母主义国际成员。1953 年,由于布罗几乎很少完成他所负责的宣传活动而被开除。

④ 这篇文章开始投给《战斗》(Combat)杂志,遭到拒绝,后来发表在《字母主义国际》(Internationale lettriste)上。Serge Berna, Jean-Louis Brau, Guy-Ernest Debord, and Gil J Wolman, «Position de l'International lettriste», in International lettriste 1, 1952.

利耶会议》(«Conférence d'aubervilliers»)。后来,字母主义国际中又加入了切奇格洛夫(伊万),以及后来成为德波第一位妻子的伯恩斯坦等人。[①] 他们还创立了自己的早期杂志《字母主义国际》(*International lettriste*)。[②]

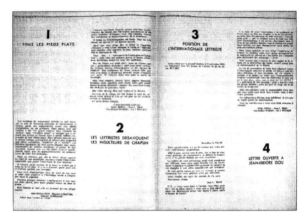

《字母主义国际》第 1 期,1952 年 10 月

应该指出,德波领导的早期字母主义国际,在政治立场上已经开始明确转向无产阶级激进左派,从抽象的艺术

---

① 按照沃尔曼的说法,至少还这些人参与了字母主义国际的活动:皮埃尔-若埃尔·贝尔雷(Pierre-Joël Berlé)、穆罕默德·达奥(Mohamed Dhou)、弗朗索瓦丝·勒雅儿(Françoise Lejare)、让-米歇尔·芒雄(Jean-Michel Mension)、埃利亚内·帕帕伊(Éliane Papaï)、加埃唐·朗格莱(Gaétan Langlais)等。

② 《字母主义国际》在一年半中出版了四期的油印简报。之后,为《冬宴》所替代。

字母主义国际的传单《带着愤怒展开自由之战》①

先锋转变为**革命的先锋**（avant-garde révolutionnaire），并且，他们同时坚定地反对斯大林式的教条主义。这一点，完全同构于西方马克思主义同时批判资本主义和斯大林教条主义的**双向否定**构式。

很显然，字母主义国际的思想背景已经逐渐渗透着马克思主义的血液。与伊索早年在《表现出青春的灵魂》（*Les manifestes du soulèvement de la jeunesse*）中对马克思的否定和"超越"不同，德波和沃尔曼都表示接受马克思主义的基本观点。在后来德波和沃尔曼共同写下的文章里，他们将"倒退到达达主义"的伊索的字母主义指认为"在艺术领域中的资产阶级理想主义"②（《冬宴》第 23 期）。从理

---

① 传单的口号下面是字母主义国际当时成员的名字，左边的照片上为德波和伊万等人。

② Guy Debord, *Œuvres*, Paris：Gallimard，2006，p.210.

论上看,这也是他们与伊索决裂的根本原因。当考夫曼说,字母主义国际不过是"对字母主义失败的拙劣模仿"时[1],显然是一种可笑的政治近视。可是,当时德波等人对马克思主义的了解,大多是通过二手文献,固然在字母主义国际的早期文献中,慢慢开始出现无产阶级、资产阶级、阶级斗争、唯心主义和唯物主义等概念,甚至在他们创作的一些剧本中直接挪用了《共产党宣言》的句式。但直到1955年前后,德波才开始了对马克思主义的系统学习和研究。可能,也这是他们后来必然遭遇马克思主义哲学家列斐伏尔的内在缘由。可以发现,除去马克思的经典文献之外,德波所关注马克思主义的思想,更多的是从一些西方马克思主义的视角重构的。所以,从此时开始,青年卢卡奇等人的西方马克思主义的理论逻辑构式就成为德波等人的重要思想参照系。这也是我将德波以及后来的情境主义国际的思想,放置到西方马克思主义发展的总体进程中的原因。

1953年初的一天,德波写下那个著名的激进口号:"永不工作!"(Ne travaillez jamais!)其实,这标志着前卫艺术家德波的一种新型革命构序意识的彻底觉醒。德波自己说,1953年"我自己曾用粉笔在塞纳河随岁月变黑的墙上

---

① 〔法〕考夫曼:《居伊·德波——诗歌革命》,史利平译,南京大学出版社,2014年版,第107页。

写下这个强大的口号：'永不工作!'起初,大家认为我是在开玩笑"①。

德波写下的"永不工作",1953年

永不工作,不是不工作,而是不再按照资产阶级景观构序的劳作角色去异化式的生存。这是一个**政治祛序**的反抗口号。考夫曼竟然可笑地将"永不工作"看成懒惰,真是理论上的弱智。② 当1968年红色五月风暴时,造反学生将"永不工作"涂鸦在索邦大学的墙上,麦克拉伦③将其再

---

① Guy Debord, Asger Jorn, *Mémoires*, Paris：Allia, 2004.

② ［法］考夫曼：《居伊·德波——诗歌革命》,史利平译,南京大学出版社,2014年版,第115页。

③ 马尔科姆·麦克拉伦(Malcolm McLaren,1946—2010)：英国著名音乐人。世界著名朋克乐传奇性手枪乐队经理,朋克摇滚时代的开创人之一。

写进朋克①歌曲时，他们比考夫曼不知要深刻多少。

在逐渐成熟起来的德波看来，马克思《关于费尔巴哈的提纲》的第十一条中的"改变世界"原则，要求革命的字母主义国际必须超越只是在艺术领域中"捣乱"的伪先锋身份，只有走向真正改变资产阶级的现实世界才是唯一正确的道路。具体说，这也就是着手改变今天资产阶级世界的日常生活本质，**永不工作**，就是要通过建构充满诗意的革命情境，彻底打碎人们臣服和认同于工作-回家-工作塑形起来的平庸异化生活场境。应该也是在这个时候，列斐伏尔的《日常生活批判》(*Critique de la vie quotidienne*，1947，第 1 卷，"导论")一书中的走向微观社会定在的"日常生活批判转向"，开始实质性地影响到德波等人，因为，这已经不仅仅是马克思和早期西方马克思主义者的宏观社会批判观念。可以看到，字母主义国际的革命艺术家们已经意识到，要从远离生活的艺术狂想中，直接介入资产阶级统治的城市日常生活革命情境建构中。这是后来瓦纳格姆《日常生活的革命》一书主旨的真实构序缘起之处。

----

① 朋克(Punk)，又译为庞克，诞生于 20 世纪 70 年代中期，一种源于 60 年代车库摇滚和前朋克摇滚的简单摇滚乐。它是最原始的摇滚乐——由一个简单悦耳的主旋律和三个和弦组成，经过演变，朋克已经逐渐脱离摇滚，成为一种独立的音乐。朋克音乐不太讲究音乐技巧，更加倾向于思想解放和反主流的尖锐立场。

字母主义国际成员签名的活动标签,1953年

雄心勃勃的德波,1954年

也因此,德波他们为了改造现实日常生活而"发明了观察手段(methode d'observation)和新的科学方法(une nouvelle discipline scientifique)——分别就是'漂移'和'地理心理学'(psychogeographie)"①。在下面,我们会具体讨论此处出现的"情境建构""漂移"和"地理心理学"等概念。

也是从这时开始,德波主导下的字母主义国际在急剧转向无产阶级革命实践形势下明确必须"超越艺术",并且着手清除那些无法跟上组织向左转的纯粹艺术家们。包括贝尔纳、布罗在内的多人,直接被开除出字母主义国际。原因是,他们只有抽象艺术,而没有革命意识。我们会看到,这种"清理阶级队伍"的自我革命,将在后来情境主义国际的组织建设中一直持续下去。

---

① Patrick Marcolini, *Le Mouvement Situationniste：une histoire intellectuelle*, Montreuil：L'Échappée, 2012, p.8.中译文参见刘冰菁译稿。

1954 年 6 月开始,成熟期的字母主义国际开始出版自己影响更大的杂志《冬宴》(*Potlatch*,1954—1957,共 29 期)第 1 期①。《冬宴》不是一种高调出版和发行的杂志,而是一种只有几页的油印的小册子。它的存在本身就是一种反对资产阶级景观媒体出版物的**革命祛序物**。它的印行方式为免费寄给少数要求接收它的人。它不是流通的商品和花钱就能得到的消费品,不出版,不在资产阶级构序和塑形的市场交换中介关系中买卖,只在真正在内心里需要它的革命者手中直接传递。应该特别指出,可以看到德波等激进艺术家的理论与实践是一致的,已经在认识上达到了批判性成果,他们都是立刻践行于身边的现实生活中。反对资产阶级商业逻辑构式,是从杂志彻底摆脱市场

---

① 这里译作"冬宴"的 Potlatch,也就是通常在人类学著作中译作"夸富宴"的莫斯的那个著名概念。在莫斯的田野调查中,他发现,在美洲西北部的印第安人的原始部落中(主要是特林基特人和海达人),盛行着一种冬季宴会,在冬宴上,人们肆意耗费和破坏物品,乐此不疲地进行着送礼和还礼的交换,全然没有功利性的算计。人们参与的目的全然不是吃喝这种物性行为本身,而在于实现一种象征性的礼物交换过程。因为他们认为,所有的物品都具有某种精神力量——"豪"(le hau),"在收受和交换礼物中,所要承担的义务是所收受的物品不是僵死的",即使你不要礼物,"豪"还是内居于你的。从形式上看,人们接受了礼物,实际上却是随应了某种象征性的精神本质和精灵,所以,又不得不将这个"豪"送回它的来处。参见[法]莫斯:《社会学与人类学》,余碧平译,上海译文出版社,2003 年版,第 121—122 页。国内人类学文本将 Potlatch译作"夸富宴",显然是现代人的命名,言下之意就是主人们借这种互相请吃的活动极力彰显各自的富裕。而译作"冬宴",则更合适一些。

交换的细微之处开始的。这是这些革命的先锋艺术家与传统西方马克思主义学者们的最大不同点。也是值得我们尊敬的地方。最初,《冬宴》只印发 50 份,在五月风暴期间,最大印行量接近过 500 份。德波自己说,"冬宴,是来自北美印第安人的用语,用来表示礼物之间的互换。这种不可买卖的物品关系,体现在免费分发《冬宴》中"①。这种观念显然受到莫斯-巴塔耶哲学的影响。由法国社会学家莫斯基于原始部族的人类学研究而形成的**象征交换**理论,这种学说后来被法国哲学家巴塔耶从文化学的意义上更广泛地阐释出来。② 马克里尼也正确地看到了这一点,他说,《冬宴》的梦想是"建立一个互相赠送和免费的社会,……可能来自巴塔耶的《被诅咒的部分》(La part maudit),巴塔耶的这个想法本身也是来自莫斯的《论礼物》(Essai sur le don),后者出版于 1924 年,1950 年在列维-施特劳斯的前言中出现"③。我认为,从更深一层的构境方法论上看,德波等人接受的莫斯-巴塔耶观念从根子上还是"草根浪

① 《居伊·德波介绍冬宴(1954—1957 年)》(巴黎:热拉尔·勒博维西出版社,1985 年;伽利玛出版社再版,1996。所有对《冬宴》的引用都出自此再版版本)。参见 Textes et Documents Situationnistes (1957-1960),Paris:Allia,2004,118. 中译文参见刘冰菁译稿。

② 关于莫斯和巴塔耶的人类学-哲学的讨论,可参见拙著:《反鲍德里亚——一个后现代学术神话的祛序》,商务印书馆,2009 年版,"导言"。

③ Patrick Marcolini, Le Mouvement Situationniste : une histoire intellectuelle, Montreuil: L'Échappée, 2012,p.188. 中译文参见刘冰菁译稿。

漫主义"的,因为将原始部族生活作为评判和反对资本逻辑的做法是苍白无力的,说到底,这还是唯心史观的逻辑构式。正像在原始部族生活里的冬宴中不求回报的精神性关系的"礼物"一样,《冬宴》也传递着革命者之间的神秘信息。《冬宴》的内容是革命的,资产阶级世界中的塑形表象和内里文化赋型的所有支撑点,全都是它脱形和祛序的重点。需要特别提到的一点是,这包括一切看起来像是左派的景观假象。当萨特公开声明拒绝资产阶级肮脏的臭钱(诺贝尔文学奖)①时,《冬宴》却评论说:"拒绝诺贝尔奖并不意味着什么。你还得确实配不上它。"意思是,受到敌人的赞赏,简单地拒绝掩盖不了已经发生的隐性勾连。这一批评,与上述德波他们反对卓别林的"获奖"是一致的。看到德波的这种评论,实在是深为震撼,我一直到现在,还是在每一年的博士生大课上,赞扬萨特拒绝领取诺贝尔奖的革命精神,可是在《冬宴》的透视棱镜中,萨特却被钉在更深刻的历史耻辱柱上。

---

① 1964 年,当萨特得知自己被诺贝尔奖评委会提名,并有可能获得当年的诺贝尔文学奖时,当即致信评委会,表示将拒绝该奖项。但评委会还是将诺贝尔文学奖授予了他,其理由是:为了他那富于观念、自由精神与对真理之探求的著作。当得知颁奖消息后,他立即起草了一份表示"作家应该拒绝被转变成机构"的声明,于当年 10 月 22 日,由萨特在瑞典的出版商委派一位代表在斯德哥尔摩代为宣读。

　　　　　　　　　烈火吞噬的革命情境建构

第四章
革命的约恩：眼镜蛇与想象包豪斯

————————

　　　　生命源于原始细胞，我的生命自诞生起，就用原始细胞创作。

——阿斯格·约恩

　　作为情境主义国际前身的第二个重要的先锋艺术组织是**想象包豪斯国际**。要说清楚想象包豪斯国际，就不得不先提到算是德波的"贵人"的约恩①，因为"拒绝工作"的

————————

① 阿斯格·约恩［Asger Jorn，原名为阿斯格·约根森（Asger Oluf Jørgensen），1914—1973］：20 世纪最重要的艺术革新家之一，曾是欧洲抽象表现主义的代表人物。他的创作涉及绘画、版画、雕塑、陶艺、拼贴、写作。他的画风大胆自由，颜色强烈，作品风格变换，有时抽象化，有时带有图形意象。约恩出生在丹麦西尔克堡（Silkeborg）一个传统的基督教家庭，16 岁时即展现出对艺术的兴趣和才华。1935 年大学毕业后，他骑着摩托车到了巴黎，1936 年成为康定斯基的学生。后来他又转投费尔南·莱热（Fernand Léger）门下，并且开始专攻抽象绘画。1937—1942 他在哥本哈根艺术学院学习。在艺术观念上，约恩最早受蒙克、诺尔德还有马克斯·恩斯特和保罗·克利的强烈影响，他从超现实主义那里学到了自动书写（ecriture automatique），北欧神话中那些

前者的经费大多是从后者那里来的。① 考夫曼认为，"德波与丹麦画家阿斯格·约恩的相遇是他一生以及情境主义历史上最重要的事件之一"②。这基本是对的。德波自己这样评价约恩："没有人像约恩这样，他总是在我们'最贫困的时候'，找到方法来支付我们出版时累积的'最紧急的债务'。"

1937 年，约恩来到巴黎，从事艺术活动，曾为功能主义建筑大师勒·柯布西耶③工作，后来也为西班牙政府工作，

神奇生物、神怪（gnome）故事往往成为他整合梦想和现实的交叉点。二战期间，丹麦被德国占领，他参加抵抗运动，创办《地狱之马》（Hel-hesten），并发表重要的艺术理论文章。后来先后参与创建著名的眼镜蛇运动和想象包豪斯国际，并与德波一起，成为情境主义国际的创始人。1963 年约恩获得了古根海姆奖（Guggenheim Fellowship），当时他回应说："拒绝获奖，不参加你们的愚蠢游戏！"

① 据考夫曼的看法，"阿斯格·约恩和德波的相遇具有多层意义：首先是友谊，其次是情境主义国际的创建，其国际性很大程度上要归功于约恩，最后是物质资源。约恩为德波 1959—1961 年间拍摄的电影以及情境主义国际杂志提供了资金保障，这使得情境主义国际者在 1958—1969 年间得以自由地表达，以极左的观点来看，这已经是相当奢侈的了。1961 年，阿斯格·约恩在退出情境主义国际之后，仍然继续提供财务赞助。约恩愿意为情境主义国际的活动提供专门资助。"［法］考夫曼：《居伊·德波——诗歌革命》，史利平译，南京大学出版社，2014 年版，第 50 页。

② ［法］考夫曼：《居伊·德波——诗歌革命》，史利平译，南京大学出版社，2014 年版，第 50 页。

③ 勒·柯布西耶（Le Corbusier，1887—1965）：20 世纪最著名的建筑大师、城市规划家和作家。他是现代建筑运动的激进分子和主将，也是现代主

这段经历使约恩深刻了解了资产阶级工具理性和功能主义构架在日常生活场境中的细微塑形和布展,并激起他在艺术上的反抗精神。1938—1945年间,约恩开始努力探索先锋美术的祛序精神,最终形成了自己独特的绘画语言。约恩后来在欧洲各地和突尼斯游历作画时,已经开始成为超现实主义的美术前卫分子。他的画作,通常表现出对资产阶级传统美术和固有精神态势的反叛和祛序。

阿斯格·约恩　　　　　约恩的自画像,1933年

义建筑的主要倡导者、机器美学的重要奠基人,被称为"现代建筑的旗手",是功能主义建筑的泰斗。他和瓦尔特·格罗皮乌斯(Walter Gropius)、路德维希·密斯·凡·德·罗(Ludwig Mies van der Rohe,原名Maria Ludwig Michael)、赖特(Frank Lloyd Wright)并称为"现代建筑派或国际形式建筑派的主要代表"。德波和约恩后来在情境主义国际的革命纲领中,多次批判建筑和艺术领域中的资产阶级功能主义,主要对象中就应该包含柯布西耶。

1941 年，约恩就希望通过创办刊物来为艺术家提供发表个人见解的渠道。他所创立的这本杂志有一个极富北欧暗黑风格的名字——《地狱之马》(Helhesten)，代表的是斯堪的纳维亚神话中一匹象征死亡的三足马。这一杂志后来成为眼镜蛇运动的杂志。让什么死亡？当然是资产阶级的表象

《地狱之马》的封面

艺术。这让我们想到福柯在《词与物》(Les mots et les cho-ses，Une archéologie des sciences humaines，1966)一书中对资产阶级文化知识型中表象再现系统的批判。①

如何让资产阶级的表象艺术死亡？我们先来看一幅约恩的作品。

说实话，我挺喜欢约恩这幅画的，可是，只因为它的色彩和动感。在这幅名为《游戏的孩子》的油画中，看惯了传统油画的我们既看不到总体性表象构式中生活里感性的孩子，也看不到唾手可得的游戏装置，只是不同颜料无序

---

① 关于福柯对资产阶级知识型表象阶段的讨论，可参见拙著：《回到福柯——暴力性构序与生命治安的话语构境》，上海人民出版社，2016 年版，第 3 章。

涂抹的画布。这是让我们惊愕的观看瞬间。在这一点上，我们可以回忆一下沃尔曼、德波的"反电影"脱形和祛序情境。如果说，马奈①的《弗里·贝尔杰酒吧》里还只是传统西方美术透视法

约恩《游戏的孩子》，1957—1958 年

的断裂②，而达利的直观欲望的"柔软的静止"也就是钢性钟表的变形，而此处约恩的画已经完全脱形于资产阶级表

---

① 爱德华·马奈（Édouard Manet，1832—1883）：19 世纪印象主义的奠基人之一，1832 年出生于法国巴黎。他从未参加过印象派的展览，但他深具革新精神的艺术创作态度，却深深影响了莫奈、塞尚、梵高等新兴画家，进而将绘画带入现代主义的道路上。

② 《弗里·贝尔杰酒吧》完成于 1882 年，是马奈的最后一幅作品。画家运用自己擅长的光影变化，描绘了当时巴黎流行的宴会生活：贝尔杰酒吧的招待姑娘面朝观众而立，装饰物、酒瓶、花瓶中的花，赋予女孩的面貌以梦幻般的神采，而热闹非凡的宴会场景则是通过女孩身后的一面大镜子来表现的。有趣的是，按照传统的透视法逻辑，镜像中只应该出现女孩的背景，可是马奈却让站在女孩对面的男顾客（在另一个视角和目光中才可能出现的表象）直接出现在了画布的右侧，这一反常现象被福柯视作马奈对传统绘画逻辑的中断。在后来关于马奈的绘画讨论中，福柯在前者著名的《弗里·贝尔杰酒吧》中发现了在绘画规范和传统上的三种不可兼容的断裂："画家'必须在这里'和他'必须在那里'；'应该有人'和'应该没人'；'应该向下的目光'和'应该向上的目光'。"[法]福柯：《马奈的绘画》，谢强、马月译，湖南教育出版社，2009 年版，第 42 页。

象的塑形符号系统。他会像孩子那样描绘眼中看到的一切，一种没有被现实主义逼真性构序和透视法赋形规训的天真和狂野。他让启蒙之后所有资产阶级的美术意识形态下了地狱。这当然体现了一种激进的批判认识论精神。

阿斯格·约恩《夜巴黎》，1959年

为了巩固对约恩美术祛序构式的奇异感入境，这里，我们再来看一幅约恩后来的作品。

我们初看这幅画的时候，会觉着似乎有些眼熟，没错，这与上面我们刚刚遭遇过的伊索和德波那两幅被故意破坏的模糊不堪的照片的脱形手法如出一辙。不同的是，这幅被祛序的作品基础是一幅约恩捡来的二流的他人作品，他在这幅画右下方和左上角重新覆盖了无序性色块和线条。据说，约恩在1959年的"变异"系列中制作了20余幅这样的作品。[①] 在顶部，可见一个示意性、卵形的面孔，而在下部，图画努力退化成为一张线条交织的网络和一点点

---

① 约恩的"变异"系列完成于1959年，当年5月首次在巴黎阔曲乐尔画廊展出。

孤立的色彩。这是用典型的异轨蒙太奇和拼贴策略破坏了原画的表象塑形和赋型实在，以表达一种"破坏"或"砸开"绘画平面的脱形和祛序变异。这里的"夜巴黎"，显然已经不是通过浪漫主义气息的夜色和爱恋人物渲染出来的总体性表象美景，而是爆炸性地打断这种表象喂养期待，新出现的视觉感知和心理情绪场境都是断裂式的，这已经不是在**看画**，而是通过现场震惊实现的革命性情境。在过去我自己的亲身经历中，多少次我在美国和欧洲的现代美术作品前，在早已成为自己隐性表象系统和赋型起来的"看画"构式下，我总是处于慌乱的茫然失措情境里，一筹莫展。直到这次在对情境主义等先锋艺术的研究和思考中，才第一次找到入境之口。这是令我兴奋不已的事情。我现在体会到，约恩这里的创作，已经是最早的美术作品中的异轨了。一方面，我们一定要注意，约恩与"反电影"中的德波一样，在先锋美术的实践中也是力图追逐一种对直接表象（景观）的脱形与破境，在我们看到的约恩上述作品中，他在绘画革命中对象化的是当下视觉断裂的异质性情境。请记住，这是我们进入这些前卫艺术最重要的构序入口。另一方面，与德波的"反电影"先锋艺术造反一样，约恩这样的美术反叛同样深嵌着批判认识论的新意。与康德指认主体认知有限性和先天综合构架的隐秘机制不同，德波和约恩已经不是在讨论总体性表象和反映的本质是**如何被赋形的**，而是自觉地将其打碎！这是他们后来共同走向反对资产阶级景观意识形态的认识论前提。

1946 年,约恩与艺术家朱塞佩·皮诺-伽利吉欧①在意大利的北部小城阿尔巴成立了阿尔巴实验室(Alba Laboratory),声称要将其用于摆脱资产阶级工业市场构式限制的艺术、科学和技术的实验项目。这很有些要践行巴塔耶②异质于功利性世俗世界的圣性存在的意味。深刻

---

① 朱塞佩·皮诺-伽利吉欧(Giuseppe Pinot-Gallizio, 1902—1964):意大利画家,工业绘画的创始人,也是情境主义国际的创始成员。他还是流行文化、考古、游牧和植物学的学者。他出生于皮埃蒙特的阿尔巴,在那里成了化学家。1946 年,他与约恩共同创建了阿尔巴实验室,该实验室在 17 世纪的修道院皮诺(Pinot-Gallizio)的工作室中举行,参加过实验的画家包括恩里科·巴杰(Enrico Baj)、艺术家沃尔特·奥尔莫(Walter Olmo)、埃托·索特萨斯(Ettore Sottsass)、埃琳娜·维罗纳(Elena Verrone)和皮耶罗·西蒙多等。伽利吉欧用"工业绘画"来戏称实验室中的美术创作,而实际上这些绘画都是不同个人手绘的。之后,这些绘画在图灵展出,在这些画旁的一张长画布上写着"所有画布都保证是纯棉的",仿佛暗示画布比绘画内容的价值更高,颠覆了传统艺术作品的价值结构。1958 年,在情境主义国际成立不久之后,伽利吉欧又用机器制作了一张长达 60 米的抽象油画(滚轴)。

② 乔治·巴塔耶(Georges Bataille, 1897—1962):法国哲学家。1897 年 9 月 10 日生于法国比昂。1814 年,17 岁的巴塔耶接受了洗礼,开始信奉天主教。第一次世界大战爆发以后,巴塔耶于 1916 年应征入伍,次年因病退役。1918 年,巴塔耶通过大学入学考试,进入国立古文书学校学习。1922 年文书学校毕业后,被任命为巴黎国立图书馆司书。他于 1929 年创立《实录家》杂志,1936 年创立《阿塞法尔》杂志,1946 年创立《评论家》杂志。1962 年 7 月 8 日,巴塔耶因病逝世于巴黎。其主要代表作为:《太阳肛门》(1931)、《耗费的概念》(1933)、《内在体验》(1943)、《被诅咒的部分》(第Ⅰ、Ⅱ部分,1949—1951)、《关于尼采》(1945)等。

的哲学家说,先锋的艺术家做。他们把这个实验室当作一个开发新的艺术创造形式的异托邦(hétérotopie)①。德波后来专门来过这个实验室。伽利吉欧利用自己原来的化学专业知识,开发了所谓"工业绘画"(Industrial painting),他将表面涂有化学树脂的长条画布置于地上,或者装了滚动装置的桌上,然后用刷子或喷雾器将颜料、火药、草木碎屑等覆盖在画布上,在晾干过程中所发生的化学反应会产生特别效果。

朱塞佩·伽利吉欧

① 这是青年福柯在 60 年代生成的一个重要的**反向存在论**观念,即通过指认一种在现实中真实存在的**他性物**和**非常事件**,这些他性存在本身就是要解构现实体制的合法性。这种他性存在被福柯命名为**异托邦**(*hétérotopie*),以区别于非现实的理想悬设物——**乌托邦**(*l'utopie*)。可参见拙著:《回到福柯——暴力性构序与生命治安的话语构境》,上海人民出版社,2016 年版,第 8 章第 4 节。

约恩和朱塞佩·伽利吉欧等人在实验室作画

伽利吉欧的"工业绘画"作品

伽利吉欧的"工业绘画"作
品,滚轴,1959 年

伽利吉欧在阿尔巴展示
他的工业绘画,1960 年

　　　　　　　　　　烈火吞噬的革命情境建构

我们这里所看到的伽利吉欧的所谓"工业绘画",很像德波喜欢的那个单色作画的克莱因,只是把涂在模特肉身上的颜料换成机器装置了。如果说,在德波的"反电影"和约恩的美术异轨作品中,我们还能看到主体直接发动的革命能动活动,那么到了伽利吉欧这里,他的这些工业绘画根本没有画家主体,也没有再现对象,在"工业绘画"的作品中,我们看不到任何绘制画像的色彩表象塑形和主观构序-赋形笔法,从而摧毁了资产阶级启蒙以来塑形起来的绘画表象中的"再现"方式,在一定的意义上,这可能也是作为创作主体的现代性**画家的死亡**。这比后来福柯和巴特的"作者的死亡"和"主体的死亡",在时间上要早了很多。这当然也是批判认识论在先锋艺术中的表现。伯恩斯坦曾经这样评论伽利吉欧的工业绘画,"这项发明精明地将时机和技术混合在一起,工业绘画的灵感永远不后悔枯竭;不再有形而上学的主题——工业绘画不会支持这样的主题;不再有不朽杰作令人怀疑的复制品;不再有盛大的开幕式"①。在伽利吉欧和克莱因眼里,一是原来艺术家

---

① [法]伯恩斯坦:《赞扬皮诺-伽利吉欧》,方宸、付满译,载《社会理论批判纪事》第7辑,南京大学出版社,2014年版,第77页。1958年4月30日,在意大利在都灵诺蒂兹(Notizie)画廊的乔治·梅拉诺特(Giors Melanotte)的协助下,伽利吉欧进行了工业绘画首次展览。伯恩斯坦当时撰写了《赞扬皮诺-伽利吉欧》(《Elogio di Pinot Gallizio》)一文。

绘画的画笔作用已经可以被机器或者身体所代替,艺术主体被否定。二是那种粉饰现实的塑形和赋形绘画被机器作画的祛序和返熵情境所替代,从而彻底解构资产阶级绘画意识形态自身。三是资产阶级的艺术交换市场同时也被否定了,因为绘画的工业化机器生产,造成了绘画的贬值,"最终将会导向所有经济价值的结束"。伽利吉欧自己说:革命"艺术家是老文化的小男孩。你们没有摧毁的,我们将把它毁灭并忘记它"。像孩子一样的"第二次天真",这与德波、约恩的革命艺术祛序方向是完全一致的。

我觉得,此时的约恩就像一个举着先锋艺术火炬的前行者,永不放弃地点亮了一个又一个爆燃起来的前卫烈火。如同他的名作《先锋派永不放弃》(*L'avant-Garde Se Rend Pas*)一样。这幅画同样是对一幅拾来的二流油画作品的异轨,小姑娘的肖像

约恩《先锋派永不放弃》,1962年

被加上了胡子,黑色背景中就用白色写着"先锋派永不放弃"这句著名的口号。我不赞同一些人将约恩的这幅画视作对杜尚"带胡须的蒙娜丽莎"的简单模仿,因为,如果说

1919年杜尚是在高贵的"蒙娜丽莎"脸上加胡子,那约恩则是在普通小姑娘的脸上"异轨",这也代表了对资产阶级平庸日常生活场境的深刻反讽。

1947年开始,约恩又与比利时革命的超现实主义画家和诗人多托蒙①一同,投身于设计诗歌、绘画、电影等领域的先锋艺术活动,推崇艺术上的自由实验,反对艺术领域的理性主义和功能主义倾向。1947年10月,约恩第一次参加了在布鲁塞尔举行的革命性超现实主义国际会议。多托蒙也是比利时"革命超现实主义"运动的首领。②

————————

① 克里斯蒂安·多托蒙(Christian Dotrement,1922—1979):比利时画家和诗人。"革命的超现实主义"(Revolutionary Surrealist Group)运动(1946年)创始人,出生于比利时特尔菲伦。19世纪30年代后期,受到比利时超现实主义影响。第二次世界大战期间,与他人在巴黎共同创立了"主羽"(La Main à Plume)小组,并共同编辑了该出版物,并开始了自己的美术和文字实验。战后他回到比利时,于1946年创立"革命的超现实主义"运动,并主办《蓝天》(Le Ciel Bleu)、《裸唇》(les lèvres nues)等出版物。1848年,与丹麦艺术家约恩共同创立了"眼镜蛇"运动。之后,多托蒙开始了对纯净、超凡诗歌的私人追求。这导致他发明了"逻辑记录图"(logograms),其中他试图创建一个新的"视觉语法",即"诗歌风景"。代表作为:《逻辑记录图》(Logogrammes Ⅰ & Ⅱ,1964-1965)、《日志》(Logbook,1974)和《痕迹》(Traces,1980,去世后出版)等。

② "革命超现实主义"运动由多托蒙发起,于1947年5月17日在比利时成立。当时的成员有:保罗·勃吉尼(Paul Bourgignie)、阿奇里·查韦(Achille Chavóe)、克里斯蒂安·多托蒙(Christian Dotremont)、马塞尔·阿夫伦(Marcel Havrenne)、勒内·马格利特(René Magritte)、马塞尔·玛丽恩(Marcel Mariën)、保罗·诺盖(Paul Nougé)和路易·斯库特奈尔(Louis Scutenaire)等。

革命的超现实主义画家多托蒙

多托蒙《无题》

这真是无题,因为我们不知道多托蒙的这幅画到底想要干什么,神?人?大鸟?可能都不是,或者是一团燃烧的欲望怒火。现在,仔细入境于这幅作品的祛序和脱形构境,我们同样可以获得不同凡响的震惊体验。关键在于,在这种艺术反叛情境中,多托蒙并不打算表象这个败坏透顶的资产阶级日常生活场境世界。后来,约恩充满感情地谈到多托蒙,他认为后者的作品给我们"带来了巨大的震撼(choc)",促使我们"在形式-表现(forme-expression)的同一体中引入了一种氛围(ambiances)——持续地寻找和体验,这也是我们能够出发的新的基础"[①]。请一定注意这个"氛围"概念,它会是我们以后遭遇情境主义国际时反复进入的新奇构境入口。Ambiance 一词在法文中有弥漫周围的介质的意思,也有欢快的气氛的意思,

---

① Asger Jorn, *Textes et Documents Situationnistes* (1957 - 1960), Paris:
Allia, 2004, p.55.中译文参见刘冰菁译稿。

它会表征一种非实体、非直观的生活场境。也是我的场境存在论中应该给予地位的重要概念。我们能体知到,逃离了商品和法理性逻辑的非概念、非理性的当下经验中的场境氛围,始终是德波、约恩等先锋艺术家们共同追求的构序方向。

其实,祛序与返熵只是先锋艺术实践的一个方面,另一方面,这种断裂式的当下场境革命本身也是一种新的艺术情境转换。这也就是说,先锋艺术的批判认识论同时也是一种建构性的情境论。在这一构境意向中,约恩就主张,要通过革命性的断裂式的艺术实践筑模,获得对"新奇"(nouveau)和"惊讶"(surprise)场境的渴望,这是对本雅明意识到的在资产阶级现代生存中丢失的生命"灵韵"的重构,革命性的美术作品的生命并不在于死去的表象,一幅画,哪怕它再逼真,光线与透视感再强,如果它只是复制日常生活现实,那它就是非批判的粉饰,真正有生命力的作品,是它现场给予人的心灵氛围的巨大冲击和震撼,因为,"创造性的思想和智慧"只有在与"'未知、不可预料、偶然、惊奇、失序和不可能'相遇时,才能激活,这就是把不可能变得可能,把不可知变得可知"①。这里的"未知、不可预

_____

① Asger Jorn, *Textes et Documents Situationnistes* (1957-1960), Paris: Allia, 2004, p.57. 中译文参见刘冰菁译稿。

料、偶然、惊奇、失序和不可能"，正是我所指认的祛序和返熵。在约恩看来，也是在这个特定的爆炸性的场境状态下，再现日常生活的表象本身成为批判性的透视，我们才能突现式地建构一种全新的革命情境。在这一点上，约恩的艺术冲动与德波是基本一致的。应该特别指出，也是在这个革命性的构境意向中，约恩提出要建立一种**情境学**（situology）。这是令我十分激动的发现。因为它直接重合于我的构境理论。我发现，这也是约恩的美术革命与德波的电影革命场境共通的地方，也是之后整个情境主义国际的共同入境点。在约恩看来，这种注重当下解构旧表象和同时建构革命情境的情境学的本质，是被作为个人主体本真的"原始细胞"①感受到的主观经验和连续情绪当下所体验到的东西，这也是后来情境主义者在整体都市主义革命中所关注的日常生活场境细节建构起来的革命精神氛围（ambiances）。我认为，与德波的建构情境一样，约恩的情境学构境，都在于理想化突现于日常生活场境断裂的奇异瞬间，我的问题是，日常生活场境惯性运转本身难道不是一种场境存在吗？依我的社会关

---

① 1950年，约恩在给康斯坦特（Constant Anton Nieuwenhuys）的信中写道："生命源于原始细胞，我的生命自诞生起，就用原始细胞创作。"

系场境构式,其实资本主义社会中人们日常生活场境的每一个时空连续体都是当下建构的场境存在,只是这种场境是由资产阶级的商业逻辑和景观意识形态构序和塑形起来的,它们都是由不同的被动情境编织起来的伪境,马克思深刻的地方,正是他发现了资产阶级将劳动交换关系事物化颠倒为商品-货币的物与物的关系,所有资产阶级世界中发生的生活存在都是这种关系建构的产物,如果真的创造革命的情境,那么也是对社会生活关系伪境的破境。这是我与德波和约恩情境学的差别。这一点,我在讨论情境主义的情境建构概念时会再做具体分析。这个情境学,也被约恩指认为一种全新的空间几何学和力量关系拓扑学,这也是说,约恩在作品中所追求的这个当下建构起来的革命性场境和精神氛围,是由非直观的拓扑空间关系中动态的力量交织而成的情境瞬间。应该说,这种努力方向,是之后他与德波一见如故的共同精神基础。这个几何学的构境后来也在表面上影响到瓦纳格姆的《日常生活的革命》。而列斐伏尔后来的社会关系生产的空间理论,虽然没有突显拓扑学和几何学的外形,在本质上却是同向的。

1948年10月8日,在巴黎的圣母咖啡馆(Café Notre-

Dame)，约恩吸引了包括来自丹麦的"奥斯特"团体，比利时的"革命超现实主义者"团体和荷兰"反射"团体①，在巴黎共同发起了**眼镜蛇运动国际**[(le mouvement experimental de Cobra)，简称 Cobra]，并共同创立《眼镜蛇》(*Cobra*)杂志。"眼镜蛇"——Cobra 正是这三个艺术团体所在的三个城市——哥本哈根、布鲁塞尔和阿姆斯特丹的前一两个字母组成的缩写 COpenhague-BRuxelles-Amsterdam。从时间上看，约恩等人创立的这个革命"国际"，比德波的字母主义国际要早一些。这个新的"国际"，除去约恩和多托蒙，眼镜蛇运动国际中知名的代表人物，还包括画家卡雷尔·阿佩尔(Karel Appel，1921—2006)、抽象派画家皮埃尔·阿莱钦斯基(Pierre Alechinsky，1927—   )、超现实主义画家拉乌尔·乌贝克(Raoul Ubac，1910—1985)和前卫艺术家、未来主义建筑师康斯坦特·纽文惠斯等。关于康斯坦特和他的"新巴比伦"计划，我们后面会专门讨论。

---

① 1948 年，康斯坦特组建了前卫艺术组织"荷兰实验团体"(Dutch Experimental Group)，又称"反射"(Reflex)；同时，作为阵地的同名杂志《反射》(*Reflex*)创刊。"反射"的主要成员还包括阿贝尔(Karel Appel)和柯奈尔(Corneille，原名 Guillaume Cornelis van Beverloo)。

眼镜蛇运动先锋艺术家群像

同日,由多托蒙撰写、所有创建成员签名的《眼镜蛇运动宣言》①公布。在这一宣言中,我们可以看到这些先锋家们将批判的矛头直指资产阶级的艺术观,主张通过**创造性的想象力**"把人类精神从被动中解放出来",唤醒仍沉睡在人类头脑中的无意识的创造性本能。这个想象力,正是后来瓦纳格姆的"让想象力夺权"一语的重要思想源起之一。或者用约恩自己的话说,"'国际眼镜蛇运动'以体验运动为核心,明确反对战后的艺术传统规则窒息艺术的自主

---

① 《眼镜蛇宣言》的原文名称是 La cause était entendue,英译为 The Case Was Settled,原意为:"该案已结"。随后于 1949 年 2 月发表(*Le Petit Cobra*,Bruxelles, février, 1949)。这一手稿收藏于耶鲁大学图书馆,中译文可参见本书附录。

性"①。宣言里最精彩的一段话这样写道：

> 一幅画不是由颜色和线条组成的，而是一个动
> 物、一个夜晚、一声尖叫、一个人，或者所有这些东西
> 组合在一起的。资产阶级世界的客观抽象精神，使绘
> 画沦为产生绘画的手段；然而，创造性的想象力试图
> 识别每一种形式，甚至在抽象的枯燥环境中，它创造
> 了一种与现实的新关系，为活跃的观看者打开了每一
> 种自然或人工形式所具有的暗示力量。②

首先，"反对资产阶级的客观抽象精神"，这是革命先
锋艺术家的明确口号。眼镜蛇运动的艺术家的政治立场
是鲜明的，他们对马克思主义表现出强烈的拥护，并宣称
"具有先锋精神者则必然为共产党员"。可是，我们并没有
从文献中看到他们中间有多少人加入了共产党。他们清
醒地认识到，"西方艺术曾经是皇帝和教皇的庆祝者，后来
转而为新兴的强大的资产阶级服务，成为颂扬资产阶级理
想的工具。如今这些理想的经济基础已不复存在，它们业

---

① *Textes et Documents Situationnistes*(1957－1960)，Paris：Allia，2004，
　 p.55.
② Christian Dotremont，*La cause était entendue*，dans Dotremont［Guy］，
　 Cobraland，Bruxelles：La Pierre d'Alun，1998．

已成为一种虚构，而一个新的时代正在向我们走来"①。西方的艺术在中世纪曾是歌颂神性世界的奴仆，而在布尔乔亚获得世俗的胜利之后，则成为新时代的艺术憧憬，在资本主义走向腐朽之后，艺术已经是虚构的意识形态，这是革命的艺术史观。这些先锋艺术家痛心于"统治阶级对创作意识所施加的巨大影响"，主张拒绝艺术的资产阶级口味，争取所有人不分阶层、种族、受教育程度，皆有艺术表达的自由，且艺术应该为全部大众而创作。这是将来他们与马克思主义艺术家德波的字母主义国际走到一起的共有前提。

其次，在眼镜蛇运动的革命艺术家这里，画，不再是僵

眼镜蛇运动国际举办的艺术研讨会招贴

---

① 《眼镜蛇宣言》，参见本书附录。

硬的颜色和线条,而是一个夜晚或一声尖叫,前者可能类似柯耶夫转述的黑格尔所说的"人是一个夜晚"①的隐喻,后者则会是蒙克②1893年的《呐喊》③。用马克里尼的话来描述,就是"通过将生活故意打上各种震惊的记号来赋予生命以独特的特质(de lui imprimer deliberement un ensemble de chocs qui conferant une qualite particuliere)"④。

这里,我们再看到阿莱钦斯基和康斯坦特的这些作品时,不会为它们的断裂式祛序和返熵风格而惊讶了。在这些革命艺术家眼里,从达达主义和超现实主义那里开始的艺术"破坏行为",通过革命性的改造,"构成了把人类精神

---

① "L'homme, cette nuit"(人,那个夜晚)这个题目,是1947年青年阿尔都塞在评论科耶夫的黑格尔研究的一篇短文中所使用的标题。此文已收入[法]阿尔都塞:《黑格尔的幽灵——政治哲学论文集[Ⅰ]》,唐正东译,南京大学出版社,2005年版,第226—229页。参见 Louis Althusser, *Écrits philosophiques et politiques*, Tome Ⅰ, 1994, Éditions STOCK/IMEC, p.239。

② 爱德华·蒙克(Edvard Munch,1863—1944):挪威表现主义画家、版画复制匠、现代表现主义绘画的先驱。爱德华·蒙克的绘画带有强烈的主观性和悲伤压抑的情调。他对心中苦闷的强烈的、呼唤式的处理手法对20世纪初德国表现主义的成长起了主要的影响。其主要作品有《呐喊》《生命之舞》《卡尔约翰街的夜晚》等。

③ 《呐喊》(*Skrik*,也可译为《尖叫》)是爱德华·蒙克1893年创作的绘画作品。画作中,那张惊惧变形的面孔和强烈冲撞的色彩,一直被看作现代人苦闷精神的象征,该作品成为20世纪的经典"表情"。

④ Patrick Marcolini, *Le Mouvement Situationniste : une histoire intellectuelle*, Montreuil: L'Échappée, 2012, p.59.中译文参见刘冰菁译稿。

皮埃尔·阿莱钦斯基《夜》，1952 年

康斯坦特·尼尤温荷斯《燃烧的地球》，1951 年

从被动中解放出来的关键。它是一个让包含所有人的人民艺术开花结果的基本前提"①。在这一点上,我们可以看到一种不间断的激进艺术实践的历史传承。

其三,必须建立一种画家与观众之间的能动关系。这一点,会与我们后面将要讨论的布莱希特-德波的景观批判发生很深的关联性。他们认为,传统艺术观中的一个关键性问题在于:迄今为止,观众在我们的文化中被设置为一个"纯粹被动的角色",新的革命艺术观将要使观众"参与到创作过程中"来,以造成一个"创作者与观察者之间的互动,使这类艺术成为激发人们创造力的强大动力"②。我认为,这是一个很了不起的观念。在传统的美术创作中,观众在总体性表象作品前有的只是赞叹和不需要动脑子的陶醉,从本质上看,这是一个被动的迷入状态,而新的革命性的艺术"破坏行为",就是要使所有观众在"震惊"的场境中产生积极的主观能动性。它的直接结果就是:不动脑子,就绝看不懂作品,无脑观众,更无法进入先锋作品建构的革命情境。

他们认为,"只有活的艺术才能激活创造精神,只有活的艺术才具有普遍的意义。因为只有活着的艺术才能表

---

① 《眼镜蛇宣言》,参见本书附录。
② 同上。

卡雷尔·阿佩尔《人、鸟、太阳》，1954年

达情感、渴望、反应和雄心，而这些都是我们所共有的因社会缺陷而产生的东西"①。所谓"活的艺术"，就是从简单再现现实的总体性表象中脱形和祛序出来，让艺术作品成为生命的直接喷涌。现在，我们可以从这些画中体验这些前卫艺术内心里对传统意识形态大他者的反抗和怒火。

在阿佩尔这种孩子般没有受到教化和规训的任性涂抹中，人性最本欲的构境被突现出来。其实，为了摆脱资产阶级的表象系统，眼镜蛇成员是自觉转而向儿童手绘、涂鸦艺术和原始人的自发性艺术（包括史前艺术与原始主义艺术）寻求灵感，同时，也诉诸精神紊乱者的经验。在他

① 《眼镜蛇宣言》，参见本书附录。

们看来，"孩子不知道任何其他的规律，也觉得没有必要表达任何其他的东西。原始文化也是如此，这就是为什么它们对今天被迫生活在一种不真实、谎言和不育的病态氛围中的人类如此有吸引力"①。显然，如果我们不能内省到自己处于"不真实、谎言和不育的病态氛围中"，我们就不会知道这些先锋艺术作品的塑形和构境意味着什么，而只有当我们痛感日常生活的麻木和苟生本质时，再去看他们的作品，就不是停留在毫无规律和章法的具象投影捕捉上，而是在这种断裂中听到生命的"黑夜"和无声的"尖叫"。

还应该指出，眼镜蛇运动的先锋艺术家，也开辟了走向一种全新认识论的可能，因为在这里，传统认识论的那种简单的反映论表象被彻底摒弃，新的艺术再现观体现出来的认识论，是一种对实体论表象体系的关系透视和批判，在此，康德式的先天观念综合构式失去了自动塑形功能，主动积极地反叛和断裂使表象本身成为文化拒绝。这是一个可以深入思考的场境关系论和批判认识论的空间。并且，在我自己的场境-构境论中，通过儿童发生心理学的研究，恰恰可以十分清楚地看到，孩子们是如何通过辨色、触摸、移动和构型来实现自己最早的场境存在关系和主观精神构境的，孩子最初的绘画和写字，是一种没有入序逻辑

---

① 《眼镜蛇宣言》，参见本书附录。

构式前的原初生命状态。约恩等人的绘画,是一种回到**透视法和美术塑形等逻辑构式之前**的努力。同海德格尔所提出的"回到苏格拉底以前"的思

幸儿(张以泱,两岁半)《大象》,2020 年

想本有口号。这也对我有深刻的启示。2020 年春节之后的"疫情隔离",女儿和我的小外孙女幸儿都被留在了我南京的家里,这使我有了几个月近距离观察自己两岁半的小外孙女幸儿的儿童心理筑模发生的过程。每天看着她观察外部世界,模仿大人说话,入境于动画片中的情节,同时掌握德语、英语和中文的文字,特别是她坐在我的腿上抓着毛笔写大字和自己画画的时候,你可以清楚地看到她逐渐进入表象话语的过程。她的涂鸦真的是生命原初非规训的喷涌。从这一没有被语言大他者教化构序和塑形的特定情境,再去理解约恩他们眼镜蛇艺术家们的绘画革命情境,是可以突现式叠境其中的。这可能是我此次学术研究中最大的收获之一。

眼镜蛇运动的先锋艺术家自觉地意识到,"我们的艺术是革命时期的艺术,是世界走向灭亡的反映,是新时代

的先驱"①。这种全新的前卫绘画实践中，给资产阶级社会中处于麻木日常生活中的人们"创造了一种与现实的新关系"，这当然是在批判性的反思中生成的革命性的"暗中力量"。依马克里尼的看法，

> 眼镜蛇运动的总体实验计划，几乎覆盖了所有创造的领域：诗歌、绘画、建筑、电影、摄影、装饰艺术等。因为，眼镜蛇运动的成员认为，艺术应该在社会中发挥和占据革命的角色。他们将对马克思主义的理解，即对创造过程的辩证和唯物主义理解，定位在共产主义社会和革命运动的总方向上。②

这个评价有些过了，眼镜蛇运动的先锋艺术家虽然赞同了对资本主义现实的批判，但还不可能完全自觉地运用马克思主义的方法论。特别是，这批直接受到列斐伏尔《日常生活批判》影响的革命艺术家，并没有认同斯大林教条构架对马克思主义的意识形态构式。说实话，我第一次发现，欧洲激进左派中存在着这样一批马克思主义的先锋艺术家。这是很长一段时间里，我们国外马克思主义研究

① 《眼镜蛇宣言》，参见本书附录。
② Patrick Marcolini, *Le Mouvement Situationniste : une histoire intellectuelle*, Montreuil: L'Échappée, 2012, p.22.中译文参见刘冰菁译稿。

约恩与康斯坦特等人合作的《眼镜蛇运动》(修改版),1949 年

中缺失的东西。实际上,约恩一直自认是一位积极的共产主义者。后来由于斯大林事件和抵抗运动中法共的消极态度,约恩和法共决裂。这应该也是他与急剧向左转的德波相投的又一个交汇点。

上图中的《眼镜蛇运动》的画作是一种红月亮下先锋艺术们的狂欢,这是一种入世成人之后重新返回儿童世界的"再圣化"(马斯洛语)。1951 年,眼镜蛇运动宣告解散。① 1953 年,约恩前往瑞士,结识了当时瑞典依循包豪

---

① 1951 年前后,在约恩和多托蒙同时患上了结核病不得不隐退之后,眼镜蛇运动内部产生了分歧和争吵,这导致了团体的分裂。

斯理念的设计大师比尔①。我们都知道,包豪斯运动②是资本主义现代性简约形式空间实践在建筑学中的理论反映,用塔夫里的话来说,包豪斯是"激进的反历史主义",意思是,如果说传统的古典建筑是将艺术(雕塑和美术)内嵌于建筑之中,那么包豪斯则将这种历史的厚重全部删除了,在包豪斯的建筑中,工业化功能主义简约性占据了现

① 马克斯·比尔(Max Bill,1908—1994):瑞士著名的包豪斯学者、建筑学家、艺术家、设计大师。1927—1929年,比尔在包豪斯学习设计。1951年,他参与创建了乌尔姆格式塔高级学院(Hochschule für Gestaltung Ulm),并在该学校担任教区牧师和建筑及产品设计系的主任。比尔将包豪斯关于几何造型的理论运用在现实教学中。1974年起,比尔在瑞典的大学环境设计系做教授,直到退休。

② "包豪斯"(Bauhaus),是德国魏玛市1919年创立的"公立包豪斯学校"(Staatliches Bauhaus)的简称,后改称"设计学院"(Hochschule für Gestaltung),习惯上仍沿称"包豪斯"。在两德统一后位于魏玛的设计学院更名为"魏玛包豪斯大学"(Bauhaus-Universit&aumlt Weimar)。它的成立标志着现代设计的诞生,对世界现代设计的发展产生了深远的影响,包豪斯也是世界上第一所完全为发展现代设计教育而建立的学院。"包豪斯"一词是德语 Bauhaus 的译音,它是格罗皮乌斯生造出来的,由德语 Hausbau(房屋建筑)一词倒置而成。在设计理论上,包豪斯提出了三个基本观点:① 艺术与技术的新统一;② 设计的目的是人而不是产品;③ 设计必须遵循自然与客观的法则来进行。这些观点对工业设计的发展起到了积极的作用,使现代设计逐步由理想主义走向现实主义,即用理性的、科学的思想来代替艺术上的自我表现和浪漫主义,走向真正提供方便、实用、经济、美观的设计体系,为现代设计奠定了坚实的发展基础。

代资产阶级建筑的主导,这是对有用性的"当今的大肆崇拜"①。约恩觉得,比尔所主张的包豪斯理念,是异化于对象性物性逻辑的资产阶级观念,因为,在比尔的教学实践中,数学和科学知识占据了优先地位,学生的动手能力被实验室的模型所赋形,在这里,工具理性是主导性的,而恰恰缺少了学生的独立性和自由的探索,而这正抑制了他们的想象力和创造力。对此,约恩当然是反对的。也针对这些问题,约恩要创立一种基于革命精神想象的**新包豪斯**观念。这一次,与眼镜蛇运动原有的先锋美术不同,约恩的革命触角伸到了建筑和工业设计领域。

1953 年 12 月,约恩在瑞士创立了承袭眼镜蛇运动传统的**想象包豪斯国际**(Mouvement Internationale pour un Bauhaus Imaginiste,MIBI)。这个"想象",是针对传统包豪斯理念中没有真正的想象力,而"国际",则同样是要把革命艺术家聚焦在一起的"英特纳雄奈尔"。1954 年,想象包豪斯国际最初得到了很多约恩之前合作组织的前成员们的支持,如恩里科·巴杰(Enrico Baj)、塞尔吉奥·迪安吉洛(Sergio Dangelo)、眼镜蛇运动的前成员皮埃尔·阿列钦斯基、卡尔·奥托·格茨(Karl Otto Götz)、安德斯·奥

① 〔意〕塔夫里:《建筑学的理论与历史》,郑时龄译,中国建筑出版社,2010年版,第 39 页。

斯特林(Anders Österlin)。1955 年 9 月,伽利吉欧与皮耶罗·西蒙多①加入。约恩与伽利吉欧和西蒙多在阿尔巴成立了想象包豪斯国际运动的想象主义实验室,并创办了《争鸣》(*Eristica*)杂志,杂志由西蒙多主持编辑。1956 年 9 月,想象包豪斯在阿尔巴续办第一次自由艺术家大会(Primo Congresso Mondiale degli Artisti Liberi),沃尔曼代表字母主义国际和德波参加,表示合作意愿。约恩自己说:

> 该运动于 1953 年在瑞士成立,旨在形成一个统
> 一的组织,它能够促进整体的革命文化态度。1954

---

① 皮耶罗·西蒙多(Piero Simondo, 1928—):意大利当代先锋艺术家。出生于意大利利古里亚的科肖迪亚罗夏(Cosio d'Arroscia)。1955 年 9 月,他与约恩和伽利吉欧在阿尔巴共同成立想象主义实验室(Laboratorio di esperienze immaginiste),西蒙多、约恩、伽利吉欧和一年后成为其妻子的埃琳娜(Elena Verrone)于 1956 年 9 月组织了第一届世界自由艺术家大会(Primo Congresso Mondiale degli Artisti Liberi)。西蒙多还为 1956 年 12 月在都灵文化联合会组织了"整体都市主义"示威游行。1962 年,西蒙多在都灵创立了 CIRA(国际艺术搜寻学院中心),该组织的目的是扩大阿尔巴实验室的建议。从 1968 年开始,西蒙多继续以个人身份从事艺术创作。从 1972—1996 年,他在都灵大学工作,在那里,他在教育学研究所组织了实验活动的实验室,并担任了声像媒体(Audovisual Media)的方法论和教学论的主席。代表作有:《现代性艺术》(1971)、《阿尔巴实验室》(1986)、《情境实验室》(*La situazione laboratorio*, 1987)、《想象的包豪斯的岁月》(1997)等。

年,阿尔比索拉(Albissola)①集会的经验表明,实验艺术家必须掌握工业手段,并使它们服从自己的非功利目的。1955年,在阿尔巴(Alba)建立了想象主义实验室。总结阿尔比索拉的经验是:装饰的现代价值的全面通货膨胀性贬值(参见儿童生产的陶瓷)。1956年,阿尔巴会议辩证地定义了整体都市主义。1957年,运动宣布了心理地理学行为的口号。②

约恩这里提及的1956—1957年的心理地理学活动和整体都市主义实践,其实都已经是后来与德波共同开展的活动了。依约恩的观点,想象包豪斯革命的"实验艺术家必须掌握工业手段,并使它们服从自己的非功利目的",与其他前卫艺术家反抗和简单拒绝工业和理性原则不同,约恩主张艺术家要利用工业手段渗透到实验活动中去,把工业手段变成反抗资产阶级的武器。这显然是新加入的伽利吉欧的观念。针对传统包豪斯的建筑观念仅仅停留在资产阶级功能主义的意识形态,约恩明确提出了革命的艺术象征的维度,主张在建筑空间中透视出构成人的生命存在的最重要的想象的力量,要善于发现日常生活场境中情

---

① 意大利利古里亚大区萨沃纳省的一个小城市。
② [丹麦]约恩:《包豪斯想象的形成》,参见本书附录。

境建构的本质诗意。西蒙多就将想象主义实验室称为**情境实验室**（*situazione laboratorio*）。在约恩看来，资产阶级的功能主义建筑观严重"忽略了氛围（ambiance）的心理功能。咖啡馆对人们的健康毫无用处，却具有重要的心理价值……住所的外部空间也不应该只反映内部，而是应该建构起能够刺激观察者的诗性感官的来源"①。一间咖啡馆的建筑空间，并非只有物性的日常生活作用，而也具有建构微观心理氛围的心理影响，这恰恰是建构诗意情境在建筑空间中的延伸。这一观点，将在后来情境主义国际的整体都市主义实践中得到光大。针对资产阶级意识形态理念赋形，

> 约恩提出了相反的模型，想象包豪斯……这也是为了训练艺术家的多重技术，但是以完全相反的方式：不屈服于资本主义生产规则，以联合一起的个体的创造的主体性为核心，而不是学习的专业技能。②

想象包豪斯的构式原则是"不屈服于资本主义生产规

① Jorn，*Pour la forme*，*Textes et Documents Situationnistes*（1957-1960），Paris：Allia，2004，p.75.中译文参见刘冰菁译稿。
② Patrick Marcolini, *Le Mouvement Situationniste：une histoire intellectuelle*，Montreuil：L'Échappée，2012，p.22.中译文参见刘冰菁译稿。

　　　　　　　　　　　烈火吞噬的革命情境建构

则",这是多么明确的革命批判意识！不是屈从于工业流水线的技能塑形,而是真正有主体意识的革命艺术家们的自由联合体。

然而,约恩所领导的多个先锋艺术团体,虽然在转向马克思主义的左翼观念构式上也做出了不懈努力,但他们并没有超出艺术实验活动本身,其革命情境的建构仍然局限在实验室和艺术作坊,作品的研讨和展出,很少像德

约恩、伽利吉欧和康斯坦特等人共同创作的画作,1957年

波、沃尔曼那样直接走进社会生活做出出格的艺术捣乱和激烈行为。当然,他们也没有真正去思考现实日常生活中资产阶级景观的微观支配等问题。这会是约恩遭遇德波时出现的巨大感知断裂和革命差距。

正是在这个时刻,革命的约恩惊奇地看到了德波他们同样激进的《冬宴》第1期(1954年)。激动不已的约恩当即写信给编辑部,表示"第一次看到我们时代艺术领域的现状

想象包豪斯国际（MIBI）在
阿尔巴的会议，1956 年

德波、约恩和伽利吉欧等人在阿尔
巴，1956 年 12 月

与未来得到如此清晰的表述"，他完全赞同《冬宴》的观点。
约恩说，在二战后，"我曾在多个国家寻找，我很高兴终于可
以说：我完全赞同"。1954 年底，约恩找到德波，这两位走
向马克思主义和充满革命激情的艺术家一拍即合，铸就了
他们一生的战斗友谊。在德波写给约恩的一封信中，他激
动地说："我们必须立即创造一个我们自己的新传奇。"①
1956 年 12 月，德波赴阿尔巴参加想象包豪斯国际的会议，
并为即将举行的"整体都市主义"游行撰写了传单。

　　1957 年 2 月 2—26 日，由国际想象主义者包豪斯运
动、字母主义国际组织和伦敦心理地理协会在布鲁塞尔泰
普都（Taptoe）画廊联合举办"第一届心理地理学展览"②。
随后他们在意大利的科肖迪亚罗夏召开会议，决定共同成

① Guy Debord, *Correspondance*, volume I, Paris: Fayard, 1999, p. 24.
② 展览被命名为"疯狂的心理地理学家"，其中展出了德波、约恩和伯恩斯
　坦等人的作品。

立情境主义国际。关于这次革命大联合的原因,马克里尼的解释是,因为在这三个艺术团体中,"实验占据了活动的中心位置,因而根本反对功能主义和与资本主义工业和解的所有艺术形式;同时相信真正有价值的创造只可能是为了改变大众的日常生活,建筑

德波为游行所撰写的传单,1956 年 12 月

应该以此为方向来再现艺术的新模型"①。这显然是将约恩的主张当作了主导性思想,而此时把革命的艺术家联合起来的情境主义国际真正的精神领袖已然是德波。在德波的心目中,情境主义国际已经是马克思主义思想旗帜引领下的革命艺术家群体,它的共同基础是通过革命的艺术实践彻底改变资产阶级旧世界的日常生活场境!

————————

① Patrick Marcolini, *Le Mouvement Situationniste*:*une histoire intellectuelle*,Montreuil:L'Échappée,2012,p.26.中译文参见刘冰菁译稿。

第五章
《冬宴》：走向马克思主义的德波

> 奢侈的礼物使对方面临需要回馈更特别礼物的
> 难题。因而，高傲的人显示出自己的无所不能，但这
> 是以他们自己的方式。
>
> ——居伊·德波

现在，我们就先来看一下，在20世纪50年代中期的字母主义国际的刊物《冬宴》里，是什么让先后创立了两个革命艺术团体的先锋艺术家约恩深感震撼。在一些思想短视的人看来，德波的《冬宴》只是一种到处骂人的"艺术恐怖主义"，"《冬宴》是一种不虔诚的评论，几乎一知半解却又自命不凡，充斥着幽默，适合阅读，特别适用于那些对这种艺术发展起来的恶言谩骂有艺术欣赏力的人"①。这

---

① ［法］考夫曼：《居伊·德波——诗歌革命》，史利平译，南京大学出版社，2014年版，第111页。

是戴着有色眼镜的资产阶级学者通常容易犯下的可笑错误。其实,德波主持下的《冬宴》,根本不再仅仅是艺术先锋的阵地,而已经是招展于艺术实践领域中的**马克思主义理论思想旗帜**。在这一点上,《冬宴》远在其他同时期出现的革命艺术思潮之上。在德波的眼里,

> 《冬宴》曾经是字母主义国际的信息栏,在巴黎1954年6月到1957年11月之间发行了二十九期。当我们处在两个阶段的转移中,即从战后不充分的先锋主义尝试到情境主义者们现在系统地开始实践的文化革命组织时,《冬宴》毫无疑问曾经就是我们最极端的表达,也就是我们在探索新文化和新生活的最先进的活动。[①]

这里,德波界划了《冬宴》跨越的字母主义国际的两个阶段:一个是"不充分的先锋主义",那时候,虽然已经不再与伊索的表演性"捣乱"为伍,也开始将斗争的矛头指向了资产阶级,但还没有真正进入无产阶级的革命实践构序中来;第二个阶段则是在马克思主义理论的指导下,开始"系统的"文化革命实践,这里,《冬宴》已经是无产阶级阶级斗

---

① *Textes et Documents Situationnistes*(1957 - 1960),Paris:Allia,2004,p.118. 中译文参见刘冰菁译稿。

争在文化艺术领域中的旗帜。也是在这一理论进程中,德波的马克思主义观念赋形已经比肩于西方马克思主义。

可以看到,此时的《冬宴》,明确依循马克思《关于费尔巴哈的提纲》中的"改变世界"的革命原则。但是,这里出现了两个超越:一是超越改变世界的宏大社会构式,并非如同传统马克思列宁主义那样,仅仅通过暴风骤雨般的政治革命改变资本主义的政治经济制度,而是要将资产阶级生产关系变革微观化为对日常生活小事情异化中的诗意革命。这当然受到列斐伏尔"日常生活批判转向"的影响。但是,与整个西方马克思主义的早期理论发展相比较,德波等人虽然也使用异化等概念,可受青年马克思的《1844年经济学哲学手稿》中的异化史构式的直接影响较小,这并非自觉的拒斥,而极有可能是缺乏专业的哲学构序能力的结果。当然,这只是我的个人推断。例如,德波等人关注的新问题已经是,资产阶级的城市"把生活分割成封闭的和独立的单元,分割成处于永久监视下的社会;再也没有有意义的相遇的机会;强制推行一种自动的臣服"(《冬宴》第5期,1954年7月20日)[1]。恩格斯曾经讨论过住宅问题,但并没有深入具体的生活空间赋形。在此,超现实

---

[1] *Potlatch*(1954-1957),Paris:Gallimard,1996,p.38.中译文参见刘冰菁译稿。

主义者布勒东所揭露的日常生活中麻木的自动臣服,被深入归基于资产阶级现代性城市空间新塑形起来的封闭、孤立中的生存分割和监视的奴役性场境空间存在。二是超越先锋艺术狭隘的艺术实践,让原先废除资产阶级艺术的波希米亚疯狂,直接变成改变日常生活的激进实践构序,这就要让麻木的生活重新赋型于**革命的诗意**(poésie)。"我们将要通过令人震撼的行动来构建城市形式。崭新的美丽就是**大写的情境**(La beauté nouvelle sera DE SITUA-TION),也就是瞬间的和活生生的。"① 显然,这里的诗意,已经不是资产阶级粉饰日常生活、入序于奴役的美学歌颂,而是超越性的革命构境中突现的**崭新的美丽**。这个"崭新的美丽"就是资产阶级平庸的日常生活场境的断裂,这是由那个波希米亚式的行为艺术"捣乱"事件演变而来的**革命震惊**,德波他们是想"通过将生活故意打上各种震惊的记号来赋予生命以独特的特质"(de lui imprimer deli-berement un ensemble de chocs qui conferant une qualite particuliere)。② 这也是建构一种当下突现的诗意生活情境。这暗合着列斐伏尔那个"让日常生活成为艺术"的口号。

---

① *Potlatch*(1954 - 1957),Paris:Gallimard,1996,p.41.中译文参见刘冰菁译稿。

② Patrick Marcolini,*Le Mouvement Situationniste*:*une histoire intellec-tuelle*,Montreuil:L'Échappée,2012,p.59.中译文参见刘冰菁译稿。

Construisez vous-mêmes
une petite situation
sans avenir.

édité par l'I. L. 32 rue de la montagne-geneviève, paris 5ᵉ

字母主义国际的传单:"凭自己建构一个没有未来的情境。"

Si vous vous croyez

DU GENIE

ou si vous estimez posséder seulement

UNE INTELLIGENCE BRILLANTE

adressez-vous à l'Internationale lettriste

édité par l'I. L. 32, rue de la montagne-geneviève, paris 5ᵉ

En octobre 1955, l'écrivain écossais Alexander Trocchi, rédacteur en chef de la revue d'avant-garde anglo-américaine Merlin éditée à Paris, démissionne de son poste et adhère publiquement à l'Internationale lettriste
En décembre l'I.L. appose sur les murs de Paris deux papillons, en français et en anglais.

If you believe you have

GENIUS

or if you think you have only

A BRILLIANT INTELLIGENCE

write the letterist Internationale

the L. I. 32, rue de la montagne-geneviève, paris 5ᵉ

字母主义国际的约稿单:"如果您认为自己是
天才,或是您认为自己仅具有过人的才华,请
向字母主义国际投稿。"

烈火吞噬的革命情境建构

这里有一个复杂的构序递进关系，如果说，早期字母主义分子在巴黎圣母院上演的"上帝死了"的闹剧，只是先锋艺术的祛序行为，而德波他们的"卓别林事件"，则已经是打破资产阶级意识形态幻象（祛序）的革命震惊了，那么，现在的《冬宴》，则在努力将打碎旧世界的崭新美丽（新的塑形）对象化到人们的日常生活场境中去。并且，这种情境建构不是抽象的艺术实践，而是日常生活场境本身的改变："字母主义国际提出要建立关于生活的令人热情的结构（structure passionnante）。我们体验各种行为、装饰的各种形式、建筑、都市主义和自己的交流，以便能够激起吸引人的**情境**（*situations* attirantes）。"[1]显然，德波他们对资产阶级日常生活场境的改变已经微观到生活中的各种装饰物和生活建筑的空间句法[2]，他们也开始着手进行有针对性的社会调查，并发明出漂移、异轨和心理地理学等具体的实践形式。《冬宴》从第 1 期出版开始，就在同步记录这些调查研究和革命活动的进程，同时也用大力宣传他

---

[1] *Potlatch*（1954－1957），Paris：Gallimard，1996，p.86.中译文参见刘冰菁译稿。

[2] 空间句法理论是关于建筑学中复杂总体性结构的理论。它是在 20 世纪 70 年代由英国伦敦大学学院巴特莱特建筑学院的比尔·希列尔（Bill Hillier）首先提出的。其主要思想是：独立的空间元素不能完全影响社会经济活动，而整体性的空间元素之间的复杂关系，才是社会经济活动开展的空间因素，才是影响并决定社会经济现象的因素。

们的这种情境建构实践和新的革命生活方式。

这种马克思主义改造世界的革命勇气以及在改变日常生活现实中体现出来明确的目标指向,正是让此时还沉浸在艺术实验盲目的革命浪漫主义中的约恩激动不已的东西。因为与约恩等人通过前卫美术创作表现出来的表象摧毁给人带来心灵上的震惊相比,在资产阶级现实日常生活场境的中摧毁旧世界、建构新的人与人之间关系场境中的革命情境,是完全不同的境界和气势。德波他们的情境建构,当然也就不仅仅具有批判认识论的意义,而是革命的实践论和方法论。

《冬宴》第1期   《冬宴》合辑的封面

烈火吞噬的革命情境建构

德波等人现在关心的问题,不再仅仅是以前卫艺术实践表现出来的"艺术的毁灭",原先的先行者和同道——达达主义、超现实主义者和字母主义,现在成了被嘲讽的对象,行为艺术祛序一类的"捣乱"和不满,被引导向对资本主义制度更深的否定性沉思。这种态度也会是令此时仍然深陷先锋艺术实验中的约恩感到震惊的地方。德波理性地强调,"不是意见,而是制度"(《冬宴》第 16 期,1955 年 1 月 26 日)。这意味着,革命的先锋性不在于发泄不满的主观情绪,而在于实际地着手反抗和改变资产阶级的制度构式。并且,德波已经在更深一层生产关系批判构境中意识到,"对当前知识分子商业框架的任何利用,都将土地拱手让给了意识形态的混乱"(《冬宴》第 28 期,1957 年 5 月 22 日)。因为,仍然处于被商品-市场交换构式之中的左翼学者的抽象著述和前卫艺术家们那种出格的行为表演,只要不是对作为资本主义世界本质的"商业框架"的透视和批判,其结果就只能造成本来就是一笔糊涂账的人们在意识形态上更加混乱,必然是小骂大帮忙的资产阶级同谋之举。虽然这还是诗的话语,但其对资本逻辑构式的政治批判已然逐步成形。

为什么《冬宴》的观念会发生如此巨大的异质性构式转换?依我的看法,主要的原因还是在于德波等人对马克思主义批判理论的初步认知和理解。这个时候,德波已经在历史唯物主义的构境中认识到"历史本身是由**关系**构建起来的（dans la mesure ou elle est faite de *relations*）"①。我觉得，这并不是所有艺术家都能达到的学术思想构境层面。超出实体论，透视到社会定在之上的日常生活本质不是物性实在层面的变换，而是非直观的特定社会关系的场境构序和筑模。深入理解马克思所说的"人的本质，在其现实性上是他一切社会关系的总和"，这是马克思历史唯物主义构境最重要的入境口。在后来的《景观社会》中，德波极为深刻地指认，"景观并非一个图像集合，而是人际间的一种社会关系，通过图像媒介而建立的关系"②。正是在这种很深刻的"关系本体论"的理论构境中，德波自省道，作为艺术家的"我们被封闭在和生产力发展相矛盾的生产关系之中，同样也被封闭在文化层面之中"③。现实资产阶级世界的构式基础，是特定的生产力水平之上的资本主义生产关系和文化关系，这是对的。这里，德波等人的新认识表现如下。

首先，相对于传统马克思主义的社会批判理论，德波已经意识到现代资产阶级统治的一种深刻改变，即从经济

---

① Guy Debord, *Textes et Documents Situationnistes*(1957–1960), Paris: Allia, 2004, p.31.

② ［法］德波:《景观社会》，张新木译，南京大学出版社，2017年版，第4页。

③ ［法］德波:《如果你们想做情境主义者就再试一次》，方宸、付满译，载《社会理论批判纪事》第7辑，南京大学出版社，2014年版，第65页。

关系奴役向日常生活层面的支配转移。这当然有列斐伏尔"日常生活批判转向"的影响。但与列斐伏尔讨论家庭妇女在超市购买东西的"小事情异化"不同,此时的德波等人开始关注建筑(architecture)在人们日常生活场境中的微观建构作用。1953年夏天,切奇格洛夫(伊万)等字母主义国际的艺术家提出,要直接介入城市的空间环境中,因为在资产阶级日常生活场境的发生中,人的社会定在只有在具体的建筑空间关系场境中才会实现,微观的生活环境构成人们在这个微观环境中的存在,以及生命活动之间的相遇。关于伊万的这一观点,我们会在下面的"整体都市主义"专题中具体讨论。由此,他们批判了资产阶级功能主义建筑理念的错误,即用一种物性的静止的结构去规制人的活动空间,却"忽视了环境所带来的心理学的功效",人生活其中的建筑不是死去的物,而是人们生命活动的空间关系践行。在他们看来,"建筑一直都是精神和艺术发展的最终实现;它也是经济阶段的物质化,建筑师所有艺术尝试实现的最后阶段,因为创造一个建筑意味着建构一种氛围(construire une ambiance),并且固定一种生活模式(mode de vie)"①(《冬宴》第15期,1954年12月)。这里,

---

① *Potlatch*(1954-1957),Paris:Gallimard,1996,p.96.中译文参见刘冰菁译稿。

我们再一次遇到了这个 ambiance（氛围），当然，这里的这个"氛围"已经不是约恩等人那种袪序和返熵美术作品给观众带来的主观心理场境转换，而是在现实生活中，由建筑和其他物性条件构成的特定空间存在，这是**客观发生的特殊场境存在**。我们下面会看到，这个客观场境氛围将构成情境主义国际革命情境建构的核心。这里发生的重要事件是，由这个**建筑意识形态**（塔夫里语）支配建构起来的以资本构序目标为中轴的伪生活氛围，将导致日常生活本身**场境存在的异化**。

我们可以从《冬宴》上看到，除去对物性环境氛围的关注，德波也关注了日常生活场境具体内容变化的休闲时间和娱乐的例子。他说：

> 经济的限制及其现代化的必然结果，很快就会被完全地摧毁和取代。娱乐的组织——关于大众的自由的组织，稍微少一点地强制人们贡献给持续的劳动——已经成为资本主义国家的必要性……现在到处，每个人都被强迫退化到体育场或是电视节目之中。①

---

① *Potlatch*（1954－1957），Paris：Gallimard，1996，p.50.中译文参见刘冰菁译稿。

这就是说,人们在经济关系中的贫困和压迫,是容易被发现和摧毁的,并且,在资产阶级都市主义的规划下,这种外部的物性贫困可以通过福利政策和城市建设直接得到改善,但如果资产阶级的统治开始转向休闲时间和日常生活中的娱乐,那么在这种看起来自由的体育竞赛和电视观看中,人们是感觉不到这种无形的场境中存在资本关系的奴役和压迫的。这是一个全新的控制方式改变。

其次,显然,德波等人已经意识到,人们在日常生活场境中的被支配和生活表象中表现出来的场境异化和麻木心理,并不是"达达"式文化艺术造反所能简单克服的东西,根子在于人在日常生活场境中对无形的资产阶级生产关系赋型的无意识臣服。胡闹,改变不了资产阶级奴役关系的本质。所以,反抗资产阶级的压迫,必须从透视资本主义社会关系开始。后面我们会看到,德波的景观概念正是马克思对资本主义经济关系拜物教批判的再颠倒。这种理论逻辑上的深刻构序意向,并非资产阶级评论家们看不懂,而是他们根本不愿看到。这也是约恩等人先锋艺术家此时没有达及的思想高度。

其三,在德波看来,"我们的时代现在是,认知和技术水平保证了生活样式的整体建构。只有经济的矛盾统治并且推迟使用。正是这些可能性才要求美学行动,超越其野心和权力"(《冬宴》第19期,1955年4月29日)。这当然是马克思历史唯物主义方法在当代的运用。美学中的否定性批判,只有透视于经济关系矛盾中的统治才是坚实的,可与马克思原有构式不同的地方是,德波已经在反思传统历史唯物主义构序中无意放过的"认知与技术"的无罪性,这是青年卢卡奇在《历史与阶级意识》中开启的批判构式,流水线对劳动者生命样态的标准化规训,资产阶级通过知识(工具理性)对生活本身的暴力塑形,这都是在20世纪工业资本主义后期突显出来的新型奴役关系。我以为,在这些问题的思考上,德波是走在西方马克思主义当代资本主义批判构式的前沿的。

显而易见,德波等人此时所思考的主题,已经是"建立关于美学的变化历史的**唯物主义**概念,将艺术创造视为**生产**,也就是重新放入其所处的生产关系之中来看"①。应该说,这在当时的艺术界是极为了不起的事情,可能,这也是约恩等人的左翼前卫艺术中没有的深刻的历史唯物主义方法论。可以说,并非如列斐伏尔和一些人的评论所言,似乎是因为德波与列斐伏尔的接触,才使后者获得了马克思主义。当然,德波接受的马克思主义,并不是斯大林式的教条主义,而是**经过西方马克思主义中介**的社会批判理

---

① Patrick Marcolini, *Le Mouvement Situationniste*:*une histoire intellec-tuelle*, Montreuil:L'Échappée, 2012, p.38.中译文参见刘冰菁译稿。

论。从德波后来的笔记中,我们可以看到潘涅库克①的身影,也可以看到他对青年卢卡奇《历史与阶级意识》的思考,这种理论线索后面可以有一大长串名字,列斐伏尔、卡斯托里亚迪斯②、法兰克福学派,特别是马尔库塞。后者后来的"文化大拒绝"与情境主义的弃绝资产阶级文化的批判观点是相近的。所以,马克思主义者德波不会将艺术简单地归属到经济基础中,而是在思考资产阶级的生产关系构式中,如何让先锋艺术实践转换为现实奴役性日常生活场境解体的可能性。

当然,必须指出的问题是,德波等人虽然已经开始接触马克思主义,并自觉地试图将其视为自己理论和艺术实践的方法论,可由于他们接受的马克思主义已经是西方马克思主义的变形话语。固然从马克思原先的经济-政治关系批判转向日常生活的微观统治机制的思考,有其一定的

----

① 安东尼·潘涅库克(Antonie Pannekoek,1873—1960):荷兰著名天文学家、著名马克思主义政治家和理论家。曾在莱顿大学攻读数学,并于1902年获天文学博士学位。在莱顿天文台工作,直至1906年。1925年他成了阿姆斯特丹皇家科学院的院士,以后在阿姆斯特丹大学任教,1932年成为该校天文学教授。自1906年至1914年,潘涅库克居住在德国,在这里他成为德国社会民主党(SPD)左翼的领导成员。他因政治活动和参与第二国际和十月革命的理论讨论,而成为国际著名政治家。
② 内利乌斯·卡斯托里亚迪斯(Cornelius Castoriadis,1922—1997):希腊裔法国著名左翼思想家、托洛茨基主义者。曾经创办《社会主义与野蛮》杂志。

合理性,但将这种微观化分析彻底脱离对资本主义经济关系和赋形的归基,最终还是会背离历史唯物主义原则的。德波等人在理论出发点上的偏差,也决定了情境主义国际后来理论逻辑的根本瓦解和在实践中的悲惨失败命运。

至此,字母主义国际的《冬宴》也就结束了它的历史使命,因为新生的情境主义国际将有自己全新的《情境主义国际》杂志(*Internationale Situationniste*,1958—1969,共十二期)。

第六章
情境主义国际不是什么：
先锋艺术实践的历史逻辑

　　　　　　　　情境主义者在任何时刻反对落后的意识形态和力量。

　　　　　　　　　　　　　　　　　　　　——《情境主义国际》

　　德波曾经写过一段简短的小传：

　　　　德波,1931 年 12 月 28 日出生在巴黎。他在 1951—
　　　1952 年间参加了先锋字母主义的活动。随后,和一群
　　　巴黎人一起搞"对艺术的超越",同时这也导致了和字
　　　母主义的分裂;是《冬宴》期刊的合作者,在这里表达
　　　了他们研究的发展。1957 年 7 月 28 日,成立情境主
　　　义国际。从 1958 年 6 月起,开始指导《情境主义国
　　　际》第 1 期期刊的工作。①

------

① Guy Debord, *Textes et Documents Situationnistes*(1957 - 1960)，Paris：
　　Allia，2004，p.150.中译文参见刘冰菁译稿。

德波《报告》的封面　　《德波全集》首页的德波照片

　　这个小传的表述基本上与我们上述的讨论线索一致。能看得出来,德波自己心目中,情境主义国际是自己最重要的成果之一。1957 年 6 月,情境主义国际成立前夕,德波写下了著名的《关于情境构建以及情境主义国际倾向的组织和行动之条件的报告》①。

　　这个文本既是一个对过去革命艺术先锋实践的历史性的总结,也是对即将诞生的情境主义国际的革命航向的展望。从中,我们不难看到德波在深层次思想构序上的进

---

① Guy Debord,《Rapport sur la construction des situations et sur les conditions de l'organisation et de l'action de la tendance situationniste internationale》,Œuvres,Paris:Gallimard,2006,p.309 - 328.

　　　　　　　　　　　　　烈火吞噬的革命情境建构

一步成熟。在我看来,这一报告是整个情境主义国际文献史中最重要的文本之一。

首先,是对今天革命形势的看法。德波说,今天无产阶级革命时代的问题在于,"以革命的政治行动落后于现代生产力发展的巨大差距为特征"①。这是一个对当下形势的重要的政治判断,即今天的革命实践远远落后于已经发展着的社会物质生产力的功能水平。当然,从德波下面的具体分析看,他这里的"革命的政治行动",还是一个艺术家眼中的先锋艺术实践,而不是对社会革命实践整体的定位。可以看到,德波在这里是以生产力的特定历史水平作为衡量时代政治状况的标准,这当然是一个科学的判断,因为,它在方法论上,已经在自觉地依据历史唯物主义的构式原则,反对艺术实践中的唯心主义倾向。也是在 1957 年,德波曾经撰写文章,直接批判情境主义国际意大利分部奥尔姆等人的"实验艺术"在方法论上的唯心主义。他说,"意大利实验主义者都在说方法论,却缺乏对方法论的理解"。同样是方法论自觉,却有着不同构序方向。因为,那种在资产阶级城市中制造"有

---

① 〔法〕德波:《关于情境构建以及情境主义国际倾向的组织和行动之条件的报告》,方宸、付满译,载《社会理论批判纪事》第 7 辑,南京大学出版社,2014 年版,第 41 页。

氛围的音乐"(musique ambiante)幻想,是将"唯心主义思想自然而然就赋予了这个概念以基础性的价值;而且这种唯心主义思想还参与了这个假象,试图把那些先驱者归类为没有这样思考过的人,从而把这些先驱者都加上个人的价值"①。在资产阶级世界运行的原有构序轨道上,在生活氛围中增添美妙的音乐,这是唯心主义地参与这个景观赋型的假象世界。这不仅不会引导人们拒绝景观支配,反而会成为资产阶级奴役的同谋。这是十分了不起的思想认识。这个时候的德波,已经是较为成熟的马克思主义艺术家了。

其次,是面对资本主义当代发展中的新问题。德波认为,马克思的"改变世界"(changer le monde)原则,现在需要在新的方法指引下面对资本主义现实中新的问题。德波和情境主义国际特别关注马克思《关于费尔巴哈的提纲》的第十一条。在他看来,这些新的问题主要表现为:一是"资本主义正在设计新的斗争形式(国家干预市场、销售部门扩大、法西斯政府)"。列斐伏尔后来在《资本主义的幸存》一书中说,马克思和列宁都没有想到的实际情况是:

---

① Guy Debord, *Textes et Documents Situationnistes* (1957–1960), Paris: Allia, 2004, p.29.中译文参见刘冰菁译稿。

　　　　　　　　　　　烈火吞噬的革命情境建构

"资产阶级没有成为雕像(statufiée)!"①资本的确是一种客观的经济力量,资产阶级的确是资本关系的人格化存在,但是,资产阶级绝不是石化的消极存在,为了资本主义制度的生存,他们不得不改变自己,并且已经真的改变了自己。其中,"凯恩斯革命"之后,二战中的法西斯军国主义强化了国家垄断资本主义的生产方式,战后,资产阶级在国家干预下的福利政策和让每个劳动者都能消费的福特主义②策略,在让所有人在疯狂追逐物质消费品的过程中,实现所谓的生活幸福。这正是资本主义政治经济**关系异化**向日常生活**场境异化**的悄悄转移,这种物欲横流的资产阶级幸福观,极其有效地掩盖了复杂的阶级关系。这些资本主义社会中的新变化,是情境主义社会批判理论转向的现实针对性。应该说,这也是列斐伏尔等西方马克思主义"日常生活批判转向"的现实基础。二是在文化意识形态

---

① Henri Lefebvre, *La survie du capitalisme*:*La reproduction des rapports de production*.Paris:Anthropos,1973,p.15.中译文参见张笑夷译稿。

② 福特主义是指 20 世纪初美国福特汽车公司在生产中创立的一种现代生产模式。1908 年,福特汽车公司生产出世界上第一辆属于普通百姓的汽车——T 型车,1913 年,开发出了世界上第一条流水线,这一创举使 T 型车的产量一共达到了 1500 万辆,缔造了一个至今仍未被打破的世界记录。由此也生成了这种新的生产模式,即以市场为导向,以分工和专业化为基础,以较低产品价格作为竞争手段的刚性生产模式。人们将其称为"福特主义"。据传,是葛兰西第一个使用了"福特主义"的概念。

统治上,资产阶级遮蔽起来的政治意图的"主要目标就是播种融合(la confusion)"。这一点,与上述战后的经济福利安抚是同质的构式逻辑。以后,德波会更具体地揭露这种意识形态融合的根本**赋型母体是景观**。这里,德波只是举了一个令他大有痛感的例子,即在日常生活中,资产阶级"统治的意识形态安排了对颠覆性发现的平凡化(la banalisation des découvertes subversives),并且在经过消毒之后让这些发现广泛流通"①。这里的所谓"颠覆性发现",当然是指原先德波自己也参与其中的先锋艺术对平庸日常生活的激进反抗,可是,资产阶级意识形态巧妙地将这些反抗软化并畸形地赋型一种流行的时尚。比如杜尚②的

---

① [法]德波:《关于情境构建以及情境主义国际倾向的组织和行动之条件的报告》,方宸、付满译,载《社会理论批判纪事》第7辑,南京大学出版社,2014年版,第43页。

② 亨利·罗伯特·马塞尔·杜尚(Henri-Robert-Marcel Duchamp,1887-1968):当代法国艺术家,20世纪实验艺术的先锋,是达达主义及超现实主义的代表人物和创始人之一。1917年,杜尚将一个从商店买来的男用小便池起名为《泉》,匿名(著名R. Mutt)送到美国独立艺术家展览要求作为艺术品展出,成为现代艺术史上里程碑式的事件。1919年,杜尚用铅笔给达·芬奇笔下的蒙娜丽莎加上了式样不同的小胡子,于是《带胡须的蒙娜丽莎》成了西方绘画史上的名作。代表作:《下楼的裸女二号》(Nude Descending a stair case No. 2,1912)、《现成的自行车轮》(Bicycle Wheel Ready-made,1913)、《大玻璃》(The Large Glass,1915-1923)、《泉》(Spring,1917)、《有胡须的蒙娜丽莎》(L.H.O.O.Q.,1919)等。

《带胡须的蒙娜丽莎》，经过政治消毒，被当作时髦印在了流行的商品上。令人愤怒的事情还有，被杀害并残忍剁掉双手的格瓦拉①头像也被作为时尚印在各种商品上。

杜尚《带胡须的蒙娜丽莎》，1919 年

有了这样一些重要的新的马克思主义理论方法论上的自觉，以及对当代资本主义社会新现象的认识，德波自然还要做一件事情，就是对即将成立的情境主义国际与过去先锋艺术实践进行质性界线划分，这也包括对情境主义国际自己历史前身的定性分析。这既会是一种对自身思想构境来源的历史指认，也深刻标明了情境主义国际的革命超越性。

首先，德波历史地评价了作为整个 20 世纪前期先锋

①　切·格瓦拉(Che Guevara，1928—1967)：生于阿根廷，阿根廷马克思主义革命家、医师、作家、游击队队长、军事理论家、国际政治家及古巴革命的核心人物。1959 年起任古巴政府高级领导人，1965 年离开古巴后到第三世界进行反对帝国主义的游击战争。1967 年在玻利维亚被捕，继而被杀。

艺术实践构序先驱的未来主义、达达主义①和超现实主义运动。一是作为资产阶级文艺意识形态的未来主义②。在德波看来，

> 未来主义的影响是第一次世界大战前从意大利传播来的，它对文学和艺术秉持破坏性的态度（attitude de bouleversement），这种态度总能够提供许多形式上的新鲜事物，却只是建立在对技术进步的思想过分简单化的利用之上。未来主义技术乐观论的幼稚，与保持它的资产阶级幸福感（euphorie bourgeoise）一起消失。③

---

① 达达主义（Dadaisme）艺术运动是欧洲 1916—1923 年间出现的先锋艺术流派的一种。1916 年，雨果·巴尔、艾米·翰宁斯、特里斯坦·查拉、汉斯·阿尔普、理查德·胡森贝克和苏菲·托伯等流亡苏黎世的艺术家在当地的伏尔泰酒店成立了一个文艺活动社团，他们通过讨论艺术话题和演出等方式来表达对战争，以及催生战争的价值观的厌恶。同年 10 月 6 日，这个组织正式取名为"达达"。达达主义是一种无政府主义的艺术运动，它试图通过废除传统的文化和美学形式发现真正的现实。

② 未来主义（futurism）是欧洲 20 世纪早期出现的先锋艺术运动。1909 年由意大利人马里内蒂倡始。1911—1915 年广泛流行于意大利。第一次世界大战期间传播至欧洲各国。它以尼采、柏格森的哲学为根据，认为未来的艺术应具有"现代感觉"，并主张表现艺术家进行创作时的所谓"心境的并发性"。

③ ［法］德波：《关于情境构建以及情境主义国际倾向的组织和行动之条件的报告》，方宸、付满译，载《社会理论批判纪事》第 7 辑，南京大学出版社，2014 年版，第 44 页。

因为未来主义与情境主义国际并没有直接的承袭关系，所以并不是我们关注的焦点。但是未来主义的确开启了 20 世纪前卫艺术之先河，这也是德波会从未来主义思潮入手来讲述先锋艺术实践的缘起。1909 年 2 月，意大利诗人、作家兼文艺评论家马里内蒂[①]在《费加罗报》上发表了《未来主义的创立和宣言》一文，这标志着未来主义的诞生。他提出，资本主义的科学技术和工业生产构序重新赋型了人的物质生活方式，所以人类的精神文化生活也必须随之改变，他在 1910 年发表的长篇小说《未来主义者马法尔卡》中，表达了对速度、科技和暴力等元素的狂热，创造了万能机器般的无脑超人。之后，这种思想迅速在美术、建筑等领域中蔓延开来。而在德波眼里，未来主义的问题是盲目的技术乐观主义，这种看起来的表面新鲜，恰恰同构于资产阶级的日新月异的追逐幸福的意识形态逻辑构式。在这一点上，未来主义是典型的资产阶级意识形态话语。

二是激进的达达主义。德波认为，达达主义运动一出

---

① 菲利普·汤玛士·马里内蒂（Filippo Tommaso Marinetti，1876—1944）：意大利诗人、文艺批评家，未来主义思潮的创始人。1909 年在法国《费加罗报》发表了《未来主义创立和宣言》，以后又相继发表《未来主义文学宣言》(1910)、《未来主义戏剧宣言》(1915)等，提出一整套未来主义的理论主张。从 1919 年起，他积极参与法西斯党的活动，成为墨索里尼的帮凶。墨索里尼建立独裁政权后，马里内蒂被任命为科学院院士、意大利作家协会主席。

场,就以极端激进的行为艺术方式表达出:

> 希望拒绝资产阶级社会的所有价值观(toutes les valeurs de la société bourgeoise),而社会的失败刚刚变得如此突出地明显。达达主义在战后法国和德国的极端表达主要聚焦于艺术和写作的毁灭(destruction de l'art et de l'écriture),并且较少聚焦于某些形式的举止(有意为之的愚蠢表演、演讲和步态)。它的历史作用是曾经给予传统文化概念致命的一击。[①]

达达主义的作用是绝对的否定,虽然它已经是在无意识地"拒绝资产阶级社会的所有价值观",但是它并没有明确的政治解构对象。这就像后来的后现代思潮,当它们否定一切和打倒一切的时候,恰恰什么都没有否定,看起来表面的激进必定沦落为资产阶级意识形态的同谋。依朗西埃的说法,"咆哮着打断艺术是达达主义常用的策略;它以全新生活的名义宣称了艺术的终结。对德波来说它表示了(signifies)一种谬误,一种反对辩证法的谬误:想要在

---

① [法]德波:《关于情境构建以及情境主义国际倾向的组织和行动之条件的报告》,方宸、付满译,载《社会理论批判纪事》第 7 辑,南京大学出版社,2014 年版,第 44 页。中译文有改动。参见 Guy Debord, Œuvres, Paris: Gallimard, 2006, p.311。

没有完成艺术的情况下抑制艺术"①。这个评判基本上是对的。此时,马克思主义艺术家德波肯定了达达主义在造成资产阶级"艺术和写作的毁灭"上的努力,同时,也已经把达达主义这种行为艺术上的捣乱本身定性为"愚蠢的表演"了。我觉得,这也会是德波自己的一种自省:没有明确的政治意向的艺术先锋祛序是愚蠢的伪激进。在当时的德波看来,这种达达式的前卫"捣乱",后来在伊索的字母主义中得到继承和延续,从字母主义国际开始,才转换为从政治上拒绝资产阶级文化的革命姿态。

三是一度的同路人超现实主义②。在对这一思潮的讨论中,德波的笔墨显然多了起来,这意味着情境主义国际与超现实主义之间确实存在一种需要切割的内在关联。约恩与超现实主义的关联也是密切的。一方面,在德波看来,在 1930 年之前,出现过一个"以清算唯心主义和暂时

---

① Jacques Rancière, *Quand nous étions sur le Shenandoa*, Cahiers du cinéma, n°605, 2005 October, p.92.

② 超现实主义(Surréalisme)是继达达主义之后欧洲出现的一个重要先锋艺术运动。1924 年布勒东发表第一篇《超现实主义宣言》。以布勒东为首,阿拉贡、艾吕雅、苏波等形成声势浩大的潮流,与达达不同,他们有理论,有奋斗目标,有比较成功的作品。同年在巴黎格勒奈尔街 15 号,建立了常设机构"超现实主义研究办公室",提出以生活本身为原料,欢迎一切追求创新和现实生活不和谐的人。同年还创办了机关报《超现实主义革命》杂志。1929 年 12 月,布勒东发表《第二次超现实主义宣言》,提出"纯化超现实主义"。该运动于 1969 年宣布解散。

恢复到辩证唯物主义(matérialisme dialectique)为标志的超现实主义的发展时期"。这里,超现实主义竟然被指认为在艺术中清算唯心主义,并且恢复"辩证唯物主义",这是一个很高的评价了。然而,他并没有具体解释这一评价的所指。依德波此时的判断,超现实主义的前提,是"从达达主义对道德反叛的强调和传统交流手段的极端侵蚀出发"的,这是先锋艺术中祛序逻辑和脱形方式的延续。在具体的内容上,"超现实主义起因于弗洛伊德心理学(psychologie freudienne)在诗学上的应用(application poétique),将其所发现的方法延伸到绘画、电影以及日常生活的某些方面——然后,以一种弥散的形式将这些方法延伸到更远"①。这里的弗洛伊德心理学,主要是指,超现实主义者利用无意识的作用,把现实日常生活的改变与本能原欲和梦的经验糅合在一块,以达到一种绝对的和超现实的非凡情境。在这里,超现实主义想要透过颠覆奴化现实的艺术作品呈现无意识的世界,用奇幻的宇宙取代麻木平庸的日常生活,创造出超越现实的真实生命情境的意图。超现实主义的这种全新的构序努力,对德波的前期艺术实践和后来反对景观和情境建构,都是深具启迪之意义的。也是在

---

① [法]德波:《关于情境构建以及情境主义国际倾向的组织和行动之条件的报告》,方宸、付满译,载《社会理论批判纪事》第7辑,南京大学出版社,2014年版,第44页。中译文有改动。参见 Guy Debord, *Œuvres*, Paris: Gallimard, 2006, p.312。

这个构境意义上,德波指认"超现实主义的计划坚持欲望和惊奇(surprise)的主权,提供了一种新的生活实践,比通常认为的那样具有更加丰富的构建之可能"①。这种建立在惊奇之上的"新的生活实践",是通向之后情境主义国际"情境建构"的历史通道。超现实主义的这些努力,都是被德波充分肯定的方面。然而,德波认识到,超现实主义理论构式中也存在根本性的错误,这就是有关"无意识想象具有无限财富的观念",这种对弗洛伊德无意识概念的过度追捧,会使超现实主义最终重新坠入唯心主义的泥潭,并且,可以看到的现象为,资产阶级显然意识到超现实主义思潮的这种内在思想混乱,已经开始将其经过消毒,同化到"标准的审美商业"之中。这就是一个戏剧性的悲剧。后来,德波的认识有一些变化。1958年,德波在"超现实主义是死还是活?"的演讲中说,从根本上看,"超现实主义的梦想不过是资产阶级的无力、艺术的怀旧",这是一个新的定性。"超现实主义,虽然它的基本意图是想要改变生活,但主要在艺术和诗歌写作上活动"②,并没有真正深入现实生活实践中去。更重要的是,超现实主义在方法论上,是

---

① [法]德波:《关于情境构建以及情境主义国际倾向的组织和行动之条件的报告》,方宸、付满译,载《社会理论批判纪事》第7辑,南京大学出版社,2014年版,第44页。

② [法]德波:《超现实主义是死还是活?》,方宸、付满译,载《社会理论批判纪事》第7辑,南京大学出版社,2014年版,第75页。这里的中译文只是很少的节译。

"二元论唯心主义"（idéalisme dualiste），这也是一个新的认识。原因在于，他们根本无法意识到资产阶级世界发生的新的现实改变，他们看不到生活背后旧有"实践的消失"（disparition pratique）。这种认识与他前期的评价相比，显然已经发生了较大的改变。针对超现实主义的这些理论盲区，德波说，"新的生产力，伴随着旧的生产关系（anciens rapports de production），斥责了随它而来的文化景观（la spectacle cuturel）。现在，必须要努力更高层次地去实现对我们生活中的事件、我们的环境（milieu）的改变，在这个时代的物质发展的水平上，在对自然统治的不断进步的水平上。这些研究客观上与改变世界的革命不可分割"①。这是一个马克思主义者非常清醒和深刻的认识。

其次，德波也历史地评价了自己曾经经历的革命艺术实践活动。他告诉我们，今天的资产阶级文化的时代，已经是一个充满危机的时代，而且"现代文化这次危机的现实结果是意识形态的解体"，甚至出现了看起来"意识形态缺席"的情况，这使得以达达主义、超现实主义为代表的传统波希米亚先锋艺术实践丧失了自己的激进地位。新的情况是，传统"实验先锋派的社会意义显然不及伪现代派潮流"，这

---

① *Textes et Documents Situationnistes*（1957 - 1960），Paris：Allia，2004，p.83.中译文参见刘冰菁译稿。

使得整个文化革命显出退潮的样态。能看得出来,这里德波对意识形态概念的使用,还是在一个肯定性的构境层面上指认"革命的意识形态"。他这里所例举的"伪现代派",一是存在主义文学(littérature existentialiste),依德波的看法,"它的本源在于商业促销,维持其重要性,采取的途径是伪造马克思主义或者精神分析(contrefaçons du marxisme ou de la psychanalyse),甚或在黑暗中试探着走向周期性政治许诺和屈从"①。这当然是在骂萨特。可以感觉得出来,一方面,德波对萨特式的法国存在主义哲学向文学、戏剧和电影领域中的蔓延是极其反感的。的确在一个历史时期中,存在主义"向死而生"的叙事成为当代文学和电影热衷表现的主题。比如我们熟知的西格尔②的《爱情故事》③、日本电

---

① [法]德波:《关于情境构建以及情境主义国际倾向的组织和行动之条件的报告》,方宸、付满译,载《社会理论批判纪事》第7辑,南京大学出版社,2014年版,第47页。

② 埃里奇·西格尔(Erich Segal,1937—2010):美国著名作家、编剧和教育家。他于1937年6月16日出生于纽约,1958年毕业于哈佛学院,1959年和1965年在哈佛大学分别获得硕士和博士学位,后来在耶鲁大学任古典文学和比较文学教授。代表作为:《爱情故事》(1970)、《奥德赛》(1975)、《奥利弗的故事》(1977)、《男人、女人、孩子》(1980)、《级友》(1984)等。

③ 电影《爱情故事》由阿瑟·希勒执导,艾丽·麦古奥、瑞安·奥尼尔等主演,1970年12月16日在美国上映。该片获得第43届奥斯卡金像奖最佳配乐奖。

视剧《血疑》①等，面对死亡而对生存意义的思考，风靡一时。另一方面，德波对萨特式的"人本主义的马克思主义"口号也是蔑视的，因为它被指认为对马克思主义的伪造。在德波的眼里，这种存在主义虽然将自己打扮成马克思主义和精神分析的信奉者，但从根子上看，这种叫得很响却将自己"卖得很好"的悲情构式，并没有脱离商品的交易原则和最终的政治屈从，"向死而生"的存在主义构式恰好与资产阶级的珍惜幸福生活的意识形态合拍。德波在字母主义国际时期对萨特拒绝领取诺贝尔文学奖的批评就是一针见血的。二是宗教组织通过装扮成接近社会主义的现实主义，在艺术手法上，他们利用接近日常生活的"通俗画"来建构"一种恒久的宣传，捍卫一种全面的意识形态结构"。这里的意识形态概念，又突然转换为统治阶级的意志。关键在于，这些伪现代派的风头，已经大大超过了激进的实验先锋派，这就造成了德波眼中的深层次文化危机。

德波指出，也正是在这个危急时刻，"在这种先锋派中，一种新的革命文化概念正在不被觉察地形成"，这就是战友约恩和德波自己不同于资产阶级实验先锋派的革命

---

① 《血疑》是日本东京广播公司 1975 年播出的日本电视连续剧，由濑川昌治、国原俊明、降旗康男执导，山口百惠和三浦友和主演。

　　　　　　　　烈火吞噬的革命情境建构

艺术实践。这当然是
一种革命实践进程和
艺术史构式中的重要
定位。

一是约恩的革命
"实验艺术家国际"(In-
ternationale des artistes

德波、伯恩斯坦和约恩,1961

expérimentaux),也就是我们上面已经介绍过的"眼镜蛇运
动"。德波认为,这一团体的长处在于,"它们明白这样的
组织是为了应对当前问题之复杂性和程度而成立的。可
是由于缺乏意识形态的严肃性(rigueur idéologique),以及
他们寻求的主要可塑性(l'aspect principalement plastique)
之局限,特别是有关他们实验条件和前景的一般理论
(théorie d'ensemble)之缺席,导致了这些团体的破裂"①。
在德波看来,激进的想象包豪斯运动,虽然已经有了无产
阶级阶级意识上的自觉,但缺少马克思主义的理论指导和
观念赋型,这是他们丧失革命的意识形态严肃性最终失败
的根本原因。这一点,可能会是约恩和德波的共识。德波

① [法]德波:《关于情境构建以及情境主义国际倾向的组织和行动之条件
的报告》,方宸、付满译,载《社会理论批判纪事》第7辑,南京大学出版
社,2014年版,第51页。中译文有改动。参见 Guy Debord, Œuvres,
Paris: Gallimard, 2006, p.319。

也提及了约恩后来创立的"想象包豪斯建筑学派"。

二是德波自己从中脱胎而来的早期字母主义运动。对此,我们也已经有了初步的了解。他说,

> 字母主义缘起于对所有已知美学运动的全面反对(opposition complété),对这些运动连续的衰败进行了精确的分析。字母主义团体的目的是在所有领域不间断地创造新形式(création ininterrompue de nouvelles formes),因此在 1946 年和 1952 年间主张进行一种有益的煽动(agitation salutaire)。可是,由于总体上接受美学原则应该在一个类似于先前框架的框架内重新起步的唯心主义谬误,其作品局限于几个可笑的实验。①

在现在的德波眼里,字母主义在美学领域中对旧有表现方式的"全面反对",是通过"不间断地创造新形式",发动了一些有益的"煽动",但由于字母主义运动仍然是在资产阶级的旧艺术构式框架中造反,它所制造的"可笑的实验"只能是看起来激进的"唯心主义的谬误"。从这一逻辑

---

① 〔法〕德波:《关于情境构建以及情境主义国际倾向的组织和行动之条件的报告》,方宸、付满译,载《社会理论批判纪事》第 7 辑,南京大学出版社,2014 年版,第 51 页。

批判看,这也应该包括 1952 年德波自己的《为萨德的呐喊》。他自己后来内省说,"我在 1952 年在伦敦做的电影,它不是神秘化,也还不是情境主义的实现,但是这部电影取决于那个时代的字母主义的复杂的动机(比如对伊索、沃尔曼等人的电影的研究),这部电影才加了消解(décomposition)的元素"①。当然,德波将自己对字母主义的反叛,即"字母主义左翼自动组织成一个'字母主义国际'",看作打破原先字母主义"落后团体","在日常生活中寻找新介入程序"的革命性努力。这一评介基本是客观的。

现在的情境主义国际,已经是远远超越了自己的激进艺术先锋姿态,因为,它是马克思主义理论武装起来的革命艺术家团体。德波和约恩共同大声说:"让污秽走开!"

德波和约恩共同创作的《回忆录》中著名的一页:"让污秽走开!"

---

① Guy Debord,*Textes et Documents Situationnistes*(1957 - 1960),Paris:Allia,2004,p.38.中译文参见刘冰菁译稿。

第七章
思考布莱希特：被动的景观与革命的情境建构

> 对一个事件或一个人物进行陌生化，首先很简
> 单，把事件或人物那些不言自明的、为人熟知的和一
> 目了然的东西剥去，使人对之产生惊讶和好奇心。
>
> ——贝尔托·布莱希特

值得注意的是，德波在《关于情境构建以及情境主义
国际倾向的组织和行动之条件的报告》中历史地分析了革
命的前卫艺术动态之后，他特别高调地好评了马克思主义
艺术大师布莱希特①的革命性戏剧观。可能布莱希特的戏
剧观也是我们哲学研究长期忽略的方面。德波认为，"布

---

① 　贝尔托·布莱希特(Bertolt Brecht,1898—1956)：德国著名马克思主义
　　戏剧家与诗人。1898 年 2 月 10 日，贝尔托·布莱希特生于德国巴伐利
　　亚奥格斯堡镇。1917 年，布莱希特到慕尼黑的路德维希-马克西米立克
　　大学读医学，期间他参加了阿尔图·库切尔的戏剧研究班。曾任剧院
　　编剧和导演，并投身工人运动。1933 年后流亡欧洲大陆。1941 年经
　　苏联去美国，但战后遭迫害，1947 年返回欧洲。1948 年起定居东柏林。

莱希特在柏林领导的实验，在质疑经典的演出（la notion classique de spectacle）时，接近于对我们今天至关重要的建构（constructions qui nous importent aujourd'hui）"①。这是一个重要的思想缘起指认。实际上，这里作为戏剧演出的 spectacle，就是后来德波的**景观**概念；而这里重要的戏剧表演现场中的场境存在建构，就导向后来情境主义国际所主张的**情境建构**。请一定注意，在德波这里的报告

1951 年因对戏剧的贡献而获国家奖金。1955 年获列宁和平奖金。1956 年 8 月 14 日布莱希特逝世于柏林。在戏剧创作和实验活动中，1918 年，青年布莱希特写出第一部短剧《巴尔》，抨击资产阶级道德的虚伪性。1920 年完成剧作《夜半鼓声》，1922 年此剧在慕尼黑和柏林的剧院上演，借此获得有名的克莱斯特最佳年轻剧作家奖。1922 年写出《城市丛林》，并撰写剧评。同年，被慕尼黑小剧院聘为戏剧顾问兼导演。1924 年则应著名导演莱因哈特邀请赴柏林任德意志剧院剧剧顾问，创作剧本《人就是人》。1926 年，布莱希特开始研究马列主义，开始形成自己的艺术见解，初步提出史诗（叙事）戏剧理论与实践的主张。他的作品包括：《马哈哥尼城的兴衰》(1927)、《三分钱歌剧》(1928)、《屠宰场里的圣约翰妮》(1930)和《巴登的教育剧》《例外与常规》等教育剧。1931 年，他将高尔基的小说《母亲》改编为舞台剧。在向舞台剧戏剧发展的过程里，布莱希特的主要剧作有：《圆头党和尖头党》《第三帝国的恐怖与灾难》《伽利略传》《大胆妈妈和他的孩子们》《四川好人》《潘蒂拉老爷和他的男仆马狄》，以及改编的舞台剧《在第二次世界大战中的帅克》《高加索灰阑记》等。

① ［法］德波：《关于情境构建以及情境主义国际倾向的组织和行动之条件的报告》，方宸、付满译，载《社会理论批判纪事》第 7 辑，南京大学出版社，2014 年版，第 52 页。中译文有改动。参见 Guy Debord, *Œuvres*, Paris: Gallimard, 2006, p.320.

中,布莱希特的理论地位是至关重要的,因为在后者的戏剧革命中,同时涉及了德波情境主义国际思想构境中的这两个关键概念:一是景观,二是情境建构。所以,在此有必要对布莱希特的戏剧革命思想进行一些较为深入的具体讨论,这对于我们后面进入情境主义国际的一些核心概念构境是十分重要的。应该指出,在传统关于情境主义的思想史研究中,布莱希特的影响被大大忽视了。这也是过去我在讨论德波思想时缺失的部分。我注意到,在1945年列斐伏尔写下的《日常生活批判》的第一卷[1]中,他也提及,布莱希特的戏剧也是通过"靠近日常生活"来表达一种批判精神。因为,布莱希特拒绝传统戏剧的透明性描述方式,他所创造出来的戏剧的"疏离性效果"(Verfremdung seffekt)的本质,就是一种通过将我们熟知的日常生活现象在戏剧的变形和突显中变得重新陌生化(étrangeté),在这种突现的陌生情境(situation)关系中发现日常生活存在着的异化关系,这样,"观众在异化的意识之中,通过意识的异化接近自己"[2]。列斐伏尔对布莱希特的复构显然有些过于形而上学,他的意思是说,布莱希特戏剧革命中的陌

---

① 此书出版于1947年。Henri Lefebvre, *Critique de la vie quotidienne*, Paris:L'Arche,1947.

② [法]列斐伏尔:《日常生活批判》(第1卷),叶齐茂,倪晓辉译,社会科学文献出版社,2018年版,第21页。

生化关系,从哲学上看,就是让观众摆脱与生活假象同质的透明式构式,进入对生活异化状态的体验,布莱希特的陌生化在列斐伏尔这里,被简单解释为异化关系,观众在演出的异化撕裂中,接近生活的异化本质。我个人以为,列斐伏尔的理解属于过度阐释,布莱希特的陌生化显然不**是敌我性的异化关系**,关于这一点,我们在下面有具体分析再讨论。列斐伏尔还说,与布莱希特相近的努力还有法国阿尔托的"残酷戏剧"(théâtre de la cruauté)[①]和超现实主义。我不能确定,德波此处的观点是否受到列斐伏尔的影响。这次对布莱希特戏剧思想的研究,也让我发现表演艺术场境与我的社会场境理论和构境观的关联可能,不少布莱希特的观点出乎意料地让我激动、感慨和产生共鸣。

布莱希特的戏剧革命观,主要体现在他 1948 年完成的《戏剧小工具》(*Kleines Organon für das Theater*,1948)

---

① 安托南·阿尔托(Antonin Artaud,1896—1948):法国著名法国演员、诗人、戏剧理论家,法国反戏剧理论的创始人,1896 年 9 月 4 日生于马赛,1920 年赴巴黎。19 世纪 20 年代一度受到超现实主义思潮影响,1926 年和人合办阿尔费雷德·雅里剧院,上演他的独幕剧《燃烧的腹部或疯狂的母亲》;1931 年写出《论巴黎戏剧》《导演和形而上学》等文章。后来,由于受到象征主义和东方戏剧中非语言成分的影响,提出了"残酷戏剧"的理论,试图借助戏剧粉碎所有现存舞台形式,主张把戏剧比作瘟疫,观众在戏剧中经受残酷折磨,但正由此而得以超越现实生活。曾自导自演《钦契一家》。他于 1937 年患精神分裂症;1948 年 3 月 4 日逝世。主要代表作:《残酷戏剧宣言》(1932)、《剧场及其复象》(1936)等。

戏剧家布莱希特

一书中。这里,他明显模仿了培根的《新工具》。

首先,反对被动的消极戏剧演出/景观。在马克思主义艺术家布莱希特看来,当代西方戏剧已经"堕落成了资产阶级麻醉商业的一个分店(Zweig des bourgeoisen Rauschgifthandels)"①,它是资产阶级意识形态的艺术表现形式之一,其实质就是通过一个"世界的残缺不全的复制品","把一个充满矛盾的世界,当成一个和谐的世界!把一个不怎样熟悉的世界,当成一个可以梦想的世界"②。显然,布莱希特站位很高,在他的眼里,今天资产阶级的艺术构式本质,是对现实资本主义社会定在的残缺复制,这种复

---

① 〔德〕布莱希特:《戏剧小工具篇》,张黎、丁扬忠译,北京师范大学出版社,2015年版,第4页。

② 同上书,第28页。

制本身就是意识形态塑形的伪饰，因为，它通过戏剧的"麻醉商业"，把充满矛盾和压迫的血腥金钱世界，装扮成一个和谐的美好生活。这是一个典型的马克思主义革命性的断言和戏剧革命的起点。依布莱希特此处的理解，真正的异化关系出现在资产阶级的戏剧观中，而非列斐伏尔所误认的陌生化关系中。反对将资产阶级的异化世界伪饰成和谐美好的幻象，这与德波、约恩等的激进艺术观的出发点是一致的。依布莱希特所见，戏剧的真正本质应该深刻地反映人们不同时代的现实生活方式，作为一种**现场虚拟现实**的表演艺术，应该具有透视生活、教化人民的能力，然而，在资本主义社会中，很多人到剧场去看戏，恰恰是"为了把自己的感情卷入戏剧中去，着迷，接受影响，提高自己，让自己经历恐惧、感动、紧张、自由、松弛，受到鼓舞，逃脱自己的时代，用幻想代替现实"①。说实话，这是我们很少去想的问题。看戏，好像就是演员演得好，我们能够被吸引。但布莱希特不这样看。他说，我们走进今天的剧场时，看到了这样一个资产阶级意识形态希望看到的演出和观看的异化场景：应该具有批判性审视眼光的观众无脑式地坐在观众席上，

---

① ［德］布莱希特：《戏剧小工具篇》，张黎、丁扬忠译，北京师范大学出版社，2015 年版，第 104—105 页。

他们睁着眼睛，他们在瞪着，却并没有看见（schauen nicht）；他们在听着，却并没有听见（nicht hören）。他们呆呆地望着舞台，从中世纪——女巫和教士的时代——以来，一直就是这样一副表情。看和听都是活动，并且是娱乐活动，但这些人似乎脱离了一切活动，像中了邪的人一般。演员（Schauspieler）表演得越好，这种入迷状态就越深刻，这种状态里观众似乎付出了模糊不清的，然而却是强烈的情感。①

这是一个十分形象的描述。依他之见，从中世纪神学意识形态支配下的戏剧，就已经生成了一个戏剧表演和观看的固定构式：演员就是圣灵的肉身，他的表演合体于上帝，而观众虽然在现场看和听，但他们都不会有自己独立的精神人格，所以，除了福音，他们什么都看不见、听不到。依费尔巴哈的批判话语构境，上帝是人的本质异化，那么，这种入神的戏剧神性表演的实质，就会是通过现场模拟重复和渲染这种异化关系的神圣化，在这一点上，如同每个礼拜日发生的弥撒和宗教活动一样。阿尔都塞说，宗教是通过日常生活中的物质仪式来建构神圣场境存在的，戏剧

---

① ［德］布莱希特：《戏剧小工具篇》，张黎、丁扬忠译，北京师范大学出版社，2015年版，第24页。

也是这种仪式的一种。布莱希特认为,这种中世纪就存在的无思关系中的表演与观看的戏剧观,也正是资产阶级今天剧场中所发生的现场情境。只是上帝的福音替换成了资产阶级的**意识形态大他者**①的把戏。布莱希特认为,在这种戏剧表演和观看中,演员就是故事主角(大他者)的化身,而观众则像"中了邪一般"沉浸在与这种故事的无思共鸣之中,戏剧是演员表演得越好,这种观众的意识形态迷入就越深。今天的资产阶级戏剧,正在把人塑形成"变成一群畏缩的、虔诚的、'着魔'的人"。对此,马克里尼有一段分析是精深的,他说,布莱希特所批判的传统演出(景观)"被定义为抓捕人的注意力的一种装置,是用来组织观众的被动性装置,它将人们互相孤立隔离然后通过巧妙设置的引起情感的手段、来让人们对这些指令做出反

---

① 这里的"他者"(autre)概念是拉康构境的重要批判性概念,这个他者从一开始就异质于海德格尔-萨特式的"他人",也不同于列维纳斯的"他者",拉康的他者概念的缘起是柯耶夫式的黑格尔镜像关系中的**另一个**(other)自我意识。拉康的他者概念是特指一种在我们之外的无形力量关系,我们却无思地将其认同为本真的本己性。拉康的他者关系有小、大他者之分:小他者(autre)是指孩子最初在镜像生成的影像自我和周边亲人反指性塑形关系,而大他者(Autre)则是由语言系统建构起来的整个社会教化符码关系。小他者建构了个人自我最初的存在构序意向和具体生存塑形,而大他者则具有个人主体建构的本质,我们永远都是"欲望着大他者的欲望"。具体讨论可参见拙著:《不可能的存在之真——拉康哲学映像》(修订版),上海人民出版社,2020年版。

应——这些都像是在噩梦,戏剧大厅里的现实"①。其实,布莱希特的观点并不仅仅适用于戏剧表演和观看,而是整个资产阶级文学艺术观的本质,从**视觉中心论**的构境来看,最典型的方面当然会是电影和电视中的表演与观看。布莱希特的这一思考,将深深地触动德波。依我的推测,这会是后来德波景观概念的批判之思的缘起。可以说,德波是将布莱希特在戏剧表演场境中的被动迷入臣服和主动情境建构关系,推延到更广大的社会生活层面上来了。先是在电影实验和艺术领域中祛序和拒绝资产阶级的图像构序和塑形下的被动观看,然后在现实日常生活场境中捕捉到景观表演的险恶赋形,由此开启一种资产阶级当代社会场境批判的事业。

在布莱希特这里,如果从艺术思想史的层面上看,西方资产阶级的戏剧观并非新生的事物,它几乎原封不动地延续了欧洲历来统治阶级意识形态的支配构式传统。传统戏剧创作和演出的理念,缘起于亚里士多德《诗学》中建构的戏剧传统,布莱希特将其称为"戏剧式戏剧"或"亚里士多德式戏剧"。在这种戏剧观中,剧本编写者的构境意向和演员的重构表演重点,都是要通过剧情和夸张的现场

---

① Patrick Marcolini, *Le Mouvement Situationniste：une histoire intellectuelle*, Montreuil：L'Échappée, 2012, p.117.中译文参见刘冰菁译稿。

表演吸引观众的注意力,让观众在当下发生的虚拟场境空间中与剧中的主人公的故事产生同质性的共鸣,在入境剧情的幻象赋型过程中进而沉浸于一种被动的失去自己的无思状态。其实,这是大多数传统戏剧观或者表演理论的基础,即使是斯坦尼斯拉夫斯基①的体验派表演体系,也没有从根本上背离这一戏剧构式。布莱希特认为,这种戏剧演出(spielt)的本质,是使戏剧堕落成一种意识形态统治的隐性工具,因为,整个演出不过是一种思想奴役的暴力性赋型装置,看演出成了让**作为旁观者**的观众被动地赞同,在一种恐怖的情感塑形和怜悯中导致观众情绪沉沦而无法思考。布莱希特的这一观点,对我的触动很大。这让我想起自己在部队和大学里参加话剧演出的经历,我们那个时候,导演和演员的共识都是尽全力让自己化身为角色,努力打动观众。因为,与唱歌和舞蹈表演的**非及物性场境建构**不同,西方戏剧表演(话剧和歌剧)有现场情境表演,通常是日常生活**具象式的艺术复现**,所以,我在南京大学

---

① 斯坦尼斯拉夫斯基(Stanislavski,1863—1938):俄国演员,导演、戏剧教育家、理论家。他于1863年1月5日生在莫斯科一个富商家庭,1877年在家庭业余剧团舞台开始演员生涯。斯坦尼斯拉夫斯基不仅担任导演,而且也在自己导演的剧目中担任重要角色。1928年在《演员的自我修养》一书中创立"形体动作方法"丰富内心体验为核心的戏剧体系。他提出,在演员的表演中,在直接"成为形象"、生活在形象之中,要求在创造过程中有真正的体验。

做学生的时候出演《于无声处》话剧中的男一号欧阳平,身处特定的历史时期中的场境关系之中,满心正义和悲愤,在最后被抓走时慷慨陈词,不禁泪流满面。演出结束时,导演激动地说,"下面观众都哭了"。这算一种表扬。可能,在我们那个极低的表演层面,根本意识不到布莱希特的这一深刻艺术构境。况且,在《于无声处》对"四人帮"的批判中,我们还没有粉饰某种权力的合法性。布莱希特说,在整个传统戏剧的演出现场,观众在看演员的当下表演,可是在思想的层面,他们只是在现场情境入迷的被动状态中接受一种场境式的无形观念赋形和单向灌输,观众并不知道,是某种类似造型综合判断一样的无形的大他者让他看到和听到特定的情境,他自己什么也没有**真正听到和看到**。也是在这一特定的构境层中,布莱希特深刻地指认,这种戏剧表演,就像是在舞台的三面墙之外,在观众面前加上了一道看不见的"**第四堵墙**"。这个"第四堵墙"是布莱希特著名的观点。这个戏剧演出中以"第四堵墙"的隐性构序出现的被动性景观,正是令德波在思考整个当代资本主义消费社会本质时,对被动式的景观产生共鸣的批判点。这个看不见的墙,也就是后来著名的**迷墙**①。当然,这个墙,不是用石块砌成的物性之墙,而是一种场境存在

① 《迷墙》(*The Wall*),英国导演埃兰·帕克(Alan Parker)于 1982 年摄制的电影。影片讲述一个叫平克(Pink)的青年人的成长故事。"墙"是一个隐喻,它是隔离痛苦的手段,同时更是限制自由的桎梏。平克小时候

建构起来的无形的意识形态迷障。我一直在想，布莱希特的"第四堵墙"其实并不仅仅存在于戏剧表演舞台上，而是在现实社会生活中，按拉康的他者理论，我们每一个人自幼就是一个无思的观众，身边亲人和老师的所有"表演"都有可能成为建构他性支配关系最早的"第四堵墙"。语言符码建构起来的大他者教化系统就更是如此，这是后来阿尔都塞意识形态装置质询建构主体的基础。应该指出，布莱希特的这个"第四堵墙"的观点，也是一种全新的社会关系认识论和批判认识论的重要观点。传统认识论的基本构式，大多依循对实物对象的感知经验-统觉整合-概念抽象的构序线索，很少能面对复杂的人与人活动建构起来的场境关系存在，更不用说，批判性地透视其中的意识形态伪境。传统认识论总是假设认知对象的伪自在状态，特别是在主体际关系之中，理想化地排除了**主体故意性和伪饰性**的可能，这使得社会认知在起点上就是虚假的。在常识观念和传统认识论构式中的客观反映和表象系统里，很难找到类似"第四堵墙"这样的穿透力认知，你通过眼睛、耳

父亲就战死了，他在妈妈的溺爱中长大。平克对压抑的学校制度心存不满，于是在写作和音乐中寻找自由。但他成功后发现"墙"也与自己一起长大了，他感觉为名所累，为人所伤，绝望之余，决定与世隔绝。在最后，同平克·弗洛伊德的音乐专辑一样，无形的墙被推倒了。平克·弗洛伊德是欧洲著名摇滚乐队。《迷墙》为这一乐队发行于 1979 年的一张极有名的音乐专辑。

朵看到及观念赋形获得的外部世界和内心世界有可能是主体故意性和伪饰性造成的**认识论障碍**,甚至是意识形态的迷墙,比如马克思意识到的经济拜物教迷墙,这是我们过去所有认识论理论都没有认真思考到的层面。我觉得,这也是马克思批判认识论超出康德认知理论的重要学术高地,只是,在很长一段时间内,它被教条主义的迷雾遮蔽起来了,布莱希特的批判认识论观念,有助于我们重新恢复这种批判认识论深层次构境。

其次,**非亚里士多德的辩证史诗剧**。这是布莱希特自己的革命戏剧观了。他提出,与资产阶级承袭的旧戏剧观不同,"我们所需要的戏剧,不仅能表现在人类关系的具体历史的条件下——行动就发生在这种条件下——所允许的感受、见解和冲动,而且要运用和制造在变革这种条件下发生作用的思想和感情"①。戏剧的表演和观看,虽然只是在一种剧场中发生的虚拟情境建构关系,但无论演员还是观众都必须有真实的"感受、见解和冲动",说大一些,这是无产阶级社会革命变革的需要。显然,布莱希特戏剧观革命的目标也很明确,今天革命艺术家的紧迫任务,就是

① [德]布莱希特:《戏剧小工具篇》,张黎、丁扬忠译,北京师范大学出版社,2015年版,第32页。

要打破资产阶级仍然维护的亚里士多德式的旧戏剧观。布莱希特认为，经过从手工业到"大规模的生产"的进步，我们周围的世界发生了巨大的变化，我们今天的生活大大不同于过去，因为它已经建立在一个全新的科学发展的基础上。这一观点显然是马克思恩格斯在《德意志意识形态》一书中阐释的历史唯物主义世界观，在那里，两位经典作者告诉费尔巴哈，他视作不变的自然图景其实都是人类现代劳作的历史性改变的产物。布莱希特说，自己正用打字机写作，可以坐飞机旅行，这是父辈人想都不敢想的事情。然而，"在开发与征服自然中得了辉煌成就的科学，受到了掌握政权的资产阶级的羁绊（gehindert），使它不能去改造另一个尚停留在黑暗（dunkel）中的领域，亦即在开发与征服自然中的人与人之间的关系"[①]。布莱希特是想说，在人对自然的能动关系中，人已经通过科学技术创造了与马克思恩格斯批评费尔巴哈时不可想象的无比耀眼的辉煌，可是，在资产阶级意识形态的控制下，这种能动的科学之光却照耀不到社会生活领域，由此他认为，艺术必须反映现实生产和科学表现出来的伟大**能动性**，戏剧同样如

---

① ［德］布莱希特：《戏剧小工具篇》，张黎、丁扬忠译，北京师范大学出版社，2015年版，第18页。

此。如果说,布莱希特的看法存在着一定的不精准性,那就是他没有意识到,旧戏剧观存在的现实基础是整个前资本主义生产方式中的旧世界,排除资产阶级的意识形态因素,依附于土地的农耕自然经济中的主体-客体对立关系是这种旧认识论的现实构式依托,只是在工业生产发展起来之后,这种主-客二分的传统认识论赋形构架被彻底破境。布莱希特充满激情地说:"像自然的改造一样,社会的改造同样是一种解放的壮举。科学时代的戏剧应该传达的,正是这种解放的欢乐。"①这是一个理想主义的憧憬。显然,布莱希特这里还无法在更深的批判构境层上,意识到法兰克福学派对资本主义科学技术(启蒙中的"知识就是力量"和支配自然与社会的工具理性)的意识形态批判深意,即本雅明所指认的**解放同时是更深的奴役**。

　　针对传统亚里士多德式的伪饰神性和现实统治关系的戏剧观存在的问题,布莱希特提出了自己"非亚里士多德式戏剧"观,即能动的、历史化的"史诗式戏剧"(episches theater)。晚年,布莱希特也将其称为"辩证戏剧"。并且,他还精心绘制了一个对比式的分析图:

---

① ［德］布莱希特:《戏剧小工具篇》,张黎、丁扬忠译,北京师范大学出版社,2015 年版,第 50—51 页。

戏剧形式的戏剧	史诗形式的戏剧
舞台体现一个事件	舞台叙述一个事件
把观众卷进事件中	去把观众变为观察家
消磨他的行动意志	唤起他的行动意志
触发观众的情感	促使观众做出抉择
向观众传授个人经历	向观众传授人生知识
让观众置身于剧情之中	让观众面对剧情
用暗示手法起作用	用辩论手法起作用
保持观众各种感受	把感受变为认识
把人当作已知的对象	把人当作研究的对象
人是不变的	人是可变的,而且正在变
让观众紧张地注视戏的结局	让观众紧张地注视戏的进行
前场戏为下场戏而存在	每场戏可单独存在
事件发展过程是直线的	事件发展过程是曲线的
自然界是不会发生突变的	自然界是会发生突变的
表现人应当怎样	表现人必须怎样
人作为一个固定不变的点	人作为一个过程
思想决定存在	社会定在决定思想①

---

① ［德］布莱希特:《论史诗剧》,孙萌译,北京师范大学出版社,2015年版,第43—44页。

布莱希特专门为这个对比图表加了一个注释,他说,"这个图表不是说明两种形式的截然不同的对立,而只是说明重点的移动。这样可以把感情的暗示或纯理性的规劝的传递方式强调出来"①。这是一个画龙点睛式的说明,布莱希特是想告诉我们,这一图式的用意在于显现两种不同的戏剧观在"感情的暗示或纯理性的规劝的传递方式"上的异质性。首先,布莱希特指认出了戏剧的隐秘作用机制,它并非仅仅是一种娱乐或美学享乐方式,而是通过戏剧的表演和观看赋形一定的理性规劝,使作用机制成为观看中不知不觉传递的感情暗示。旧戏剧观传递的当然是统治阶级的奴役性意识形态,而革命戏剧则将生产创造性的"感性暗示"。在此,让我们想到的是中国曾出现的"革命样板戏",当戏剧成为直接的理论说教时,它已经违反了最起码的"感情暗示"等艺术标准,它的反讽性的存在方式所产生的影响和作用,恰恰与生产者的意图是背道而驰的。在那个特殊时期中的小说、电影、美术等其他方面的艺术创作中,同样出现了大量非艺术的政治符码式的口号产品。其次,从大的方面看,在布莱希特的这个图表中,所谓的史诗戏剧,就是在坚持历史唯物主义的立场上,形成

① ［德］布莱希特:《论史诗剧》,孙萌译,北京师范大学出版社,2015 年版,第 43 页。

一种**批判性的**戏剧观,要从根本上打破传统戏剧观中那种写-演-看的纯粹娱乐模式,他要让观众积极地面对剧情,看到戏剧中表达的具体的、历史化的人与人

布莱希特在《大胆的妈妈》排练现场

的社会关系,表现人应该怎样改变世界的决心。这一点,也很符合德波等人的革命艺术造反胃口,即拒绝资产阶级电影和美术构境中观众被动喂养的"反电影""反表象"的动能性的艺术观。

我觉得,对布莱希特这一对比性的戏剧观图表,我们要倒过来入境:一是最大的方法论构式原则为**社会定在**①

① 历史唯物主义的基本原则是社会定在决定意识,并非传统教科书解释框架中所言的"社会存在决定社会意识"。马克思在德文原文中使用"定在"(Dasein)、"社会定在"(Gesellschaftliches Dasein)和"定在方式"(Daseinsweise)这三个关键概念,在从德文转译为俄文,再从俄文转译为中文后,分别译成了"存在""社会存在"和"存在形式",这重误译,隐藏了历史唯物主义思想与思想史上一些至关重要的资源的关联,更遮蔽了马克思关于"社会定在决定意识"这个重要的历史唯物主义的深层构境。参见拙文:《马克思历史唯物主义中的社会定在概念》,《哲学研究》2019 年第 6 期;《定在概念:马克思早期思想构境的历史线索》,《中国社会科学》2019 年第 9 期。

决定思想,这是布莱希特戏剧革命的构序起点,正是社会生活中的改变才要求艺术塑形方式上的革新。这也就是说,从旧戏剧观向辩证戏剧观的转换,并非一种单纯的艺术形式的改变,而是历史时代变迁的深刻要求。二是今天的人是一个活动和创造性的过程,而不是一个受动的"固定不变的点",这与自然科学在当代的巨大进展是一致的,它生成了我们周围世界的"突变"。前面我已经说过,这本身是一个社会定在的历史性转变。上面这两点,是舞台和剧场之外的社会现实观察,是布莱希特新戏剧观的思想前提。三是不把戏剧创作所面对的人看作现成的对象,而将其当作可以变化的构序生命体,所以戏剧构式和塑形的事件不应该是线性的,而是非线性的复杂故事。这一点,是胡塞尔-海德格尔现象学方法论中突显出来的思考原则,即从现成在手的对象性认知,转向发生学的上手体知,这里的深刻之处是变化和非线性构式。可以说,这对应了我上面刚刚指认的主体际关系存在中的故意性和伪饰性,这也将是一种全新的**关系认识论**前提。这就要求创作和表演都不能在"情感暗示和理性规劝"上,让观众产生**凝固不变的线性生活观**。四是戏剧舞台不再只是简单地再现生活,当然更不能像资产阶级戏剧那样伪饰现实中的奴役关系,而是有意向地批判和创造,所以戏剧赋形的方式不再是中立的暗示,而是斗争性的论争。当然,这绝不是使艺术成为政治的奴婢。五是彻底打破观众的被动消极接受状态，让观众成为面对剧情的有思想的积极思考的观察者，而不是卷入剧情的迷入者。革命戏剧的本质是主动性，不仅表演是主动性的思考，而且也要调动观众的积极参与。在这一点上，布莱希特开启了艺术表演中**剧场互动场境**的全新时代。六是通过革命戏剧给予观众独立的认识距离，消除煽情，驱动观众的独立意志，促进观众生成自己对世界的判断和生命抉择。这是革命戏剧向现实生活抉择转换的前提。我以为，这就是布莱希特戏剧观的形而上学构境。这里面可能包含着大量认识论和方法论的新鲜构序养分，有待我们去深入思考和汲取。

布莱希特明确提出，在方法论上，要把唯物主义辩证法（materialistische Dialektik）的精神贯彻到戏剧中。在努力践行马克思主义哲学方法论这一点上，艺术家布莱希特始终是自觉的。可能这也是布莱希特和列斐伏尔吸引哲学欠缺的德波等人的地方之一。布莱希特分析道：

> 为了探索社会的可动性，这种方法把社会状况当成过程（Prozesse）来处理，在它的矛盾性（Widersprüchlichkeit）中去考查它。一切事物在转变的时候，亦即处于与自身不一致的时候（Uneinigkeit mit sich selbst ist），都存在于这种矛盾之中，人类的感情、意见和态度也是如

此,他们的社会共同生活的具体形式就表现在这里。①

唯物主义辩证法精神指引下的艺术观点,就是将社会历史过程性的动态变化和复杂社会关系矛盾分析的方法引入戏剧观中,戏剧的创作、表演和观看都要客观反映社会生活中的深刻矛盾,这种矛盾关系的表现,就是事物总是"处于与自身不一致"的差异性关系之中。这种缘起于黑格尔-马克思的矛盾性的"与自身不一致",正是布莱希特"陌生化"关系的哲学构式基础。而不是像资产阶级意识形态支配下的传统戏剧观一样,在舞台场境建构中,通过**表演和观看的双重同质性迷入**刻意去遮蔽现实阶级对抗的异质性。在布莱希特这里,辩证的、史诗戏剧观的本质,是要将戏剧融入复杂的社会历史过程中,在艺术活动中把握事物"与自身的不一致",将戏剧写作和演出本身变成革命的积极思想工具,而观众看戏的过程也不再是简单地被喂养,而是独立的批判思考活动的当下发生,这样,才有可能真正反抗资产阶级意识形态的隐性支配和控制,戏剧的演出和观看都会成为一个在剧场中发生的**革命性情境建构**事件。在这一点上,又与德波所赞同的革命艺术实

---

① 〔德〕布莱希特:《戏剧小工具篇》,张黎、丁扬忠译,北京师范大学出版社,2015年版,第40页。

践的本质在于打破资产阶级和谐幻象发生共鸣。为了表达自己新的戏剧观的革命性,布莱希特甚至专门使用了一个故意颠倒词序的异形词"Thaeter"来表示自己的辩证史诗戏剧。[①]

其三,**建构表演现场的陌生化情境**。可是,如何实现这一重要的戏剧变革呢? 为此,布莱希特创造了具有划时代意义的戏剧革命——**陌生化理论**(theatralischen Verfremdung),即戏剧演出和观看关系当下发生中的"陌生化效果"(Verfremdungs Effekt)。Verfremdung 一词在德语中是一个非常富有表现力的词,具有间离、疏离、陌生化、异化等多重涵义。这个"陌生化"概念,是布莱希特影响巨大的原创性思想。列斐伏尔将陌生化理解为异化关系,应该也与这种复杂的词义相关。我个人觉得,对陌生化构式的理解,不应该仅仅停留在戏剧研究领域,还要挖掘这一观点的哲学方法和批判认识论的更深意义。这也是在此

---

① Bertolt Brecht, *Kleines Organon für das Theater*, Gesammelte Werke Band 16, Suhrkamp Verlag, Frankfurt am Main 1967, S.662. 在这里,布莱希特将正常的 Theater 改写成 Thaeter,以至于在读音上成了 Täter (有作为的人),以表达戏剧的能动性本质。他甚至还将 Musik(音乐)改写成 Misuk,成为能动的音乐。在文字上做改动,来表达一种革命激进的观点,似乎是当代欧洲思想家和艺术家的喜好。如海德格尔在本有哲学中改 Sein 为 Seyn,在 Sein 上打叉,在 Dasein 中加连字符为 Dasein,等等;德里达将 différence 改为 différance(延异);阿甘本在"法律"一词上打叉,命名为"悬法"。这些应该是同一构式的路数。

我想努力的方向。布莱希特自己说,"对一个事件或一个人物进行陌生化,首先很简单,把事件或人物那些不言自明的、为人熟知的和一目了然的东西剥去,使人对之产生惊讶和好奇心"①。让熟知重新变得陌生,让我们对每天看到的东西感到好奇和惊讶,这是一个基本的**自身间离**的方法。其实,布莱希特这里所指认的陌生化间距关系,接近黑格尔所说的"往往熟知的东西是不理解的",在他那里,哲学思辨就是使熟知深化到"陌生"的本质透视中。胡塞尔在现象学构式中对"自明性"的证伪构式逻辑也是如此,你在无意识之中的陈见统摄下看到的现成性,与现象学的悬置(加括号)后看到的陌生化关系中的"本质直观"是根本不同的。显然,布莱希特的"陌生化"理论有极深的哲学构境背景。将我们每天看到的日常生活中的人物、事物和社会现象视作一种同质性的不变对象,将表象直接当作真实存在,似乎是一个可以不经思考的常态,可是,布莱希特则认为,应该将人的生存看成一个变化的过程,人与事物的关系、社会关系和历史现实,都必须更深入地看到它们**与自身的不一致**之处,这恰恰是马克思和列宁都指出过的唯物辩证法的本质。马克思和恩格斯正是根据这一辩证

---

① [德]布莱希特:《戏剧小工具篇》,张黎、丁扬忠译,北京师范大学出版社,2015年版,第36页。

法的基本构序原则,透视出资产阶级世界(生产方式)中的本质矛盾,批判性地建立了科学的社会批判理论。布莱希特的戏剧革命,实际上正是要将马克思主义的这种批判精神引入戏剧观中,即在戏剧创作-表演-观看中嵌入复杂的矛盾关系,让舞台成为呈现生活现象不可见矛盾关系的革命场境突现,这就是陌生化的本质。仔细去想,布莱希特的陌生化关系与超现实主义和德波等人先锋艺术对麻木日常生活的摧毁,在构序方向上是完全一致的,它们都在于将我们每天熟知的东西剥离开,让它们脱离幻象的伪饰,重新以本己的方式震惊我们,**熟悉重新陌生**本身是一个存在的自我解构和破境。再从批判认识论的构式入境,布莱希特这里提出的陌生化观点,也是构成批判认识论的一个新的构境层。在黑格尔那里从熟知的现象到陌生化的本质的过渡,正是表象与存在的差异性矛盾关系,批判认识论的第一个构式层级是"你看到的并不一定就是真的",这是缘起于康德的"纯粹理性批判"赋形,并由黑格尔从《精神现象学》的唯心主义物象批判就开始的构式。马克思也依循这一批判认识论构式,引入了经济关系物象证伪的拜物教批判,在他那里,批判认识论的基础是现实市场交换中发生的客观关系颠倒,人与人的劳动交换关系颠倒为事物与事物的关系,资产阶级世界中人们熟知的事件就是金钱法则被马克思陌生化为经济拜物教迷入。这是**社会关系认识论和批判认识论**非常重要的深化。也是我们长期严重忽略的认识论领域。布莱希特此处的戏剧陌生化理论构式，恰恰极其深刻地映现了这一批判认识论的本质。德波后来从布莱希特的陌生化理论构式中引申出景观批判的构序方向，其认识论的基础也在于此。从传统认识论的视角，是根本无法理解可见景观的意识形态机制的。这是我们应该认真思考的研究方向。

具体到戏剧变革的实践中来，布莱希特告诉我们，"第一次和第二次世界大战之间，在柏林船坞剧院①为制造这样的形象所尝试过的表演方法，是以'陌生化效果'(Ver-fremdung Effekt)为基础的。陌生化的反映是这样一种反映：对象是众所周知的，但同时又把它表现为陌生的"②。这里体现在舞台表演中所谓的陌生化，就是通过在戏剧表演中演员的对角色的自我间距化（"与自身的不一致"）、对第三人称的使用（自指"他性"）、舞台说明的念白（"反打性"中断）等，打破传统戏剧的单向灌输性；在观众观看的方面，则是以解构观众对角色和戏剧故事的简单心理认同，刺激观众在观看的陌生化中进行独立的思考和批判。据我的理解，在戏剧舞台这一特定虚拟构境场合中，一是演员摆脱传统亚里士多德式的入神于角色的表演架构，在

---

① 柏林船坞剧院即后来的柏林剧院，布莱希特曾任这里的戏剧导演，并在这里从事他的"史诗戏剧"实践。

② ［德］布莱希特：《戏剧小工具篇》，张黎、丁扬忠译，北京师范大学出版社，2015年版，第36页。

演出中,演员不再让自己同质化于角色,相反,他们的表演保持对角色的间距性,表演本身引入了辩证的"与自身不一致"的矛盾关系,从而使表演的现场构境摆脱线性故事叙事,让日常生活熟知的表象更加复杂和深刻起来。其实,这对演员的要求会高很多,因为演员在表演一个角色时,**是"他"的同时又不是他**。二是表演中的"我"被**他性化**,第三人称的"他我"偶尔在场,同时提醒演员和观众所保持对生活本身的批判性的陌生化间距。三是突然出现的中断剧情的旁白,让观众停下盲从式的入境,而是作为观察者重审自己在生活中从来不会反思的熟悉现象。从哲学上看,布莱希特的陌生化关系,正好针对了我们在日常生活中已经丧失的多重内省:一是对自己的内省;二是对处于社会关系场境中的"他我"的反省;三是对生存-生活本身的外部审视。我觉得从方法论上看,一方面,这正是德波等情境主义者在现实中拒斥人们处于被动的资产阶级景观控制,让日常生活场境重新艺术化的革命情境建构的同向努力。在德波那里,布莱希特的舞台演出和观看的陌生化,变成对资产阶级意识形态所制造的令人无脑迷入的景观现象,以及拒绝景观控制之后在日常生活现实中创造的革命性瞬间——情境建构。到这里,我们就会顿悟到 1952 年发生的两个**极端陌生化**事件:一是德波的字母主义影片《萨德的呐喊》,完全没有引人入胜的画面音响的白屏和黑屏,是让原先作为景观旁观者的观众陷入前所未有的陌生场境,主动地"愤怒"和"生气";二是凯奇那个偶然音乐实验中的《4′33″》,完全没有熟悉的琴键敲击的寂静,让被动的听众陷入同样的陌生化恐慌之中,他们会拼命竖起耳朵主动去聆听。其实,阿尔托的"残酷戏剧"、杜尚的《泉》、约恩的眼镜蛇前卫运动中出现的各种"惊艳""祛序"的美术作品,以及其他先锋派艺术实践,可能都要在这种极端陌生化情境下才是可入境的。有所不同的是,布莱希特的陌生化效果,被从戏剧表演的舞台挪移到了更广阔的社会生活和艺术实践的方方面面。塔夫里曾经指认,杜尚、凯奇("偶然音乐")等人的另类艺术作品的一个直接目的,就是激发观众的"自由意识",邀请他们"积极参与解码"①。这是深刻的看法。说实话,也是在理解了布莱希特之后,我才算真正进入现代艺术的惊艳式"捣乱"构境之中。另一方面,还可以旁涉我们熟悉的文本学研究领域,这里布莱希特所说的表演和观看,相当于文本关系中的作者和读者双重视域,现代性的文本学-解释学已经充分注意到这种解读关系的"无限后退"的复杂性,但是由于现代性文本学没有消除**作者与文本的同质性**,用布莱希特的辩证话语来说,就是没有着眼于文本与自身的不一致性(矛盾关系),比如海德格尔那里出现的与他自己真实思想

---

① [意]塔夫里:《建筑学的理论与历史》,郑时龄译,中国建筑出版社,2010年版,第75、78页。

并不一致的表演性文本和表现性文本①,这样,解释学历史语境关系中向文本原初语境的逼真性努力就会是虚假的。这是需要我们重新思考的重要文本学深层构境。

布莱希特的《四川好人》剧照

在布莱希特这里,陌生化的落地可以由戏剧的三重舞台,即剧场的现场表演艺术场境-观众心理关系场境-综合戏剧艺术场境构成:

第一,演员将戏剧构式的角色表现为陌生的。这句话说起来容易,其实构境是十分复杂的。我看过一些戏剧研究方面的文章,戏剧专家对表演"陌生化"的理解过于直接和简单了。一是因为剧本创作的故事完全有可能已经不是人们熟知的日常生活,传统戏剧打动观众的入迷当然已经是一种显性的间距化;二是戏剧角色已经是一定的意识

---

① 关于海德格尔的表演性文本和表现性文本的讨论,可参见拙著:《回到海德格尔:本有与构境》(第一卷),商务印书馆,2014年版,"导论"。

形态赋形,新戏剧观构式中演员的陌生化努力,主要在于挣脱角色本身的隐性统摄。只是在这个更深的构境层中,布莱希特的陌生化表演观才是成立的。在布莱希特看来,在戏剧的演出中,首先演员应该意识到,你并不等于角色,所以,传统演员通过熟读剧本,理解作者对角色定位的理解就远远不够了,现在理解角色本身和入戏都必须是批判性的:在表演中,你不是你,你是角色,这是第一构境层,同时,你必须让角色自身的不一致显现出来,这是辩证戏剧观更高的要求。其次,演员面对场下的观众,必须一改自己表演中施魔观众的误区,表演要溢出编剧设定的故事之外,保持一种间离式的和批判性的距离,"既然他无意把观众引入一种出神入迷的状态,他自己也不可以陷入出神入迷的状态"。布莱希特认为,只有当一个演员**批判性地面对自己所演的角色**时,他才能真正掌握人物。有趣的是,布莱希特竟然提及,美国电影表演艺术大师卓别林"在许多方面接近史诗剧的表演要求"①。这应该是指卓别林在饰演流浪汉和小人物中,通过反讽和同情的矛盾关系所表现出来的自我批判性。我不知道,当砸了卓别林场子的德波看到这里时,会做何感想。在这一点上,我是深有同感的,我不是演员,而是一位老师,依我的理解,上课时发生

---

① [德]布莱希特:《论史诗剧》,孙萌译,北京师范大学出版社,2015年版,第74—75页。

的教与学的过程,也是一个思想-心理场境的建构过程。在这一点上,布莱希特在革命戏剧观中的思考也同样适用于教学。上课时,我总会在课程介绍时声明:"我不是马克思,也不是海德格尔,所以我所讲的内容并不直接赞同于马克思和海德格尔等大师们的思想,只是我自己的学习心得而已。"这本身就是身份的陌生化间距。这种与自身不一致的间距性关系时刻提醒我,绝不把自己的看法绝对化和理想化为大师们的本真话语。在教学心理场的当下建构中,对听课的学生也会产生重要的影响,如同布莱希特眼中的剧场观众,让他们非批判地迷入与让他们在"陌生化关系"中独立思考是完全不一样的。其实,在我撰写论文和著作的时候同样如此,我绝不会把自己阐释其他思想家文本的东西看作他人本真性的话语,这当然是我所理解的马克思、列宁、海德格尔和福柯,这是保证自己的独立性和批判性最重要的条件。布莱希特认为,"当演员批判地(kritisch)注意着他的人物的种种表演,批判地注意与他相反的人物和戏里所有别的人物的表演的时候,才能掌握他的人物"①。当演员批判性地把握自己所饰演的角色时,这种表演中的陌生化关系会让他更精准地理解戏剧的场境定位。他甚至认为,亚洲的戏剧表演中,就存在这种陌生

---

① [德]布莱希特:《戏剧小工具篇》,张黎、丁扬忠译,北京师范大学出版社,2015年版,第54页。

化的间离性,他竟然列举了梅兰芳先生的京剧表演。① 其中,梅先生以男饰女是第一层间离性,因为观众会知道,表演的他,不是被演的"她";二是那个已经被间离化的她,用一个"长不过膝的小桨"在舞台上表演渡河的不同经历,用一个小鞭子凭空饰演骑马的动作,在表演现场,所有观众都会知道,这不是真的过河和骑马,这是"戏",这是第二层陌生化。布莱希特认为,梅先生的表演用精湛的陌生化手法,打碎了隔在观众面前**信以为真**的那扇"**第四堵墙**"。② 这是极为深刻的构境解析。我自己在南京大学已经上了二十五年的全校文科博士生公共大课的第一堂课的"导言"中,一定会告知学生"不要信以为真"。不知道这算不算事先打碎"第四堵墙"的努力。在这里,让我想起自己高中时下农村"学农"时,班里排演样板戏《沙家浜》,我所饰

---

① 1935年,梅兰芳应苏联对外文化协会的邀请,率剧团在莫斯科和列宁格勒演出了15场,并且应邀在当地的艺术家俱乐部做了一次有关中国戏曲的学术报告。当时正流亡苏联的德国著名戏剧家贝托尔特·布莱希特有机会欣赏到了他的表演,聆听了报告。

② 前面我已经初步讨论过,这是舞台表演艺术空间的一个比喻,除去面对观众的一面,舞台像是一个有着三堵墙的空间,而布莱希特则将亚里士多德式的传统戏剧表演本身,隐喻为让观众盲目入迷于景观的第四堵墙,而在这里,梅先生的表演则通过批判性的"陌生化",打碎了这个隔在观众与艺术之间的第四堵墙。这是一个非常深刻的表达。参见[德]布莱希特:《陌生化与中国戏剧》,张黎、丁扬忠译,北京师范大学出版社,2015年版,第7页。

演的剧中的新四军指导员郭建光与沙奶奶有一段对唱,开唱前,有很长一段过门,按照剧情,我必须用一把扫帚在门前扫很长时间的地,由于时间太长,到开唱前,我一气之下,将扫帚扔出好远,引得同学们一阵大笑。这大概也是无意中的"陌生化",同学们突然意识到,我不是郭建光。当然,这是一个少年时代的玩笑。不过说句实话,我觉得,布莱希特关于表演陌生化的观念对演员是一个很高的要求,对那些连理解剧本和表演层级最低水平都无法达到的演员来说,陌生化表演无疑是不可能实现的要求。

第二,观众观看场境的陌生化。与传统的戏剧观不同,亚里士多德式的戏剧观很少想到观众的感受,特别是资产阶级意识形态的艺术观,表演就是要支配观众,无论是戏剧还是电影电视,造成观众的完全迷入,恰恰是政治文化统治的需要,也是后来德波所揭露的景观布展的秘密支配机制。布莱希特的戏剧观的重要新见,就是充分尊重观众的主体地位,把戏剧表演放在调动观众的独立思考和批判精神的启发引导上,这是一个了不起的贡献。观众的陌生化,就是从戏剧观众的视角设置的陌生化场境关系。这一场境与后来情境主义国际对资产阶级景观现象的批判和革命情境建构都有着直接的关联。但是,与后来出现的小剧场演出和观众互动的情况不同,此时布莱希特眼中的观众观看场境的陌生化的关键,并不在于让观众直接介入演出,而仍然在于演员的表演。这也就是说,布莱希特的陌生化能动主体和情境建构只有演员一面,这是我们需要注意的。

前面我们已经看到,布莱希特将这种戏剧表演方法指认为"史诗表演法",它的本质是让表演**历史化**。历史化就是表现现实生活的复杂矛盾性。一方面,是布莱希特眼中的演员应以一个自觉陌生化的表演者,而不是"完全转化"(restlose Verwandlung)为剧中人物的形象出现在舞台上,这种矛盾的自我间隔塑形是让演员保持批判性的前提;另一方面,"演员一刻都不允许使自己完全变成剧中人物……演员自己的感情不应该与剧中人物的感情完全一致,以免使观众的感情完全与剧中人物的感情一致。在这里,观众必须具有充分的自由"①。演员的陌生化间距的表演,目的是让观众从过去的卷入剧情的被动状态,转换为同样**保持独立人格**的批判性观察者,布莱希特这里所说的"充分的自由",是阻止观众对舞台表演的无思性移情效果,保持观众始终清醒的自我批判意识,旨在将被动接受的观众主体颠倒为具有批判意识和积极介入现实的主体。在布莱希特看来,一个好的戏剧,目的不在于让观众在剧

---

① 〔德〕布莱希特:《戏剧小工具篇》,张黎、丁扬忠译,北京师范大学出版社,2015年版,第41页。

场中迷失自己,而是让观众通过现场的舞台构境看到日常生活场境中他们习以为常的熟悉现象的"不一致"矛盾本质。在这一点上,不懂表演艺术的我还是只能谈自己做老师的感受,一般情况下,我自己会在开始上课的时候告诉听课的同学不要把注意力放在记笔记上,而要把精力集中在与老师的同步思考上,把老师的话记下来然后在考试的时候还给老师,最终什么都得不到,而在上课的时候,注意老师提出问题、分析问题、解决问题的方法,不把老师讲的东西视作绝对正确的东西,这样,会得到属于自己的思考能力。这也是一种"观众陌生化"在教学中的体现。

还应该特别指出的是,德波正是从布莱希特陌生化理论构式这第二个层面入手,将舞台表演与观众的场境关系,挪移到当下资产阶级世界的客观现实存在中来了。此处演员表演的构序位置正好是统治阶级意识形态布展的主体,而卷入戏剧故事而远思状态的观众则转换为现实商品-市场交换关系筑模中的消费者,这里的表演是资产阶级操控的各种广告、平面媒体和影像中介,五彩缤纷的欲望故事,这是景观现象的本质。景观从无意识中隐性支配所有消费者的"幸福梦想",迷入状态在这里当然就不是舞台艺术效果,而是资产阶级掠夺消费者的剥夺关系发生,迷入从认识论构境直接转换为存在论。无思的迷入是新型资产阶级消费社会的存在论基础。理解这一点,对于我们后面入境于德波的景观批判构式是极其重要的。

第三，戏剧表演场中的陌生化"布局"构境。我以为，这是一个我们没有完整看到戏剧整体场境建构的人很难理解的层面。布莱希特认为，戏剧表演从来都不是演员表演孤立的构序事件，而是一个由导演、演员和服装道具、音乐舞蹈、布景灯光系统共同建构和复杂塑形起来的陌生化的**场境布局**。布莱希特说：

> 采用适当的陌生化手法（Verfremdungen）解释和表现故事，是戏剧的主要任务。演员不必什么都做，尽管什么都得跟他发生关系。"故事"（Fabel）由剧院的全班人马——演员布景设计师、脸谱制造师、服装设计师、音乐师和舞蹈设计师共同来解释、创造和表现，他们全都为了共同的事业把自己的艺术联合在一起，同时他们当然也不放弃本身的独立性。[①]

在传统的戏剧舞台上，演员总是表演的中心，而布莱希特则认为，戏剧表演不可能是演员的事情，陌生化的史诗剧一定是由整个演出团体整体活动的结果，服装

① ［德］布莱希特：《戏剧小工具篇》，张黎、丁扬忠译，北京师范大学出版社，2015 年版，第 63 页。

与布景、音乐与舞蹈、灯光和画外音等，"用不同的方法来完成共同的任务，它们相互之间的关系在于彼此陌生化（gegenseitig verfremden）"①。每一种现场参与构序的间离元素，都构成了戏剧陌生化的现场建构情境。舞台艺术的本质，从来都不可能只是生活的简单再现，而是一个众多不同艺术家完全人工的场境存在艺术重构。舞台艺术超出生活的地方也在于此，一个生活场景被舞台空间中灯光、特殊背景、音响和音乐共同建构起一个特定场境存在，布莱希特认为，这个特定场境空间的建构同样应该是陌生化的，它对生活场境的复构也需要让演员和观众都处于与生活不一致的陌生关系中，特定陌生化的化装和服饰也会建构演员的陌生化显现形式，当然，演员的表演是这一特定场境空间中生命活动的矛盾主体，在演出现场，这个刻意构式的场境布局还应该加上舞台对面观众席上同样陌生化的观众。

转换到德波等人的情境主义国际的批判构式中，整体场境的戏剧艺术陌生化会对之后他们从景观对消费者的交换关系支配批判，深入全部日常生活场境存在的批判性思考，特别是生活场境中当下发生的活动氛围情境，在我

① ［德］布莱希特：《戏剧小工具篇》，张黎、丁扬忠译，北京师范大学出版社，2015年版，第66—67页。

们周围所有的物性建筑、街道和广场、水上的航行、天上的飞行和高速公路上的奔驰,相对静止和运动中的所有关系性社会空间存在,成为反省资产阶级微观权力控制的全新领域,而重构日常生活场境存在的努力则表现为所谓的让全部日常生活"成为艺术"的整体都市主义。这正是我们后面将要讨论的内容。

我觉得,可能这就是使德波深有感触的布莱希特戏剧观革命的主要内容了。应该还有一个方面的痛点,是马克思主义艺术大师布莱希特透视性地看到了西方艺术中的先锋派的问题,即大多数前卫艺术家的行为艺术实践,都没有想到从根本上改变制度,具体说,就是改变资本主义生产方式,这样,在一个"生产方式不属于生产者"的资本主义社会中,哪怕先锋派的行为艺术再出格和具有爆炸性,也难逃这样一种命运:"他的作品等同于纯粹的商品,受制于商品交易的普遍法则。"[1]这是极其深刻的批判性透视。辩证的史诗剧的本质,就是批判性地面对现实生活。这一点也是转向马克思主义的艺术家德波与他的共鸣。他批判性地超越字母主义的伊索和后来所有纯粹的前卫艺术思潮,根本的优越构序点都在这里。

---

① [德]布莱希特:《论史诗剧》,孙萌译,北京师范大学出版社,2015年版,第39页。

第八章
建构革命情境：反对景观拜物教的思想旗帜

> 我们的核心目的是情境构建，即对生活中瞬间氛围的具体构建及其向一种高级激情质的转化。
>
> ——德波

好了，让我们再回到德波《关于情境构建以及情境主义国际倾向的组织和行动之条件的报告》的主要构境线索中来。德波认为，"自 1956 年以来，一切都暗示我们正在进入一个新的斗争阶段，而且革命力量的爆发正在开始改变前一个时代的条件，这些力量将会在所有战线上遭遇最令人震惊的障碍"[①]。这是一个重要的时间节点，或者是德波想划清的现在的自己与以往的先锋艺术革命实践的分界线。其实，1956 年对欧洲左派来说，是一个十分黑暗的

---

① ［法］德波：《关于情境构建以及情境主义国际倾向的组织和行动之条件的报告》，方宸、付满译，载《社会理论批判纪事》第 7 辑，南京大学出版社，2014 年版，第 44 页。

时期,一大批欧洲左翼知识分子陷入极度的精神分裂和昏暗前景之中,那时,戈德曼将共产主义隐喻为不再光亮的"隐蔽的上帝",也是在这个时候,德波却明确提出革命力量"新的斗争阶段",这是一种了不起的革命勇气。

首先,**新的革命主体**已经是作为联合起来的情境主义国际。在此时的德波看来,此前所有已经发生的纯粹的先锋艺术实践,"充其量不过是对反常愚行的无序统治进行无序抵抗的时期(période de résistance confuse)"①。无论是达达主义、超现实主义还是字母主义,用祛序导致的混乱来反抗资产阶级的市场无序统治都是一种苍白无力的表现。用这个时候德波的妻子伯恩斯坦更通俗一些的话来说,"我们现在已经到达一个实验新集体构建和新合成的阶段,借助新达达主义的拒绝与旧世界价值观战斗的意义已不复存在"②。因为,用行为艺术制造的主观情绪混乱来反对看起来无序的商品-市场交换关系的支配是根本无效的。依德波此时的看法,这种在资产阶级日常生活中无序抵抗的内在障碍,就是根本不知道"捣乱"和造反的正确

---

① 〔法〕德波:《关于情境构建以及情境主义国际倾向的组织和行动之条件的报告》,方宸、付满译,载《社会理论批判纪事》第 7 辑,南京大学出版社,2014 年版,第 53 页。

② 〔法〕伯恩斯坦:《赞扬皮诺-加里奇奥》,方宸、付满译,载《社会理论批判纪事》第 7 辑,南京大学出版社,2014 年版,第 79 页。

方向。其主要缺陷在于，"它不能认识到文化的总体（la to-talité culturelle）和能够永远超越这个文化总体的实验运动的条件（conditions）"。这个"文化总体"，用后来福柯的话语，就是所谓的"知识型"。在资产阶级文化总体构式内部的造反，是绝不可能超越其本身的游戏规则的。这是一种深刻的内省。因此德波认为，盲目的纯粹艺术先锋实验只能无意识地

> 在西方贸易市场里夸夸其谈；你们混乱和空洞地讨论着一个解构（décomposée）的文化。你们被"大写的历史"（Histoire）所贬斥。而你们的这种勇气属于不会再有未来的过去。
>
> 解散吧你们，那些对艺术的零星的批判，那些对艺术的碎片的批判。现在是情境主义国际要组织起未来的统一的艺术活动（activite unitaire de l'avenir）。
>
> 情境主义国际不会给你们留下任何位置。我们只视你们为贫乏。①

这里，从"解散吧你们"的语气里，我们可以很容易地体会到德波的这种居高临下的姿态。今天的革命主体，已

---

① Guy Debord, *Textes et Documents Situationnistes*(1957－1960), Paris: Allia, 2004, p.51.

经是新诞生的情境主义国际,代表革命前途的只是"组织起未来的统一的艺术活动"。因为在此时的他看来,所有没有明确革命目标的先锋实验艺术的"造反",其现实结果不会超出资产阶级意识形态,最终必然沦为"西方贸易市场里的夸夸其谈",对艺术本身的解构和碎片化攻击,是被大写的革命历史进程贬斥的没有未来的"贫乏"。实际上,这也是后来的所谓后现代思潮的问题,没有任何政治批判对象的无深度解构和去中心发疯,最终恰恰会沦落为资产阶级意识形态的同谋。与上述布莱希特最后的批评构境一致,德波对左翼知识分子在资产阶级世界的处境进行了深刻反省:

> 一个资产阶级知识分子的品质,最终不是由其社会起源(l'origine sociale),也不是由其文化知识(批评和创作共同的起点)决定的,而是靠他在生产历史意义上的资产阶级形式(production des formes historiquement bourgeoises de la culture)中所起的作用决定的。具有革命政治观点的作者,在受到资产阶级文学批评的祝贺时,需要对到底犯了什么错误进行考查。①

---

① [法]德波:《关于情境构建以及情境主义国际倾向的组织和行动之条件的报告》,方宸、付满译,载《社会理论批判纪事》第7辑,南京大学出版社,2014年版,第53—54页。

德波现在意识到，一个生存于资本主义制度中的先锋派的艺术家，无论他再如何前卫地"捣乱"，都无法逃离资产阶级的社会基础，一个知识分子的社会本质，并不取决于他的出身或者如何声称自己的立场，而只能由他在现实资产阶级世界中的实际关系位置和客观发生的作用决定。这是马克思那句"人的本质在其现实性上是一切社会关系的总和"的具体化。从这里，我们可以体知到德波的**社会关系存在论**的立场，社会定在的本质并非由可直观的物性的对象和主体组成，而是由人与物、人与人之间的活动关系所当下建构起来的突现式场境存在，每个人的存在本质恰恰是由他在这种场境关系构式中的功能位置所决定的。这里，德波也再一次提及萨特的教训，你可以将自己说成是马克思主义者和激进左派，但当你的文学作品得到了资产阶级的最高奖赏（诺贝尔文学奖）时，就必须自省你客观上错在哪儿！恐怕这是发表拒绝领取诺贝尔奖的声明所掩盖不了的。我不得不承认，德波的批评是值得深思的。如果我没有记错，1963 年约恩获得了古根海姆奖①，当时他给古根海

---

① 约翰·西蒙·古根海姆奖（John Simon Guggenheim Fellowship）是美国国会议员西蒙·古根海姆和他的妻子奥加（Olga）在 1925 年设立的古根海姆基金会颁发的，用于纪念他们于 1922 年 4 月 26 日逝去的儿子。该基金会每年为世界各地的杰出学者、艺术工作者、艺术家提供奖金以支持他们继续他们在各自的领域的发展和探索，涵盖自然科学、人文科学、

姆艺术馆馆长发了电报："下地狱吧混蛋。停止！拒绝获奖。停止！从来没有要求过它。停止！我向公众宣布拒绝参加你荒谬的游戏。"①这说明德波的批评还是有一定的普遍意义的。

由此，德波在报告中提出，"我们必须创建既是新行为之产物又是其工具的新氛围"，革命的目标是创建一种不同于资产阶级社会生活构式的新的日常生活氛围，它将由全新的革命行为和工具所生产，这是一个根本性的任务。并且，在革命的组织形式上，"我们必须着手一项有组织的集体劳动，为将会

写作中的德波

社会科学和创造性艺术领域，不受年龄、国籍、肤色和种族的限制。每年都有超过百人获得该奖金的赞助。不少诺贝尔奖、普利策奖的获得者都曾经获得过该奖金。

① 约恩的电报原文为，"GO TO HELL BASTARD—STOP—REFUSE PRIZE—STOP—NEVER ASKED FOR IT—STOP—AGAINST ALL DECENCY MIX ARTIST AGAINST HIS WILL IN YOUR PUBLICI-TY—STOP—I WANT PUBLIC CONFIRMATION NOT TO HAVE PARTICIPATED IN YOUR RIDICULOUS GAME"。

一般地运用所有改变日常生活的方式而奋斗"①。当然,这绝不是某个个人或单一先锋艺术团体的力量所能够实现的历史变革,所以,建立情境主义国际就是要建立一个"有组织的集体劳动",一个在马克思主义理论指导下新型的革命联盟。他说,也为此"将数个实验派倾向在文化内部联合成一个革命阵线,开始于1956年底在意大利阿尔巴(Alba)举行的一次会议"②。这应该是指1956年12月德波赴阿尔巴参加的想象包豪斯国际的会议。正是在这次会议上,德波和约恩共同主持,决定将字母主义国际与想象包豪斯运动和伦敦心理地理学协会合并,共同创建"改变日常生活"的有组织的集体劳动的情境主义国际。

在这里,对于这个新的文化无产阶级的"英特那雄纳尔",德波提出了三点警示:一是强调了新的革命同盟的内部团结,反对各种心怀私利的野心家,只要有人心怀私人目的,谋取自己的纯粹艺术名利,无论何人都一定会被清除,这是德波始终坚持的原则;二是反对各种形式上的"伪前卫"和浮夸革新,没有明确革命意图的创新和行为艺术

---

① 〔法〕德波:《关于情境构建以及情境主义国际倾向的组织和行动之条件的报告》,方宸、付满译,载《社会理论批判纪事》第7辑,南京大学出版社,2014年版,第53页。
② 〔法〕德波:《关于情境构建以及情境主义国际倾向的组织和行动之条件的报告》,方宸、付满译,载《社会理论批判纪事》第7辑,南京大学出版社,2014年版,第54页。

都会被禁止,新的革命实践必须"以对现实条件以及废弃这些条件毫不妥协的批评为基础",这就是反对这个旧世界内部构序动因的资本主义生产方式;三是"一劳永逸地"废弃宗派主义和小团体行为,以"真正的革命行动"为标准,保留革命同志,遗弃所有落伍者。[①] 为什么这样做? 因为,它不再是任何个人出风头的前卫行为艺术活动,而已经是一个自觉的革命文化无产阶级的国际联盟。在次年发表的《关于文化革命的提纲》中,德波说,"情境主义者的国际联合可以被认为是一种文化最先进部分的工人的联合,或者更准确地说,是一种要求现在被社会环境所阻碍的艰苦事业有权利的所有人的联合;因此,它也可被视为在文化领域职业革命家组织的一种联合尝试"[②]。马克思恩格斯原来那个"全世界无产者联合起来",现在成了红色文化革命者的国际联合。当时还是德波夫人的伯恩斯坦在1958年写给麦云(Marien)的信中说道:"《关于情境建构的报告》封面应该是红色的、硬挺的纸张——这就像是生活的目标。"[③]红色,象征着无产阶级的革命性。这一点,

---

① [法]德波:《关于情境构建以及情境主义国际倾向的组织和行动之条件的报告》,方宸、付满译,载《社会理论批判纪事》第7辑,南京大学出版社,2014年版,第54页。

② [法]德波:《关于文化革命的提纲》,王昭风译,载《景观社会》,南京大学出版社,2014年版,第169页。

③ *Textes et Documents Situationnistes*(1957 - 1960),Paris:Allia,2004,p.72.中译文参见刘冰菁译稿。

必须是所有研究情境主义思潮的人不能忽视的立场。

其次，情境主义国际的**革命纲领**。在说明了革命的目标和组织原则之后，德波终于开始宣示情境主义国际的革命大纲了："**走向情境主义国际！**"（*Vers une Internationale situationniste!*）①第一，德波宣告说，"我们的核心目的是情境构建（construction de situations），即对生活中瞬间氛围的具体构建（construction concrète d'ambiances momentanées）及其向一种高级激情质（qualité passionnelle supérieure）的转化"②。这是很难理解的一个表述。这恐怕也是在通常的革命宣言中很少看到的哲学话语。当然，这也是让我十分激动的地方，多年以前，刚刚了解到情境主义的"建构情境"观点时，我就为能够在国际学界找到自己的学术共在关系感到兴奋。因为，情境主义的观点显然比海德格尔的意蕴论、波兰尼的意会认知论离我的构境论更近一些。不过那时，我已经在注意区分自己的构境论与情境主义国际的差异了。后面我会仔细阐释这些不同。我以为，这是非常重要的一段表述，因为它直接说明了作为情境主义运动的核心关键词——**建构情境**。情境概念，最早出现于1953年。1953年，德波就写下了《建构情境的宣言》（*Manifeste*

---

① 这是德波报告中的一个小标题。

② ［法］德波：《关于情境构建以及情境主义国际倾向的组织和行动之条件的报告》，方宸、付满译，载《社会理论批判纪事》第7辑，南京大学出版社，2014年版，第55页。

pour une construction de situations).① 这表明,德波眼中情境主义国际最重要的革命任务就是建构情境,它代表了情境主义国际的根本宗旨。对传统的革命家来说,这个建构情境的革命任务显然是很难理解的。具体说,这是通过革命的艺术实践行动,造成资产阶级平庸化-量化-夷平化的日常生活场境中重新充满"高级激情质"的"瞬间氛围"。与马克思列宁主义那种推翻资产阶级政治经济统治的革命任务截然不同,德波的情境主义国际所要完成的任务,是消除资产阶级在日常生活小事情中的奴役和支配,这种革命建立在非物性的场境格式塔转换上,它微观到生活里瞬间发生的存在氛围——诗意的情境。那么,究竟是什么情境呢? 在德波看来,

> 一个人的生活由一系列偶然的情境(situations fortuites)构成,如果其中没有任何一个情境与另一个情境完全类似,至少这些情境绝大多数都毫无二致、单调乏味,以至于会完全给人相似的印象。这种事态的必然结果是,在生活中体验过的单一的、迷惑人的情境,确实遏制和限制了这种生活。我们必须尽力构

---

① Guy Debord, *Manifeste pour une construction de situations*, *Œuvres*, Paris: Gallimard, 2006, p.105.

建情境,即集体氛围(ambiances collectives),决定一个瞬间品质(qualité d'un moment)的印象之集合。①

依我的理解,结合上一段表述的构境,这有三个不同的构境层面:一是说,人的日常生活都是由个体自己的生命活动组成的,依马克思的历史唯物主义观点,直接物质生活的生产与再生产是全部社会定在的本质,但是德波认为,人的生存并不仅仅是一种基于肉身存活的"吃喝穿住"的物质转化过程,而是各种意外发生的个人事件,这种事件的本质是当下突现的情境,当下发生,随即消失。这个反决定论观点在微观层面基本是对的。因为,不管是工人的劳作,还是老师的教学活动,物质行为都是当下发生和消失于对象改变之中的事件。这种事件,也建构起看不见的人与人之间的关系场境。显然,德波的这一话语的基础是一个**存在论上的情境场存在**。在这一点上,德波的日常生活情境论与我的社会场境存在论是有些接近的。并且,从大的方面看,远离实体主义的德波的情境存在论与历史唯物主义的**关系存在论**是一致的,只是他将马克思"现实性上一切社会关系的总和"替换为"偶然的情境"。在这一

---

① [法]德波:《关于情境构建以及情境主义国际倾向的组织和行动之条件的报告》,方宸、付满译,载《社会理论批判纪事》第7辑,南京大学出版社,2014年版,第57页。

点上，德波显然已经不同于仅仅将眼光聚焦于戏剧舞台的布莱希特，在德波这里，已经是社会历史的大舞台。然而，德波没有看到，所有在日常生活场境中看起来偶然出现的生活细节，在社会历史的总体关系构式中，仍然是由一定历史条件下的社会场境制约的。二是德波将马克思批判经济拜物教的证伪构式重构为篡位的颠倒景观。因为，资产阶级世界中的日常生活场境的现实，通常是平庸但迷惑人的伪情境，因为，它往往是由商业-消费的单一性塑形起来的异化氛围，这也就是德波所指认的景观幻象和场境异化。受到布莱希特辩证戏剧观的影响，在对景观的批判中，德波深刻地揭露了资产阶级景观表演与被动迷入消费者的隐秘支配关系。三是情境主义国际将景观支配下的日常生活场境重新"艺术化"的建构革命情境，在德波此处的说明中，这种情境建构表现为革命的"集体氛围"重新赋形于个人场境异化的瞬间，使之变成充满"高级激情质"的诗意的艺术瞬间。与德波在字母主义国际时所践行的反视像景观的断裂式白屏黑屏情境建构不同，与约恩等人的返熵式美术涂鸦情境建构不同，现在情境主义国际的革命艺术家们，是要在整个资产阶级统治下的日常生活中建构革命生活情境。这是一个巨大的实践飞跃。我们会看到，这种在资本主义社会场境空间中发生的革命情境建构，会以不同于电影和美术造反的方式生成于都市建筑、道路和其他生活空间的存在氛围之中，它会针对景观权力隐性支配下奴化的消费、休闲和娱乐的商业欺骗的"小事情异化"，通过整体都市主义实践、漂移和异轨等方式实现，以造成资产阶级景观意识形态控制下的生活伪境的彻底破境。

还应该说明的是，革命的情境建构是当下发生且消失的场境存在，它不是可以被凝固起来的物性对象。这是德波已经意识到的重要场境存在论的观念。并且，当我们用文字或者其他图像方式描述和记载一种情境建构时，它就已经是一种表象中的物性遗迹了。用吉尔曼的话来表述，就是情境"一旦凝固在一本书的书页或一件艺术品上，这些时刻的相关性就早已是明日黄花"①。所以，当德波和约恩后来以《回忆录》（*Mémoires*，1958）②的方式来重现字母主义国际的一系列曾经发生的情境建构活动时，他们选择了十分独特的记载方式。在我看来，这是一种**复现和重构情境**的重要文本事件。在这本**不是书**的文本中，两位艺术家通过三个独特的时间节点，分别为 1952 年 6 月、1952 年

---

① ［美］吉尔曼：《阿斯盖·约恩的先锋派文献》，方宸、付满译，载《社会理论批判纪事》第 7 辑，南京大学出版社，2014 年版，第 186 页。

② Guy Debord, Asger Jorn, *Mémoires*, Paris：Allia, 2004.其实，此书的作者署名是德波，而封面上有"约恩结构支撑"（STRUCTURES POR-TANTES D'ASGER JÖRN）的字样。

12月和1953年9月,展示了字母主义国际的革命情境建构活动。用安德莱奥迪的话来说,德波和约恩的"《回忆录》是一部彻底反生产性的作品,或者,更准确地说,是一件反作品"①。我仔细回溯了字母主义国际的历程,发现它们有可能分别对应了德波的《为萨德呐喊》影片的放映事件、字母主义国际的成立大会和伊万的"新都市主义"文章的发表。可以说,这是在德波眼中,字母主义国际运动中最值得纪念的活生生的革命情境建构场境。有趣的是,历史发生过的情境建构却是不可能被原封不动地重构的,这可能是赫拉克利特"人不可能两次踏进同一条河流"一语背后的场境存在论真相。我们能够用传统的反映论逼真性地直映场境建构存在吗?德波和约恩的共同结论是:"不!"所以,我们在这一文本中,没有看到通常史书话语式的文字和图片记载,看到的是大量空白页夹杂着

第一节,1952年6月

---

① [美]安德莱奥迪:《建筑学与游戏》,方宸、付满译,载《社会理论批判纪事》第7辑,南京大学出版社,2014年版,第196—197页。

第二节,1952年12月　　　　第三节,1953年9月

照片复制品片段、从各种来源剪取的匿名文本碎片,以及约恩用从大红和蓝色到桃红和酸性绿色绘制的重叠漩涡。

　　面对这种"回忆录",我们仍然沉浸于传统认识论的读者一定会是茫然无措的。其实,我自己一直到修改此书的第二稿时,都没有真正读懂这本奇特"回忆录"的真谛,也就是说,没有打开这一情境复现的特殊实验性文本。显然,在这三个时间节点的文本中,从第一节中可以看到德波放《为萨德呐喊》白屏电影的漫画,从第二节中可以找到德波和字母主义国际其他艺术家的影像和文字碎片,第三节可以体会到伊万"新都市主义"的图景。然而,那种三个时间节点上**当下发生的场境存在**并不直接在场,而传统通过文字描述存在的方式也不见踪迹,有的只是让人看不懂的奇怪拼贴文本和约恩绘制的眼镜蛇风格的彩色泼墨。依我的理解，依德波和约恩的反概念、反景观构式和反传统认识论直映塑形，所有革命情境都不可用景观式的文字和图像来表象，当下发生的情境建构立刻就消失了，这是社会生活中**场境存在论**的本质，所以，除去胡塞尔已经意识到当下体验的"第一持存"和事后回忆"第二持存"，斯蒂格勒"第三持存"中重新恢复或可能重新浮现的只会是"回忆"中的残片，如果想要让情境重构起来，那么只有用象征活的生命涌动的流动色彩来使概念和画像的残片**活化**起来。这就是约恩先锋美术的"结构支撑"，用以使死去的情境记忆碎片和诗意瞬间重新活过来。依我的理解，这也有可能生成一种**新历史再现观**，即重现一种当下发生的历史情境，不是通过翔实的文字记述或图片留存，而是动态地将记忆残片活化起来。这一做法，十分接近福柯的历史档案活化说。

在这一点上，德波和约恩是细心的，在这一文本的最后，他们将没有用活着的跳动的色彩重构的"回忆"残片原像作为附录留作证据。用德波的文字说明来表达，就是"言说和记忆的激情停留在一个物质基础上"。这是福柯认知考古学中的历史"档案"。

看到这样的原始记忆残片，再回到约恩的泼墨绘画起到的重新构境作用，我们就可以理解两位艺术家的良苦用

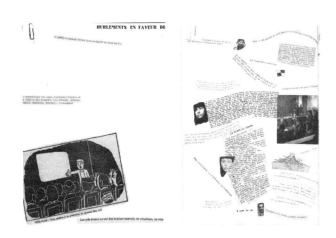

上述文本中没有被约恩"活化"的拼贴素材①

---

① 这些没有"重构"的原始拼贴材料，被德波标注为"异轨的原料"（Origine des détournements）。说明为："在这里，我们复制了 9 页在被约恩的干预所充实之前由德波为《回忆录》制作的原始拼贴材料。"

心了。"回忆录",只是重构情境的外在持存。从这个复构曾经作为当下情境建构生命活动的实验性作品中,我们也可以再回到前面我们讨论的眼镜蛇先锋美术作品中,深深体知约恩等艺术家的绘画作品中,通过色彩泼墨、无序线条中那些脱形式人物和事物关系塑形的深层次的内在构境意向。在一点上,德波和约恩的做法启发了我,不仅是在场境存在的复构上,也包括思想构境的重新激活,都有新的认识。可以说,这部情境主义国际的《回忆录》也是对传统哲学认识论中那种简单直映理论构式的证伪,因为镜像式的认知理论是无法再现突发和消失的当下社会关系建构和生活场境的。

也是在这里,德波告诉我们,对情境建构还应该进行更加精准的理论界划:一方面,革命的情境不是个人的主观心情场境,而是一种联合了的个人与社会微观氛围相互关联的**客观场境突现**。对此,我赞成马克里尼的说法,在德波的情境主义那里,

情境作为外在的复杂综合体,可以将个体写入具体的空间和充满各种事件的游戏,并由此从内部改变个体。因此,情境是被个体、个体的物质环境和将个体联系在一起的事件的"共同体现"(copresence)。情境是被社会性地决定的主客体统一体,其中各个元素

都相互影响。①

革命的情境不是通常在景观支配下发生的日常生活中的伪情境,而是一个在实际发生着的革命集体性活动(如漂移、异轨等)中客观发生的"复杂综合体"。这种复杂的集体革命实践建构起来的特殊关系情境,赋形个人的生活瞬间以不同于场境异化生存的高级激情质和游戏性质,建构起人与人、个人与社会的新型场境存在和功能性实践筑模。马克里尼的意思可能是想突出强调情境建构的综合性,这是对的,但他的观点还明显带有实体论的色彩,因为德波情境主义的情境早就不是对象性的外部条件,更不是什么主体与客体的"统一体",马克里尼无法入境德波的关系存在和场境存在构境,情境是由革命活动当下建构起来的**格式塔场境瞬间**。

另一方面,情境并非由一个人的场境存在构成,它是革命者共有的集体场境存在,这是一种自觉革命集体的共有瞬间情境。对此,德波专门强调,"构建情境,也就是集体的氛围,决定了瞬间质量的氛围总体"。这将是上面情境建构定义中提及的"让生活成为艺术"充满高级激情质

① Patrick Marcolini, *Le Mouvement Situationniste:une histoire intellec-tuelle*, Montreuil:L'Échappée,2012, p.62.中译文参见刘冰菁译稿。

的革命瞬间。这个瞬间（moment）与列斐伏尔的瞬间观有关，即**平日断裂之处本真存在意义的呈现**。我们下面会讨论这一历史性关联。

第二，德波很坦率地告诉我们，情境主义国际的情境建构观念也有自己特定的社会背景和历史发生线索。其中，有一个作为被否定和批判的对象的核心概念——**景观**，上面讨论过的情境建构正是一个用于解构当代资产阶级景观统治的革命武器。这正是整个情境主义国际思潮的批判理论构式的主要证伪所指，也是德波《景观社会》和瓦纳格姆《日常生活的革命》两本书的批判构境中轴。上面，我们已经看到了情境与景观这两个概念在布莱希特革命戏剧观中的构式缘起。关于景观，我们在下面的讨论中还会专题分析。德波深刻地分析道，

情境的构建开始于景观观念（notion de spectacle）在现代衰落的对立面。景观的原则本身——不干涉（non-intervention）——在多大程度上依附于旧世界的异化（l'aliénation du vieux monde），这一点很容易就能明白。反过来，我们看到最有依据的革命文化考查如何致力于打破观众（spectateur）与英雄的心理认同（l'identification psychologique），以便通过激发其彻底改革自己生活能力的方式，煽动这位观众采取行动。

因此情境之被构建是为了被其构建者体验。①

　　情境建构与反对景观是密切相关的。这是一个极为精密的双层思想构境。因为,布莱希特革命戏剧观的深刻能动本质,与情境主义国际反抗当代资产阶级文化景观控制的意向十分巧妙地整合在一起。现在,我们再来体认一下,为什么我会花很大的力气来讨论布莱希特的戏剧观革命。仔细看,我们会发现,一方面,这里德波用来指认整个当代资产阶级消费社会本质的 spectacle(景观)概念,正是布莱希特的戏剧中的那个亚里士多德式的旧戏剧中 spielt (演出),而这里的 spectateur(观众),正是传统戏剧中那个采取了不干涉态度的景观旁观者(Zuschauer),这个演出/景观的旁观者,通过被动地认同于表演中的英雄,而同质于演出/景观。在法文中,从 spectacle 到 spectateur 有着一个奇妙的内在关联,这是德文中没有的。德波的精妙之处,在于他将布莱希特那个处于被动地位无思的剧场观众,隐喻式地挪移到今天更大的资产阶级世界的日常生活场境中来,德波将布莱希特的舞台表演与观看异轨成了整

_____

① [法]德波:《关于情境构建以及情境主义国际倾向的组织和行动之条件的报告》,方宸、付满译,载《社会理论批判纪事》第 7 辑,南京大学出版社,2014 年版,第 57—58 页。中译文有改动。参见 Guy Debord, *Œuvres*, Paris:Gallimard,2006,p.325。

个资产阶级商品-消费世界,这里的 spectateur(观众)正是入序于被资产阶级景观制造的虚假欲望,被动式地迷入疯狂购买的消费者。有如今天我们身边陷入"双十一"无法自拔的"剁手族"们。德波的深刻之处,在于他体验到当代资产阶级消费意识形态的控制的秘密,恰恰是类似亚里士多德传统戏剧中的表演把戏,只是这里的编剧换成了资本家,演员是各种各样的商品展示和广告表演,无处不在的欲望制造影像使消费者成为无脑的受动者,种种有脸无脸的大他者(成功人士)的欲望(别墅、豪车和名牌包),成为平庸日常生活场境中常人们的内心渴求,在景观布展中,消费者像无脑观众一样完全迷入其中,成为资产阶级任意摆布的奴隶。由此,景观拜物教和资产阶级新的消费意识形态的无脸统治之阴毒,全然暴露在解构与祛序视域之中。

另一方面,情境建构正是针对资产阶级的景观控制的革命性反叛。依德波的具体说明,这也正好是布莱希特解构传统戏剧观的"辩证史诗戏剧"的革命本质——陌生化的运用。演员的自我间距性的陌生化表演,在这里成了情境主义国际革命艺术们的集体变革活动,这些革命情境建构(漂移和异轨等)都是唤醒景观迷入中的消费者(被动的"观众")和平庸日常生活中的苟生者,"通过激发其彻底改革自己生活能力的方式",走出景观的同质性奴役和"心理认同"，具体说，就是要把生活本身通过"陌生化"变成"诗意的瞬间"，穿透消费意识形态（商品展示和广告制造的虚假欲望）中的异化消费幻象，反对资产阶级都市主义的空间布展，找到自己真正的内在需求，在日常生活场境中体验生命本真的诗意瞬间，这就是情境建构的本质。

1966年，德波在阶段性总结情境主义国际的实践时，还指认了"一般革命理论的四个基础点"：一是"对艺术的超越，通向生命的自由建构。这应该是革命的现代艺术的终结，因为其中达达主义想要消除艺术却没有实现艺术，超现实主义想要实现艺术却没有消除艺术"[1]。这还是对情境主义国际的思想史定位。一是说达达主义一味地通过祛序式的"捣乱"否定旧的艺术，但并没有提出新的艺术构序方向；而超现实主义倒是践行了新的艺术构式，可在本质上却仍然没有彻底摆脱旧的艺术赋形。而情境主义国际的革命则是既打碎了旧的资产阶级景观，超越了所有旧式的艺术构式（包括了前卫艺术的表面造反），又具体提出了全新的无产阶级新文化革命的方向，通过革命情境建构真正找到了"通向生命的自由建构"的道路。二是"对景观的批判，也就是现代社会作为具体的谎言，一个颠倒的

---

[1] Guy Debord, *Œuvres*, Paris：Gallimard，2006，p.743.中译文参见刘冰菁译稿。

世界的实现,意识形态的消费,集中和扩展的异化(最终,批判商品的世界统治的现代阶段)"①。这是说,情境主义国际对资产阶级景观意识形态的批判,实质上是对现代日常生活谎言体系的破境,它具体表现为对资产阶级的消费意识形态的透视,按德波后来在《景观社会》一书中的说明,即对集中和扩展的景观统治下的场境异化生存,也就是资本主义颠倒的商品世界的彻底批判。在这一点上,德波当然觉得是对马克思资本逻辑批判在景观社会阶段中的"发展"。三是"马克思的革命理论——修缮和完整马克思革命理论自身的激进性(首先,这和所有'马克思主义'的继承者都相反)"。② 这是标榜情境主义国际与传统马克思主义不同,他们对马克思的传承基于"修缮"后的革命激进性。四是"工人委员会的革命权力模型"③。这是革命的最终组织方式。可以看得出来,对德波来说,情境主义国际革命实践和理论中最核心的东西,还是**绝弃颠倒的景观和革命激进情境的建构**。这也是德波自以为真正超越了旧式艺术先锋实践的地方,这是情境主义国际接受和"修缮"了马克思主义革命理论的结果,基于经济关系异化的

① Guy Debord, *Œuvres*, Paris:Gallimard, 2006, p.743. 中译文参见刘冰菁译稿。
② 同上。
③ 同上。

宏大批判构式转换为对支配日常生活场境的消费意识形态——景观和场境异化的批判，当然，打碎这个资产阶级颠倒的旧世界，最后还是要靠现实中革命的权力。

对于德波和情境主义国际的这一革命纲领，我当然是持批评态度的。因为，在这个所谓超越了传统马克思主义观念的革命前景中，我们只看到了先锋艺术家们对资产阶级世界在意识形态和文化领域中的深刻透视，虽然德波等人也口口声声表达了对历史唯物主义方法论的尊重，也表现出对资本主义经济政治构式新变化的关注，但所有情境主义国际的成员都没有认真学习和研究过马克思的经济学理论，也从来没有真正研究过当代资本主义经济现实中客观发生的生产方式和生产关系在机制上的深刻变化。固然，景观与消费意识形态的确是当代资本主义走向后工业、后福特主义之后的一个重要手段，但这并不是资产阶级世界全新统治和构序存在的本质。如果因为关注文化景观意识形态而彻底放弃研究资本主义市场和商品经济体制和生产方式中更为深刻的构式改变，那么再激进的文化批判最终也会丧失自己的批判张力的。1968 年红色五月风暴之后，情境主义国际的溃败是其理论和实践构序的必然结果。

有趣的是，情境主义国际中唯一一次经济学研究的"成果"，竟然是先锋艺术家约恩的《政治经济学批判》

(*Critique de la politique économique*)①。1960 年，约恩不知道是哪根筋出了问题，竟然想到要批判马克思的政治经济学，恐怕是想通过写这本书，来彰显自己深厚的理论学识。可是，约恩并没有意识到，在一个自己完全驾驭不了的学术领域中自以为是的结果，是他的这本书在学术思想史上成为一个笑话。从这本书的内容来看，约恩既不懂古典经济学劳动价值论中的基本常识，也无法理解当代资本主义生产中发生的新情况、新问题，所以他才会极其轻浮地得出了一系列极其荒唐的错误判断。聪明的前卫艺术家约恩在他的所谓"政治经济学批判"研究中，仍然像一个天真的孩子那样口无遮拦地乱说一气，他竟然大言不惭地说，"可以接受《资本论》的科学部分，但不能自动接受其中得出的政治结论"。并且，他自不量力地声称，要给出"一个关于'价值'的全新的概念，比马克思给出的价值定义更高的、更普世的和更客观的概念"②。然而，我们却看到他

_____

① *Textes et Documents Situationnistes*(1957-1960)，Paris：Allia，2004. pp.156-189.约恩的这部作品先在比利时出版，出版时，封面第三页写着："这是'情境主义国际报告'系列的第二步。"意思是，这是约恩在德波的《关于情境构建以及情境主义国际倾向的组织和行动之条件的报告》之后的第二个重要报告。

② *Textes et Documents Situationnistes*(1957-1960)，Paris：Allia，2004，p.158.中译文参见刘冰菁译稿。

自己对价值概念的理解本身是根本错误的,因为,他是用常识中的价值概念替换了西方近代经济学学说史上从配第-斯密肇始的劳动价值概念。

首先,约恩非历史地界定劳动概念,在他那里,劳动是一种体现人类客观质量(qualite objective)的活动,这种界定是极其抽象和非历史的。他不能理解,在马克思的经济学语境中,劳动是人通过"一团燃烧的火"一样塑形物质存在,以获得生产过程中的生活资料产品的主体性创造活动。只是在资本主义生产方式中生成的商品-市场经济构架中,商品生产中的特定劳动才在生产使用价值的同时,生成用于劳动交换的价值关系。其次,第一个错误必然导致他会说出如下可笑的观点:"商品,作为使用价值的客体时是一种质量,作为交换价值时是数量",而货币则是"两个价值之间的中立和平衡"的关系形式。① 他完全不能进入配第-斯密对工业生产之后出现的**非自然财富**的劳动价值关系构境,也无法弄懂马克思将货币的本质指认为劳动交换关系的**客观抽象**结晶,更不能明白,马克思研究劳动价值论的根本目的是揭示资本主义生产方式中剩余价值的来源。其三,在面对当代资本主义的发展中,约恩提出

① *Textes et Documents Situationnistes*(1957 - 1960),Paris:Allia,2004,p.163.中译文参见刘冰菁译稿。

了所谓的"机械劳动的概念",他说,在当代资本主义工业生产是"一个量化的过程和机械的过程,越来越不依赖人而是依赖于机器",在机器的机械劳动中,剩余价值消失了,"这就是马克思主义价值理论的弱点,因为工业劳动是没有价值的,而劳动的工人并不代表着比其他阶级更好的人类价值"[1]。这真是胡说八道。资本主义机器化大生产和后工业生产中的劳动和剩余价值来源问题,是一个极其重要的前沿性理论难题,但仅凭对马克思经典劳动价值理论的简单否定和抽象的表面断言,并不能真正解决这一问题。在这一点上,意大利马克思主义者后来关于马克思"机器论断片"(一般智力与现代科学技术)与非物质劳动的探讨是更有意义的构境层。最后,约恩的解决方案仍然是艺术家的想象。在他看来,打破马克思主义在当代资本主义新变化中的僵局,只能靠情境主义国际艺术家们的激进艺术价值批判,"艺术的价值,同实践的价值比起来,是一种反-价值,并且和实践价值意义相反"[2]。关于这一点,我们已经非常熟悉了。末了,他还很遗憾地说:

---

[1] *Textes et Documents Situationnistes*(1957‐1960),Paris：Allia,2004,p.167.中译文参见刘冰菁译稿。

[2] *Textes et Documents Situationnistes*(1957‐1960),Paris：Allia,2004,p.175.中译文参见刘冰菁译稿。

从马克思以来，"政治经济学"就展现出了它的无力（impuissance）和变化。一种"超–政治"将会追求人的直接的实现。经济的终结（fin）将会带来艺术的实现。这是指理解非常令人激情的目标——大众，决定等待和他们有关的这些目标实现，同时自己手里握紧他们自己的命运。应该要寻找新的艺术性质的目标，赋予生命以新的意义——向人们打开更高情境的快乐（jouissance de situations supérieures）。①

好吧，掌握了历史唯物主义科学方法论和剩余价值理论的马克思是无力的，而画先锋美术作品的约恩是强大的，现实资本主义的经济力量终结于情境主义国际的电影、美术和诗歌的革命艺术的实现，人类解放的命运将寄托于情境主义国际。可谁能相信这些空洞而荒谬的断言呢？说实话，约恩的《政治经济学批判》一书中，几乎没有一句话是值得认真对待的。真是让人又好气又好笑。与之后鲍德里亚写下的《生产之镜》和《符号政治经济学批判》相比，约恩的理论功底和战斗精神都差好大一节。鲍德里亚是《德意志意识形态》的法译者之一，他是真读懂了

———————————

① *Textes et Documents Situationnistes*（1957–1960），Paris：Allia，2004，p.182.中译文参见刘冰菁译稿。

马克思的历史唯物主义和政治经济学,然后才对其发动毁灭性的攻击的。所以,反驳鲍德里亚对马克思主义的批判,是需要强大的理论武器和勇气的。①

<hr />

① 参见拙著:《反鲍德里亚——一个后现代学术神话的祛序》,商务印书馆,2009 年版。

第九章
情境主义国际的风风雨雨

> 污秽走开!
>
> ——居伊·德波、阿斯格·约恩

　　1957年7月28日,8位来自英国、法国、阿尔及利亚、丹麦、荷兰、意大利和德国的先锋画家、作家和建筑师们聚集在一起,在意大利的阿尔巴(Alba)召开会议,想象包豪斯运动正式和字母主义国际、伦敦心理地理学协会合并,共同创建了情境主义国际。会议以5票赞成、1票反对、2票弃权,决定将三个先锋艺术团体完全统一,并确定《情境主义国际》杂志为团体的正式出版物。成立会议的参与者包括:居伊·德波、阿斯格·约恩、朱塞佩·比诺·伽利吉欧、米歇尔·伯恩斯坦、沃尔特·奥尔莫、皮耶罗·西蒙多、艾琳娜·维罗纳(Elena Verrone,想象包豪斯国际)、拉尔夫·朗尼(Ralph Rumney,伦敦心理地理协会)。

情境主义国际的最初成员，自左向右分别为伽利吉欧、西蒙多、维罗纳、伯恩斯坦、德波、约恩和奥尔莫，1957 年 4 月在意大利科西奥达罗西亚（Cosio d'Arroscia）。

28 juillet 1957

la fondation de l'I.S. votée
par 5 voix:

Jorn
Rumney
Debord
Bernstein

Olmo ,

— "contre 1 et
P. Simondo   2 abstentions

E. Verrone
P. Gallizio

会议投票的记录

烈火吞噬的革命情境建构

从会议的记录来看,德波、约恩、伯恩斯坦、奥尔莫和朗尼投了赞成票,西蒙多投了反对票,而伽利吉欧和维罗纳弃权。这也说明,在彻底联合的问题上,艺术家们的意见并不是完全一致的。

在 1957—1960 年期间,情境主义国际发展了在德国、比利时、丹麦、法国、荷兰、意大利和阿尔及利亚等国家的分部,加上他们与英语世界的广泛联系和对话,这使得情境主义国际能够在并不长的时间里,以少数人的力量,在艺术和左派领域都发挥巨大的作用。[①] 根据情境主义国际思想发展及组织变化情况,情境主义国际从 1957 年到 1972 年这十五年的发展历史可以大致划分为三个阶段:

第一个阶段为 1957—1962 年的"革命先锋派时期"。这一时期,情境主义国际致力于寻求先锋艺术和马克思主义社会批判之间某种新的结合。这应该是德波的字母主义国际和约恩的想象包豪斯已有的共同努力方向,而现在,则成为这一批志同道合的革命艺术家的统一指导思想。可以说,这一时期也是情境主义国际发展的鼎盛时期,无论是艺术实践还是理论思想,都呈现出欣欣向荣的景象。这期间,这批志同道合的艺术家创作了大量各色各

[①] 情境主义国际在它 15 年的历史中,算上各国的分部,总共曾有接近 70 人加入。

样的艺术-政治作品,如他们自己创办的杂志《情境主义国际》(*Internationale Situationniste*)①、各种小册子、剪贴簿、演讲录音、会议、展览、绘画、建筑的模型和规划、电影、联合抵制行为、对景观文化事件的破坏等等。

1958 年 1 月,情境主义国际第二届会议在巴黎举行。此后,德波与约恩、康斯坦特、切奇格洛夫(伊万)、伯恩斯坦等人一同践行了在各式各样的"让日常生活成为艺术"的具体革命实验活动(漂移、顺风车、举办免费艺术展、心理地理学、新巴比伦等)。德波在 1959 年拍摄的影片《关于在短时间内的某几个人的经过》(*Sur le passage de quelques personnes à travers une assez courte unité de temps*),十分具象地记载了这些革命活动。1958 年 6 月,《情境主义国际》第 1 期正式出版。② 杂志出版后,再由各国的情境主义分部用不同文字出版。这一期杂志重新刊登了切奇格洛夫(伊万)写于 1953 年的《新都市主义的计划》(«Formulaire pour un urbanisme nouveau»)一文。这篇论文是最早

① 1957 年 11 月,《冬宴》杂志改为《情境主义国际信息通报》(*Bulletin d'information de l'Internationale situationniste*)。

② 从 1958 年 6 月出版的《情境主义国际》第 1 期开始,每一期杂志中都会有这样的文字:"这份出版物是集体编辑的。少数由个人写作并署名的文章也应被视作我们同志的共同努力和集体研究的特别表达。我们反对现存的形式比如文学评论或者艺术杂志。所有在《情境主义国际》中刊登的文章可以无须注明来源被自由复制、翻译或改编。"

讨论批判资产阶级城市理论,展望后来的整体都市主义的
尝试。

《情境主义国际》和所刊登的约恩的作品

11月,德波与康斯坦特共同发表《阿姆斯特丹宣言》
(«Eklärungvon Amsterdam»)。宣言中提出情境主义国际
"反对意识形态体系和落后的实践",并将切奇格洛夫提出
的整体都市主义视为革命情境建构的基础。这是德波在
《关于情境构建以及情境主义国际倾向的组织和行动之条
件的报告》中提出的"革命情境建构"任务的具体落地。
1959年4月在慕尼黑召开情境主义国际第三次会议,会议
集中讨论了情境建构的定义,即"情境建构"的定义是"融
入生活之中的一系列多种多样的氛围"(série d'ambiances
multiples mêlées a la vie)。这也意味着,情境主义国际改
变资产阶级日常生活的实践将是多层面的微观努力。也
是在这一次会议上,德国著名前卫艺术团体"马刺"(Spur)
加入了情境主义国际。

1959年4月,情境主义国际在慕尼黑召开的第三次会议合影,与会人员有德波、康斯坦特、约恩、伽利吉欧等。

1959年4月,德波开始拍摄电影《关于在短时间内的某几个人的经过》。这是对几年来情境主义国际日常生活革命实践的真实记录,当然,这个对情境场境的记录本身,还是以德波特有的"反电影"的方式生产的。这一年,情境主义国际在阿姆斯特丹的市区博物馆举办了康斯坦特空间结构的模型展览,实际上,这已经是他的"新巴比伦计划"的雏形。在巴黎左岸(Rive Gauche)画廊展出了约恩名为"异轨绘画"的美术作品展。在德鲁因美术馆(Galerie

"反物质洞穴"迷宫

　　　　　　　　烈火吞噬的革命情境建构

Drouin)举办了伽利吉欧名为"反物质洞穴"(*caverne de l'anti-matiére*)的工业绘画展,展览包括一个大约 200 米长的迷宫,是由伽利吉欧设计的用镜子、香水、音乐和一大堆改变其原始功能的时髦模型创造而成的,145 米的工业绘画卷铺满了展览馆的墙壁、地板和天花板。

1959 年 12 月,德波在《情境主义国际》第 3 期上发表《关于交通的情境主义立场》(«Positions situationnistes sur la circulation»)一文。文章提出,情境主义国际应该关注资产阶级城市交通中的存在的日常生活伪氛围的问题。1960 年,在约恩的帮助下,他们甚至在丹麦的锡尔克堡(Silkeborg)建造了一个情境主义博物馆。为了抵制革命被景观化,在种种文化活动中,他们刻意不采用有图像标志和特殊色彩旗帜等视觉符号,这是拒斥景观的具体细节。德波常常亲自设计情景主义国际的杂志封面、小册子和大部分传单。

1960 年 1 月,发表《情境主义国际宣言》。宣言号召"来自所有国家的革命游戏参与者们,可以在情境主义国际的旗帜下联合起来,开始从日常生活的史前史中走出来"。并提出,在一个更高的阶段,每个人都将成为艺术家,游戏的解放,构成了人与人之间唯一非剥削性平等关系的框架。不久,约恩出版《经济政治学批判》(*Critique de la politique économique*)一书,我已经指出,这是一部旨在批判马克思的政治经济学理论的著作,但由于约恩对经济学一窍不通,所以是一部极其失败的书。6月,德波在《情境主义国际》第 4 期上发表《瞬间理论和情境建构》(《Théorie des Moments et Constuction des Situations》)。这是他刻意界划情境主义国际的情境建构观念与列斐伏尔瞬间理论的差异。伯恩斯坦出版小说《国王所有的马》。① 这是一部描述情境主义国际人生观的文学作品。同月,在伦敦举行了情境主义国际第四次会议。

德波和约恩等人在伦敦的会议,1960 年

会上,德波提出情境主义作为国际组织的政治性质的问题:"在当今社会上还有没有情境主义国际可以依靠的力量? 是什么样的力量? 在何

---

① 伯恩斯坦出版过两本小说:1960 年的《国王所有的马》和 1961 年的《夜》。两本书从两种角度用两种风格,讲述了同一对主人公吉尔(Gilles)和吉纳维芙(Genevéve)的爱情故事。伯恩斯坦是情境主义国际中以小说的方式来表达改变资产阶级日常生活的艺术家,在这两本小说中,将日常生活建构为游戏般的情境是重要的构境线索。

种情况下?"一方面,情境主义国际的组织模式进行了调整,即由原来各国分部"联合"的形式改为"中央委员会"形式;另一方面,也是更为主要的一个方面,即情境主义国际的理论及活动重心发生了第一次转移,会议将其基础纲要从原先的"整体都市主义"转换为"游戏的解放"。这是一个比较大的实践转换。同年,情境主义国际开始组建中央委员会,并于11月在布鲁塞尔举行了中央委员会第一次会议。1960年12月至1961年2月,约恩与都伯菲(Jean Dubuffet)在威尼斯卡瓦利诺美术馆一起录制了四张表征现象音乐(Musique phénoménale)的"混沌音乐"专辑。这是情境主义国际并不多见的音乐作品。1961年1月,德波完成电影《分离的批判》(*Critique de la séparation*,22分钟)。以我的理解,这是德波刻意与青年马克思的异化理论构式保持一定间距的努力,在他看来,分离概念在一定的意义上,更能深刻透视当代资本主义社会关系的本质。这一观点后来在《景观社会》中有更完整和系统的表述。4月17日,德波在法国国家科学研究院(CNRS)由列斐伏尔召开的"关于日常生活的研讨会"上做了《论对日常生活的有意识的改变》(«*Perspectives de modifications conscientes dans la vie quotidienne*»)[1]的报告。德波自己在会议现场,

——————————

① 发表于《情境主义国际》第10期,1965年。

但是他却用录音带播放自己提前录制好的演讲内容。这种发言方式本身就是对日常生活惯性的"中断"。我会在下面的第十一章中专门讨论德波的这次发言。

同时,情境主义国际还与法国的左派学生组织、西班牙的极左组织"共产主义行动"(Acción Comunista)、美国后来成立的"工人反抗"(Rebel worker)组织和工会主义爱好者等保持着密切的合作关系。也是在与这些左派组织的接触过程中,情境主义国际内部也出现了一些矛盾和分歧。特别是在与卡斯托里亚迪斯(Cornelius Castoriadis)领导的马克思主义激进左派组织"社会主义或野蛮"(Socialisme ou Barbarie, SB)①的合作中,在情境主义国际的革命主体和方向上,德波等人的观点与组织内部的艺术家们发生了巨大的分歧,问题集中于坚持纯粹的先锋艺术实践还是从艺术走向直接的社会现实革命。情境主义国际与"社会主义或野蛮"的接触,发生于1959年双方交换杂志的关联中。1960—1961年春天,德波开始在这一组织年轻成员布兰沙尔(Daniel Blanchard,笔名为Canjuers)的引荐下,以个人身份加入了"社会主义或野蛮"及其分支工

---

① "社会主义或野蛮"(1948—1965):由托派(第四国际)左翼代表科内利乌斯·卡斯托里亚迪斯(Cornelius Castoriadis,1922—1997)二战后脱离法共成立的法国激进社会主义组织,德波、伯恩斯坦和瓦纳格姆都曾是该组织的成员,并参与"工人权力"的革命实践活动。

人权力（Pouvoir Ouvrier，PO）小组中去。① 由此，德波接
触到了卡尔·科尔施（Karl Korsch）、潘涅库克（Anton
Pannekoek）等人的思想，并结识哲学家利奥塔等人。德波
甚至一度萌发了情境主义国际与"社会主义或野蛮"这一
"工人运动的革命激进分子相联合"的念头。1960 年 7 月，
德波与布兰沙尔合作了《关于定义革命规划统一体的纲
要》（«Préliminaires pour une définition de l'unité du pro-
gramme révolutionnaire»）一文②。在这一文本中，二人共
同认为，"只有当乌托邦实践与革命斗争实践紧密相连的
时候，它才有意义"，并且，"革命运动无非是无产阶级为了
真正支配和研究社会生活所有方面的改革而进行的一种
斗争——这一斗争开始于工人自己直接决定自己的一切
事情，开始于工作和生产的管理。这一变化直接意味着工
作本质的激进变革，意味着确保工人对机器控制的新技术
的发展"③。这些观点，显然是"社会主义或野蛮"的行动纲
领，并不是所有原来先锋艺术家们都能够接受的。

---

① 德波和伯恩斯坦开始直接参加"社会主义或野蛮"的会议和其他活动。
1960—1961 年夏天在比利时爆发的大罢工，由一百万工人所主导，持续
了整整一个月。德波、伯恩斯坦和瓦纳格姆等人都参加了这场运动。
1962 年 4 月，德波正式退出"社会主义或野蛮"。
② 原载《情境主义国际》第 5 期，1960 年。
③ ［法］德波、布兰沙尔：《关于定义革命规划统一体的纲要》，载《景观社
会》，王昭风译，南京大学出版社，2006 年版，第 175 页。

可以看得出来,情境主义国际越来越从革命的艺术先锋走向社会革命实践,其最重要的告示,是瓦纳格姆在哥德堡举行的情境主义国际第五次会议上发表的著名宣言,"不是为了发展景观,而是为了拒绝景观。为了具有**艺术性**,在情境主义国际确定的新的和真实的定义下,艺术作品不再是破坏景观的元素。没有情境主义,没有艺术情境主义作品,当然也没有情境主义景观。永远如此"[1]。由列斐伏尔引荐给德波,新近加入情境主义国际的瓦纳格姆,是情境主义国际内部积极支持与《社会主义或野蛮》的联合的,因为在他看来,"《社会主义或野蛮》是从革命计划出发的,不带有任何新超现实主义的古老文化的影响,同时也不带有从艺术中来的革命精神。我认为,情境主义国际根本的不同之处在于,它吸收了艺术运动,从中接受了激进性,并且意识到了需要把这种激进性更向前推进"[2]。我觉得,作为一位诗人,瓦纳格姆的姿态未必是他自己真实的观点,而显然是为了讨好德波。然而,这种合作还是以失败告终。

从 1958—1962 年间,情境主义国际曾多次重组,并屡次与一些艺术家和建筑师们决裂,先后开除了三十余人。在 1958 年 1 月,情境主义国际就把意大利分部的奥尔莫、

---

① 原载于《情境主义国际》第 7 期,1961 年。
② 原载于《情境主义国际》第 7 期,1961 年。

西蒙多和维龙(Verrone)驱除了出去。[①] 1961 年春天,情境主义开除了荷兰艺术家阿尔贝、阿尔芒多、乌得让,以及意大利艺术家莫拉诺特,皮诺-伽利吉欧和维里克等人。康斯坦特在这一年的夏天离开。1961 年 8 月在瑞典哥德堡举行的情境主义国际的第五次会议之后,约恩离开[②]。几乎参与创建情境主义国际的大部分元老级艺术家,都先后离开了情境主义国际。这并不是一件好事。这是情境主义国际走下坡路的开始。

情境主义国际第五次会议,德波和瓦纳格姆参加,1961 年于瑞典哥德堡

① 事情的起因是奥尔莫所撰写的《十七条论纲》,其中,提出了所谓"有声的城市主义"的艺术方针,声称在日常生活中创造出了一种"氛围的音乐"(musique ambiante)。这一论纲于 1957 年 9 月在情境主义国际的意大利分部会议上通过。这一论纲被德波批评为观念上的唯心主义的残余和政治上的"右派思想"。

② 此后,约恩化名为乔治·凯勒(George Keller)继续参加情境主义的活动,为期大约一年。

德波、瓦纳格姆等情境主义国际成员

　　随后是 1962 年对情境主义国际德国分部的马刺小组
的驱除，情境主义国际的核心现在是德波、伯恩斯坦、阿蒂
拉·科塔尼（1961 年加入情境主义国际的一名匈牙利建筑
师）和瓦纳格姆。而被开除的部分成员则另立山头，成立
了所谓的"第二情境主义国际"①。

　　第二个阶段是 1962—1968 年的"理论建设与革命实
践"的时期。此时，情境主义国际将其研究重点由创作艺

---

① 　这些原情境主义的成员在《情境主义时代》的 1962 年第 2 期上发表了
"成立声明"，宣告成立第二情境主义国际。此声明上的署名者包括：约
恩、杰奎琳、延斯·尤根·索尔森（Jens Jørgen Thorsen）、戈登·法扎克
利（Gordon Fazakerley）、哈代·史崔德（Hardy Strid）、斯忒芬·劳尔森
（Stefan Larsson）、安斯加尔·埃尔德荷（Ansgar Elde），以及帕特里
克·奥布瑞恩（Patrick O'Brien）等。

术-政治作品转向关于景观和日常生活的批判理论建设，同时，也开始积极探索走向现实革命实践的道路。1962 年 11 月在比利时安特卫普（Anvers）举行的第六次情境主义国际会议前，情境主义国际开始编辑《情境革命》专号。[1] 这是一个重要的革命信号。1963 年 1 月，瓦纳格姆在《情境主义国际》第 8 期上发表《平庸的根基》（«Banalites de Base»）。此文是后来《日常生活的革命》一书大纲。6 月，德波发表《情境主义者与艺术和政治中的新的行动形式》。1965 年 10 月，瓦纳格姆完成了他于 1963 年开始的《日常生活的革命》（*Traité de savoir-vivre à l'usage des jeunes générations*）一书。应该说，这是情境主义国际当时关于日常生活批判的最好的研究论著。[2] 12 月，德波完成《景观的和商品的经济的没落和崩溃》（«Le declin et la chutede l'economie spectaculaire-marchande»）一文。此文是德波在美国黑人暴动事件中在景观批判方面取得重要突破的思想实验成果。

时隔四年，1966 年 6 月在巴黎举行的第七次会议上，国际的成员们通过了德波起草的《革命组织的最低限度》

---

[1] 《情境革命》第一辑于 1962 年 10 月发行。

[2] 关于瓦纳格姆的《日常生活的革命》一书的研究，可参见拙著：《革命的诗性：浪漫主义的话语风暴——瓦纳格姆〈日常生活的革命〉的构境论解读》，南京大学出版社近期即将出版。

1962年11月在比利时安特卫普的第六次会议，德波、瓦纳格姆和伯恩斯坦等参加。

(«Définition minimum des organisations révolutionnaires»)，集中讨论了一些革命议题，包括革命团体的组织问题、情境主义国际与当代革命力量之间关系的发展问题、革命和不发达经济等。这应该算是情境主义国际介入具体革命实践的纲领性文件。当年，情境主义国际就与斯特拉斯堡大学的左翼学生取得了联系，并在斯特拉斯堡大学学生会的协助下出版了一本名为《关于大学生生活的贫困——对经济的、政治的、心理的、性别的特别是智力方面的关注及其补救的可行性提议》（De la misère en milieu étudiant：considérée sous ses aspects économique，politique，psychologique，sexuel et notamment intellectuel et de quelques moyens pour y remédier）的小册子。这个小册子的主要内容是对学生现实生活的批判，由此扩展为对整个社会现实

烈火吞噬的革命情境建构

的批判。这一文本很快产生了巨大影响,情境主义国际也由此在激进学生中名声大噪。① 德波承认,"长时间以来,很多法国知识分子都知道情境主义国际,但从不愿意谈论我们:(斯特拉斯堡事件)突然就打破了这种刻意的平静"②。1967 年 12 月,德波的《景观社会》(*La Société du Spectacle*)③和瓦纳格姆的《日常生活的革命》④几乎同时出版。我认为,这两本书在理论逻辑层面上将情境主义国际推向了学术巅峰。同年,伯恩斯坦与德波离婚,随即她退出情境主义国际。⑤ 1964 年开始,德波已经与爱丽丝•

---

① 这本小册子于 1967 年正式出版,并且由克里斯托弗•格雷(Christopher Gray)和唐纳德•尼科尔森•史密斯(Donald Nicholson Smith)翻译成英文,名为《十日游》,带有附言:"如果你想进行革命,那就好好玩吧。"一直到 1969 年夏天为止,被不断地再版和翻译成六种语言,完整的翻译版本在瑞典发行,而文摘版则出现在西班牙《共产主义行动》(*Acción Communista*)、意大利《新的在场》(*Nuova Presenza*)和《幻想》(*Fantazaria*)等激进期刊中,印刷总量达到了 30 万份。

② Guy Debord, *Œuvres*, Paris:Gallimard, 2006, p,743.中译文参见刘冰菁译稿。

③ Guy Debord, *La Société du Spectacle*, Paris:Gallimard, 1967.

④ 《日常生活的革命》在巴黎伽里玛出版社(Gallimard)拖延了近两年后终于出版。Raoul Vaneigem, *Traité de savoir-vivre à l'usage des jeunes générations*, Éditions Gallimard, 1967.《论几代青年运用的处世之道》(*The Revolution of Everyday Life*),即目前国际学界通常意译的《日常生活的革命》。中译本由张新木等译,书名沿用了国际上的通常译法《日常生活的革命》,南京大学出版社,2008 年出版。

⑤ 在此之后,伯恩斯坦仍然连续三年参加情境主义的活动。

贝克-胡①生活在一起。

第三个阶段是 1968—1972 年的"从革命到分裂"时期。对情境主义国际来说,红色五月风暴似乎一夜之间让他们的梦想成为现实,无论是在打破景观伪境理论观念上还是游戏般的节日狂欢中,让日常生活成为艺术的情境建构的瞬间,真的发生在法国的大街小巷中,一时间,情境主义国际处在了事业成功的顶峰。然而,"红色五月风暴"失败之后,来自情境主义国际内外的各种问题日益凸显,最终不可避免地走向了自身"体面"的解散。依马克里尼的解释,"1968 年,对情境主义国际来说,是个悖论的存在。因为 1968 年,他们的思想似乎得到了肯定和实现,在社会运动之中;但是,情境主义国际内部经历了危机,一开始这个危机被掩盖了过去,第二阶段中因为得到了新鲜血液的加入和巩固,组织的内部危机开始暴露"②。这是一个悖论,革命的狂欢让情境主义登上了景观本身制造的舞台,成了他们自己反对的角色,而第二阶段中已经出现的矛盾恰恰在历史性的表演中得到暴露和激化。1969 年 9 月,情

---

① 爱丽丝·贝克-胡(Alice Becker-Ho):诗人、作家。著有《行话的规则》(*Les Princes du Jargon*)、《行话的本质》(*L'Essence du Jargon*)等。1963 年贝克-胡开始参加情境主义国际的活动,并于 1972 年和德波结婚。现常年在巴黎和意大利两地居住,是德波手稿的所有者。

② Patrick Marcolini, *Le Mouvement Situationniste:une histoire intellectuelle*,Montreuil:L'Échappée,2012,p.208.中译文参见刘冰菁译稿。

1969年,德波和瓦纳格姆等人参加情境主义国际在
威尼斯召开的第八次会议

境主义国际在威尼斯举行了第八次会议。此后,情境主义
国际及其所有在世界各地的分部,出现了大量人员退出的
情况。瓦纳格姆也于1970年11月退出。

　　1972年,德波与桑圭内蒂①联合签署发布了小册子

----

① 詹弗兰科·桑圭内蒂(Gianfranco Sanguinetti):情境主义国际意大利分
　部的成员。

《情境主义国际的真实分裂》（*La véritable scission dans l'internationale*），正式宣布情境主义国际解散。依他们的说明，在法国，情境主义国际开始吸引大批盲目的追随者，甚至出现了所谓"追随-情境"（pro-situ）的现象，但是在德波他们看来，这个时尚的粉丝现象实际上是一种正在国际上不幸扩散开来的"法国疾病"，"很明显，'追随-情境'的出现**表征**了情境主义国际已经成了意识形态（Le milieu pro-situ figure *apparemment* la théorie de l'I. S. devenue idéologie）"。"如果情境主义国际像以前一样……它可能会变成革命的最后的**景观意识形态**（*idéologie spectaculaire*），而且可能会成为这样的意识形态的助力。情境主义国际可能最后就会成为革命、**真正的情境主义运动**（*mouvement situationniste réel*）的障碍"①。为了防止情境主义国际成为某种"景观展示的偶像、权威或革命符号"，避免让情境主义国际运动成为革命的绊脚石，必须终止情境主义国际的事业。这本小册子中有这么一段话，不再有任何"英特纳雄奈尔"的必要了，因为"情境主义者无处不在，他们的目标无处不在"。这是一个悲壮的历史告别。

---

① Guy Debord，*Œuvres*，Paris：Gallimard，2006，pp. 1107 - 1108.中译文参见刘冰菁译稿。

第十章
情境建构的诗性瞬间与列斐伏尔的
革命浪漫主义

> 情境主义的目标是借助果断安排的稍纵即逝瞬
> 间的变化,立即参与充满激情的丰富生活。
>
> ——居伊·德波

德波说,要从资产阶级景观拜物教夷平了的日常生活场境中,重新建构出那种革命的"高级激情质"的瞬间,其中最重要的赋形构件,就是恢复每个个体在生活中的**诗性对象**(sujets poétiques)和**诗性主体**(objets poétiques),并且,在"诗性对象中组织这些诗性主体的游戏"(organiser les jeux de ces sujets poétiques parmi ces objets poétiques)。① 我得承认,这里的"诗性"和"游戏"概念,即便是对熟悉西方马克思主义的学者来说,也仍然是一些十分陌生的词

---

① [法]德波:《关于情境构建以及情境主义国际倾向的组织和行动之条件的报告》,方宸、付满译,载《社会理论批判纪事》第7辑,南京大学出版社,2014年版,第58页。

语,甚至我们可能会完全无法入境,对此,我们只能一点一点地讨论和进入。这里,我不得不再次中断一下对情境主义国际运动的构序逻辑,返回到我们曾经停留过的一个思想平台上去,即本书一上来专门铺垫的列斐伏尔日常生活批判理论背后的理论构境。

其实,德波这里使用的"诗性""游戏",以及我们刚刚没有具体深入讨论的"瞬间"(moment)概念,都是青年列斐伏尔在自己人本主义的日常生活批判理论中发明和使用的关键词。当然,我并不是说德波他们使用的这些概念都是从列斐伏尔处获得的,但这是德波、约恩和瓦纳格姆等人与列斐伏尔产生深层次思想共鸣的地方。不过,此时德波的诗性(poésie)还是瓦纳格姆诗人诗歌中的主观美学情境,而不是哲学家列斐伏尔在《元哲学》(*Méta philosophie*)①中界定的,突现于存在论层面上刻意塑形出来的本真性的**诗性创制**(poiesis)。这一点,德波远没有列斐伏尔在形而上学中的老道。

前面,我已经说过,列斐伏尔后来将自己说成德波等人的老师,似乎是他领着情境主义者进入日常生活批判和情境建构的激进话语大门,而我已经证明,德波等人的思想发展其实与青年列斐伏尔处于平行的时间线上。实际

---

① Henri Lefebvre, *Metaphilosophie*, Paris: Syllepse, 1965.

发生的情况为,列斐伏尔和德波都承认,双方有过密切的接触和合作。准确地说,列斐伏尔与情境主义国际是相互影响的。当然,在西方马克思主义和哲学元理论构境中,列斐伏尔的思考更深一些,理论著述更系统和专业一些。1974年,当列斐伏尔写下《空间的生产》一书时,他开创了晚期马克思主义全新的理论构式,这是西方马克思主义**理论逻辑终结**之后,列斐伏尔在情境主义国际整体都市主义实践构序线索之上生成的一条新的批判话语线索。列斐伏尔的这一重要转变,是德波等艺术家们没有意识到的。①而列斐伏尔的"空间转向"却开辟了后来哈维、卡斯特、索亚等人全新的晚期马克思主义"空间理论"研究构式方向。所以,青年列斐伏尔的许多学术理念会被同向努力的先锋艺术家德波所接受,比如这里的"诗性"和"瞬间"概念。当然,这种接受不是简单的挪用,而已经是一种革命性的陌生化转换。从我们已经可以看到的文献记载来说,列斐伏尔也直接影响到约恩、康斯坦特、瓦纳格姆等人的思想。

首先,德波的"英特纳雄奈尔"真的需要马克思主义的理论指导,除去马克思主义的经典文献,他对马克思主义的系统学习,主要是在青年卢卡奇开创的西方马克思主义

---

① 关于我对列斐伏尔《空间的生产》一书的研究,可参见近期完成的拙著:《回到列斐伏尔——〈空间的生产〉的构境论解读》一书。

逻辑构式之中,他有选择地阅读和研究列斐伏尔的书①,其实也是将其视为马克思主义思想家。需要指出的是,情境主义国际的思想构式显然是离人本学的马克思主义更近一些,他们也会拒斥阿尔都塞一类带有科学主义色彩的法共理论家。其次,德波已经知道的列斐伏尔理论中的一些关键概念,也需要进一步确认和加深理解。这就造成了一种特定的历史机缘。几乎在同时,情境主义中的多位艺术家都发现列斐伏尔的思想构式与他们是接近的,并将这一情况告诉了德波。其三,德波从来没有盲目跟从或迷信列斐伏尔,虽然他发现了他们之间的共同点,可是也不断辨识出二者之间的诸多差异,德波自始至终对列斐伏尔的观点都留有批判性的间距。这里,我们先来听一下列斐伏尔对这一段历史的描述。

1983 年,列斐伏尔受美国晚期马克思主义学者弗里德里克·詹姆逊②之邀,在美国加州大学圣克鲁兹分校讲学,期

---

① 据刘冰菁博士的考证,在德波保存在法国国家图书馆的笔记手稿里可以直观地看到,列斐伏尔出版的《形式逻辑、辩证逻辑》(*Logique formelles,logique dialectique*)、《马克思主义的当前问题》(*Problèmes actuels du marxisme*)、《总和与剩余》(*La somme et le reste*)等书,都大量地出现在德波此时的阅读笔记中。

② 弗雷德里克·詹姆逊(Fredric Jameson,1934—):当代美国重要的文学理论家和文化批评家。代表作为:《马克思主义与形式》(1971)、《语言的牢笼》(1972)、《政治无意识》(1981)、《晚期马克思主义》(1990)、《晚期资本主义的文化逻辑》(1997)等。

间,纽约大学比较文学教授克里斯汀·罗斯(Kristin Ross)与列斐伏尔有过一次重要的访谈①,主题就是列斐伏尔与情境主义国际的思想关系。在这次访谈中,列斐伏尔自己说,对于情境主义国际,"我很了解他们,所以经常被打动。我与他们是好朋友。我们的朋友关系从 1957 年维持到 1961 年或 1962 年,大概五年的时间。之后我们发生了争吵,而且情况越来越糟"②。这有几层意思:一是列斐伏尔十分关注情境主义国际的动向,并且,也为这批艺术的理论和实践活动所"打动",这是他们之间建立联系的前提;二是在大约五年的时间中,列斐伏尔与情境主义国际发生了直接的接触和友好的交流,成了志同道合的"好朋友";三是他们后来还是产生了无法调和的矛盾,这种争执导致了最终的分手。从时间节点上看,这正好是德波写完《关于情境构建以及情境主义国际倾向的组织和行动之条件的报告》和情境主义国际成立的时刻。列斐伏尔与德波的直接交往,起始于 1957—1959 年③,一直持续到 1962 年前后。那个时候,列斐伏尔正在斯特拉斯拉堡大学教书,开始,是有情境

---

① Henri Lefebvre, Kristin Ross, "Henri Lefebvre on the Situationist International, Interview," in *October* 79, 1997 Winter, pp. 69 - 83.

② [法] 列斐伏尔、[美] 罗斯:《列斐伏尔论情境主义:一次访谈》,方宸、付满译,载《社会理论批判纪事》第 7 辑,南京大学出版社,2014 年版,第 233 页。

③ 1958 年 6 月,德波和伯恩斯坦在斯特拉斯拉堡的街上遇见了列斐伏尔。

主义倾向的学生找过列斐伏尔，后来，因为列斐伏尔那时的女友尼可是情境主义国际的粉丝，所以列斐伏尔与德波相识后会经常在自己的家中见面。列斐伏尔提到，偶尔，他也会到德波家中喝酒。

列斐伏尔，1973

　　1961—1962年，可能是列斐伏尔与德波关系最密切的时候，这应该是他们相互被打动的思想"热恋期"。此时，德波开始系统阅读和研究列斐伏尔的理论文本，分析批判其中的思想观念，而列斐伏尔则开始具体了解情境主义国际的革命性艺术实践。这正好是一个理论与实践的互补关系，双方也真的各有所得。依我的判断，可能列斐伏尔从情境主义国际的革命性实践中得到的东西会更多一些。

　　可以感觉得到，在列斐伏尔的内心里，他还是十分肯定自己与情境主义国际之间发生的这一友谊关系的，他甚至用情侣之间的恋爱关系来比喻这种思想上的亲密性，因为他们之间真的相互吸引，德波的情境主义变革资产阶级日常生活的艺术实践缺少来自马克思主义的理论养分，而列斐伏尔的"让日常生活成为艺术"的形而上学抽象则需要现实生活的感性支撑，虽然最后与他们之间发生了争吵

　　　　　　　　烈火吞噬的革命情境建构

直到彻底分手,可这还是"就像一场以悲剧结尾的恋爱故事"。这应该也是德波内心里的感受。

也是在这一访谈中,列斐伏尔还谈到了自己与激进先锋艺术家约恩的"眼镜蛇运动"更早的关系。这道出了列斐伏尔与激进的先锋艺术思潮更深的历史关联,这也是他与德波的情境主义国际最后必然走到一起的原因之一。他说,

> 但是我想说些更早的事情,因为一切都发生在更早的时候。最开始的事情与眼镜蛇团体有关。这个团体就是一注催化剂:组织成员包括很多建筑师,尤其是康斯坦特(一名来自阿姆斯特丹的建筑师),还有阿斯格·约恩(一名画家)和一群来自布鲁塞尔的人——这是一个北欧人的组织,充满了雄心壮志。他们想重新定义艺术(renew art),复兴艺术的生活方式。这个团体形成于20世纪50年代,是一个非常有趣和活跃的团体,而促成其形成的作品之一就是我的《日常生活批判》。①

通过上面的介绍与讨论,我们已经初步了解了约恩和

---

① [法]列斐伏尔、[美]罗斯:《列斐伏尔论情境主义:一次访谈》,方宸、付满译,载《社会理论批判纪事》第7辑,南京大学出版社,2014年版,第234页。

他激进的眼镜蛇运动。按照列斐伏尔的说法,眼镜蛇运动也是在他的"日常生活批判"思想的照耀下成长起来的,我觉得,这可能还是有些夸大的成分。因为,约恩、伽利吉欧、康斯坦特等先锋艺术家,显然都有自己独立的艺术实践个性,只是在一个特定的时代情境中,他们走到了一起。列斐伏尔的哲学思想,不过是这些正在走向马克思主义的左翼艺术家们试图从理论上反证自身前卫行为合法性的一个学术参照而已。

其中,列斐伏尔特别提到康斯坦特的"新巴比伦计划"(New Babylon)。列斐伏尔说,眼镜蛇运动中的

> 关键人物是康斯坦特·纽文惠斯,他是一名乌托邦建筑师,设计了一个名为"新巴比伦"的乌托邦城市(Utopian city)。这个名字相当具有挑衅性,因为在新教的传统里,"巴比伦"是个邪恶的名字。新巴比伦采用了那个被诅咒城市的名字,其目的却是将其改变为未来的城市(the city of the future),成为一个美好的存在。关于新巴比伦的设计始于 20 世纪 50 年代。在 1953 年,康斯坦特发表了一篇名为《为了一个情境的建筑学》("For an Architecture of Situation")的文章。这篇文章的基本观点是,建筑应该能够对日常存在进行改变。这一点与我的《日常生活批判》有关联:

应该建造本身就能创造新情境（creation of new situations）的建筑。①

康斯坦特

从史实上看，这个说法显然是不准确的。眼镜蛇运动中的关键人物理所当然是约恩。只是，不懂美术的列斐伏尔对城市和建筑是特别敏感的。因为，在列斐伏尔的早期社会学研究中，城市与乡村的关系对比是一个焦点，此外，从资产阶级的现代性城市到"都市革命"，以及从都市革命再到他后来的"空间生产"，城市建筑始终是他关注的中心问题。所以他特别关心和放大了康斯坦特的建筑革命实践。在列斐伏尔看来，康斯坦特在1953年发表的《为了一个情境的建筑学》中，就已经开始对象化列斐伏尔在《日常生活批判》中的观念，因为康斯坦特明确提出，在日常生活中起关键性作用的建筑应该成为革命的对象，所谓"情境

---

① ［法］列斐伏尔、［美］罗斯：《列斐伏尔论情境主义：一次访谈》，方宸、付满译，载《社会理论批判纪事》第7辑，南京大学出版社，2014年版，第234页。中译文有改动。Henri Lefebvre, Kristin Ross, "Henri Lefebvre on the Situationist International, Interview," in *October* 79, 1997.

的建筑"就是在周围日常生活的建筑中实现的革命情境。反正，列斐伏尔的自我感觉良好，人家有什么新鲜的东西，都是受他的《日常生活批判》影响的产物。

这里，我们来看一下康斯坦特设计的"新巴比伦"计划，这可能又是马克思主义学者十分陌生的领域。1956年夏，已经成为想象包豪斯国际主角之一的康斯坦特应约恩之邀，前往意大利的阿尔巴参加包豪斯印象国际运动发起的一次工艺美术主题研讨会。在会上，康斯坦特了解到了出生在阿尔巴本地的伽利吉欧的一个想法，后者打算把一些土地给吉卜赛人建造营地。这一构想引起了康斯坦特的兴趣，他依想象包豪斯国际运动内嵌的革命的浪漫主义幻想构式，着手构序一个宏大的未来城市计划，这就是著名的通过建筑群落实现全新日常生活氛围的"新巴比伦①计划"。

---

① 巴比伦指的是古巴比伦王国（约前30世纪—前729年），位于美索不达米亚平原，大致在当今的伊拉克共和国版图内。巴比伦城垣雄伟、宫殿壮丽，充分显示了古代两河流域的建筑水平。巴比伦城以两道围墙围绕在外墙以外，还有一道注满了水的壕沟及一道土堤，城内的主干道中央以白色及玫瑰色石板铺成，城有八个城门，其中的北门就是著名的伊丝达尔门，表面用青色琉璃砖装饰，砖上有许多公牛和神话中的怪物等浮雕。希腊历史学家希罗多德来到巴比伦城时，仍称它为世界上最壮丽的城市。康斯坦特的新巴比伦计划，是要在今天重建一个可以实现革命情境建构的宏伟城市。而列斐伏尔这里所说的"巴比伦是一个邪恶的名字"，应该是讲《圣经》启示录18章第2节中的内容："他大声喊着说：'巴比伦大城倾倒了！倾倒了！成了鬼魔的住处和各样污秽之灵的巢穴。'"

依他的解释,新巴比伦计划不是一个资产阶级商业构式中的"城镇规划项目",而是一种新的革命性思考,一种从建构革命情境的赋形视角"想象和看待生活和事物的方式"。在一定的意义上,他的这个计划应该是想象包豪斯国际建筑革命观念中最宏大的理想乌托邦计划。因为,这是在建筑领域中真的去动手塑形的**革命情境建构乌托邦**。从1956年开始,康斯坦特放弃了自己的全部绘画创作,全心投入新巴比伦的设计构想,并且一做就是十八年,直到1974年才收尾。此时,列斐伏尔正在写作他的《空间的生产》,这是否受到新巴比伦计划的影响,我们不得而知。但在思考空间存在本质的形而上学构境和理想化构式方向上,二者显然是一致的。

康斯坦特的工作成果包括纸上的工作草图、合成照片以及绘画,以及几十个极为详细的各个分块的模型。在这个计划中,新巴比伦打碎了资产阶级的私有制,建筑的基础是土地集体所有,"生产性工作的完全机械化、完全自动化,解放人们去做别的事",这是科学技术条件下自动化大生产的结果,也是马克思在《哥

康斯坦特和他的"新巴比伦计划"

达纲领批判》中曾经憧憬的未来自由王国中的生活景象，人们的共同居所，充满不确定、可移动元素，日常生活场境被锚定在商品-市场构序和塑形逻辑中的状态被彻底消除，新巴比伦在城市环境中创造了出一种自由漂移和创造性的**游牧生活**（nomadisme）。请注意，这个"游牧生活"与后面我们将讨论到的情境主义国际的"漂移"情境建构是接近的，也是后来德勒兹祛序资产阶级自拘性后解放观念中的关键词。

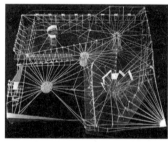

康斯坦特的《新巴比伦》设计图例

烈火吞噬的革命情境建构

具体点讲,从上面的图表中我们可以看到,这个"新巴比伦计划"中的建筑是一个巨大的悬浮的多层网状结构,它纵向地拓展了地表空间。在 1959 年写下的《别样的城市,旨在别样的生活》一文中,康斯坦特是这样描述他理想中的城市的:

> 地下地面层、楼层、露台,其开阔度将会因地区和都市而有所不同。需要注意的是,在这样的城市里建筑面积将会是百分之百,空闲面积将会是百分之二百(花坛和露台),而在花园城市里,这个比例最多可以颠倒过来。露台形成一个户外的地区,覆盖城市的整个表面,可以用于体育运动,用作飞机和直升机起降台,并用于种植植物。这些区域可以通过楼梯和电梯从各处通达。不同的层面将会被分为居住和交往空间,气候是可控的,这将使得创造无限多样的环境成为可能,为居民临时活动和经常性相遇提供便利。①

在康斯坦特看来,这个迷宫似的空间网不是按照资产阶级的商业构式空间布展(有如本雅明所指认的展示性的

---

① [比]康斯坦特:《别样的城市,旨在别样的生活》,方宸、付满译,载《社会理论批判纪事》第 7 辑,南京大学出版社,2014 年版,第 100 页。

巴黎拱廊街），而是按照革命情境建构的功能分层：底层空间专为公众交通、绿化和公共集会所用；顶层则用作停机坪、公共广场、运动场和空中绿地；而中间层则用于居住、生产、消费和娱乐。其中，有专门为某种非商业化情境建构而设计的组块，比如迷宫系列，由此制造打破平庸日常生活场境的游戏构序空间。用康斯坦特自己的话来说，新巴比伦是为了未来由情境建构赋型的新型建筑结构设计的，它是为一个由创造性的人们组成的新世界而设计的，其目的就是让人能够从枯燥的资产阶级商业构式的日常工作的呆板节奏中解脱出来。我们可以体会到，这个创造全新生活情境的未来建筑设想，正是德波所说的打破平庸日常生活的"情境建构"在建筑设计中的对象化。其实，"新巴比伦"这个名称，也是由德波提出的。① 这一点，列斐伏尔也看到了。他说，"康斯坦特在 1953 年的《情境构建》中已经阐述了新瞬间以及新情境的概念。因为情境的架构是一个意图创造新社会的乌托邦式架构，所以康斯坦特认为，社会的改变并不是为了继续承载令人厌倦的千篇一

————————

① 然而，也是在 1959 年 4 月在慕尼黑召开的情境主义第三次大会上，康斯坦特反对德波走向政治行动的社会变革要求，与德波产生冲突。1960 年，康斯坦特等人被开除出情境主义国际。在 1960 和 1969 年之间，康斯坦特一直继续发展新巴比伦计划。1968 年，他还直接将电子技术与新巴比伦模型结合在一起，使用一系列传感器，让模型成了可以感应声、光变化的装置。

律的生活,而是要创造一个绝对全新的情境"①。这是对的。通过建筑空间制造情境建构的物性环境,就是革命性地改变日常生活的落地。2018 年夏天,我与斯蒂格勒在巴黎举办的"数字化资本主义"研讨会上,竟然有一位法国建筑学家的发言思路与康斯坦特的"新巴比伦"计划的构序方向十分接近。这就是说,"新巴比伦"计划的影响力在今天仍然存在。

当然,列斐伏尔觉得,情境主义的**建构情境**(construc-tion de situations)其实就是自己"瞬间"(moments)概念的改写,在更大的尺度上,也是列斐伏尔"让日常生活成为艺术"的口号的践行,更深的构境背景则体现在他 1957 年写下的"一本宣言式的书《革命浪漫主义》(*Le romantisme révolutionnaire*)"②之中。恰巧,这也是情境主义成立的时刻。我觉得,列斐伏尔还是夸大了自己对情境主义国际的实际影响。应该承认,德波的确注意到了列斐伏尔的"革命的浪漫主义",不过,后者的态度仍然是带有批判性的间距的。在 1958 年《情境主义国际》第 1 期杂志上发表的《关于文化革命的命题》(«Thèses sur la révolution cul-

---

① [法]列斐伏尔、[美]罗斯:《列斐伏尔论情境主义:一次访谈》,方宸、付满译,载《社会理论批判纪事》第 7 辑,南京大学出版社,2014 年版,第 237 页。

② Henri Lefebvre, *Le romantisme révolutionnaire*, Paris: La Nef, 1958.

turelle»）中，德波说，"共产主义革命尚未发生，而且我们依然生活在业已解体的旧文化上层建筑的框架里。亨利·列斐伏尔正确地看到，这个矛盾位于进步的个体与世界之间特别现代的不和谐之中心，并且称以这种不和谐为基础的文化倾向具有革命浪漫主义色彩"①。马克思恩格斯所预见的共产主义并没有到来，先锋的革命者与资产阶级世界的不和谐却以"革命的浪漫主义"文化倾向表现出来。这是对列斐伏尔的肯定。但是德波也认为，"列斐伏尔理念的不足之处在于，把不和谐的简单表达变成文化内部革命行动的必然标准。列斐伏尔事先摒弃旨在进行深刻文化变革的所有试验，同时又对一种内容依然感到满足"。关键性的不同是德波已经看到列斐伏尔在现实的革命实践中缩手缩脚，只是停留在观念意义上的"革命浪漫主义"幻想中，所以德波说，"克服我们与世界之间的不和谐，即用某些更高级别的构建克服解体的实际任务，不具有浪漫主义色彩。严格就我们的失败而言，我们将会是列斐伏尔所谓的'革命的浪漫主义者'"②。本来，德波这句话是对列斐伏尔的反讽，他是说，情境主义国际实实在在地变革了资产阶级日常生活的实践，但本身并不是一种不切实际的

---

① ［法］德波：《有关文化革命的命题》，方宸、付满译，载《社会理论批判纪事》第 7 辑，南京大学出版社，2014 年版，第 71 页。

② 同上书，第 73 页。

"革命浪漫主义",倒是如果有一天这种革命真的失败了,会出现列斐伏尔意义上悲性的"革命浪漫主义"。不幸的是,1968年,情境主义国际在红色五月风暴中登上了革命情境建构的高峰,之后,他们真的成了坠入历史深渊、粉身碎骨悲剧中的"革命的浪漫主义"。

　　总之,列斐伏尔反复想说明的就是自己的理论是情境主义国际的思想基础。但实际情况应该是,列斐伏尔和情境主义的思想发展是平行同向的,但在一个特定的历史机遇中相遇并且交融。1959年,列斐伏尔在《总和与剩余》(*La Somme et le reste*)[①]一书中提出"瞬间"的思想后,是约恩先注意到这一理论表述,他发现,列斐伏尔的想法与自己和德波的努力方向是相近的,他将此书推荐给德波。后者当然也十分吃惊,德波在给约恩的信中承认,列斐伏尔的这个"中断日常生活的瞬间",有可能是情境主义思考的中心问题之一。1960年2月14日,德波在写给比利时情境主义者富兰坎的信中,说他正在读《总和与剩余》,其中的瞬间理论(la théorie des moments)引起了他的兴趣,因为这一观点与情境主义的很接近。他还提到,列斐伏尔曾于1960年1月3日写信给他,附上了《情境主义国际》第3期,在这封信中,列斐伏尔提到赞同德波关于城市规划和

---

① Henri Lefebvre,*La somme et le reste*. Paris：La Nef de Paris,1959.

对功能主义批判的观点,德波则表示,必须立即与列斐伏尔再会面研讨。[1] 依马克里尼的分析,此时德波对列斐伏尔瞬间理论感兴趣的地方是,这个瞬间,"是处在行为的统一体中,处在意识的模式或是一种有注意力的状态中,换言之,就是处在形式的同一性(identite)中。比如,游戏的瞬间、爱情的瞬间、工作的休息瞬间或是斗争的瞬间等。每个瞬间都是'再现的一种模式','为思想和生活提供一种绝对'(*La somme et le reste*)。在这个意义上,每个瞬间都具有一套完整的指导实践的规则和传统"[2]。这基本是对的。引发约恩和德波共同关注的焦点的是列斐伏尔这种中断日常生活惯性的激荡瞬间,而这种反常的革命瞬间却有可能为生活提供一种新的发生模式。但是,德波自己认为,与列斐伏尔不同的是,必须把革命的瞬间从前者停留在爱情和观念中的断裂,进一步推进到现实社会生活变革中去。在这一点上,德波显然比列斐伏尔还要激进。在上面提及的《关于文化革命的命题》一文中,德波先是承认了列斐伏尔瞬间理论的意义。他说,

---

[1] Guy Debord,*Correspondance*,volume Ⅰ, juin 1957-août 1960, Librairie Arthème Fayard, 1999, pp. 312 – 313.

[2] Patrick Marcolini, *Le Mouvement Situationniste*:*une histoire intellectuelle*, Montreuil:L'Échappée, 2012, p.73.中译文参见刘冰菁译稿。

情境主义的目标是借助果断安排的稍纵即逝瞬间（moments périssables）的变化，立即参与充满激情的丰富生活。这些瞬间的成功只可能是其短暂的效果。情境主义者认为，文化活动，从总体性（totalité）角度看，是日常生活的一种试验性建构方法（méthode de construction expérimentale），这种方法可以永远随着闲暇的增加和劳动分工的消失（以美学劳动分工开始）而得到发展。[1]

这是对列斐伏尔瞬间理论的致敬。当然，德波和情境主义者所理解这个瞬间，已经不再是列斐伏尔具象于爱恋激情和观念赋型的突现场境，而是推进到资产阶级世界中劳动分工消失后，人的自由创造性情境建构之中了。在情境主义者看来，停留在理论解释中的列斐伏尔恰恰没有坚持把马克思的"改变世界"落到实处，原因是他"忘记了自从《关于费尔巴哈的提纲》第十一条以来，这一直就是革命思想的基础"[2]。从这些情境主义者对列斐伏尔的评论和

---

[1] ［法］德波：《关于文化革命的命题》，方宸、付满译，载《社会理论批判纪事》第 7 辑，南京大学出版社，2014 年版，第 69 页。

[2] 《情境主义国际》第 3 期的编者按语：《艺术衰败之意义》。*Internationale situationiste* 3, 1959 December, pp. 3 - 8. 参见《社会理论批判纪事》第 7 辑，南京大学出版社，2014 年版，第 90 页。

批评中,我们可以体会到二者之间的相关性和异质性。这也内嵌着他们之后分道扬镳的逻辑构式裂痕。

列斐伏尔自己说,一段时间里,他与情境主义者们常常持续整夜地进行争论,其中争论的一个焦点就是"瞬间"与"情境"的关系。德波等情境主义者对他说,"你所谓的'瞬间',我们叫作'情境'(situations),但是我们走得比你远。你所接受的'瞬间'是一切发生在历史进程中的:爱情、诗歌、思想(love,poetry,thought)。我们要创造新的瞬间"①。这是实情。德波当着列斐伏尔面对他说,虽然你在爱情和观念中体知到瞬间的观念,但我们真的"走得比你远",这是说,情境主义国际在生成一种"瞬间"理论之前,已经将作为革命瞬间的情境建构推进到先锋电影、前卫美术、革命性的建筑、流动起来的城市生活等实际改变活动中去了。这应该是一个可见的事实。在 1960 年 6 月出版的《情境主义国际》第 4 期上,德波发表了《瞬间理论和情境建构》(«Théorie des moments et construction des situations»)一文,以说明二者的关联与差异。这显然是德

①　[法]列斐伏尔、[美]罗斯:《列斐伏尔论情境主义:一次访谈》,方宸、付满译,载《社会理论批判纪事》第 7 辑,南京大学出版社,2014 年版,第 237 页,中译文有改动。Henri Lefebvre, Kristin Ross, "Henri Lefebvre on the Situationist International, Interview, " in *October* 79, 1997 Winter.

波进一步研讨列斐伏尔的《总和与剩余》之后的最新心得。德波的结论是,情境和瞬间一样,都是旨在建立起一种打破平庸日常生活的独特的质性,通往"情势和结构的统一体"(une unité du structural et du conjonctural)①。不同在于,列斐伏尔的瞬间理论只是理论,而情境主义的情境建构已经是革命的实践。对于这个重要的 conjoncture 概念,德波并没有做进一步的说明。我发现,在阿尔都塞 1985年以后对《马基雅维利和我们》手稿进行的重新加工中,这个"conjoncture"却出场了,它被表征为不是"其要素的简单相加,不是各种境况的罗列,而是它们的矛盾系统",是政治斗争的**"力量的对比关系"**变化中动态建构的局面、情境和"势"。②

在我看来,列斐伏尔与情境主义者关于瞬间和情境的争论,还是浮在问题的表层上的。因为,问题的关键是,情境主义者将爱情关系中的激情瞬间和高峰体验推进到现实日常生活革命中的情境建构之后,一旦诗意的狂欢和游戏般的文化拒绝结束,资产阶级的平庸日常生活重新再来怎么办? 即便情境主义者已经意识到通过物性的城市建筑环境改变影响人的微观生活的场境氛围,但如果不根本改变

---

① Guy Debord, «Théorie des moments et construction des situations», *Œuvres*, Paris: Gallimard, 2006, p.995.

② [法]阿尔都塞:《哲学与政治:阿尔都塞读本》,陈越编,吉林人民出版社,2003 年版,第 396 页。

资本主义生产方式,这种"让日常生活成为艺术"的革命是否真的能够持续下去? 这显然是没有根本解决的问题。

1962 年,列斐伏尔与德波他们整夜争论的地点,应该是在法国朗德省的纳瓦朗(Navarrenx)。从这个特殊的地点来看,应该是德波等人上门找列斐伏尔的。因为,纳瓦朗是列斐伏尔的老家,这也是他最早做农村社会学研究的地方。[①] 依列斐伏尔的描述,"他们来我在比利牛斯山的住所找我。我们进行了一次很奇妙的旅行:我们坐汽车离开巴黎,在拉斯科洞穴(Lascaux)[②]停下来",考察那里的岩画

---

① 比利牛斯山区纳瓦朗城的阿热特莫(Hegetmau)小镇,是列斐伏尔的出生地,他在那里长大。虽然他后来大多数时间生活在巴黎和斯特拉斯堡,但是,他总是往返于大城市与家乡小镇之间。在二战期间,列斐伏尔就回到了自己家乡的山区里,并利用这些时间去考察、研究乡村社会结构,写作了关于比利牛斯山区农民社区相关主题的论文,以这些论文为基础,在 1954 年拿到了自己的博士学位,其博士论文经过修改最终在 1963 年以《康庞山谷》为名出版。Henri Lefebvre, *La vallée de Campan*: *Étude de sociologie rurale*, Paris: Presses universitaires de France, 1963.

② 拉斯科洞穴位于法国韦泽尔峡谷。1940 年 9 月,4 名少年在法国多尔多涅的拉斯科山坡偶然发现了该洞。洞穴中庞大的壁画为旧石器时期所作,至今已有 1.5 万—1.7 万年历史,其精美程度有"史前西斯廷"之称。拉斯科洞穴内的壁画有 100 多幅,保存较好。其中以马最多,还有牛、驯鹿、洞熊、狼、鸟等,也有一些想象的动物和人像。而唯一的人物形象就是一个被野牛撞倒在地的人。画面大小不一,长者约 5.5 米,短的有 1 米左右。画面大多是粗线条的轮廓画剪影,即在黑线轮廓内用红、黑、褐色渲染出动物的体积和重量,形象生动,色彩明快,富有生气。1979 年,联合国教科文组织已将其列入世界文化遗产之一。

艺术。并且，他们还在圣萨尔文教堂（Church of Saint-Savin sur Gartempe）研究穹顶上和地窖中的湿壁画。他们的共同结论为，这些绘画艺术也是一种对当时现实生活的批判。列斐伏尔说，"他们在我家里住了好几天，和我一起工作，我们写了一份纲领性的文件"[①]。这是列斐伏尔和德波等人在比利牛斯山区进行的艺术考察活动之后，在列斐伏尔老家纳瓦朗小城发生的研讨活动。列斐伏尔回忆道，

> 我们在纳瓦朗一起日夜工作，我们上午九点睡觉（他们就是这么生活的，早上去睡觉，睡上一整个白天）。我们什么都不吃。这听起来挺可怕的。我受了一周的苦，没吃东西，只喝酒。我们肯定喝了上百瓶，在几天里面。五天……我们一边喝酒一边工作。那篇文字相当于我们所思考的所有问题的一个教义般的总结，关于情境，关于生活的改造；不是很长，只有几页，手写的。他们把它拿走，打了出来，之后他们就认为他们对这些思想拥有权利。[②]

---

① ［法］列斐伏尔、［美］罗斯：《列斐伏尔论情境主义：一次访谈》，方宸、付满译，载《社会理论批判纪事》，第 7 辑，南京大学出版社 2014 年版，第 243 页。

② 同上书，第 245 页。中译文漏掉了这一整段文字。Henri Lefebvre, Kristin Ross, "Henri Lefebvre on the Situationist International, Interview," in *October* 79, 1997 Winter.

这是列斐伏尔与德波等人的一次重要的思想实验合作。其中,无节制地喝酒似乎是革命艺术家们生产思想的动力。显然,列斐伏尔并不适应情境主义国际这些疯狂艺术家的生活方式。

这里,列斐伏尔点到的讨论主题是"情境,关于生活的改造",可以想象,列斐伏尔一定会大力推销自己的

提着酒瓶的德波

"日常生活批判"和"瞬间"观念,而德波他们则会大谈前卫的"让生活成为艺术"的具体做法。其中,涉及历史上法国著名的巴黎公社,在他们眼里,巴黎公社显然已经不是马克思当年看到"打破资产阶级国家机器"的阶级斗争,而是一个打破资产阶级日常生活场境的"伟大节日"。从列斐伏尔的这个描述看,德波等人在这次关于巴黎公社的讨论中应该是主导性的,否则,这"手写的"几页手稿不可能落入情境主义者手中,后来直接被打印并发表。这为后来的"剽窃"事件留下了伏笔。① 对此,列斐伏尔耿耿于怀:"他

① 1962 年 3 月,德波、瓦纳格姆和科塔尼(Attila Kot Anyi)在《情境主义国际》第 12 期上联合署名发表了《论巴黎公社》一文,这篇文章的内容当然

们那个周末在纳瓦朗,纲领一直在他们手里。我跟他们说
'你们把它打出来吧'(原稿是手写的),结果后来他们就说
我剽窃。实际上,他们是信口雌黄。用来写关于巴黎公社
的书的纲领是他们和我共同完成的,但是我关于巴黎公社
的书只使用了这份联合纲领中很少的一部分。"[1]这显然是
一笔狗肉帐,因为这真的是一个双方思想合作的结晶。我
觉得,德波等人的做法显得有些小气和霸道,既然是合作,
当然双方都有发表相关讨论内容的权利,不能独占。只是
那个时候,双方都想独立地占据思想制高点。

与纳瓦朗的研讨有关。在列斐伏尔那里,因为自己也是参与研讨的,由
此也自然拥有这些思想的原创性。所以,他在 1962 年《争鸣》(*Arguments*)的第 27—28 期上,也发表了《巴黎公社》(«Sur la commune»)一
文。1965 年,列斐伏尔出版《公社的宣言》(*La Proclamation de la Commune*)一书。德波等人认为,列斐伏尔关于巴黎公社的观点未经
授权,剽窃了属于他们的观点。这导致了双方最终的分手。在这里,德
波等人是够小气的。而德波他们的说法是,"列斐伏尔,他从我们这里
得到了很多启发,但并没有'剥削'或不择手段地利用我们的劳动。他
只是在学术计划上有一点点粗俗,因为他在和我们一起进行的集体行
动(真正的交流)前退却了"。参见 Guy Debord,*Œuvres*,Paris:Gallimard,2006,p.635。中译文参见刘冰菁译稿。德波的做法显然是与他
们自己鼓吹的"剽窃"式异轨观念格格不入的。

① [法]列斐伏尔、[美]罗斯:《列斐伏尔论情境主义:一次访谈》,方宸、付
满译,载《社会理论批判纪事》第 7 辑,南京大学出版社,2014 年版,第
243 页。

第十一章
被资本殖民的资产阶级日常生活

真理往往是革命的。

——安东尼奥·葛兰西

我们都知道,列斐伏尔的确是西方马克思主义思潮中日常生活批判的开先河者。在一定意义上,情境主义国际所主张的日常生活革命构式,自然也受到了列斐伏尔这一思想的影响。但是,在德波等人这里,他们所理解的日常生活批判,从一开始就不是列斐伏尔的形而上学哲学玄思,而是从每天身边发生的日常生活场境习惯和不起眼的小事塑形的改变入手的。所以,在进入情境主义国际诸多"让日常生活成为艺术"的具体情境建构前,我们还需要先来看一下,情境主义国际的艺术家们特别是德波在理解日常生活场境变革的问题上,与哲学家列斐伏尔的差异。其实,上述列斐伏尔提及的康斯坦特的"新巴比伦"计划,以及下面我们将遭遇到的"整体都市主义"和"漂移"活动,已经是情境主义国际践行的实际改变资产阶级日常生活的革命情境建构的重要落地举措。为了能够顺利进入这些新奇的构境，我们还必须做一些重要的前提性的讨论，其中一个重要的理论关系，就是德波与列斐伏尔在日常生活批判问题上的历史关联和差异。我不能确定，这是不是他们二人当面争吵过的问题。

前面我们已经提及，1961 年 5 月 17 日，列斐伏尔也出席了的法国国家科学研究院(CNRS)举办的日常生活研讨会上，受邀的德波人在现场，却以"陌生化"的录音方式发表了"论对日常生活的有意识的改变"(«Perspectives de modifications conscientes dans la vie quotidienne»)①的演讲。我觉得，也是在这个会议的发言中，德波直接表明在日常生活批判问题上的态度，既承认了对列斐伏尔观点的继承，也界定了自己与前者的不同，以"资本对日常生活的殖民"和具体改变日常生活场境的微观革命等新观点，深化和发展了列斐伏尔的日常生活批判概念。最富戏剧性的则是德波通过**在场的不在场**方式，宣示了革命情境建构对日常生活伪境的破境。

第一方面，**日常生活场境被资本所殖民**。德波说，当我们身边资产阶级世界的"日常生活极度缺乏有意识的组

---

① 这篇讲话后来发表在《情境主义国际》第 6 期，1961 年，第 20—27 页。

德波参加会议的海报

织(l'organisation consciente)和创造性(créativité),这就代表了在一个剥削的社会、在一个异化的社会(société de l'aliénation)中,'无意识和神秘化'(l'inconscience et de la mystification)在根本上的必要性"[1]。这是说,今天的资产阶级的剥削社会同时也是一个异化的社会。应该说明,德波此处使用的异化概念并非列斐伏尔在人本学的构境使用的"总体的人"的异化逻辑,而只是一种败坏性而已。在德波看来,当资本的逻辑占有了社会全部的创造性和组织化时,人的生命存在恰恰是贫困的,他的日常生活缺失了自觉的创造性,整个社会就会陷入无意识和神秘化之中。这里的无意识和神秘化,并非指人们已经意识到异化之神

---

[1] Guy Debord, *Œuvres*, Paris:Gallimard, 2006, p. 575.中译文参见刘冰菁译稿。

秘,而恰恰是像布莱希特所指认的被动观众那样,十分疯狂地追逐和迷入金钱物相,这是一堵用景观在所有消费者面前建构起来的无形的"第四堵墙",消费者看不到这堵塑形于无意识(欲望对象)中的"迷墙",这才是无法穿透的神秘性。显然,此处的"无意识和神秘化"一语,是刻意向列斐伏尔的日常生活批判理论的致敬。早在1936年,列斐伏尔在与古特曼合作的《被神秘化的意识》[①]一书中,将青年马克思的人本主义异化理论与后来的经济拜物教批判杂糅起来,生成了对资产阶级市场意识形态**神秘性**(*mystifiée*)的价值批判。这个神秘性是列斐伏尔挪移自马克思《资本论》中关于商品现象的神秘性分析。这是列斐伏尔日常生活批判的理论起点。德波告诉我们,

> 列斐伏尔因为日常生活是一个落后发展的领域,没有和历史一起同步发展,但也没有完全从历史中隔绝出去,所以为此他继承了不发达状态(sous-développement)的思想。我认为,可以接着把这个水平上的日常生活定义为一个被殖民的领域(secteur colonisé)。我们知道,落后发展和殖民化都是和全球

① Henri Lefebvre, Norbert Guterman, *La Conscience mystifiée*, Paris: Gallimard, 1936.

经济相关联的因素。同时所有的事情也显示,同样这些事情也都和社会经济结构、实践相关。①

这表明,虽然德波赞同列斐伏尔提出的日常生活批判,即关注日常生活领域的资产阶级微观控制问题,但与列斐伏尔指认的"神秘化"的落后于历史发展的日常生活概念相区别,德波认为,资产阶级的日常生活场境应该是**一个被资本关系殖民**的领域。这里,应该为列斐伏尔做些简单的辩解,日常生活的"神秘性"只是他早期的观点,在后来的《日常生活批判》中,列斐伏尔对资产阶级日常生活的透视,当然已经不再停留在"无意识"和神秘性之上了。德波的深刻之处在于,资产阶级日常生活奴役的本质,并非一个意识神秘化的问题,而是马克思所指认的资本关系对微观日常生活场境细节不可见的殖民。这是一个正确的判断。这里的殖民的概念,显然是一个艺术化的隐喻,不像可见的法国资产阶级对阿尔及利亚的直接统治,今天资产阶级对日常生活场境的支配,往往是看不见的奴役和非直接的殖民。这是一个十分生动和精准的表述。

那么,什么是资本对日常生活场境的殖民呢? 首先,

---

① Guy Debord, *Œuvres*, Paris: Gallimard, 2006, p. 575.中译文参见刘冰菁译稿。

资本操控的科技和市场对日常生活的**治安管控**。德波分析道：

> 日常生活，通过所有手段被神秘化且被治安管控（policièremen），是为善良的内部国民所设立的、为其运行现代社会却不用理解现代社会的保护区，并且这个现代社会还伴随着快速增长的技术权力（ses pouvoirs techniques）和市场的强制扩张（l'expansion forcée de son marché）。历史——即对现实的改造——现在不可能在日常生活中被应用，因为日常生活的人是他所不能控制的历史的产物。明显的是，是人自己创造了这个历史，但并不是自由地创造（C'est évidemment lui-même qui fait cette histoire，mais pas librement）。①

这是德波关于日常生活批判的一段极为重要的表述。一是列斐伏尔所看到的神秘化现象背后，发生着日常生活被资本殖民的全新控制，即资产阶级通过"快速增长的技术权力和市场的强制扩张"创造的全新社会关系，过去在

———————————

① Guy Debord, *Œuvres*, Paris：Gallimard，2006，p. 575.中译文参见刘冰菁译稿。

马克思时代"生产性劳动"之外的一切生命活动,现在都成了市场(消费意识形态)和科学技术渗透塑形的殖民地,日常生活中已经没有任何非殖民的处女地;二是当资本通过市场和技术强制性夺走了人的创造性和组织力时,在日常生活场境中,人每天都在生成自己的历史,但它从来不是自由地创造历史,历史只是资本构序的世界历史,人成了自己创造出来的经济-技术力量的奴隶;三是日常生活的神秘化,在于资产阶级用于控制生命的手段,已经不再是直接的政治压迫和经济奴役,而是看起来不是暴力统治的"治安管控"。与传统殖民主义统治不同的是,这里并没有荷枪实弹的有脸主人,科学理性和市场交换对日常生活场境的支配恰恰是被追捧和拥戴的,这是这种新型殖民"甜蜜权力"统治的重要特征和无法透视的神秘性。这里,我们可以看到后来作为福柯生命政治核心的治理和治安统治的原型。

其次,资本殖民下人的日常生活场境中**自由时间的贫困**。这是一个新的提法。在德波看来,如同殖民主义在殖民地进行的统治一样,资本对日常生活的统治,也是对存在本身的压榨,今天资产阶级世界中的"日常生活是在贫困之内被组织起来的,而且关键是日常生活的这种贫困(pauvreté)并无任何偶然:这是被已经分化为阶级的社会的限制和暴力所强加而来的贫困;这是根据剥削的历史的必要性(les nécessités de l'histoire de l'exploitation),被历史性地组织起来的贫困"①。当然,这种贫困并非殖民地国家人民的那种经济关系中被直接掠夺的贫穷,而是另一种意义上的存在论贫困。依德波的解释,这里的日常生活的贫困是指"日常生活——即在消费活生生的时间的意思——的使用,是被一种关于稀缺性的统治(le règne de la rareté)所支配:自由时间(temps libre)的稀缺性和可能使用自由时间的稀缺"②。与前述日常生活被资本的市场和技术所组织和挖空的判断一样,这种被资本殖民和组织起来的日常生活场境的本质,是属于你自己存在本质的自由时间的缺失,因为,看起来轻松愉快的日常生活的每一个动作和瞬间都是由资本操控的消费意识形态支配的。你早上起来刷牙洗脸使用的牙膏、洗面奶,都是广告告知的品牌;早餐所吃的食品都是科学配方中最富营养且有精确合理比例结构的东西;你下班去超市购买东西,在货架上伸手选取消费品的每一个"选择"都是知名的商品;然后,你按照"最科学的方式"入睡。你在日常生活中看起来的自由时间中的所有选择关系,以及由此塑形起来的场境瞬间,都是被自己无意识中内嵌的资本殖民者隐性支配的。

---

① Guy Debord, *Œuvres*, Paris: Gallimard, 2006, pp. 574 - 575.中译文参见刘冰菁译稿。
② 同上书,第575页,中译文参见刘冰菁译稿。

于是,与马克思在《资本论》中重新指认的经济关系异化现象不同,德波这里将异化概念深化到资产阶级日常生活的**场境异化**情境中来了。如果说,对经典资本主义来讲,自由的时间是没有被用于生产、消费、储蓄的时间,那么今天发生的事情却是

> 现代资本主义,却需要刺激消费,需要"提高生活质量"(élever le niveau de vie)(记住,这种表达方式严格说来根本毫无意义)。因为同时,由于生产条件被管控到了极致,已经越来越无法为自身辩护,而新的道德已经在各种宣传、广告和占据统治地位的景观形式(formes du spectacle dominant)中被传递出来。①

过去,资本主义生产方式最核心的奴役关系,发生于生产领域中对所有生产条件的管控,可到了今天,这种控制已经延伸到劳动时间之外的所有日常生活时间中。今天,资产阶级全新的"治安管控"的口号,就是"提高生活质量",诱惑人们追逐所谓的成功人士的幸福生活,说穿了,就是无脑地疯狂购买消费品。资产阶级消费意识形态通

---

① Guy Debord, *Œuvres*, Paris: Gallimard, 2006, p. 579.中译文参见刘冰菁译稿。

过无处不在的"各种宣传、广告和占据统治地位的景观形式",隐性支配和赋形着人们的全部生命时间,生成着人们意识不到的生命贫困。上述日常生活细节中的全面被殖民,就是生命本身的贫困,是人的自由生命存在中真实需要和选择的稀缺,因为在虚假的消费场境异化中,发生的事情真相是资本对日常生活的殖民性掠夺,只是这种殖民性掠夺,不是现实中帝国主义对殖民地人民的直接盘剥,而是让你心甘情愿地在消费中被资本家甜蜜地剥削剩余价值。德波认为,

> 我们这个时代不断加速的历史是一个不断累积化和工业化(de l'accumulation, de l'industrialisation)的历史,日常生活的落后和墨守成规的趋势,来自决定工业化发展的规则和利益(des lois et des intérêts)。至今为止,日常生活的实际在场(présente effective-ment)构成了对历史和**判断历史**(*juge d'abord l'historique*)的阻碍——因为日常生活是剥削社会的遗产和计划(l'héritage et le projet)。①

---

① Guy Debord, *Œuvres*, Paris: Gallimard, 2006, p. 575.中译文参见刘冰菁译稿。

这个断言真是够宏大的。德波的意思是说,今天我们遭遇的资本主义时代是一个"不断积累化和工业化的历史",这听起来像是一个马克思政治经济学的观点。可关键在于,恰恰是马克思并没有注意的日常生活场境,也是由资本的利益和规则来决定的,这也是他所说的日常生活被资本殖民的基本意思。我认为,这是正确的判断。在德波看来,人们每天购买东西、逛街消费和旅游之类日常生活的实际在场,也是资产阶级剥削的计划和遗产的具体赋形和实现,正是这些人们无察觉的身边日常小事,阻碍着我们对历史本身的科学透视。

其三,资本对日常生活场境的殖民的**具体表现**。一是"通过工业生产,这个社会挖空了所有工作姿势的意义(sens les gestes du travail)。而且,没有一种人类行为的模式(modèle)在日常生活中保留下了真正的现实性(véritable actualité)"①。这讲得过于形而上学。用马克思通俗的话来表述,就是随着科学技术的发展,充满创造性的机器成了生产过程的主角,而劳动者则变成了流水线上被还原为工具性动作的"手"和"脚",劳动者原来在传统生产劳动中充满主体性的姿势被消除了,这必然导致人们在

---

① Guy Debord, *Œuvres*, Paris: Gallimard, 2006, p. 576. 中译文参见刘冰菁译稿。

现实日常生活场境中,没有了有意义的创造性的行为模式引导,最可怕的是,一切生活中的行为细节都是资本通过消费意识形态隐秘支配的。二是资产阶级"这个社会试图把人们分裂成孤立的消费者(consommateurs isolés),防止其互相交流。日常生活因而是私人的生活,是分离和景观的领域(domaine de la séparation et du spectacle)"①。日常生活场境看起来是私人的活动领域,但是它被资产阶级用景观制造成分离的存在,所有人都成了相互隔离的消费者,他们之间的关系只剩下消费品进进出出、起起落落的勾联。在黑格尔看到市场交换关系中被相互独立的原子化存在的个体的地方,德波看到了被消费景观分离开来的孤独消费者,在黑格尔透视的市场中介关系建构起来的市民社会的总体上,德波看见了景观社会。三是技术对日常生活的渗透,反而导致了人在日常生活中的绝对贫困化,这种贫困正是以主体性和自由创造性的不在场为前提的。在这一点上,德波还有更详细的分析。他说:

> 许多技术或多或少都改变了日常生活的某些方面:比如前面提过的家政活动,还有电话、电视、音乐

---

① Guy Debord, *Œuvres*, Paris: Gallimard, 2006, p. 576.中译文参见刘冰菁译稿。

录音带、大众化的航空旅行等。它们都偶然地出现了,没有人能够预料这些关联和结果。不过总体来说,将技术引入日常生活——最终服务于现代官僚资本主义的理性(la rationalité du capitalisme moderne bureaucratisé)——将更多地降低人们的独立性和创造性。因而,今天兴起的新城市清楚地描绘出现代资本主义组织起生活的极权倾向(la tendance totali-taire):被孤立的居民(通常是以家庭为单位被孤立起来)看到他们的生活被划归为重复单调的日常生活的纯粹的琐碎,必然被同样重复单调的景观所完全吸收。①

这里的"现代官僚资本主义"一语,是后来列斐伏尔的**消费被控制的官僚社会**(*société bureaucratique de consom-mation dirigée*)的缘起。在德波看来,技术促进社会经济发展的作用是显著的,但是资本操控下的技术对日常生活场境的殖民作用却是人们忽略的方面。德波在此时想告诉我们,技术对生活的影响是直接的,电话、录音设备和飞机分别改变了生活中我们直接交谈的方式、声音的体外持

---

① Guy Debord, *Œuvres*, Paris: Gallimard, 2006, p. 576. 中译文参见刘冰菁译稿。

存和城市与城市之间的空间距离，然而，在资本主义社会中的科学技术，归根到底是服务于"现代官僚资本主义的理性"的，它以工具理性的**非主体性**占位了人的"独立性和创造性"，所以，它不仅掏空了劳动，也让充满人情味的日常生活变得单调和无趣，这样，更便于被技术背后的景观意识形态的所隐秘赋形和迷惑。"每时每刻，我们都被无数的广告所劝服——劝服我们相信我们能够单单因为上帝、高露洁牙膏或是国家科学研究中心（CNRS）的存在而高兴。"[①]无数的广告对我们无意识的隐性塑形和支配，这是今天每时每刻和随时随地都在发生的事情，在户外的高速公路上、在地铁的把手上，在电梯间三面不能打开的墙上，在我们最爱的追剧的揪心时刻，在所有目光和耳朵能生成统觉的瞬间，五彩缤纷的景观如同中世纪教会让人们相信上帝存在一样，把我们下意识中的欲望制造和挑逗起来，以便在我们从超市货架上下意识拿"高露洁牙膏"一类商品时发生隐秘的操控作用。当然，德波的这最后一句话是一把双刃剑：一是肯定了列斐伏尔在日常生活批判中对广告对我们的无意识诱惑作用的证伪，二是反讽式地说明了列斐伏尔今天开会的这个"CNRS"及其"关于日常生活

---

① Guy Debord, *Œuvres*, Paris: Gallimard, 2006, p. 577.中译文参见刘冰菁译稿。

批判的研讨会"也如高露洁牙膏一样，可能成为消费意识形态推销的商品。德波为什么会如此刻薄地说话？我们来看他下面进一步的分析。

第二方面，**日常生活批判的目的在于真实地改变**。德波认为，日常生活被资本殖民的问题，关键并不在于提出日常生活的理论，而在于实际地去践行对它的真实改变。德波内心里也知道，如果讲起大道理，他肯定讲不过哲学家列斐伏尔。但是，作为动手能力超强的实验先锋艺术家的他，可以聪明地扬长避短。德波说，"如果不能明确对日常生活的研究是为了改变日常生活，那么这种研究会彻底变成一场可笑的举动"。应该说，这可能也就是德波与列斐伏尔在日常生活研究中最大的不同。不是天花乱坠地说，而是实实在在地做，这正是德波等情境主义国际艺术家们正在践行的事情。

可以推测，面对此时德波在会议现场却播放他录制的报告录音的举动，在场的社会学研究学者和听众正感到疑惑和在心底积淤着愤怒，而德波就以这一**中断日常生活习惯**的微观爆炸事件为例，生动地说明了对日常生活场境进行革命情境建构的入口。[①] 我觉得，这是一个非常精彩的

---

① 这并不是德波第一次使用录音机播放讲话，早在 1957 年 11 月 18 日，德波就在诺埃尔·阿诺（Noël Arnaud）组织的一次会议辩论中以"超现实主义是死了还是活着？"(Le surréalisme est-il mort ou vivant?）为主题

话语分析。德波当着参加会议的学者的面说,

> 社会学家,都只会将每时每刻在他们身上发生的
> 事情,从日常生活中抽离出来,转到与此相分离的、更
> 高层级的领域中。这样,所有这些形式中,正是习惯
> (habitude)——习惯通常是从一些专业的概念开始
> (是劳动分工生产出的概念)——将现实隐藏在了一
> 些特殊的惯例之下。[1]

这当然是在打脸列斐伏尔。意思是说,你们这些社会
学家,提出日常生活研究是对的,但如果只会将日常生活
问题变成高深的学术概念,而根本不去真正地触动现实本
身,那么,这种研究恰恰会将日常生活现实遮蔽起来。德
波告诉大家,资本对日常生活场境的殖民,并非如往昔有
脸的资本家愚蠢地延长劳动时间,在光天化日下掠取劳动
者的绝对剩余价值,今天的资本"以太"(马克思语)往往隐
藏和融化在人们意识不到的生活习惯细节中,就比如人们

发言。他的大约七分钟的发言是通过一个事先录制的磁带播放出来
的,在吉他的伴奏声中,他自己则在旁边坐着并且不断喝酒,这一举动
引起了现场很多超现实主义者的愤怒抗议。

[1] Guy Debord, *Œuvres*, Paris: Gallimard, 2006, p. 571. 中译文参见刘冰
菁译稿。

在日常生活中往往**习惯于**听现场报告,这个报告本身是一个随着报告人讲话当场建构、停止讲话随即消失的场境存在,人们习惯了这种现场言说的生活细节,可是今天却在听一个人在现场而在放录音中自己的报告,这里发生的改变是,报告不再是演说者现场建构的场境存在,而是由一个外部持存复建的**拟场境**存在,德波制造了一个**在场的不在场情境**,这样,人们**突然不习惯了**。德波说,

> 我说的这些话通过一个录音机来传递,当然不是为了彰显在技术世界中技术融入了日常生活中,而是为了抓住最简单的一次机会——和演讲人"本人"和他的听众之间建立起来的"伪合作"和人造对话的表象断裂(rompre avec les apparences de la pseudo-collaboration,du dialogue factice)。而这种与常规的日常生活的断裂,让你们稍觉不舒服的方式,就可以直接带入对日常生活的质疑。①

真是太精彩了。德波在场,他却不直接言说,这消除了德里达所说的**在场的声音中心主义**,人们通常习惯的日

---

① Guy Debord, *Œuvres*, Paris: Gallimard, 2006, p. 572.中译文参见刘冰菁译稿。

常生活中的现场演讲与听众之间的场境存在构式关系，在他通过录音机刻意构序塑形出来的"人造对话"新情境中，突显为"伪合作"幻象，因为，在这一制造出来的"不正常"的革命情境中，主体成为第三人称的"客我"，言说主体与听众之间直接建构的说-听、阐释-理解等关系性合作场境，突然被"不舒服"的**中介性的他者话语**所打断。由此，德波想刻意说明的日常生活无思伪境（可能被资产阶级景观所利用的"场境异化"）与新型的革命情境建构的对比，就突然建构起另一种异质性的格式塔场境。当然，刚刚开始处于这一转变中的听众，与在电影院中第一次观看德波的电影《为萨德呐喊》时的观众一样，处于传统日常生活习惯场境异化中的他们有的只是莫名其妙和愤怒，因为日常生活惯性运转被打断了，而在德波做出解释之后，才有可能进入"质疑"日常生活的一个新的情境。

我不得不说，与列斐伏尔此时对日常生活的抽象人本主义的哲学批判相比，艺术家德波的思考构境显然是略高一筹的。能体会得出来，这一次德波的"放录音"并不是故意的"行为艺术"，而是通过对日常生活场境中一个最简单的习惯性细节——现场听讲的断裂，来让人们进入对日常生活场境中微观支配机制的反省。德波继续引导说：

就像是我们在使用的时间、各种对象、形式这些

"正常的"(normales)东西,甚至是不被注意的东西,但正是这些东西才装置(dispositions)了我们。在这样的一个细节中,也就是把日常生活作为整体,"改变"(modification)永远都是能够清楚地展现出我们研究的对象的必要条件和充分条件,如果不通过改变,那么这个研究的对象将会成为不确定的——因为这个对象本身更多地应该被改变,而非被研究。①

德波的分析和批评是中肯和深刻的。在今天的资产阶级世界中,被资本殖民的日常生活场境,往往是那些不被注意到的、习以为**常**的小事情,才是隐秘"装置"(构序)我们的关键。这是理解列斐伏尔提出的"小事情异化"和德波的场境异化的真实入口。资本对日常生活场境的殖民,恰恰是通过你现场听讲话,直接看到颜色饱满的视觉图像,在空间中直接感觉到物品等身心体验中的微观习性来实现的。那些日常生活场境中根本察觉不到的生活细节和小事情,才是资产阶级景观捕捉的操控对象。德波在这里突然中断这种习惯,才会让你知道什么是资本对日常生活场境殖民的通道。那么,正是像人在现场却不讲话,

① Guy Debord, *Œuvres*, Paris: Gallimard, 2006, p. 572.中译文参见刘冰菁译稿。

而通过放录音这样**不正常地**造成惯性运转的断裂,才会让支配我们日常生活场境的奴役机制突显出来。并且,这个正在讲话的"我",与你们坐在一起反省这一**反常**事件。这让我想起波兰尼在意会认知理论中所指认的一个现象,即人的身体器官在平时运转正常时,它往往处于不被意识到的状态,当它突然引起我们的感觉和关注时,正是它发生故障(生病)的时候。这一构境意向,与福柯对正常与不正常问题的思考,也是相近的。这一**反常**的祛序意向,与十年前德波在《为萨德呐喊》中对人们消极地观看电影音像的白屏-黑屏断裂式破境是完全同向的。

德波认为,许多社会学家虽然在研讨会上热烈讨论日常生活,可是他们并"不相信日常生活是存在的,因为他们还没有在任何地方遭遇过日常生活"。这个遭遇,是指在场境存在论上真实的反省。很可能,他们每个人都承认,"某些行为每天都在重复,比如打开门或是给杯子倒满水,这些都是十分真实的行为;但是这些行为在现实中是如此微不足道,以至于不可能成为社会学研究的新的专业分支"①。当然,这并不是说,资本对日常生活场境的殖民,会通过倒水和开门这样的动作发生,但很多的社会学家肯定

① Guy Debord, *Œuvres*, Paris: Gallimard, 2006, p. 572.中译文参见刘冰菁译稿。

不太愿意承认，你在电影院看电影，在自己家里的沙发上随意地变换电视频道，你在现场直接讲话、听众直接从你的口中听到话语这样日常生活的细节，会具有"超出这些微小细节的价值"。直接用德波的话语说，这些日常生活细节会生成令人焦虑的场境异化。甚至，他们会按照列斐伏尔关于日常生活的学究定义，"当人们排除掉所有专业化的活动（activités spécialisées）之后还剩下来的东西"，本着一种"在他国人身上探究日常生活的异国原始主义的这种具有优越感的研究方式"，去几内亚的原始部族那里找寻所谓"真正的日常生活"。[①] 对此，德波愤怒地说：

> 在这些知识分子身上被强加上的异化（l'aliénation）就是，让他们从社会学家的云层中（le ciel）去这样思考，那样他们就一直外在于普通人的日常生活，或是赋予他们一种夸张的想法，即他们处在人类权力的高层（l'échelle des pouvoirs humains）中，就好像他们的生活不会是**贫瘠的**（*des pauvres*）。[②]

放不下身段，只将自己的思想观念置于理论话语的云

---

① Guy Debord, *Œuvres*, Paris: Gallimard, 2006, p. 572 – 573. 中译文参见刘冰菁译稿。

② 同上书，第573页，中译文参见刘冰菁译稿。

端中，这是所有资产阶级知识分子的通病。他们自以为并没有处在一般老百姓那样平庸的日常生活中，因为他们会由于学识高雅地生活在社会权力的高端。而实际上，他们一方面可能是日常生活批判的学术专家，另一方面，却会在真实的消费和日常交往中成为异化了的资产阶级日常生活场境的奴隶。我基本上赞同德波的说法。德波坚持认为，如同韦伯所标榜的资产阶级社会科学方法论"价值中立"的观察一样，一切资产阶级意识形态的"理论的公正的(désintéressé)科学观察是虚假的(fallacieux)"，对这些社会学家来说，"认识'日常生活'的困难，不仅在于日常生活领域已经变成了经验的社会学和概念创造之间貌似真实的、表面上的碰撞，也在于日常生活的领域现在也成了任何文化和政治进行革命性改革的重中之重"①。我认为，德波这里对日常生活批判理论研究现状的深刻分析，击中了那些每天都在讨论日常生活概念，并不断将其形而上学化的思辨学者的要害。我总觉得，德波的批评至少有一部分是针对他此时的好友列斐伏尔的。因为，列斐伏尔正是将日常生活概念玄思化的最大社会学教授和哲学大家。这很可能也是他们一见面就激烈争执的背景之一。

---

① Guy Debord, *Œuvres*, Paris：Gallimard，2006，p. 573.中译文参见刘冰菁译稿。

第三方面,**必须从自己身边的日常生活革命开始改变资产殖民下的日常生活**。在德波看来,列斐伏尔自己提出的"让日常生活成为艺术"并非一句写在书上和挂在嘴边的口号,而应该是直接动手去做的事情。他认为,

> 非批判的日常生活(La vie quotidienne non critiquée),意味着接受了当下腐败的文化和政治形式的延续,且文化和政治的内在危机已经表现在,尤其是在最现代化的国家中,日益激增和普遍的非政治化(dépolitisation)和新文盲状态。相反,对日常生活的激进批判,理论和行动上,会导致传统意义上对文化和政治的超越(dépassement),也就是在更高程度上对生活的介入(à un niveau supérieur d'intervention sur la vie)。[①]

将眼光仅仅盯着"可观察到的现实实体",而非批判非反思地对待自己身边发生的日常生活和生活细节,恰恰表明了对资产阶级腐败统治的认同,这正是当代发达资本主义国家中普遍发生的社会现象,这也是当代资产阶级新型

[①] Guy Debord, *Œuvres*, Paris: Gallimard, 2006, p. 574. 中译文参见刘冰菁译稿。

社会统治中"非政治化"和祛意识形态化的结果,在德波看来,这将导致一种无法透视日常生活假象的"新文盲"。其实,这也是马克思当年提出经济拜物教批判时的基本判断,人们停留在直观的商品和金钱物象之中,而无法透视其背后真实发生的人与人的劳动交换关系,颠倒式地事物化为事物与事物的关系。德波主张,当然需要穿透资产阶级的新型景观意识形态迷雾,对异化的日常生活场境进行激进的批判,可是,这种批判绝不能仅仅停留在概念思辨上,而是要以革命的、具体的超越性实践,直接"对生活介入"。当然,这就是德波所领导的情境主义国际的革命情境建构活动。

德波分析说,应该看到,今天资产阶级世界中的日常生活已经出现了深刻的危机,"现在日常生活的危机是资本主义危机的各种新形式(nouvelles formes de la crise du capitalisme)的一部分,而这些新形式还没有被那些固执着计算周期性的经济危机下一场何时到来的人所察觉"①。过去,我们一谈及资本主义的危机,立刻就会满脑子《资本论》中的生产-过剩-危机-复苏式的周期性经济危机,而德波则认为,在今天资产阶级日常生活中出现的危机,即资

---

① Guy Debord, *Œuvres*, Paris: Gallimard, 2006, p. 579.中译文参见刘冰菁译稿。

本殖民生活的非法性,恰恰是资本主义社会危机的新形式。在他看来,对于这种危机,最先感觉到并起来反抗的并不是还在**观望经济危机**的传统的共产党组织和马克思主义学者,而是在日常生活场境中敏感地体知到资本隐性殖民这种新型压迫的青年和先锋艺术家。他说:

> 在发达资本主义中,所有旧的价值观念都消失了,所有过去的交流体系也瓦解了;而在能理性地控制日常生活和所有其他地方之前,也不可能用任何其他的来取代过去,工业力量越来越让我们逃离——这些现实不仅生产了对我们时代的官方形式的不满,特别是在年轻人中尤为严重,而且还导致了艺术的自我否定运动(mouvement d'auto-négation de l'art)。艺术活动一直以来就只揭示日常生活的非法问题(problèmes clandestins),无论它用变形,还是部分虚构的形式来表达。现在在我们眼前见证了所有艺术表达的毁灭的就是:现代艺术(l'art moderne)。①

对于资产阶级景观控制下的日常生活场境,年轻一代

---

① Guy Debord, *Œuvres*, Paris:Gallimard, 2006, p. 579.中译文参见刘冰菁译稿。

和前卫艺术家最早感觉到了传统价值观念在发达资本主义进程中的改变和交流体系的解构,体验到资产阶级用电影、电视和媒介景观支配和操控了日常生活场境的所有生命细节,使人成为一具麻木灵魂的消费者的"非法性",这种不满,最先通过艺术的自我否定运动表现出来,这当然就是从达达主义和超现实主义开始的现代艺术造反。请一定注意,这里德波对新型文化革命主体的指认显然发生了巨大的变化,因为这种革命的先行者不再是无产阶级先锋队,而是革命的先锋艺术家。

在德波看来,最令人遗憾的事实是,传统左派由于革命观念的陈旧,出现了自己都意识不到的分离式的异化:"他们从一种异化(aliénation)撤出跳入了另一种异化,即私人生活(la vie privée)的异化。"[1]这是一个重要的新断言。意思是说,传统的革命者很可能出现的问题为,在"公共领域"是反对资产阶级经济异化的政治斗争干将,一旦回到自己的现实日常生活中时,却是景观意识形态赋形的无意识奴隶,这是从一种外部的经济-政治异化关系中逃离,跳入一种新的意识不到的新型日常生活场境异化。德波的分析是深刻的。他认为,今天的正确做法是不仅要关

---

[1] Guy Debord, *Œuvres*, Paris：Gallimard, 2006，p. 580.中译文参见刘冰菁译稿。

注政治经济关系中的宏观异化,而且要"将异化的问题辩证化(dialectiser le problème de l'aliénation),关注在反抗异化的斗争中持续出现的异化的可能性",当然,这就是关注日常生活中的资产阶级通过文化景观生产和控制的**小事情异化**(列斐伏尔语)。依德波的看法,

> 资本主义文化本身还没有在任何地方被超越,但是它仍然在各个地方生产出它自己的敌人。革命运动的下一次兴起,激进于过往失败的教训,而且是在现代社会的实践力量中丰富自身(实践力量构成了具有潜力的物质基础,那里缺少了所谓的社会主义的乌托邦[utopiques du socialisme])——下一步总体反对资本主义的尝试会知道如何创造和提出对日常生活的另一种不同的使用,而且会基于新的日常生活实践(nouvelles pratiques quotidiennes),基于人与人之间关系的新形式(nouveaux types de rapports humains)。①

现在革命的首要任务成了超越资本主义**文化**,因为,渗透于日常生活细节中各种各样的文化伪境是景观意识

① Guy Debord, *Œuvres*, Paris:Gallimard, 2006, p. 581.中译文参见刘冰菁译稿。

形态的本质。这一点,与马尔库塞的"文化拒绝"战略是一致的。并且,新的革命动力将是一种新型的"社会主义乌托邦"。在一年前德波与布兰沙尔共同写作的"统一纲领"中,他们曾经这样解释这种社会主义的乌托邦:这是一种"暂时的、历史性的乌托邦主义",针对资产阶级景观对日常生活场境的控制,这种乌托邦是合法的和必要的,"因为它是用来培养欲望的投射,没有欲望的投射,自由的生活将会是缺少内容的。因而,与它不可分割的是必然要解散日常生活(la vie quotidienne)当下的意识形态,和日常压迫的关系"①。这也就是说,这里的乌托邦并不是要建行一个空中楼阁,而恰恰是针对景观对欲望的制造和物质消费疯狂的清醒剂。必须在对资产阶级世界的总体文化拒绝中,彻底消除景观对日常生活场境塑形起来的商业化消费场境的**伪使用**,以建构一个"对日常生活的另一种不同的使用",这就是情境主义国际已经在践行的革命情境建构,即"新的日常生活实践",由此建立一种"人与人之间关系的新形式"。

具体说,一是这种日常生活的革命将对一切资产阶级景观意识形态支配下的**生活存在方式**的超越。

---

① Guy Debord, Canjuers, Preliminaires pour une definition de l'unite du programme revolutionnaire, *Textes et Documents Situationnistes* (1957 – 1960), Paris: Allia, 2004, p. 238.中译文参见刘冰菁译稿。

革命的无产阶级——它从来不可能在任何过去的模型中认识自身——会放弃任何超越日常生活的存在：景观，"历史"的行动或词语，领导者的"伟大"，专业化的秘密（mystère des spécialisations），艺术的"永恒"（immortalité）及它在生活之外的重要性。换句话说，它必须放弃所有永恒（éternité）的副产品，这些副产品就像是统治者世界的武器。①

这是说，新型的日常生活革命将证伪由资产阶级景观意识形态建立起来的一切旧的生活模型，无论是历史性的进步话语，还是伟大的英明领袖，老百姓看不透的技术秘密以及超越生活历史性的永恒艺术，这一切非历史的东西，都是资本殖民日常生活场境的隐性塑形武器。在1966年德波写下的《革命组织的最低定义》一文中，他再一次回到这个主题："革命组织认识到，它们计划的开始和结束都在于对日常生活的总体的非殖民化（la décolonisation totale de la vie quotidienne）；因此，它的目标不是通过大众实现对现存世界的自我管理，而是不间断的对世界的变革。它带来的是彻底的对政治经济学的批判，和对商品和雇佣

---

① Guy Debord, *Œuvres*, Paris: Gallimard, 2006, p. 581.中译文参见刘冰菁译稿。

工人的超越。"①这也就是说,结束"对日常生活的总体的非殖民化",从生活细节中斩断资本的黑手,就是今天对资产阶级新型政治经济学的批判、商品市场逻辑中雇佣劳动关系的超越。

二是重新恢复被资产阶级景观切断的日常生活中的创造性。这是全新的**日常生活的革命**的本质要求。德波认为,"日常生活的革命(La révolution dans la vie quotidienne),切断了它现在对历史的依赖(而且也是对所有变化的依赖),将创造出现在统治过去的条件和总是压迫日常生活的重复部分的创造性部分"②。这是德波明确提出"日常生活革命"的口号,它直接对应于列斐伏尔在理论上提出的"日常生活批判"。这也是瓦纳格姆后来在《日常生活的革命》一书中系统论证的主题。依德波之见,情境主义国际已经践行的日常生活革命,关键在于中断对资本的世界历史的依赖,使景观的支配和消费意识形态的统治失去效力,真正重建日常生活场境的永远不消失的自主性和创造性。今天革命的任务,就是"对日常生活的总体性的批判和永久再创造(la critique et la recréation perpétuelle de la totalité de la vie quotidienne)"!

---

① Guy Debord, *Œuvres*, Paris: Gallimard, 2006, p. 731.中译文参见刘冰菁译稿。
② 同上书,第581—582页,中译文参见刘冰菁译稿。

三是日常生活革命的中坚力量将是情境主义国际的艺术家们。在德波看来,我们所面临的日常生活革命将是一个全新的革命时代。

> 这并不是每个人都具有革命的意象就能够成功的一场先锋文化运动。这也不再是依据传统模型的革命政党,即使它着重于对文化进行批判(通过艺术和概念的总体工具,社会自己认识自己,并且展现出它的生命目标)。这种文化和政治已经破旧不堪了,大部分的人对此都丧失了兴趣。日常生活的革命,这并不是一个模糊的未来,而是由于资本主义的发展及其难以忍受的要求,而使日常生活的革命直接出现在了我们面前——另一种选择是现代奴隶制的加强——这场变革将标志着,任何被禁锢在商品形式中的单向的艺术表达形式的终结,同时也标志着所有专业化政治的终结。①

在德波看来,今天在资产阶级中发生的新型景观奴役

---

① Guy Debord, *Œuvres*, Paris: Gallimard, 2006, p. 582.中译文参见刘冰菁译稿。

和消费意识形态控制,并不是那些只是知道经济交换和生产关系异化的传统理论家和左派政党能够透视和面对的,哪怕他们也声称要进行文化批判。资产阶级在景观意识形态中生产的渗入日常生活细节的现代奴隶制,远远逃离了传统专业化政治学研究的话语范围,甚至也并非"禁锢在商品形式中的单向的艺术表达形式"所能触及,所以,这需要一场全新的日常生活革命。这一革命并非一个模糊的未来,而已经是人们在资本主义现实日常生活中难以忍受的客观反抗,日常生活革命的可能已经直接出现在了我们的面前。

德波很自豪地告诉我们,要想完成上述的日常生活革命性的实践,必须有一个不同于传统革命力量的新生革命组织,这

> 将是我的情境主义伙伴们现在正在研究的整体都市主义和实验行为(l'urbanisme unitaire et l'ébauche d'un comportement expérimental)。完全重新改造的工业工作的核心生产将会是对日常生活新构形的重新调整,事件的自由创造(l'aménagement de nouvelles configurations de la vie quotidienne, la création

libre d'événements)。①

今天的日常生活革命,就是德波和他的情境主义国际的艺术家群体已经并正践行的事情,即直接以革命的情境建构介入资产阶级日常生活场境的"整体都市主义"实践,这种整体都市主义革命的实质,就是真正改造资产阶级在工业生产基础上的商品交换构式作为全部日常生活场境的本质,彻底恢复人的真实生命事件的"自由创造"。德波说,这一正在实施的以**整体都市主义**(urbanisme unitaire)为核心的日常生活革命实验,"作为赋形,这将是,从一开始就是,一场全新类型的革命组织的任务"(Ceci va être la tâche d'une organisation révolutionnaire d'un type nouveau,dès sa formation)②。

应该承认,德波和情境主义国际的革命艺术们,在"让日常生活成为艺术"的具体实践中,真的比列斐伏尔一类理论家要脚踏实地,这是令人敬佩的。然而,他们所主张和实践的新型革命情境建构是否真的能够撼动资产阶级现实世界,这仍然要打一个巨大的问号。特别是在1968年红色五月风暴失败之后反省于此,我们的心情是沉重的。

---

① Guy Debord, *Œuvres*, Paris: Gallimard, 2006, p. 582.中译文参见刘冰菁译稿。
② 同上,中译文参见刘冰菁译稿。

第十二章
整体都市主义：重构被金钱化的微观心理氛围

———————

> 像马克思将革命定义为科学一样，我们将革命定
> 义为节日。没有节日的革命不是革命。
>
> ——情境主义国际德国分部"马刺"小组

在前面的讨论中，我们已经看到列斐伏尔提及，自己的瞬间理论与情境主义的革命情境建构有一定的关联，但二者之间也存在着一定的异质性：

> 我对他们说：个人爱情创造出新情境（new situations），这就是情境的创造。但是这不是一天之内出现的，而是有一个发展的过程。他们的观点（这与康斯坦特的实验有关）则是，在城市中，一个人可以通过一些方式创造新情境，比如把城市的各个区域或空间上分散居住的邻区整合起来。这就是漂移（dérive）的首要意义。他们第一次在阿姆斯特丹使用步话机进

行了这方面的尝试。即一群人走到城市的一个区域，仍然可以与另一个区域的人进行联系。①

在列斐伏尔还在个人的爱情关系生成过程中阐释"瞬间"的情境创造时，德波他们已经在现实资产阶级景观操控的消极城市生活中构序空间存在革命的"新情境"（漂移）了。关于漂移的问题，我们会在下面专门进行讨论。列斐伏尔说，这是康斯坦特开始的"整体都市主义（unitary urbanism）中有些情境主义的实验。整体都市主义就是让城市的各个不同部分彼此交流。他们做实验，我没有参与"②。这里的 unitary，在法文中是 unitaire，并非列斐伏尔那个来自青年卢卡奇并有着特定形而上学含义的**总体性**（totalité），但与后者有着内在的关联。所以，准确一些，unitary urbanism（包括法文中的 urbanisme unitaire）不能译作**总体**都市主义，而是**整体**都市主义。这个整体都市主义，也正是康斯坦特"新巴比伦计划"的理论基础。可是，整体都市主义并不是由康斯坦特首先提出来的，它正是德波等人已经去践行日常生活革命的具体活动。显然，整体

———————

① ［法］列斐伏尔、［美］罗斯：《列斐伏尔论情境主义：一次访谈》，方宸、付满译，载《社会理论批判纪事》第 7 辑，南京大学出版社，2014 年版，第 237—238 页。

② 同上书，第 238 页。

都市主义对情境主义国际来说,已经不仅仅是列斐伏尔诗性话语中一种理论设想和理想,而是在资产阶级日常生活场境中着手践行的微观情境建构了。先应该解释的是,这里的都市(urbain)不是具体的城市(ville),而是现代资本主义更高一层社会定在中城市规划建设中**系统功能**的升级。其实,这一点在德波等人那里,在理论上并没有被彻底说清楚过。这也是艺术家在理论思考上的通病。应该也是针对情境主义国际在都市问题上的理论盲区,后来列斐伏尔在《都市革命》一书中,专门讨论了马克思主义的都市革命问题式。在后者那里,这个**都市**是"专指在工业化进程中诞生的社会,它通过工业化进程本身对农业生产的支配和吸收(dominant et résorbant)而建立起来",但是,它并非人们可见的物性城市(ville)的变形,而恰恰是人们"忘记了或者忽略了那些把各种都市类型(type urbain)联结起来的诸种社会关系(生产关系)"。① 列斐伏尔把这个无法直观的都市称为一种**织物**(tissu),或者叫**都市组织**(*le tissu urbain*)。也正是在这一重要的理论判断之上,列斐伏尔才写出了革命性的《空间生产》。所以,当情境主义批评

---

① ［法］列斐伏尔:《都市革命》,刘怀玉、张笑夷、郑劲超译,首都师范大学出版社,2018年版,第17页。

列斐伏尔《实验乌托邦：为了一种新的都市主义》①时，他们并没有真正理解列斐伏尔更深一层的形而上学用意。

整体都市主义这一概念，最早是由情境主义国际的意大利分部的艺术家们在1956年提出来的。实际上，更早的一些时候，伊万·切奇格洛夫在1953年就提出要建立一种不同于资产阶级都市主义的"新都市主义"。他在《新都市主义宣言》(《Formulaire pour un urbanisme nouveau》)一文中提出，针对资产阶级商业化城市建筑塑形的日常生活场境的"死亡之地"，新都市主义"明天的建筑应该是一种调整时间和空间的现存概念的手段。应该是'认识的方法和行动的方法'"。在他那里，作为新的情境建构的

建筑是能够链接起时间和空间、调整现实、让人做梦(*articuler* le temps et l'espace, de*moduler la réalité*, de faire rêver)的最简单的方法。这不仅是指一种转瞬即逝的美，或是塑形的链接和调整。而是指一种具有影响力和渲染力的调整，它植根于人的欲望

---

① 此文刊登在《法兰西社会学评论》1961年第3期上。

和实现这些欲望的线路之中。①

这里透露了两个重要的信息：一是资产阶级的都市主义的商业化城市是让人活着像死亡一样的空间存在，二是新都市主义作为一种新的认识论和方法论，本质就是**从实体中心论转向而来的场境存在论**，它并非关注建筑中物性房屋和可见的道路，而是针对了由这些物性的建筑每天重构起来的人的场境生活。与我们前面已经遭遇过的先锋艺术家们在电影院和画廊中已经制造的爆炸性情境建构不同，也与德波所指认的日常生活细节中的习惯中断不同，这一次，革命情境建构的舞台直接搬到了资产阶级现代性的城市空间中来了。这是一个极其重要的实践进展。并且，还应该再补充一个历史性的背景说明，即资产阶级的城市建筑空间，已经不再是中世纪神灵的世界，而是凡人生活的世俗世界。塔夫里说，由此，资产阶级的建筑才会在"景观关联域中从绝对的客体变成相对的价值：建筑

---

① Guy Debord, *Internationale situationniste* 1（1958），*Œuvres*，Paris：Gallimard，2006，p.977.当时，切奇格洛夫使用笔名吉勒·伊万。这篇文章的主要思想可以追溯至1953年的字母主义国际运动。在同一期杂志上，德波承认，"字母主义国际于1953年10月采纳了吉勒·伊万关于城市主义的报告，成为实验先锋团体调整新方向的决定性理论"（同上）。

变成某种陶冶人类的戏剧手段"①。谁在舞台上演戏？当然是资产阶级操控的都市景观。这里，新都市主义是要通过改变资产阶级**建筑的意识形态本质**创造全新的时间和空间，这种新的都市主义会让原来在资产阶级建筑空间中麻木地死去的人，重新获得对生活梦一般的"转瞬即逝的美"。这样，在对资产阶级世界的现实改造问题上，切奇格洛夫开启了一个新的方向：批判的对象，是具体到**建筑场境和生活空间的资产阶级都市主义**，并且主张重新建构一个新的情境建构中的都市主义。应该先做一个特别说明，从切奇格洛夫开始，一直到后来的德波和康斯坦特，建筑始终是情境主义国际高度关注的领域，但是，他们对建筑的关心并不是专业建筑学意义的具体构式，而是将建筑作为都市日常生活情境的一个物性装置，在这一点上，与后来意大利的后马克思思潮中的塔夫里的专业建筑革命理念是完全不同的。在情境主义国际的艺术家中，除去康斯坦特，还有荷兰的奥迪晏（Har Oudejans）和阿尔伯特（A. Alberts）等少数建筑师。但他们并没有发挥多大的作用。

实际上，在1954年，作为字母主义国际实际掌舵人的德波，就已经将先锋艺术实践中的诗意对象化放到了**城市**

① ［意］塔夫里：《建筑学的理论与历史》，郑时龄译，中国建筑出版社，2010年版，第67页。

生活整体的现实重构改造之上。与传统农耕时代的以土地锚定时空的日常生活不同,资产阶级的现代日常生活场境,总是与现代城市空间中的场境建构密不可分。德波刻意指认的存在论意义上的**分离**状态,以变动不居的声像诱惑生存场境的景观,在过去自然经济中的人的依赖关系存在中是根本不存在的,只是在高楼大厦林立、商业中心密布的现代城市生活中,在令人目不暇接的大众媒介轰炸下,才会出现同一幢高楼电梯中面对面而陌不相识的分离关系,才会发生消费意识形态对消费者的被动性场境迷惑。这是一个很重要的**历史异质性**。这也才能理解,为什么德波说,"字母主义国际提出要建立关于生活的令人热情的结构。我们体验各种行为、装饰的各种形式、建筑、都市主义和自己的交流,以便能够激起吸引人的'情境'"(《冬宴》第 14 期,1954 年 11 月 30 日)。城市建筑中的场境改变、反对分离的人与人的真实交流,在资产阶级城市日常生活伪境中重新"建立关于生活的令人热情的结构",是德波和情境主义国际新的革命任务。可以看得出来,这已经不再是发生在电影、美术活动中美学意义上的艺术先锋实践,而是对现实资产阶级日常生活的直接干预。而与切奇格洛夫的新都市主义主张不同的地方在于,德波将这种对资产阶级日常生活场境的改造看成包括了建筑在内的**一种综合性的现代城市场境生活实践**。在后来的《阿姆斯特丹宣言》中，德波与康斯坦特突出强调了这一点。其中，列斐伏尔那个让日常生活成为艺术的口号，仍然是这种实践的本质。德波认为，

> 超越美学（esthétique）完全存在于人们塑造生活的力量中。诗意（poésie）可以在人们的面孔上阅读到。因此创造新的面孔势在必行。诗意以城市的形式（forme des villes）被体现。因此，我们将构建令人震惊的城市。崭新的美丽（beauté nouvelle）将是大写的情境（DE SITUATION），也就是说，是暂时和有生命力的。①

我刚才说，德波没有像列斐伏尔那样精细地区分权力关系中的都市系统与具体规划和建筑中的城市，所以，他的情境建构还是具象到城市建设中的诗意情境。然而不同于列斐伏尔的抽象理论，在德波那里，改变资产阶级旧世界已经不是一句空话，虽然他的诗意（poésie）尚没有达及列斐伏尔诗性创化（poiesis）那样的形而上学深境，却已经走向重构丑陋社会日常生活现实为"崭新美丽"的大写

---

① Guy Debord, L'Internationale lettriste, Réponses de l'Internationale lettriste à deux enquêtes du groupe surréaliste belge, Œuvres, Paris: Gallimard, 2006, p.119.

情境了,不仅城市的建筑等空间场境充满诗意,而且这种诗意将直接塑形人们的生活场境,"崭新的美丽"将出现在"人们的面孔上"。这可能,恰恰是革命实践构序者德波始终高于哲学家列斐伏尔的地方。德波的一个特点,是**想到了就做**,就像他的先锋电影观念,总是在动手生产出来的影片中实现出来。这一点,德波的情境主义国际的做派明显不同于西方马克思主义的学者们,在后者那里,说多于做,并且,当娃娃们"用燃烧弹来实现理念"(阿多诺语)时,他们却害怕了。在后来的红色五月风暴中,萨特、福柯和马尔库塞是例外,他们都会站在游行队伍的最前面,支持学生运动。当然,德波和情境主义国际**做得对不对,做成没有**,这是我们下面需要讨论的。

不同于胡塞尔对日常世界的思辨和焦虑,也异于列斐伏尔对日常生活的价值控诉,到了 1957 年情境主义国际成立的时候,情境主义国际革命艺术家们的共识已经是:革命情境建构不仅仅是理论讨论,而且是对资产阶级日常生活世界(环境)的直接干预。并且,在德波这里,新的情境主义国际所面临的革命任务,不仅仅要在历史唯物主义的构境中"知道重工业正在达到什么水平(production parvient l'industrie lourde)以及谁将会是其主人的问题",而要在更微观的日常生活构序层面上,"发现更高层次的环境结构(construction supérieure du milieu)和崭新行为条件的最初构成"①。这里的"更高层次的环境结构"是全新的，它当然不是重工业生产之上资产阶级雇佣关系下的经济政治结构，而是发生在现代性城市生活中**不可见的场境存在氛围中的功能结构**。这也意味着，新的社会革命不仅仅是传统马克思主义所说的发现生产力发展的客观要求，或者谁将成为新生产力的代表，而是在更深的层面上关注我们每天生活其中的资产阶级现代城市日常生活世界的重新构序，以及这种构序时时刻刻重构的资本殖民的伪生活场境。针对这种结构性的资产阶级意识形态支配功能关系，革命情境建构将创造消除日常生活场境异化的全新的建筑和所有生活情境行为条件，这就是情境主义国际干预日常生活的明确指向。并且，这种干预也不仅仅是对城市建设的一般诗意改造，而是作为有具体实践内容的**整体都市主义**运动。这里，我还是应该指出，整个情境主义国际的革命方向，已经不再是直接反对资本主义的经济制度和政治法律关系，而是着眼于这一资产阶级社会定在的微观改造，从根本上说，这是对马克思主义传统革命观的背离。并且，离开了经济和政治结构的根本改变，任何对社会生活的超越幻想都会破灭和重新回落到现实中来。

---

① ［法］德波：《关于情境构建以及情境主义国际倾向的组织和行动之条件的报告》，方宸、付满译，载《社会理论批判纪事》第7辑，南京大学出版社，2014年版，第53页。

在 1957 年的《关于情境构建以及情境主义国际倾向的组织和行动之条件的报告》中,德波分析:

> 我们对作用于环境的行动之预期,根据其最新的进展,导致了一种整体都市主义观念(conception d'un urbanisme unitaire)。整体都市主义首先是在将整个艺术和技术用作整体环境构成手段时变得清晰的。必须认识到,与过去建筑对传统艺术的影响,或者当前偶尔将诸如生态学之类的特殊技术或科学分析运用于无序的都市化(l'urbanisme anarchique)相比,这个整体肯定更加广泛。①

显然,德波的这个整体都市主义,是对眼里只有物性建筑的切奇格洛夫"新都市主义"的改良。整体都市主义突出强调了"整个艺术"对资产阶级日常生活场境"整体环境"的变革。可是,这种革命为什么会落在建筑与艺术的关系之中? 这种奇异的革命观,会让我们传统的马克思主义学者一时间摸不到头脑。这一理论构境,需要我们一点

---

① [法]德波:《关于情境构建以及情境主义国际倾向的组织和行动之条件的报告》,方宸、付满译,载《社会理论批判纪事》第 7 辑,南京大学出版社,2014 年版,第 53 页。中译文有改动,参见 Guy Debord, *Œuvres*, Paris: Gallimard, 2006, p.322‑323。

一点地来解析和入境。

其实，这一革命的任务是十分艰巨的。相比较而言，传统无产阶级革命那种通过暴力打碎国家机器是有明确可见对象的，而这种整体都市主义中的日常生活革命，必须透视资产阶级"无序的都市化"伪场境存在，通过整体性的艺术和技术手段建构一种动态的、功能性的不可见生活场境整体变革。所以也是在这个报告中，德波提出，

> 整体都市主义是动态的（dynamique），也就是说，与行为风格有密切联系。整体都市主义最简化的要素不是房屋，而是建筑学情结（complexe architectural），这乃决定一种环境的所有因素的联合，或者一系列在构建情境范围内产生碰撞的环境。空间发展（développement spatial）必须考虑到实验性城市将会决定的情感现实（réalités affectives）。①

应该特别指出，德波的情境主义国际的革命方向已经不再是马克思列宁主义的传统无产阶级革命，而是"应该

① ［法］德波：《关于情境构建以及情境主义国际倾向的组织和行动之条件的报告》，方宸、付满译，载《社会理论批判纪事》第 7 辑，南京大学出版社，2014 年版，第 55 页。中译文有改动，参见 Guy Debord，*Œuvres*，Paris：Gallimard，2006，p. 323。

深层次地发展和解决革命的微观社会(micro-societe revolutionnaire)的问题"①。因为,他们并不直接关注资本主义生产方式、经济关系和政治法权关系的制度,而是转向这些制度通过日常生活场境中的吃喝穿住小事情对象化和异化结果,即**微观社会批判**。用列斐伏尔的话语就是**日常生活批判**。这一点,德波当然是受到列斐伏尔的影响。以至于,他们眼中的"空间发展"不再是物理学意义上的空间,不是对象性的物性房屋、街道和广场,而是体现在住房等**用在性**环境关系中的"空间句法"和实现出来的关系情感建构起来的场境存在现实。这会是以后我们将要讨论的地理心理学革命的特定对象。这里所说的"整体都市主义是动态的",也可以理解为功能性的场境存在、场境化存在的行为关系或者当下发生和消失的"行为风格"的改变。从这里,也可以深刻体会列斐伏尔后来的**空间生产**概念的革命意义。我总觉得,列斐伏尔从整体都市主义运动的建筑实践中体会到一些新的存在论构序意向。这也是我所说的,列斐伏尔与情境主义者是相互影响的。

在德波看来,整体都市主义是对象化在资产阶级城市建设中的先锋艺术实验,它的目的是袪序资产阶级用商业

---

① *Textes et Documents Situationnistes*(1957–1960),Paris:Allia,2004,p.238.

结构和劳动时间建立起来的城市日常生活场境，所以，它将是着眼于一种人与人、人与物的**关系场境的变革**。这是深刻的观点。不足是，德波总是假设了资本主义商业构式和劳动时间塑形的可知性，后面我们会看到，他仅仅用景观来表征当代资本主义生产方式的改变是存在严重问题的。在这一观点中，当然有切奇格洛夫和康斯坦特的直接影响。不过，具体分析一下，在德波等情境主义者那里，这种日常生活场境中的关系变革通常表现为一种当下建构和解构的场境氛围（ambiante）。塔夫里就认为，"建筑作品潜在的意识形态始终是一种旨在构成人类氛围（ambiente）的世界观"①。我以为，这里特别需要我们留心关注的学术进展，是情境主义对生活关系**场境本质**的细思，此处的"氛围"并不完全是约恩等人在美术革命中实现的主观的心理情境场，而由生活中的特定建筑、街道、广场中实现出来的人的活动场境轨迹，生活的本质是场境存在，所以在他们眼里，资产阶级世界的日常生活场境存在已经是由商品-市场的中介关系构序起来的入序于金钱化都市关系中的微观生活场境细节，这种细节化的"氛围"由不同的人主动构序和塑形，却是由景观操控的。举一个生活中可见的场

① ［意］塔夫里：《建筑学的理论与历史》，郑时龄译，中国建筑出版社，2010年版，第165页。

境空间塑形例子,在美国高速公路上麦当劳汽车餐厅的订餐-付账-取餐轮轴式快速构式,它会使我们的生活质性悄悄地获得"麦当劳化"(McDonaldization,里茨尔语)①的快餐式的异化场境氛围。在这个异化场境中,我们的生活会在**标准化和简约加速**的情境中失去差异化的质性,这是我们意识不到的可怕真相。现在,我所居住的中国南京已经有了两处这样的麦当劳汽车餐厅。所以,在情境主义国际看来,

> 现代资本主义,官僚消费社会,**正开始在各地形成自己的氛围**。这个社会,加上其新建的城镇,正在建设准确代表它的场所,将最适合其适当功能的条件结合起来,同时用日常生活组织的清晰语言将其异化和约束的根本原则转换成空间术语。②

这里的现代资本主义和官僚消费社会,与前面我们提到的德波的"现代官僚资本主义",是后来列斐伏尔"**消费被控制的官僚社会**(*société bureaucratique de consomma-*

---

① [美]里茨尔:《社会的麦当劳化》,顾建光译,上海译文出版社,1999年版。

② 《都市主义之批判》,方宸、付满译,载《社会理论批判纪事》第7辑,南京大学出版社,2014年版,第页。

tion dirigée)"术语的缘起。在情境主义国际看来,这个不同于经典自由资本主义的现代官僚消费社会,以其国家垄断的方式,按照资本的利益所需,将人们的城市建设和日常生活场所内在地塑形为一种消费意识形态的生活氛围,它形成了全新的场境异化生存空间。所以,情境主义国际要建构革命的情境,就是要破境景观氛围,而建立起新的**中断场境异化的革命化情境**,即逃出商业时间-节奏的游戏化瞬间——"微-氛围"。我认为,聪明的列斐伏尔恰恰是读懂了情境主义国际的整体都市主义实践,即情境主义国际这里关于资产阶级现代性城市建设中的微观氛围和非物理空间的术语,在改变人与人的生活存在关系的构境中,创立了全新的**空间生产存在论**构式。这个空间,是微观生活关系场境到生产关系社会场境的构式迁移。

我觉得,虽然情境主义国际的艺术家指认了资本主义进入了不同于自由资本主义的官僚社会阶段,但他们并没有对这种来自经济构式和政治关系的重大变化进行深入的科学分析,这必然会使他们的所谓让日常生活艺术化的实践失去准星。这里,我想以意大利后马克思思潮中的建筑史学家塔夫里的分析做一反衬。同样是关注当代资产阶级的城市建筑领域,但塔夫里的**建筑意识形态批判**中对当代资本主义新变化的思考显然是更加深入的。在他看来,从资本主义生产方式诞生以来,创造了一个"**人为'事物'的新世界**"(*nuova natura di 'cose' artificiali*),在这里,

> 工业**事物**(*cose*)取代了古典主义的世界,也取代了启蒙运动对人的崇拜,甚至取代了对理性的崇拜:这是无情的资本逻辑的必然结果,资本荒谬地摧毁了以人为中心的信念,只有在这个意义上,它才是新世界(*nuova natura*)。①

塔夫里认为,城市是"资本主义经济的基本结构",或者说,资产阶级的城市是"一部制造新的经济积累形式的机器"。而资本主义城市建设中的建筑体制,内嵌着"意识形态的预期","直接卷入现代生产过程以及资本主义社会的发展之中②。

> 建筑就成为第一个义无反顾地接受自身的商品化发展的文化种类。就其总体而言,早在掌握政治经济学的理论机制之前,现代建筑就已经从自身特有的

---

① [意]塔夫里:《建筑学的理论与历史》,郑时龄译,中国建筑出版社,2010年版,第29页。
② 同上书,"序言",第V页。

问题开始,营造出一种意识形态氛围,将设计与旨在重组资本主义城市生产、分配和消费方式的全盘计划全方位地融合在一起。①

与德波等人不同,塔夫里的分析始终是紧扣资本主义经济关系中生产、分配和消费方式的,他认识到,城市的产生恰恰是资本主义"新的积累形式的机器",或者说,城市是资产阶级新型生产关系再生产的方式,其中,城市建筑与传统社会的城镇建筑不同,它自身就是资产阶级意识形态下的"文化种类",是资产阶级实现经济目的的特有空间手段。比之德波等人的看法,塔夫里将建筑空间的资产阶级意识形态分析紧密关联资本主义经济政治结构的改变,他的分析显然更加科学和深入一些。依我的看法,这应该是情境主义国际整体都市主义实践的基础。

我们再来看德波对整体都市主义的说明,他十分理论化地说:

在每一个实验性的城市(villes expérimentales)里,整体都市主义将会穿透一定数量的力量场(champs

_____

① [意]塔夫里:《走向建筑的意识形态批判》,胡恒译,载《社会理论批判纪事》第 2 辑,中央编译出版社,2007 年版,第 79 页。

de forces)，我们可以暂时用区域（quartier）这一标准的表述指称这些力量场。每个区域将能够导致一种明确的和谐，与邻近区域的和谐形成断裂（rupture）；或者说，每个区域将能够影响到最大限度地打破内在和谐。①

实验性城市、力量场和区域断裂，这基本是我们无法一下子进入的学术构境层。大概的意思就是，整体都市主义革命实验的对象，不仅仅是可见的城市建筑和物性对象，而是不可见的都市支配关系对乡村、资本关系对所有人和物的控制的力量场。这个力量场，大的方面接近于布尔迪厄的斗争关系场和福柯的权力关系场构境。在此，德波的力量场更是指认"整体都市主义"针对资产阶级日常生活中的被景观支配的异化场境，试图通过多重革命情境建构建立起来的崭新日常生活。这种区域断裂对应着列斐伏尔所界定的城市与都市的差异，这里的整体性当然是基于青年卢卡奇开启的**总体性逻辑**，或者是青年列斐伏尔的总体的人的存在概念，它通过对意识形态虚假和谐的破境，来

①　[法]德波：《关于情境构建以及情境主义国际倾向的组织和行动之条件的报告》，方宸、付满译，载《社会理论批判纪事》第 7 辑，南京大学出版社，2014 年版，第 55 页。中译文有改动，参见 Guy Debord, *Œuvres*, Paris: Gallimard, 2006, p. 323。

对抗资产阶级的物性都市化控制和人们对这种奴役的无意识认同。

我们看到,在瓦纳格姆等人写下的《整体都市主义办公室日程》(1961)第四点中,曾经这样解释了在资产阶级城市生活现实中存在的**正反两种总体性**:整体都市主义的革命总体性,正好针对了资产阶级都市化的"景观的总体性,也是城市的治理和信息的网络。这是保护生活的生存条件的坚固的框架。我们的首要任务就是使得人们能够停止认同这种环境(s'identifier à l'environnement)、认同这些行为模式(conduites modèles)"①。情境主义国际祛序的明确对象,这就是我们日常生活场境中被建筑、道路和不同技术建构起来的都市环境和场境生活总体,在他们看来,这恰恰是资产阶级用以维持其统治的都市景观"治理和信息的网络",这是一种反动的奴役性的都市主义**景观总体性**。因为,这个景观总体性的唯一目的就是帮助资本家掠夺剩余价值。也是在这个意义上,情境主义国际认为,革命的"整体都市主义不是一种都市主义学说,而是对都市主义之批判"(《情境主义国际》第3期)。

那么具体说,什么是情境主义批判的资产阶级都市主

---

① *Internationale situationniste* 6 (August 1961),转引自 Patrick Marcolini, *Le Mouvement Situationniste:une histoire intellectuelle*, Montreuil:L'Échappée,2012,p.121。中译文参见刘冰菁译稿。

义呢？其实,这也就是官僚资本主义通过垄断性的规划,将**和美的栖居**视作"追逐幸福生活"的重要条件,将城市空间建构成符合资本获得剩余价值的新型活动场所。这是上述德波观念的具体展开。1961年,瓦纳格姆在《对都市主义不利的评论》①一文中,对于资产阶级都市主义的布展,有过较为深入的批判分析。在他看来,这种刻意**规划**的都市主义的

> 目标是构造一种"均质的"、完美"整合的"空间,它由"同源的"功能街区附属建筑构成,分等级得以构造(著名的"等级森严的城市网络,支配并整合一个特定大小并常见于工业社会的地区"),以至于在如此获得的聚结物中,产生于分离和劳动分工的间隙、种族隔离和多重矛盾将会被掩埋在混凝土中。②

这是说,在资产阶级用混凝土构式和塑形起来的城市空间场境存在中,看起来是适于人居住的均质和整合的建筑设计,但这些城市环境建构的目的是遮蔽一个被劳动分工和资本关系等级化分离的生存场境本质。在瓦纳格姆

---

① *Internationale situationniste* 6（August 1961）, p.33 - 37.
② 《适用于一代人的观点》,方宸、付满译,载《社会理论批判纪事》第7辑,南京大学出版社,2014年版,第156页。

看来,表面美好的资产阶级的"都市主义是一场噩梦最具体、完美的实现",因为,它实际上按照资本家的愿望把大地上的建筑规划成了日常生活场境中的"集中营组织",一种"唾手可得的异化:都市主义使异化切实可行"。都市主义是通过围绕金钱转运建立起来的城市建筑、街道、广场和商店,让资产阶级景观控制下的日常生活场境异化"唾手可得"。这是诗人的话语。

这里,瓦纳格姆看到了今天的资产阶级都市主义的本质之一是规划,但并没有说明这种"规划"的历史发生,仿佛资本主义的城市建设从来就是规划性的,这显然是非历史的。相对于此,我可以再列举一下塔夫里的分析。在塔夫里的眼里,资本主义城市建设中的规划现象是一个特定的历史产物。他十分精准地看到,现代资本主义"在1929年的大萧条之后,随着反危机理论的出现和国际资本的重组",这里的国际资本重组的本质是资产阶级主动的"反危机规划体系(anti-cyclical planning systems)",这是说,面对资本主义世界经济危机的"垂死"状态,为了不走向灭亡,资产阶级将马克思预设在社会主义经济运行中的计划性糅合进资本主义生产方式,自由资本主义的"看不见的手"支配市场原则被打破,以罗斯福"新政"为先导,再由凯恩斯的国家干预主义在经济学中合法化,资本主义就进入德波等人所说的"官僚社会",即国家垄断资本主义阶段。塔夫里认为,正是在这个新的资本主义经济阶段上,资产阶级的城市建设和建筑学才发生了根本性的改变,从原先的"建筑意识形态(architectural ideology)转化为一种**规划的**意识形态(ideology of the plan)"。塔夫里认为,"凯恩斯(Keynes)《通论》(*General Theory*)中阐述的经济学目标几乎无一例外地都以纯粹的意识形态形式出现在现代建筑之中。凯恩斯干涉主义的基础与所有现代艺术的基础如出一辙".[①] 凯恩斯《通论》的经济学目标,当然就是资本主义的国家垄断下的资本规划性,瓦纳格姆看到的资产阶级都市主义的建筑规划,正是资本主义生产方式特定"干涉主义"改变在城市建设中的具体实现。这是完全不同的分析构式逻辑。

依瓦纳格姆所见,一方面,是资产阶级的都市主义的城市规划建设的意识形态本质。他跳过资本主义经济关系,远离马克思所关心的物质生产领域,在日常生活中指认出,在这种规划的背后,实际上是资产阶级通过景观意识形态制造出来的幸福幻象,再由房地产商建造起来的商

---

① ［意］塔夫里:《走向建筑的意识形态批判》,胡恒译,载《社会理论批判纪事》第 2 辑,中央编译出版社,2007 年版,第 99 页。

业活动空间,让所有消费者精确地在CBD①周围展开他们的日常生活异化场境。不同于中世纪的城镇建设格局,城镇的中心是教堂(教会的世俗权力)和广场,住户和街道围绕着它们向四周放射布展,今天的资产阶级城市建设中,生活场境的建构是围绕商业中心构式而成的,规划生活就是建构以金钱为核心的伪生活情境。瓦纳格姆认为,

> 景观的主要吸引力是对幸福的规划。民意测验专家已经在进行其询问;精确的调查确立了电视观众的数目;这是一个在他们周围发展房地产、为他们建房子的问题,不会让他们从通过他们的耳朵和眼睛塞给他们的关切分心。②

景观的面目并不是狰狞的魔鬼样态,而恰恰是贴心的"对幸福的规划",房地产商会精心测算住房的商业、娱乐

---

① 中央商务区(Central Business District,CBD)是指一个国家或城市里主要商务活动进行的地区。CBD的概念最早产生于1923年的美国,当时定义为"商业会聚之处"。随后,CBD的内容不断发展丰富,成为一个城市、一个区域乃至一个国家的经济发展中枢。一般而言,CBD位于城市中心,高度集中了城市的经济、科技和文化力量,作为城市的核心,应具备金融、贸易、服务、展览、咨询等多种功能,并配以完善的市政交通与通信条件。
② [法]瓦纳格姆:《对都市主义不利的评论》,方宸、付满译,载《社会理论批判纪事》第7辑,南京大学出版社,2014年版,第115页。

需要,让住户诗意地栖居。瓦纳格姆认为,资产阶级恰恰通过景观和都市主义的规划在日常生活空间中"组织沉默",这是一种不会引人注目的场境存在异化,在这里,所有的"道路、草坪、天然的花儿,以及人造的森林,为屈从的奇迹提供润滑并使之变得令人愉快",让你虽然被掠夺但幸福和快乐得无话可说。这种场境异化是无法抗拒的。

瓦纳格姆的意思是对的,可过于诗意和抽象了。我还是想以后马克思思潮中的塔夫里的一些具象分析来加深这一批判构境。一是塔夫里曾经分析资本主义城市 CBD 的"巴黎的拱廊街和大型百货商店就像一个巨大的世界博览会。在资本看来,它是大众自我教化在空间和视觉上的一面镜子"①。这是本雅明最早关注到的现象。这也可以是德波所讲的景观现象的物性承载。当消费者走进满是商品的拱廊街和商业中心的建筑群中时,就像一个巨型的欲望之镜,按拉康的他者镜像反指关系,它诱惑你不得不按照这一资产阶级建筑意识形态的暗示进行无思的消费。这就是德波和瓦纳格姆所说的虚假的消费异化场境的突现,它是一个人意志不能左右的强暴性格式塔氛围。即便你没有钱消费,但也进入了这种让日常生活变得灰头

① ［意］塔夫里:《走向建筑的意识形态批判》,胡恒译,载《社会理论批判纪事》第 2 辑,中央编译出版社,2007 年版,第 82 页。

土脸的**超级真实伪境**之中,光亮的奢侈品作为无法获得的欲望对象(拉康的对象 a)变得无比强大,它会成为苟生者每天对着流哈喇子的梦想。二是塔夫里对资产阶级现代城市中特别定制的城市建筑中"居住单元(cell)"的分析,他认为,资产阶级城市建筑中的

> 居住单元不仅是城市生产链中的第一要素,而且还决定着整个城市建筑群体的活力。同时,作为一种建筑类型(type),它又特别适合抽象的化解和分析。就此而言,建筑单元代表的是城市生产计划的基本结构;有了这一基本结构,一切其他类型元素都变得无足轻重了。单体建筑物(unità edilizia)就不再是一种"客体",而是一个场所,一个让个体单元进行基本组合并最终获得物质形式的场所。由于这些单元可以无限制地进行复制和生产,构成城市生产链的基本结构,它们在本质上与传统建筑学的"场所"(place)和"空间"(space)等概念就是迥然不同的。①

这是塔夫里那个"城市建筑是资本主义的经济结构"

---

① 〔意〕塔夫里:《走向建筑的意识形态批判》,胡恒译,载《社会理论批判纪事》第 2 辑,中央编译出版社,2007 年版,第 88—89 页。

断言的具体化。在建筑史学家塔夫里眼里，我们可以看到，城市中的居住单元首先是作为资本主义城市**生产链**中的一个首要环节，它不仅仅是一个由物质材料建构起来的对象或者物理空间场所，而是资本主义城市生产关系和计划的基本结构。有了这种基本结构，就可以按照资本的意志建构起超出建筑物性对象的"一个场所"，规制特殊的资产阶级劳动力再生产和消费需要的日常生活场境，并且，这些单元"可以无限制在进行复制和生产"。在这种单元生活的分隔中，传统的"大众已经不存在了。公众已经被分割成大量互不相扰的口袋。分类打包的程序已经非常先进了"①。当然，资产阶级住在独幢别墅中，中间阶层在连排单元，而普通劳动大众则会被打包在直筒公寓中，消失在"互不打扰的口袋"里。同样是批判资产阶级的建筑（规划）意识形态（"都市主义"），塔夫里的分析显然更加科学和深刻一些。

与上述瓦纳格姆这种纯粹的诗人话语不同，在这一点上德波的思考可能更深一些。1962 年，列斐伏尔寄给德波一份"世纪末的巴黎地区"的社会学调查问卷，其中，包含"你认为根据巴黎的人口结构，住房的形式应该规划

① ［意］塔夫里：《走向建筑的意识形态批判》，胡恒译，载《社会理论批判纪事》第 2 辑，中央编译出版社，2007 年版，第 158 页。

哪几种?"这一问题。在德波看来,这带有明显的"规划都市主义"色彩。德波的回答是直接的,他觉得,这些问题"都不值得回复",因为比这些问题更重要的是方法论的问题。德波明确指出,这个调查本身的荒谬之处,就在于它迎合了官僚资本主义的经济心理学解释(explications économico-psychologiques),并且散发着"技术意识形态"(l'idéologie technocratique)的臭味。在德波的眼里,"更深一层,在这个城市规划的尝试中,是现代资本主义的规划思想的魔法,是它的伪-理性和它的去魅性(exorcisme)的功能。规划,本身就是一项绝佳的武器,用来避免经典的经济危机"。[①] 这一点,与上述塔夫里的分析是接近的。这是从宏观上指认资产阶级通过官僚资本主义的伪理性"计划",来避免马克思所揭露的经典资本主义自身经济盲目性可能导致的灭亡,在城市建设上,这种计划性就表现为"去魅性"的规划,在理论形态上就是没有了政治色彩的为了人民幸福生活而努力的新型的都市主义意识形态。

另一方面,是资产阶级都市主义的"栖居"幻象。瓦纳格姆说,都市主义意识形态散布最多的就是现代城市中的幸福栖居。在瓦纳格姆看来,"栖居乃都市主义的'喝可口

---

① Guy Debord, *Œuvres*, Paris: Gallimard, 2006, p.601.中译文参见刘冰菁译稿。

可乐'"。这当然是一个批判性的隐喻。意思是说,资产阶级都市主义所鼓吹的栖居,其实是如同喝可乐那样"越喝越渴"的幻象。这个批判性的梗,来自弗罗姆 1955 年在《健全的社会》一书中对可乐广告的批判性分析。① 瓦纳格姆说,资产阶级栖居的假象是"一个用布景组织与日常生活交叉的景观的问题,让每个人居住在与资本主义社会强加在其身上的角色相对应的结构内,在这个过程中进一步孤立他,就像训练一个盲人以幻想方式在实现其自己异化的过程中识别自己"②。那些高耸入云的大楼、华丽堂皇的拱廊街、购物中心和生活小区,看起来建构了让人舒适的栖居环境和氛围,而实质上却是资产阶级让人们在生活中认同于自己的景观角色的骗人幻境。一个具体的例子,是现代城市中连锁酒店的空间复制幻象场境。在瓦纳格姆看来,"今天人们'消费'的不再是空间而是时间,因为前者有变得整齐划一之倾向。在世界各地从一家希尔顿酒店到另一家希尔顿酒店的美国人,在酒店布置上看不出任何

---

① 弗罗姆说:"因为广告上有漂亮的青年男女在喝可口可乐的照片,我们也就喝上一瓶,我们是在喝那幅照片。我们是在喝'停一下,提提精神'的广告标语。我们在喝美国的习惯,我们所喝的东西不取决于我们的口味,当广告竞相杜撰出'健康'肥皂和能治牙病之类的东西,并且支配着物品的消费时,这些情形就愈趋严重。"[美]弗罗姆:《健全的社会》,中国文联出版公司,1983 年版,第 134 页。

② [法]瓦纳格姆:《对都市主义不利的评论》,方宸、付满译,载《社会理论批判纪事》第 7 辑,南京大学出版社,2014 年版,第 116 页。

不同之处,只不过是表面上会模仿当地的色彩,因此被整合并简约成一个骗人的玩意儿,清晰地预示着芸芸众生的旅行路线"①。一个美国人在华盛顿和南京两个完全不同的城市的物理空间中旅行和居住,由于连锁酒店的空间复制,会使得这个美国人仿佛觉得自己在美国"栖居"一样,这是景观复制功能下实现的商业操控的"骗人的玩意儿"。

瓦纳格姆认为,这样的所谓栖居,实际上是将"私人生活工业化",或者悄悄地在"把你的生活变成一桩生意",因为,在你生活的每一个细节中,"栖身场所像个小型工厂一样组织,像微型企业一样加以管理,有其替代的机器、假想的产品和诸如墙壁、家具一类的资产",在这里,资产阶级的都市主义是在"将马基雅维里主义与强化的混凝土结合在一起,都市主义的道德心十分清楚。我们正在接近文雅治安的统治。有尊严的奴役"②。其实,我们不难在现代资本主义的城市生活中看到像流水线上的标准产品一样的小区建筑,用工厂管理规则运转起来的物业,所有人的生活都在进入工业化进程。现代资产阶级通过城市建筑和生活微观氛围的建构,实际上建构了一种景观幻想中的**伪**

---

① 《适用于一代人的观点》,方宸、付满译,载《社会理论批判纪事》第 7 辑,南京大学出版社,2014 年版,第 157 页。

② [法]瓦纳格姆:《对都市主义不利的评论》,方宸、付满译,载《社会理论批判纪事》第 7 辑,南京大学出版社,2014 年版,第 118 页。

场境存在,看起来,你在家中愉快地看电视,在超市里自由选择消费品,在其他城市和自然景观中旅游,但这一切都是被资产阶级通过都市主义意识形态所隐性支配的,这是一种生活场境异化中文雅治安和"有尊严的奴役"。对于这一点,康斯坦特在《别样的城市,旨在别样的生活》一文中这样写道,"城市化的危机正在恶化。新旧住宅区的建设显然与既有的行为模式格格不入,与我们寻求的新生活方式更是如此。结果,我们被一种呆滞、了无生气的环境所包围"。这是因为,"被分隔开的、孤立的摩天大楼,必然会简化人们与其共同行为之间的直接关系"[①]。你从低矮的旧房中搬进了高层建筑,过上了幸福的栖居生活,可是与过去平房院落的邻里关系不同,资产阶级城市的高楼大厦,恰恰阻断了人与人的亲密关联,同一幢大楼里的人天天在相同的电梯中相遇却不相识是经常发生的事情。我注意到,德波曾经还以都市主义规划中的交通为例,他说:

> 所有城市规划者所犯的一个错误是本质上将私人汽车(及其副产品,如摩托车)视为一种运输手段。事实上,它是发达资本主义力图扩展至整个社会的幸

---

① 〔比〕康斯坦特:《别样的城市,旨在别样的生活》,方宸、付满译,载《社会理论批判纪事》第 7 辑,南京大学出版社,2014 年版,第 96 页。

福观念的最引人瞩目的物质象征。不但作为异化生活的至高幸福，而且作为资本主义市场的基本产品，汽车处于这一普遍宣传的中心。①

那么，在资产阶级都市主义的景观中，作为交通工具的汽车就不仅仅是单纯的"运输手段"，而资产阶级幸福观念的一个物质象征，哪怕你的办公室就在不远处，超市也非常近，你也必须买一辆汽车回来，闲置也要买。这就是都市主义加消费意识形态的作用。

情境主义认为，资产阶级"所有关于都市主义的话语都是谎言，这正如都市主义组织的空间乃社会谎言和强化剥削的空间一样显而易见。那些论述都市主义之权力的人们寻求让人们忘记，他们正在创造的一切乃权力的都市主义"②。这是说，资产阶级的都市主义正是景观控制下日常生活场境在城市规划和建筑空间中的系统布展，这不过是官僚资本主义强权下遮蔽剥削关系的谎言，这种规划建设起来的幸福栖居空间恰恰是不可见的微观权力支配下的日常生活场境异化，而情境主义国际所提出的整体都市

① ［法］德波：《情境主义者对交通问题的提纲》，王昭风译，载《景观社会》，南京大学出版社，2006年版，第162页。
② ［法］《都市主义之批判》，方宸、付满译，载《社会理论批判纪事》第7辑，南京大学出版社，2014年版，第110页。

主义,则是对资产阶级的都市主义的批判和革命性重构。

在情境主义这里,整体都市主义作为革命情境建构的本质就是要中止人们对都市主义景观控制的无批判认同。当然,面对景观的无形控制,这种造反的方式当然主要还是先锋艺术实践的破境,比如,"整体都市主义必须控制声音环境以及形形色色食品及饮料的分配,必须关注对新形式的创造、对已知建筑和都市主义形式的挪用——以及对旧的诗歌和电影形式的挪用"①。你看,日常生活中出现各种声音与食品和饮料的分配,建筑与都市、诗歌与电影形式的挪用,这都是传统革命者完全陌生的东西。然而,资产阶级对日常生活场境的支配,正是通过这些日常生活中吃喝穿住一类小事情,商场和广告中播送的音乐,建筑环境塑形的特定空间,以及电影电视等影像消费而隐性赋形于**无形的生活氛围**的。在这里,隐秘统治人们生命存在的不是与人的生活无直接关联的宏大的政治经济关系,而是不可见的场境支配中的都市主义。这一点,恰恰是与传统马克思主义对资本主义批判不同的关注点和构境层。正是针对了资产阶级都市主义的这种景观控制下的城市生

① 〔法〕德波:《关于情境构建以及情境主义国际倾向的组织和行动之条件的报告》,方宸、付满译,载《社会理论批判纪事》第 7 辑,南京大学出版社,2014 年版,第 55 页。中译文有改动,参见 Guy Debord, *Œuvres*, Paris:Gallimard,2006, p.323。

活的微观伪场境,整体都市主义就必须同样从建筑和城市整体生活建构的复杂场境入手,重构日常生活的诗意情境。

这里,我还要再一次提及列斐伏尔喜欢的那位美术家和建筑家康斯坦特。因为在整体都市主义实践中,康斯坦特对德波的影响是巨大的。马克里尼说,"德波和康斯坦特的相遇,使得情境主义国际开始真正尝试实现'实验性的都市'规划"①。这是符合当时的实际情况的。德波与康斯坦特最大的共同点,就是他们都是想到了就动手去做的综合性艺术家。早在1848年,康斯坦特在自己的艺术《宣言》中就提出要摆脱专业艺术家的奴役性分工,建设一个能够全面满足每个人自由创造欲望的大众的艺术。而德波的艺术观念也是如此,早在字母主义国际时期,德波就赞同了沃尔曼在1951年提出的"全面的艺术"(art intégral)的观点,这种理念继承了瓦格纳试图联合各种艺术派别而努力的"总体艺术的作品"。在《死去的综合》一文中,沃尔曼明确提出"音乐+绘画+诗歌等"的全面的艺术的公式。这应该是后来"整体都市主义"中整体规定的构序缘起。十年后,在德波于1959年2月28写给康斯坦

---

① Patrick Marcolini, *Le Mouvement Situationniste:une histoire intellectuelle*, Montreuil: L'Échappée, 2012, p.104.中译文参见刘冰菁译稿。

特的信中肯定了这个公式的有效性。其实,字母主义的创始人伊索本人就是兼为诗人、画家和电影导演的"总体艺术家"。那时,德波在《为萨德呐喊》中已经提到,要建立一个"心理学、都市主义、统计学(statistique)、道德学(morale)的元素"构成的"有意识地创造情境"。可以看出,这是德波和康斯坦特的共同点。所以,在 1958 年 11 月情境主义国际第三次会议召开之前,志同道合的德波和康斯坦特特意为会议起草了一个重要的宣言,即他们模仿马克思《关于费尔巴哈的提纲》共同发表的十一条《阿姆斯特丹宣言》(发表于《情境主义国际》第 2 期,1958 年)。1959 年 4 月,在慕尼黑召开的情境主义国际第三次会议上,代表们集中讨论了这一提纲,并对其进行了一些修改(重新发表于《情境主义国际》第 3 期)。这一提纲,也就是情境主义国际关于整体都市主义的实践总纲,所以也就是**整体都市主义宣言**。《宣言》的引言中说,这十一条提纲是"情境主义者行动的最低目标"。我们来看一下其中的一些重要观点。

首先是提出情境主义国际的革命艺术思想,明确反对专业化的个人艺术视角,强调要发展一种**综合性的统一艺术创造**。这是为整体都市主义定调。《宣言》的第三条写道,"个体艺术的解构已经宣告了统一、集体创造的可能性。情境主义国际不会为重复这些艺术做任何尝试。统一的创造(création unitaire)将会带来个体创造者的真正实现"①。可以看出,这是德波和康斯坦特共同主张的**整体**艺术观在整体都市主义中的具体体现,这里,他们直接反对在资本主义生产关系下畸形发展的奴役性分工,力主消除资产阶级都市主义唯利是图的功能主义,突出强调革命艺术家集体的和全面的艺术实践,只有在综合性的统一艺术创造的情境建构中,才会真正实现每个艺术家自己的全面自由发展,这应该是整体都市主义的世界观前提。在这一点上,马克里尼的评论是对的,他说,"情境主义的整体都市主义,也是因为他们想要重新建立艺术家和所有其他人之间的联合体,以此来超越艺术的劳动分工,让那种**专业化**的都市主义功能消失——所有的个体都应该成为他们自己环境和自己生命的创造者,自由地支配所有的工具和经验的整体"②。实际上,对大多数只有自己一种专业的艺术家来讲,这是很难做到的。所以,当一些艺术家后来仍然坚持自己独立的专业化艺术活动时,则被无情地清除出情境主义国际。

其次,整体都市主义就是情境主义国际在资产阶级日

---

① *Textes et Documents Situationnistes*(1957 – 1960),Paris:Allia,2004,p.82.中译文参见刘冰菁译稿。

② Patrick Marcolini, *Le Mouvement Situationniste:une histoire intellectuelle*,Montreuil:L'Échappée,2012, p. 104.中译文参见刘冰菁译稿。

常生活中建构革命情境的行动纲领。尽可能用各种综合性的艺术手段,具体改变资产阶级日常生活的生活场境和微观氛围,这是整体都市主义对日常生活进行革命改变行动的实质。《宣言》第四条写道,"情境主义国际的最低限度的计划是进行完整的场景装饰(décors complets),后者必须扩展到整体都市主义、研究场景装饰中出现的新行为"。"场景装饰"(décors),显然是从戏剧舞台上的布景变换挪移而来的概念,在这里,它是指对城市建筑和环境中物性装置构式出的场境活动空间,这种整体都市主义的革命情境建构和日常生活空间革命,彻底改变所有资产阶级世界中设置生产场境的"场景装饰",将引导人们生活场境和生成微观氛围的新行为。第五条,"整体都市主义是一种复杂和持续的活动,它根据每个领域中最新发展的观念、有意识地再创造人的环境"[①]。这是说,整体都市主义是用所有生活领域中出现的新革命观念和艺术活动,持续地改变人们生活情境的过程。

其三,整体都市主义的具体革命实践的焦点,会聚焦于日常生活场境中居住、交往行动和娱乐等这样一些传统革命者并不关注的微观层面。《宣言》第六条是,"只可能

---

① *Textes et Documents Situationnistes*(1957 - 1960),Paris:Allia,2004,p.82.中译文参见刘冰菁译稿。

从社会的、心理学的和艺术的观点中,思考解决居住、交通、娱乐问题的方法,这些观点最后汇聚在生命风格(style de vie)层面的综合假设上"①。从这里的描述看,整体都市主义手中的武器还不仅仅是综合艺术,而且包括了多学科,社会学是列斐伏尔已经在日常生活批判中依托的主要学科,心理学是从超现实主义开始纳入的新的科学因素,这些科学和艺术的整合,将直接渗透到资产阶级通过建筑和城市规划建构起来的商业居住环境中,让生活场境不再围绕资本家的谋利构式运转;让道路和城市交通依托金钱流动所建立起来的交换空间,转换成了人的生命存在塑形起来的新型社会空间;以及越来越多起来的劳作之外的休闲时间的娱乐活动,在已经发生的当代资产阶级世界中,这些休闲时间已经被景观和消费意识形态完全地控制和支配起来了,整体都市主义的革命情境建构必须在这些日常生活新领域中落地,解放的目标明确是透视景观和消费意识形态伪境,建构一种全新的综合"生命风格"。

应该说,这个综合性的革命情境建构范围是情境主义国际大部分艺术家并不熟悉的领域,他们中间的大多数会是先锋美术中祛序的疯狂革命者,也会是电影、诗歌等方

① *Textes et Documents Situationnistes*(1957 - 1960),Paris:Allia,2004,p.82.中译文参见刘冰菁译稿。

面通过返熵性破境的先行者,但是对于居住和交通这样实际的客观物质场境,他们却是完全陌生的。我的意思是说,并非所有情境主义的艺术家都会真的在建筑空间和交通问题上有真正实质性的涉入。并且,情境主义国际的艺术家本人,通常也只是一个到两个领域里的行家,很少能够发挥一种综合性的艺术能力。在情境主义国际发展进程中,有过一些非常有趣的例子。比如 1957 年 9 月,情境主义国际意大利分部的奥尔姆(Olmo)撰写了一个《艺术实验十七条提纲》,其中,十分具体地说明了"让日常生活成为艺术"的一个措施,即音乐疗法。奥尔姆在第 8—13 条中提出了他自己的"有声的体验",就是从小提琴出发,通过在磁带上不同的录音的重叠所带来的"暴力的声音"来制造一种"以声音为底色的画布"。这就是创造出了一种"氛围的音乐"(musique ambiante)(第 14—16 条),这就能够帮助改变资产阶级日常生活场境的一般氛围,而不需要中断活动,就可以创造出一种"有声的环境"。这样,就可以使每个特定的日常生活环境更具有特色,有不同的适合浴室、图书馆、厨房、街道的音乐。因此,奥尔姆设想的是一种"有声的都市主义"的艺术。借此,想要将人们的环境提升到"在社会性和艺术性上都更加明亮的生活方式"。可是,这一音乐实验主义的提纲在意大利分部会议上通过之后,1957 年 10 月,德波则专门写了题为《关于实验艺术概念的

评论》(«Remarques sur le concept d'art expérimental»)的
文章批评这种单向度艺术实验的方向是"简单化的幼稚倾
向",并直接将其定性为唯心主义。因为,他们严重忽略了
资产阶级日常生活场境发生的历史条件,"他们既不想了
解我们生活的这些条件(conditionnement)是什么,也不想
了解我们如何作用于这些条件"①。在德波看来,奥尔姆所
提倡的音乐实验并不是情境主义的"统一"艺术改造活动,
如上面德波和康斯坦特所主张的,情境主义想要的是运用
各种工具进行集体的联合的统一活动。

最后,整体都市主义革命情境建构中的"生命风格",
将彻底打碎资本逻辑的商业法则,特别是围绕资本获得而
建立起来的微观生活氛围,重新建立一个自由创造的游戏
瞬间。《宣言》第十条说,"情境的建构是在营造临时的微-
氛围(une micro-ambiance transitoire),和在几个人生活的
独特瞬间里、创造事件的游戏(un jeu d'événements)。整
体都市主义,与建构一个普遍的、相对持久的氛围密不可
分"②。氛围(ambiance),我们已经在前述德波的"反电影"
艺术实践和约恩等艺术家的"前卫实验"中直接体验到了,
可以说,这是只有艺术家才会感知到的生活中细小的物质

---

① *Textes et Documents Situationnistes*(1957-1960),Paris:Allia,2004,
　p.31.中译文参见刘冰菁译稿。
② 同上书,第82页,中译文参见刘冰菁译稿。

和精神场境。在德波和康斯坦特看来,今天在日常生活中围绕在人的周围的场境,无论是建筑中的住房、商店,还是高速公路和飞机,包括我们不上班时在家中面对电视和在电影院中看电影,每一个微观情境都是由资产阶级景观意识形态隐性控制和支配的,它最终都只有一个"隐匿的上帝",即金钱。整体都市主义的情境建构就是要透视景观幻象的交换价值赋形的微-氛围,打碎金钱-价值筑模的法则,重新建构起个人创造性为核心的**非功利**游戏瞬间。所以,第十一条这样写道:"情境建构是一种靠近整体都市主义的方法,而整体都市主义是情境建构的发展不可缺少的基础,就像是游戏和更自由的社会。"[1]这一点,倒是情境主义国际艺术家们都能充分进入的革命构境。

实际上,在整个情境主义国际里,真正能够去动手实现整体都市主义理想的人并不多。是画家的还是画画,是小说家和诗人的还是创作小说和诗歌,具体去构式新的建筑空间和交通的人也只有康斯坦特。他会十分具体地考虑新的建筑和交通空间中的日常生活场境:针对资产阶级用商业逻辑构式和塑形起来的功能性建筑空间,冲破市场交换逻辑的整体都市主义,将会出现一种全新的"为快乐

---

[1] *Textes et Documents Situationnistes*(1957 - 1960),Paris:Allia,2004,p.82.中译文参见刘冰菁译稿。

而定制的都市主义",在那里,建筑和物性城市设施背后的非直观的建筑学情结和都市的网络,将被重新改变成"一种集体活动的自然表达,这种网络能够理解随着以个人主义为基础的一种文化之衰落而得以释放的创造力"①。由此,让建筑环境与人的**非商业**行为之间的密切关系得以产生。在康斯坦特的眼里,整体都市主义的别样的城市和别样的建筑空间,会建构一种新的情境中的别样的生活:

> 确立了被覆盖城市的意象,在这样的城市里,街道和独栋建筑的布局让位于连续不断的空间建筑,被抬举到地面上方,此外还会包括成群的寓所以及公共空间(以便根据需要随时进行修改)。鉴于所有的交通,在功能意义上,都将在地下或空中通道中经过,街道就可以取消。构成城市的大量不同的可横穿的空间,形成一个广阔、复杂的社会空间。②

在这里,资产阶级都市主义围绕资本获得剩余价值的规划消失了,将人们"打包"在钢筋水泥单元中的生活集中营被打碎了,拱廊街式的商业中心不再是城市生活的

---

① [比]康斯坦特:《别样的城市,旨在别样的生活》,方宸、付满译,载《社会理论批判纪事》第7辑,南京大学出版社,2014年版,第96页。
② 同上。

CBD,现在的新型"整体都市主义"的城市建设,无论是城市规划设计还是每一个具体建筑的空间功能、交通道路的用途、行走的街道和居住空间的建设,都只有一个目的:属于每个人自己的真实生活场境。康斯坦特真的去努力了,这就是我们上面已经看到的"新巴比伦"计划。虽然,这个庞大的建筑异托邦最终不可能真的成为现实中的建筑空间,但整体都市主义的建筑空间至少从概念走向了具体的设计方案和模型。并且,多少影响着后来的建筑革新观念。

当然,我们最后必须回到一个现实的问题上来,即情境主义国际所主张的整体都市主义实践的可行性。提出与马克思对资本主义社会经济政治批判不同的日常生活微观层面反思,这是有意义的;反对列斐伏尔只说不做,提倡践行日常生活的革命也是对的,然而,情境主义国际的革命艺术家们如何去做? 他们发现了资产阶级都市主义在建筑、交通和生活物质环境中,通过生成微观的活动空间建构了支配人的微观氛围,也下决心去改变,但冰冷的现实是,他们无法真的炸毁这些资本构式起来的建筑和道路,也无钱无力真的去建造反对资产阶级商业塑形起来的新的房屋、活动场所和整个生活环境。从情境主义国际发展的全程来看,他们最得心应手的革命还是拍电影、画画、写小说、制作音乐、写文章和书,举办新奇的展览和研讨会,即便康斯坦特这样的少数建筑师可以绘制出幻境般的"新巴比伦"计划,但绝不会有资本家真的愿意出钱去建造它。这就是悲剧。我记得,塔夫里也曾经提到过那位曾经是约恩老师的建筑大师勒·柯布西耶,他本人就是资产阶级都市主义建筑师中的先锋派,1930年前后,柯布西耶花了四年多的时间设计了一个宏大的阿尔及尔(Algiers)的"奥勃斯规划"(Obus plan),但是,由于他"一直是在没有正式委托和经费支持的情况下进行他的规划设计。他为自己'杜撰'了一个设计委托,设想它是普遍有效的,而且有人会心甘情愿地为它承担一切费用"①。可最终,因为没人买单而告失败。

面对这种现实中的窘境,大多数情境主义国际的艺术家们,能够直接践行的整体都市主义,也就是地理心理学构境中的个人和小团体行动的漂移和艺术游戏了。并且,这些整体都市主义的实践,也持续到20世纪60年代初。依列斐伏尔的解释,情境主义国际的整体都市主义运动到20世纪60年代初,慢慢地失去了耀眼的光环。他说:

　　1960年以后,在城市化过程中出现了重大的运

---

① ［意］塔夫里:《走向意识形态的建筑》,胡恒译,载《社会理论批判纪事》第2辑,中央编译出版社,2007年版,第98页。

动。他们放弃了整体都市主义的理论,因为整体都市化只适用于阿姆斯特丹这种需要更新和转变的历史老城。但是随着历史老城变成了外围部分和郊区——正如在巴黎和洛杉矶以及旧金山这些类似城市的情况一样,城市急剧扩张——整体都市主义的理论就完全失去了意义。[1]

所以,在德波他们后来的理论阐释中,整体都市主义的确不再作为情境主义国际的主要战略方针了。甚至,心理地理学和漂移游戏也主要集中在情境主义国际的前期艺术实践之中。这是我们应该注意的一个时间节点。

---

[1] [法] 列斐伏尔、[美] 罗斯:《列斐伏尔论情境主义:一次访谈》,方宸、付满译,载《社会理论批判纪事》第 7 辑,南京大学出版社,2014 年版,第 242 页。

第十三章
心理地理学、革命的游戏与漂移

郑重其事颠倒的世界和罐装的意识形态。

——情境主义国际

虽然，情境主义国际的第三次会议通过了德波和康斯坦特的《阿姆斯特丹宣言》，似乎将整体都市主义确立为将整体的艺术用作改变资产阶级都市主义——商业化的日常生活微观场境氛围。德波也口口声声地批评列斐伏尔的只说不做，可是，这些革命艺术家真正能够下手去做的"日常生活革命"的艺术实践却真是有限的。如果造不了房子，改建不了街道和高速公路，也无法阻止资本家越来越无法无天的广告和各种景观生产，那么，他们只能回归于艺术家个体或小团体可以直接践行的事情。其中，除去爆炸性的艺术创作活动和展览，最让他们起劲的"让日常生活成为艺术"的尝试，就是在生活中可以每天每时去做的**漂移**活动了。然而，为什么选择了漂移，漂移行动的目

烈火吞噬的革命情境建构

的和指导思想到底是什么呢？下面，我们先讨论情境主义国际主张的心理地理学和游戏精神，然后再来看他们有趣的漂移活动。

德波在 1957 年写下的《如果愿意成为情境主义者，就再试一次》一文中，在谈及打碎资产阶级传统文化的时候表示，"我们应该走向当下的文化的彼岸，通过能够对现存领域的批判，通过将它们统一整合到统一的时-空建构之中，即情境——指环境和游戏行为（d'un milieu et d'un comportement ludique）的动态体系，这将会实现形式和内容的内部统一"①。这里对革命情境统一时空建构的具体说明，正好包括了两个方面：一是作为整体都市主义客体向度的环境（氛围），二是作为主体向度的行为，其实，前者的基础就是心理地理学，后者的精神就是游戏。这正是我们此处将要讨论的对象。

首先，是作为整体都市主义的革命实验思想基础的**心理地理学**（psychogéographie）。这算是一个学科创新。通常，我们可以分别理解研究人们的主观心理情感现象的心理科学和探索自然与人文地理环境现象的地理科学，但真的很难理解"主观心理＋客观地理"的学问。依情境主义国际

① *Textes et Documents Situationnistes*（1957 - 1960），Paris：Allia，2004，p.37.中译文参见刘冰菁译稿。

艺术家们自己的解释,心理地理学的概念从思想渊源上可上溯至19世纪英国小说家德·昆西①。德·昆西在其1821年出版的小说《一个英国瘾君子的自白》(*Confessions of an English Opium-Eater*)中提出的"西北航道"(northwest passage)中,第一次将主观的心理与客观的地理两个维度糅合在了一起。1957年,德波在《心理地理威尼斯》一文中直接援引了德·昆西的故事。当然,情境主义国际这里的心理地理学对象已经不是传统地理学中的自然物性实存,当然也不是关于人的心理现象和德·昆西小说中的文学臆想,而是将整体都市主义艺术实验中的情境建构,具体化到微观日常生活的城市空间存在变革中来的尝试。在这个意义上,当考夫曼将心理地理学称为"把诗歌引进一种街道、城市的生活经验。心理地理学存在于对都市环境的情感变体的实验,一种通过在城市四处行走进行系统探索的直接美学体验"②时,他的判断基本上是正确的。诗歌是对革命艺术情境的隐喻,心理地理学是将革命情境建构

① 托马斯·德·昆西(Thomas De Quincey,1785—1859):英国文学家。1821年,《伦敦杂志》发表了德·昆西的著名作品《一个英国瘾君子的自白》,在这部作品中,他以亲身体验和想象,描写了主人公的心理和潜意识活动。其主要文学代表作有:《一个英国瘾君子的自白》(1821)、《自传》(1834—1853)、《来自深处的叹息》(1845)、《英国邮车》(1849)和《被看成是一种艺术的谋杀》(1827)等。

② [法]考夫曼:《居伊·德波——诗歌革命》,史利平译,南京大学出版社,2014年版,第133页。

引入城市生活场境转换的不同生命美学体验。

　　早在约恩于 1954 年写下的《图像与形式》一文中,他就在批判功能主义的视角中提出了不同于传统实验心理学的生活空间中发生的**心理构境**问题,并且仔细分析了建筑等环境所带来的心理学的功效,这里的心理学的功效,正是前述情境主义国际在批判资产阶级都市主义时提及的日常生活中的微观氛围中的**主观构境**。约恩还认为,这是所有日常生活革命中最关键的层面,因为创造一个建筑意味着建构一种氛围,并且固定一种生活模式(architecture signifie construire une ambiance et fixer un mode de vie)。看起来,建筑师只是在通过材料塑形房屋和构筑道路,但无形中生成的**建筑空间中的行动功能句法**,却时时

收录约恩的《形式与图像》的《论形式》一书的封面

在人们的生活中生成一种看不见的客观场境氛围和特殊的主观心理构境,恰恰是这种随着日常生活场境发生建构起来的无形氛围当下构筑起特定的生活方式。这是我极为赞成的**生活场境论**观点。

我觉得,这应该是约恩对 1937 年前后他跟随资产阶级功能主义建筑大师勒·柯布西耶学习和实践的反思。在此时,约恩已经意识到,老师柯布西耶的

> 功能主义(fonctionnalisme)声称,房间是用来居住的机器,厨房是死亡的机器。而这种说法来自它的真理。功能主义者创造了对结构和功能的理性分析,他们把形式归结为满足我们需要的最经济的方式,他们因此创造出了对客体和工具的理解。[①]

这是资产阶级意识形态在建筑学中的表现。这也是后来塔夫里重点研究和阐释的问题。柯布西耶他们并没有想到,他们用功能主义的构式建造和塑形起来的都市空间,必定是实现资本追逐利润的"最经济的方式"。然而,资产阶级的"功能主义者,忽略了心理氛围(psychologique

---

① *Documents Relatifs à la Fondation de l'Internationale Situationniste* (1948–1957), Paris:Allia, 1985, p.413.中译文参见刘冰菁译稿。

de l'ambiance)的功能。咖啡馆对人们的健康毫无用处，却具有重要的心理价值（importance psychologique）……住所的外部空间也不应该只反映内部，而是应该建构起能够刺激观察者的诗性感官（sensation poétique）的来源"①。这是一段十分有趣的评论。咖啡店作为一幢建筑，它虽然向消费者提供物性的可见咖啡等饮品，但它更重要的存在功能却不是喝咖啡，而是人们建立一种相互心理交流的构境空间，在功能主义看到咖啡店的经济功能的地方，约恩让我们更关注这一特殊建筑空间中发生的客观关系交往和主观心理情境（氛围）。并且，这是德波等情境主义国际艺术家们批判景观意识形态和将来革命艺术建构诗意情境的入口。其实，从约恩的分析中，我们已经可初步意会到所谓心理地理学的构境意向，即在一个特定物性地理环境中由人的生存活动建构起来的心理场境存在。这正是我们前面刚刚讨论的整体都市主义实践的思想基础。在前面我们讨论整体都市主义时论及的资本主义现代城市中的商业中心和摩天大楼里，除去可见的资产阶级必须进行的经济活动之外，建筑空间的重要的作用，就是在客观场境存在中同时布展意识形态的主观心理格式塔。你在走

---

① *Documents Relatifs à la Fondation de l'Internationale Situationniste* (1948 - 1957)，Paris：Allia，1985，p. 413. 中译文参见刘冰菁译稿。

进老佛爷①或者其他一线品牌商店时,买东西往往是次要的,真正发生作用的是资产阶级消费意识形态所需要的欲望生产,它直接表现为对奢侈品背后"幸福生活"的无穷羡慕伪境。

约恩的上述观点,很快得到了德波的响应。在 1955 年的《都市地理学导论》(«Introduction à une critique de la géographie urbaine», 1955)一文中,德波就讨论了这个不同于通常地理学的心理地理学新概念。他说,

> 地理学处理一般自然力量(forces naturelles générales)的决定作用,如土壤构成或气候条件对一个社会经济赋型(formations économiques d'une société)的影响,对这样一个社会所拥有的这个世界相关概念的影响等。心理地理学可以独自地建立对地理环境特殊影响和准确规律的研究,这一地理环境可能是有意组织的,也可能不是,并研究个体对此的感情和行为的活动(comportement affectif)。②

---

① 老佛爷百货的全称为巴黎老佛爷百货商店,是由法语原名 Galeries La-fayette 音译而来的。它诞生于 1893 年,位于奥斯曼大道的 40 号,紧邻巴黎歌剧院。它曾经凭借豪华如宫殿的装修轰动一时。

② [法]德波:《城市地理学批判导言》,王昭风译,载《景观社会》,南京大学出版社,2006 年版,第 164 页。中译文有改动。参见 Guy Debord, *Œuvres*, Paris: Gallimard, 2006, p. 304。

准确地说,这里的心理地理学并非真的是研究自然环境的地理,不会考虑土壤等客观自然条件对经济赋形的直接影响,而是将地理学构式挪移到城市生活中由建筑地理环境和场境空间中,特别是关注与人的行为互动之间同体发生的特殊情感和心理的微观场境氛围。在德波他们看来,资产阶级消费意识形态的城市商业化空间结构,如果作为一种客观地理场境存在,无形中在日常生活中塑形了人们被动适应景观支配的心理状态中的"单一情感"(sentiment simple)构境。因为,资产阶级建造的现代城市建筑与街道等"环境可能结合的多样性,类似于在无限多的混合剂中的纯粹化学制品的混合,它引起的感情像能够唤醒的景观的任何其他形式一样既分化又合成"①。这是指资本主义现代性城市商业中心的展示-销售建筑群落和街道,会引起置身其中的消费者在情感上的欲望冲动,如约恩所说,创造一个建筑意味着建构一种氛围,并且固定一种生活模式。这就是**物性景观**生产和控制的场境存在的秘密。这里的物性景观,是我对心理地理学批判构境的一种概括,它的意义是区别于德波通常使用的视觉场境中的影像景观。在一定意义上,在建筑和其他物性设施中行走

① [法]德波:《城市地理学批判导言》,王昭风译,载《景观社会》,南京大学出版社,2006年版,第165页。

和居住生成的微观支配氛围,其无形的统治作用可能会超出直接的视像景观。其实到这里,上面对我们来说十分陌生的微观氛围的概念背后的构境意向逐渐地清晰起来了。对此,我们可以举两个例子:一是城市建筑中的单元住房和公共交通工具建立起来的劳作循环时空场境,每天你起床挤公交车和地铁上班,然后在企业或商店劳作,然后下班再挤公交车和地铁回到单元住房,形成一个相同固定不变的被支配和奴役的地理和心理场境。这种年复一年的生活运转意味着一种无法改变的客观地理环境和心理构境暗示;这就是你的命运和生活。二是与我们平时走进一家普通超市,购买我们需要的日常消费品(我们先排除列斐伏尔所指认的虚假消费选择)的消费空间不同,当人们走在一种刻意营造起来的商业街道、商店和大型购物中心时,比如东京的六本木之丘、北京的新光天地①和南京的德基广场②时,平面媒体或电视画面的景观,直接由奢侈品实物和线条优美的模特现场展示,你可以通过直接视觉甚至远距离触摸来实现与欲望对象的对接,即便大多数人根本买不起那些一线品牌的奢侈品,也会不由自主地生出一种

---

① 北京新光天地是由台湾新光三越百货公司与北京华联集团合资成立的一家高端奢侈购物中心。

② 德基广场是南京新街口商业圈中一个定位于高端商业的综合购物中心。

单一的占有欲望和财富至上的情感心理氛围。在今天,这种商业化的心理地理氛围,正是由电子商业网站来构序的,比如,我今天在某商业网站上购买一打口罩,明天我打开电脑,虽然没有点击商业网站,但电脑屏幕四周全是推荐各种口罩的图片和介绍。在一些商业网站上,人们已经可以不进商店,用电子模拟的方式试穿和塑形自己想要的衣服,资本通过网络信息手段,已经实现了对人的消费心理氛围的超真实构序。金钱化的心理地理已经转换为以每秒钟30万公里速度抵达的电子心理地理氛围赋型。在情境主义国际的艺术家看来,这正是资产阶级通过建筑物性景观制造出来的**奴役性心理伪境策略**。当然,这也是心理地理学革命的主要对象。整体都市主义的革命,就是要打破这种由物性建筑和功能区域场境的支配结构,以及这种物性结构在日常生活场境中塑形的**奴役性不变空间和拜物教心理构境**,它会通过新的建筑和城市功能区划改变资产阶级的交易关系场,这就是心理地理学指导下发生的革命。

在1957年的《关于情境构建以及情境主义国际倾向的组织和行动之条件的报告》中,德波分析说,"心理地理学研究,'对地理环境确切法则和具体效果的研究,无论是否有意组织的,都直接作用于个体的情感行为',因此都会具有其双重意义:对今日城市地区的积极观察以及建立在一个情境主义城市结构之上的假定"①。这是说,研究心理地理学的真正焦点,是透过物性建筑空间,找到资本通过物性景观支配人的情感的生活细节,从而让革命的整体都市主义落实到日常生活场境空间的真实改变上,真正作用于个体日常生活的主观情感的心理构境。

1957年,在创立情境主义国际之前,约恩与德波两人在24小时内结合报纸拼贴、文字、墨水和不同颜色的泼迹等方式共同创作了《哥本哈根的终结》(*Fin de Copenhague*),据说,这是破境资产阶级景观控制下的日常生活场境,再构这个城市的革命性心理地理漂移路线图。

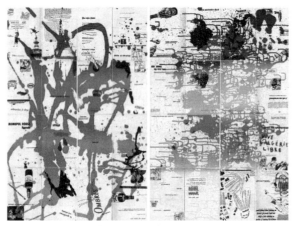

德波与约恩的《哥本哈根的终结》

---

① [法]德波:《关于情境构建以及情境主义国际倾向的组织和行动之条件的报告》,方宸、付满译,载《社会理论批判纪事》第7辑,南京大学出版社,2014年版,第55页。

对于这种场境残迹加革命美术燃烧弹的文本实验,我们在上述《回忆录》对字母主义国际1953年的情境建构活动的重构中已经有了一定的了解。此次,德波和约恩不是回溯革命历史,而是展望革命的前景。在他们制作的终结资产阶级的哥本哈根城市新蓝图中,情境主义所主张的所谓心理地理学,就是要彻底消除这些按照消费意识形态逻辑预先设定好的城市建筑设计和功能区域划分,而通过新型的建筑和功能性活动场境,突现一种革命的他性空间,在其中,金钱化物性景观控制失效了,革命的他性空间让"人们丢掉了他们的关系,丢掉了他们的工作和娱乐活动,丢掉了惯常行动的所有动机,任由自己被所遭遇的场所吸引(se laisser aux sollicitation du terrain et des recontres)"①。我们前面提到的无产阶级的日复一日的劳作空间和围绕商业利益建构起来的摩天大楼都会"终结",而这个真正为了每个人自由生活的新型的建筑-功能活动场所,就会构序出情境建构的新型心理氛围。德波甚至具体地解释说,

这种新建筑(nouvelle architecture)将不会——在

---

① Guy Debord, «Théorie de la dérive», *Documents relatifs à la fondation de l'Internationale Situationniste*, Paris: Allia, 1985, p.312.

今天的"抒情抽象"(abstraction lyrique)绘画使用这些词语的意义上——首先对自由、诗性的线条和形式(lignes et des formes libres, poétiques)产生影响,而是会对房间、走廊、街道的艺术氛围效果(effets d'atmosphère)产生影响,也就是与它们所包含的行为相联系的氛围。建筑必须将令人动情的情境(situations émouvantes)当作其主题,而不是将令人动情的形式当作用于创作的素材。①

可以看到,德波这里所讲的情境建构中的新建筑,不是形式上现代化的房屋或者街道,此处的"建筑必须将令人动情的情境当作其主题",指的是在日常生活功能上解构资产阶级交易结构,塑形起全新自由生活的艺术氛围效果和心理构境的建筑,这是资本主义物性都市化中的重新整体性革命。有如我们上面已经看到康斯坦特的"新巴比伦计划"中的建筑物。德波甚至提出,要建立拒斥资产阶级旧都市主义商业规则的"情境主义城市结构"(structure d'une ville situationniste),这当然就是革命的整体都市主义了。遗憾的是,德波和约恩的心理地理学实验,通常也

---

① [法]德波:《关于情境构建以及情境主义国际倾向的组织和行动之条件的报告》,方宸、付满译,载《社会理论批判纪事》第7辑,南京大学出版社,2014年版,第56页。

只是停留在美术革命的地图和热烈的学术研讨之中,他们无法真的去炸毁资产阶级的高楼大厦,并且也没有钱去实际建造体现革命情境和反商业心理地理学的城市空间。1971 年,约恩在意大利的阿尔比索拉(Albisola)也建造了一个建筑综合体,他改造了老式建筑,其中在原有的房屋空间中加入了各种艺术雕塑和绘画元素,把传统功能性的楼梯改成不规则的样式,房子内种植了树木和不同的断壁残垣,以建构一种打破都市主义的商业凝固空间结构的充满未知与不确定性的空间。然而,这只是一个展示物,而并非真的改变了资产阶级的都市主义关系。

其次,作为整体都市主义革命**主体实践活动本质的游戏精神**。现在我们终于可以来解释,游戏、狂欢和节日为什么成为情境主义国际革命的手段了。早在字母主义国际的艺术实践中,德波等人就提出过,"建构情境将会是在持续地实践一场被特意选择的伟大的游戏"(La *construction de situations* sera la réalisation continue d'un grand jeu délibérément choisi)。革命成了游戏,这可能是听惯了有断头台的法国资产阶级大革命和一声炮响的十月革命的马克思主义者非常不能理解的。也许,在突然面对游戏般狂欢的红色五月风暴时,大多数马克思主义者必定一时不知如何是好。对此,我们来做些具体的分析。

对情境主义国际来说,除去在建筑和生活环境实践中的努力,即让建筑本身成为实现革命情境建构功能和心理构境的物质构序载体,而在主体自身的情境建构实践活动中,也必须通过艺术手段不断

德波、伯恩斯坦等在酒吧,1962年

地发明新的革命性游戏,目的在于**反讽性地**打破资产阶级"一切向钱看"的商业法则。这里的游戏,显然不是日常生活中的孩子间的玩耍或成人的商业游戏,而是作为一种**革命存在论**变革的情境建构的大写游戏。这应是前述先锋艺术实践中那种非政治袪序的"捣乱"的另一种精神升华,与返魅式的行为艺术不同的是,游戏本身也是构序的,只是这种游戏规则的构序是临时和无功利的秩序。

应该说,情境主义的这种观点自然受到赫伊津哈①的《人:游戏者——对文化中游戏因素的研究》(*Homo Ludens*,1938)②的影响。在这本书中,赫伊津哈讨论了**无功**

---

① 约翰·赫伊津哈(Johan Huizinga,又译胡伊青加,1872—1945):荷兰语言学家和历史学家。出生于荷兰的格罗宁根(Groningen)。他在上学时就掌握了阿拉伯语。1891年考入格罗宁根大学学习文学和梵文。1915年成为莱顿大学教授,1932年任校长。1942年他被德国人逮捕囚禁,1945年在荷兰解放前夕病逝。代表作为:《中世纪的衰落》(1919)、《人:游戏者》(1938)等。

② [荷]赫伊津哈:《人:游戏者——对文化中游戏因素的研究》,成穷译,贵州人民出版社,1998年版。

利的游戏先于社会文化秩序的历史现象，以及游戏高于功利性生存的存在论意义。与动物的自由玩耍不同，作为人的本质存在属性，放松身心的游戏也是一种负熵的构序过程，但与通常社会生活中的构序和构式不同，游戏的负熵是人自由的创造性场境活动，游戏的本质是一种自由生命释放的诗意情境。所以，它可以通过游戏中非功利的活动实现一种暂时的、有限的完美，打破世俗功利的竞争秩序。这很像莫斯-巴塔耶那种对世俗事物和圣性事物的划分，只是用游戏的自由状态代替了神性空间。其实，在我的场境-构境理论中，最先发生于孩子们那里的游戏也是圣性事物，因为儿童游戏恰恰是对场境存在的模拟，玩具是现实生活的替代，儿童游戏是在功利的成人价值逻辑构式之前对场境存在和主观构境的"干净"尝试，孩子们的游戏天地是充满天真和神性的。然而，在我们的整个生活进入商品-市场交换构式后，给孩子设定的游戏中已经出现了"大富翁""挖宝"游戏，甚至市场上出现了收银台和微型小超市的玩具，这是资产阶级意识形态对儿童世界的可怕入侵。游戏的构序并不对象化为客观存在的实际改变，这种主体活动不像劳动生产或资本主义条件下的经济活动，它没有任何物性的实得，却在一种自由的创造性场境活动和非支配的主体际关系中，让人的存在面向神性。这是因为，暂时建立的纯粹游戏构序和主体际关系消除了交换价值,实现了人对人的真诚和直接关联,达及了生活本身的本真共在意义。这种摆脱功利关系的超越性的游戏精神,正是情境主义国际建构革命情境的方向。我注意到,列斐伏尔的不少观点,也受到《人:游戏者》一书的影响。早在 1955 年,德波在《建筑与游戏》一文中就指出:

> 赫伊津哈认为能够和"日常的生活"(la vie courante)(其特征是责任感)相对抗的就是游戏活动的临时和自由的领域,我们也认为,这是唯一可能的真正的生活……我们现在的行为都是在尽力创造有利于这一游戏的自由领域全面发展的条件(les conditions favorables à leur complet développement)。现在我们必须做的就是,改变现有的游戏规则,后者是建立在道德之上的任意习惯。①

显然,赫伊津哈的游戏本体论观念是情境主义国际的游戏概念的重要思想缘起。游戏不同于资产阶级平庸日常生活中的商业价值构式起来的凝固规则,它往往是在交

---

① *Potlatch*(1954 - 1957),Paris:Gallimard,1996,p.158.中译文参见刘冰菁译稿。

换原则之外建立起临时的、自由的活动时空和革命情境，这种没有铜臭味的游戏精神，正是情境主义国际革命艺术家所向往的"唯一可能的真正的生活"。甚至，这种游戏精神也是马克思所说的未来共产主义中才会出现的人的全面自由发展的前提条件，因为在那里，劳动将会成为人们"乐生的需要"（马克思语）。

在《日常生活的革命》一书中，瓦纳格姆提出，生命中自发性的游戏构成了人的参与和协同的本性，这是长期以来人类社会得以生存下去的重要层面，他甚至认为，即使到了中世纪，封建经济仍旧包含着游戏的成分，因为，"田园诗般的关系使得乡村领土组织在纯粹经济上的迫切需要转向了某种自由；游戏性常常支配劳役、审判和账目结算"①。显然，这是瓦纳格姆的随意推断。他说，游戏是到了今天的资产阶级世界才出现了问题，因为

> 经济需要（nécessités de l'économie）与游戏性（ludique）很难相适应。在资金转移中，一切都是严肃认真的：人们不拿金钱开玩笑。封建经济仍旧包含的游戏部分，将逐步被货币交换的合理性（rationalité

---

① ［法］瓦纳格姆：《日常生活的革命》，张新木、戴秋霞、王也频译，南京大学出版社，2008 年版，第 264 页。

des échanges monétaires)所清除。实际上,贸易方面的游戏能够交换产品,这些产品倘若不是没有共同的度量单位,那至少也是没有经过严格校准的。然而,一旦资本主义规定了唯利是图的关系(rapports mercantiles),就无法容忍任何的反复无常。目前可消费物的专政足以证明,资本主义擅长将这些关系强加于各个地方,强加于生活的所有层次。①

资产阶级的商品-市场经济规则对金钱的态度是非游戏性的,钱比命重要。所以,在法理性的经济交换中,客观发生的一切都不能反复无常和开玩笑,唯利是图关系背后将会是法律制裁和监狱的阴影,并且,资产阶级已经成功地将这种"可消费物的专政"渗透到日常生活的所有层次,也就是说,清除了一切游戏性的生命细节,以至于在心跳之前也要拿出来变卖一下再跳(赫斯语)。在瓦纳格姆看来,"资本主义使几乎全部的日常生活陷入生产和消费的战斗,抑制了游戏性倾向",这是因为,游戏的本质是**主体性的参与**,而资产阶级的景观只需要等待接受虚假欲望的旁观消费者。为了防止人们在经济关系中"开玩笑","资

---

① [法]瓦纳格姆:《日常生活的革命》,张新木、戴秋霞、王也频译,南京大学出版社,2008年版,第264页。

产阶级权力孤立游戏,将它隔离在一个特殊区域中"①。于是,主动自发的参与性的游戏,仅仅成了没有进入社会的孩子们的事情,或者,资产阶级也为成人准备了一些"经过歪曲并被操纵的形式:竞赛、电视游戏、选举、游乐场",这是让人们的参与计划虚化为空洞的假戏。今天,就是令人沉迷其中的网络电子游戏。对此,我会在下面做具体分析。

在后来的《"游戏"的情境主义定义》一文中,德波进一步分析,革命的游戏正是为了摆脱资产阶级那种"为了占有所有物的紧张关系"。游戏情境中没有任何不变的所有关系,不像所有商业活动的功利目的,在对象化的资本构式中,人在占有物性财富和同时,也被物所占有,游戏的可贵之处之一,就在于它没有任何粘连物,没有刚性的外部资本逻辑筑模,它只是临时发生的非及物性的场境活动,游戏开心地结束时,这种富有神性的场境存在也会瞬间消失得干干净净。情境主义国际建构的"'游戏'的新阶段,应该是以竞争的所有元素的消失为标志"(La nouvelle phase d'affirmation du jeu semble devoir être caractérisée par la disparition de tout élément de compétition)②。这是

---

① 〔法〕瓦纳格姆:《日常生活的革命》,张新木、戴秋霞、王也频译,南京大学出版社,2008年版,第265页。

② Guy Debord, *Œuvres*, Paris:Gallimard, 2006, p.976.中译文参见刘冰菁译稿。

说,情境主义国际关于游戏的新定义,明确是以消除资产阶级商业竞争构式,建设一种临时性的、自由的流动式生命状态为目标的。这一观点后来影响到阿克塞洛斯①。1969年,也是红色五月风暴爆发的第二年,他发表了《游戏的世界》一书。②

第一,在情境主义国际的艺术家眼中,**革命的游戏恰恰是打破资产阶级商业化日常生活规则的重要祛序手段**。一是在游戏状态中,资产阶级制造的经济交换原则和事物化的拜物教魔咒失效了,每天沉浸于巨大的经济怪物构序起来的花花绿绿的商品和财富世界,所有人都被锚定在物

---

① 科斯塔斯·阿克塞洛斯(Kostas Axelos,1924—2010):希腊裔法国哲学家,西方马克思主义代表人物之一。他于1924年6月26日出生在希腊首都雅典的一个资产阶级家庭。1941年,年仅17岁的阿克塞洛斯加入了当时希腊的共产主义青年运动,对法西斯进行抵抗,并在其中扮演领导者和理论家的角色。1945年,入读巴黎索邦大学学习哲学。学习期间,他于1950—1957年担任法国国家科学研究中心(CNRS)的研究人员,随后又作为法国高等研究实践学院(EPHE)的研究助理从事研究工作。1956-1962年作为撰稿人、编辑和主编活动于《争鸣》(*Arguments*)杂志。1959年,他向索邦大学提交了两部论文:《马克思,技术的思想家》(«Marx, penseur de la technique: De l'aliénation de l'homme à la conquête du monde»)和《赫拉克利特与哲学》(«Héraclite et la philosophie: La première saisie de l'être en devenir de la totalité»),并获得哲学博士学位。1962年,他开始任教于巴黎索邦大学,同时发起和主持了出版于巴黎午夜出版社的"争鸣"丛书。代表作主要有:《马克思,技术的思想家》(1961)、《游戏的世界》(1969)、《逻辑论稿》(1977)等。

② K. Axelos, *Le jeu du monde*, Édition de Minuit, 1969.

性的占有关系之中，人的劳作是依资本赚钱节奏发生的异化场境，而当人们通过进入游戏关系中的"临时和自由的领域"，也就会彻底摆脱景观制造的商业场境和拜物教心理构境的支配，在一种非及物、非占有的人与自然和人与人的关系情境中，建构人的全面发展中"真正的生活"。当然，就像不能将德波的"永不工作"当作真不去做事一样，这并不是说，要让所有的社会生活都变成游戏，而是要用游戏的自由、临时性的解放状态去破境金钱逻辑下异化场境中的日常生活。二是游戏的自由竞技精神将打破资产阶级的相残商业竞争法则。在资产阶级的商品市场王国中，人从一早起来就开始算计物，在"他人即地狱"的信条中，梦想在商业交换链中，大鱼吃小鱼式地从底层拼到高层，从一无所有赚到成为亿万富翁。金钱的逻辑构式是**经济动物式**的撕杀。而情境主义国际所主张的游戏情境，就是要让人从紧张的"狼群"争斗中逃离出来，在金钱关系失效的临时游戏规则下，人从眼中只有钱的狼子野心复归于人性的善良友好，共同创造无功利的自由天堂。所以，我们在情境主义那里可以看到这样的表述：

> 竞争的元素应该消失，取而代之的是关于游戏的、更加集体性的概念——共同创造嬉戏的环境。我们应该要超越一种根本的区分，那就是在游戏和日常

生活之间的区别，把游戏看作一个孤立的和暂时的例外。赫伊津哈写道："在世界的不完美（imperfection）和生活的混合中，实现了一种暂时的、有限制的完美。"日常生活——此时其前提条件是维系生存的问题——可以被理性地支配——这种可能性处于我们这个时代所有的冲突的中心，游戏（jeu）和有界限的嬉戏（ludiques）时间和空间彻底断裂的游戏，应该占据整个生活。这种完美不应该被终结，除非是这种完美代表了与生活相反的、静止的建构。可是，我们能够建议将生命的最美丽的混合推向至它的完美。①

在资产阶级的金钱世界中，大鱼吃小鱼的效用性的竞争法则成了塑形人们日常生活场境和主观心理构境的唯一通道，这是情境主义艺术家们深恶痛绝的。时间就是金钱，活着就是为了发财，这是一种不完美的资产阶级日常生活世界，而情境主义的艺术家们则主张，必须创造一种打破适者生存的竞争性金钱逻辑的游戏的时空，在完美的游戏"生命的最美丽的混合"生存场境中重新赋型和建构艺术的完美生活情境。我觉得，这当然是浪漫主义的幻

---

① *Textes et Documents Situationnistes*（1957－1960），Paris：Allia，2004，p.115.

想。现实资产阶级的世界，是无法用游戏摧毁的。然而，情境主义国际的艺术家们坚持说：

> 情境主义国际界定的情境，只可能构建在物质和精神富足的基础之上。这是在用另外一种方式说，用于情境构建的纲要必须是革命先锋派的游戏，严肃的游戏，不可能为那些人而存在，他们在某些点上顺从于政治被动性、形而上学绝望，甚或艺术创造力的纯粹和老练的缺席。情境构建是一个社会的终极目的和基本模型，自由和试验性的行为模式将会风行于这个社会。①

其实，面对一本正经的资产阶级金钱法则，艺术先锋派总是以游戏来挑战和打破，这是达达主义开始的前卫艺术精神的本质，约恩等眼镜蛇运动中的艺术家们的美术作品也都彰显着孩子般的游戏反叛精神。而在革命的情境主义国际的艺术家这里，严肃的游戏已经成了先锋艺术实践中**革命的游戏**，它不是单纯的自娱自乐或者返媲性的"捣乱"，除去破境商品市场的经济魔咒，还要彻底改变资产阶级在民主自由的骗局中构序的政治被动性和存在论

---

① 《在场之先锋派》，见《情境主义国际》第 8 期，"编者按"，载《社会理论批判纪事》第 7 辑，方宸、付满译，南京大学出版社，2014 年版，第 137 页。

的"形而上学绝望",情境建构本身就是要构式一个自由的试验性的嬉戏行为筑模。在后来的漂移实验中,我们不难看到这种革命的游戏精神。

应该说,情境主义国际的这种革命游戏精神极深地影响到后来的红色五月风暴,左派学生和工人上街的目的之一,就是要中断资产阶级的劳作法则和景观支配起来的日常生活场境,革命的游戏精神在整个反抗资产阶级文化和社会秩序的"动乱"之中,相比于传统的社会革命,它更像是一次节日和狂欢。在 1965 年德波写下的《景观-商品经济的没落和崩溃》一文中,他这样称赞美国洛杉矶造反黑人:"洛杉矶的黑人反抗事件,是在反抗商品,反抗商品和服从于商品规则的、被**等级制**划分的劳动者-消费者"(révolte contre la marchandise,contre le monde de la marchandise et du travailleur-consommateur *hiérarchiquement* soumis aux mesures de la marchandise),在这种狂欢式的运动中,"真正的欲望就开始在节日的庆祝中、在游戏的自我肯定中、在毁灭的冬宴(potlatch)中展现出来。摧毁了商品的人,才展示出了人对商品的优越性,而不是被禁锢在抽象的形式之中的囚徒"。[1] 这一点是可以理解的,因为在通常

---

[1] Guy Debord,*Œuvres*,Paris:Gallimard,2006,p.705.中译文参见刘冰菁译稿。

340　　　　　　　　　　　　　　　　　烈火吞噬的革命情境建构

的节日和狂欢场境中,日常生活也是被突然中断的,在人与人的关系中,等级结构和权威关系也会在狂欢活动情境中被中止。所以,德波才会认为,美国黑人的反抗事件的本质,正是摧毁资本主义的商业法则,通过游戏中的自我肯定,像原始部族生活中非价值的冬宴一样,把资产阶级的财富视作粪土,在狂欢般的游戏和节日情境中,实现生命真正的欲望。而在 1969 年总结红色五月风暴经验的《一个时代的开端》中,德波则热情地歌颂学生和工人们,"是对所有异化的'**总体批判**',对所有意识形态和过去掌管日常生活、热情和联合的组织的总体批判"(la *critique généralisée* de toutes les aliénations, de toutes les idéologies et de l'ensemble de l'organisation ancienne de la vie réelle, la passion de la généralisation, de l'unification),这是与情境主义国际一样,对资产阶级景观文化的总体批判,对被资本殖民的日常生活场境异化的全面拒绝,在充满真实热情的革命联合中,开辟一个全新的时代。在他看来,

　　占领运动,很明显地就是对异化劳动的拒绝;因此"节日""游戏",是人和时间的真实在场(la fête, le jeu, la présence réelle des hommes et du temps)。它也是对所有权威的拒绝,对所有专业化的拒绝,对所有等级制的剥夺的拒绝(le refus de toute autorité, de toute spécialisation, de toute dépossession hiérarchique)。①

　　在红色五月风暴中，表现出了一种对异化的总体批判，它表现为对异化劳动的彻底拒绝，这正是多年以前德波所写下的"永不工作"一语的真正含义。同时，学生和工人们上街游行、构筑街垒的行动，就是拒绝一切权威和等级，生成当下打碎资产阶级商业-市场法则的"节日"和"游戏"，这种随心所欲的狂欢正是"人和时间的真实在场"。

　　第二，**革命性的游戏也是与资产阶级争夺闲暇时间的重要工具**。闲暇时间的出现，是当代资本主义社会发展中产生的一个新的问题。对此，康斯坦特认为，在当代资本主义社会生产的发展中，"由自动化导致的生产所需劳动的减少，将会造成对休闲、不同行为及其本质变化的需求，这必将导致拥有最大社会空间的集体栖息地的概念"②。劳作时间的缩短，是资本主义现代自动化生产发展的客观结果，这将创造更多的闲暇时间和生活空间，这对情境主义国际的新型革命者来说，将面临一个从内里重新塑形闲暇时间的争夺战。显然，这是传统马克思主义革命家们并

---

① Guy Debord, *Œuvres*, Paris：Gallimard，2006，p.918.中译文参见刘冰菁译稿。

② ［法］康斯坦特：《别样的城市，旨在别样的生活》，方宸、付满译，载《社会理论批判纪事》第7辑，南京大学出版社，2014年版，第100页。

没有意识到的问题。德波自己说：

> 我们对行为采取的行动，与一场习性革命（révolution dans les mœurs）之其他令人满意的方面有关，可以概要地界定为对一种有新的实质的游戏（jeux d'une essence nouvelle）的发明。最基本的目标必须是拓展生活非同寻常的部分，尽可能地减少其无聊的时刻。①

与资产阶级所赋型的日常生活场境中的功利实惠原则不同，有新的革命实质内容的游戏活动，将彻底打破渗透在日常生活习性中资本主义商品-市场经济的都市奴役关系。同时，这种新的革命游戏也是面对当代资本主义科技发展和物质生产力水平提高后，大量闲暇时间出现的新情况，然而，闲暇时间迅速被资产阶级所控制，大量的时间被资产阶级用电影、电视和其他商业景观编织起来的意识形态构式和塑形，即便是人们外出旅游，也是按照资本的商业路线和消费法则填充起来的，闲暇时间已经成为景观

---

① ［法］德波：《关于情境构建以及情境主义国际倾向的组织和行动之条件的报告》，方宸、付满译，载《社会理论批判纪事》第7辑，南京大学出版社，2014年版，第56页。中译文有改动，参见 Guy Debord, *Œuvres*, Paris：Gallimard, 2006, p. 326。

意识形态麻醉人的异化场境和"无聊的时刻"。在此,被景观支配的闲暇时间与消费意识形态是直接同构的。所以,在情境主义国际的艺术家看来,与其让人们的闲暇时间被资产阶级消费意识形态控制,颠倒为异化场境,还不如用革命的游戏情境去引领生活的"非同寻常"的拓展。在德波看来,

> 一场关于闲暇的战斗正在我们眼前发生,其在阶级斗争中的重要性尚未得到足够分析。直到今日,统治阶级正在成功地利用革命无产阶级借助发展巨大的休闲产业从资产阶级身上得到的闲暇,这种产业乃通过对意识形态和资产阶级趣味神秘化(l'idéologie mystificatrice et des goûts de la bourgeoisie)的副产品使无产阶级野蛮化(abrutissement)的一种无可比拟的工具。美国工人阶级无法被政治化的一个原因,也许应该在这种通过电视大量播放的卑劣行径中寻得。①

资产阶级正在用电影、电视和其他传播手段,用大量低级趣味的东西填塞无产阶级的闲暇空余时间,将其塑形

---

① [法]德波:《关于情境构建以及情境主义国际倾向的组织和行动之条件的报告》,方宸、付满译,载《社会理论批判纪事》第7辑,南京大学出版社,2014年版,第56—57页。

成消费意识形态占领的欲望市场,这是一种新型的"无产阶级野蛮化"行径,这将是资产阶级都市主义权力布展的新策略。在德波看来,美国工人阶级之所以无法再成为革命主体,就是资产阶级通过电影电视景观对其进行意识形态控制的结果。为此,情境主义者必须用革命的游戏活动"占据我们的阵地"。我觉得,这是对葛兰西文化霸权理论的一种新的深化。如果在葛兰西那个时代,资产阶级是通过民主自由的政治意识形态赋型民众对统治的认同,而今天,则是通过闲暇时间的景观野蛮化构式人们的隐性臣服。在这个意义上,我们可再回过头去想一下德波的电影革命,他正是将游戏式的反叛注入传统电影生产过程中,针对电影中的资产阶级意识形态蒙太奇控制,通过反画面、反逻辑的断裂,让人从沉迷状态中警醒。所以他会说,"由于情境的系统构建已经产生了先前并不存在的感情,电影将会在这些新激情的传播中发现其最了不起的教育学作用"①。约恩的眼镜蛇前卫美术运动的本质,大约也是如此。杜尚的《泉》和凯奇的"偶然音乐"的断裂式情境建构,虽然也属于这种类型的艺术先锋实验,但没有情境主义这种整体都市主义的自觉政治指向。德波第二个妻子

---

① 〔法〕德波:《关于情境构建以及情境主义国际倾向的组织和行动之条件的报告》,方宸、付满译,载《社会理论批判纪事》第 7 辑,南京大学出版社,2014 年版,第 57 页。

爱丽丝·贝克-胡（Alice Becker-Ho）曾经写道，德波自己设计了一款"战争棋"（Le Jeu de la Guerre），或者也可以叫"战略游戏"。游戏外观类似拿破仑时代兵种的微缩模型，棋盘采用战棋少用的正方格，棋子有攻击值、防御值等。[①]

德波与爱丽丝·贝克-胡下棋　　　　德波的"战争棋"和棋盘

---

① "战争棋"的棋盘尺寸为 25 cm×20 cm，由两个势均力敌的军队对阵，军队包括步兵、骑兵、炮兵、要塞和兵工厂。作战地势为山地，德波制定了具体规则，以及进攻和防御系数等。双方的目标是通过各种部署和战斗摧毁敌人的军队，从而保护自己的资源和通信手段。在这种游戏中，德波建构了两个重要的向度：一个是建筑和地理的空间范围，二是非线性的多维时间，它导向双方共时性的交流。玩家可以进行各种战争策略和战略的抽象的排练与演算，在双方的游戏中，可以从占领空间转向争夺时间。在 1965 年，德波为他的"战争棋"申请了专利。在 1977 年他和他当时的出版人热拉尔·勒博维西（Gérard Lebovici）一起与一家公司合作制作这个棋类游戏。该公司出版了"战争棋"并且委托技师制作了四五套铜和银质的棋。在 1987 年，德波和爱丽丝出版了关于这一游戏的一本书。Alice Becker-Ho, «Historical Note», in Alice Becker-Ho and Guy Debord, *A Game of War*, tr. Donald Nicholson-Smith, London：Atlas Press, 2007, p. 7.

不过,这里我应该指出的新情况还有,情境主义国际所指认的作为打碎资产阶级金钱构式逻辑的革命游戏,在今天也被资产阶级巧妙地入序于资本的魔爪之中,如同杜尚反叛性的"长胡子的蒙娜丽莎"和革命者格瓦拉头像被印在 T 恤衫上成为商品一样,游戏正在网络数字资本主义时代成为最重要的捞金手段。我自己亲眼见证了这一可怕的过程,在 20 世纪 80 年代 PC 机刚刚进入办公室和家庭的时候,我们最早在 DOS 系统中遇见过纯粹娱乐的编程小游戏,那时,"吃豆子"一类小游戏会是我们在工作之余放松自己的开心时刻,这使得电子游戏成为赫伊津哈和德波等人指认的神性-诗意情境。可是,资本的眼光是阴毒的,大约在 20 世纪 90 年代就出现了商品化的机打电玩,然后随着万维网的出现,网游开始成为巨大的财富掠取手段。在这种资产阶级数字化景观世界中,原先从赫伊津哈肇始并在德波的情境主义国际的情境建构中推进的解放式游戏情境,彻底异化为一个可怕的奴役性空间:一是今天的电子游戏(单机版和更复杂的网游)已经是资产阶级商品构式的强暴工具,它成为资本获利的重要途径,往往制作一个成功的网游商品会立刻使人成为亿万富翁;二是电子游戏制造了一个与现实世界完全不同的虚幻场境存在,它通过虚假地欲望满足(杀戮、挖金和色情),使玩家沉浸在一种麻木的异化场境中,从而更好地臣服于资产阶级的现实统治。解放的自由的游戏场境在当代的这些令人大跌眼镜的情境逆转,会让九泉之下的德波等情境主义国际的艺术家们处于令人伤心的反讽境地之中。

其三,**在地理心理学和革命的游戏精神构境中的漂移活动**。我们已经看到,情境主义的情境建构策略和游戏人生的断裂精神,并非仅仅是空头理论,而是他们长期坚持的革命艺术实践,无论是对抗资产阶级都市商业空间结构的整体都市主义,还是对人的心理地理学的重新构境,都促使这些革命艺术家开始亲身践行实际改变日常生活的活动了。我已经说过,当艺术家们不能真的改变资产阶级城市的物性景观,能够践行的事情就只有个人或小团体的"革命行动"了,既体现心理地理学的构境,又践行打破资产阶级景观控制的革命游戏,这就是让日常生活时空场境发生断裂和转换的漂移行动。有如上述列斐伏尔已经提及的,情境主义国际的艺术家们手持步话机,从一个固定的生活区域走向另一个陌生化的区域,从一个熟悉的城市走向另一个陌生化城市,从一个日常生存空间游移到另一个更有激情的空间的**漂移**(dérive)。漂移的流动场境和转场本质,本身就在于打破主体在场的金钱构式凝固性的心理地理学革命,也是日常生活微观革命中让商业法则失效的挑战性游戏。

可能,漂移也是情境主义国际艺术运动中被评论最多的"艺术实验"了。从根本上看,这种艺术实践内嵌着更深刻的革命意识。对德波来说,他早年就崇拜先锋艺术家克拉凡[①]的一句名言:"当我在一处滞留太久,愚蠢就会淹没我。"作为达达主义和超现实主义的思想先驱,克拉凡既是德国人,也是瑞士人,既是法国人,又是英国人,由此他宣称自己没有单一的国籍,而是"二十个国家的公民";他从来没有固定职业,他会同时是诗人、先锋艺术家、拳击手、批评家、编辑、海员、伪造者、花花公子和漫游者;最重要的是,他用伪造的护照周游欧洲、横穿美国,居住在柏林、巴黎和巴塞罗那等地,他的一生也是在漂移不定的一生。德波从克拉凡那里,获得了最初关于存在场境的变动不居和漂移的灵感。

早在字母主义国际时期,德波等人就已经开始了漂移活动。依德波当时的界定,作为革命情境建构举措的**"漂移是一种毫无目的地移动的技巧"**(La *dérive* est une technique du déplacement sans but)。[②] 这里的无目的,是专指

---

① 阿瑟·克拉凡(Arthur Cravan, 原名 Fabian Avenarius Lloyd, 1887—1918):瑞士诗人、拳击手和先锋艺术家。1911—1915 年间,他在巴黎出版了自己的评论杂志《现在》(*Maintenant*)。他那挑衅性的文字、粗糙但充满魅力的诗歌、无政府主义风格演讲、被当作行为艺术的公开的酗酒斗殴,使他赢得了包括杜尚、毕加索和布勒东在内的一批艺术家和知识分子的钦佩。达达主义者后来把克拉凡视为先驱,称他为"原始达达主义者"。当然,他也是德波的偶像之一。

② Guy Debord, Résumé 1954, *Œuvres*, Paris: Gallimard, 2006, p.171.

2e ANNÉE N° 2   Juillet 1913

MAINTENANT
REVUE LITTÉRAIRE

DIRECTEUR : Arthur Cravan
PARIS — 67, Rue Saint-Jacques, 67 — PARIS
Le Numéro : 25 Centimes

SOMMAIRE
ANDRÉ GIDE par Arthur Cravan
DES PAROLES : Poésie
DOCUMENTS INÉDITS SUR OSCAR WILDE
OIE ! : Poésie

ANDRÉ GIDE

Comme je rêvais fébrilement, après une longue période
de la pire des paresses, à devenir très riche (mon Dieu,
comme j'y rêvais souvent !); comme j'en étais au chapitre
des éternels projets, et que je m'échauffais progressivement
à la pensée d'atteindre malhonnêtement à la fortune, et
d'une manière inattendue, je pensai à la poésie — j'ai toujours
essayé de considérer l'art comme un moyen et non comme
un but — je me dis gaiement : « Je devrais aller voir
Gide, il est millionnaire. Non, quelle rigolade, je vais rouler
ce vieux littérateur ! »

Tout ensuit, ne suffit-il pas de s'exciter ? Je m'octroyais
un don de réussite prodigieux. J'écrivais en mon à Gide, me
recommandant de ma parenté avec Oscar Wilde ; Gide me
recevait. Je lui étais un étonnement avec ma taille, mes
épaules, ma beauté, mes excentricités, mes mots. Gide

阿瑟·克拉凡与他的《现在》

漂移行为的发生,不再具有劳作日常生活中那种无时无刻
不在控制我们的赚钱和谋生的意图,这与上述无功利的游
戏精神也是一致的。从观念溯源上看,这种漂移行动很接
近诗人波德莱尔笔下的"浪荡子"(flaneur)和兰波创造的
"漫游者"(Robinsonner)形象。据马克里尼的考证,漂移活
动的最早践行者是超现实主义者布勒东,他在 1925 年发
动了前往圣居里安教堂的艺术"漫步"。① 而字母主义国际
时期发生的第一次"漂移",却是 1953 年 8 月发生的公共
交通全体罢工事件。突然间,人们在日常生活中依循资本

---

① Patrick Marcolini, *Le Mouvement Situationniste*: *une histoire intellec-
tuelle*, Montreuil: L'Échappée, 2012, p.85.中译文参见刘冰菁译稿。

劳作逻辑所必须使用的列车、公共汽车和地铁都不再流通,自行车也因为交通堵塞而无用,所有日常的社交活动都暂停了,人们的移动成了偶然的行走和搭便车。1953年的圣诞节,德波等人在巴黎市区进行了为期一周的"圣诞漂移",路线为从西岱岛—巴黎大堂—萨玛莉丹百货商店—护墙地区等地。以下选取的是1958年德波和约恩在《回忆录》中复构的两张"圣诞漂移"路线图,第一张为德波的基本拼贴素材,第二张是约恩的艺术泼墨重构的漂移情境。这个革命情境的复构机制,我们在上面已经进行过初步的讨论。

这里,有自然环境,有历史文化空间,也有与资产阶级商业中心等完全异质的场境存在,德波等人通过这种不同

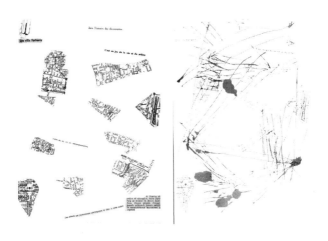

德波和约恩在《回忆录》中绘制的"圣诞漂移(1953)"路线图,1958年

场境存在的转换,体验非功利性的场境空间和无目的关系遭遇,从而达到让日常生活场境存在成为艺术和诗意瞬间的情境建构效果。考夫曼评论说,"漂移的实践是一种没有作品的艺术建立的神话,一种混进生活的艺术,已经被具体地在空间中再投资"①。这种理解显然是错的,情境主义国际的漂移,早已不仅仅是单纯的艺术行为,而是中断资产阶级空间存在中的异化场境的革命情境建构活动。所以,依德波所见,

> 对新举止方式的最初尝试已经完成,取得的成果是我们所谓的漂移(dérive),这是通过迅速改变氛围(changement hâtif d'ambiances)来实现激情转变(dépaysement passionnel)的一种实践,同时又是研究心理地理学和情境主义心理学的一种手段。不过,这种游戏性创造意志(volonté de création ludique)的运用必须延伸到所有已知的人类关系(rapports humains)形态,并且一定会影响到诸如友谊和爱情一类情感的历史演变。一切都导致这样的信念:我们研

① [法]考夫曼:《居伊·德波——诗歌革命》,史利平译,南京大学出版社,2014 年,第 125 页。

究的主要洞见在于对情境构建的假定。①

　　你看,我们刚刚讨论过的心理地理学和革命的游戏精神都被德波嵌入实际的漂移中了,也因为城市环境中的物性建筑和其他设施是无法破坏的,所以,漂移正好是快速改变被资产阶级景观支配和日常生活场境微观氛围的举动,它通过创造性的游戏,让资产阶级"已知的人类关系"下麻木的苟生者重新获得一种激情转变,这也就实现了在微观生活细节层面上的革命情境建构。

　　我承认,传统马克思主义的研究者恐怕一下子很难知道情境主义国际创造出来的"漂移"概念的意思。这是正常的。所以,这里我先对这一概念进行一些哲学分析,然后再回到这一具体的复杂实践情境中来。从哲学存在论上看,这种所谓让凝固化的资本主义劳作-商业生活构式解构的漂移行动,实际上是德波等革命艺术家对人类早期游牧生活的致敬。这与他们推崇原始部族生活中反价值构式的"冬宴"是相同的构境意向。从游牧到农耕自然经济的过渡,人类生活从**自由的游走状态**进入了在土地上的

━━━━━━━━━━

① ［法］德波:《关于情境构建以及情境主义国际倾向的组织和行动之条件的报告》,方宸、付满译,载《社会理论批判纪事》第 7 辑,南京大学出版社,2014 年版,第 57 页。中译文有改动,参见 Guy Debord, *Œuvres*, Paris: Gallimard, 2006, p.325。

凝固化定居,虽然,资产阶级用工业生产创造的动产(货币-资本关系)的流动性打破了宗法关系的不变生活场境结构,但是,又用商品-市场的法则使人的生活逃脱不了无形金钱牢笼,所有日常生活中的场境存在都异化为经济动物的谋生伪境。看起来,在资本主义社会中生活的人,可以成为乘坐飞机的空中飞人,驾驶轮船和汽车的海上和地上的快速移动者,但这种移动都是为了获得金钱和花掉金钱,始终逃不出经济价值铸成的凝固性效用锁链。到哪里,人的生命存在都颠倒为时间就是金钱。对此,马克里尼曾经写道,"在城市空间中的运动,被简化为从一点到另一点的路程,从娱乐的场所,到工作的场所,再到住宿的场所,这些就是空间里抽象的点,而穿过这些点的路程也就成了直线。最后,我们可以看到,在城市空间中的移动,就变成了服从于资本主义体系的同一理性——工具理性"[1]。这是一个深刻的分析。我们在资产阶级的谋生的日常生活中,所有的移动都是被资产阶级景观意识形态规制的效用路线,生活的所有细节也被简化为固定的抽象劳作时间(比如"996")和抽象空间(不变的点和线),这一切,都是疯狂追逐金钱和财富的工具性行为建构起来的异化场境。

---

[1] Patrick Marcolini, *Le Mouvement Situationniste：une histoire intellectuelle*, Montreuil：L'Échappée, 2012, p.92.中译文参见刘冰菁译稿。

生存的空间、质性的空间，都被数学集合化为量
化的空间。城市也就服从于资本主义编码（codage
capitaliste），从而成为一种永久的流（flux），也就是由
商品或是人的存在（此时人的存在也只是商品）构成
的流。空间被量化所带来的抽象，即所有的质性都屈
从于有效性、也就是抽象的理性，即为资本主义和工
业发展服务的理性。①

请注意，这里的空间并不是外在于人的物理空间，而
是与人的生命绵延互嵌的社会定在与人与自然、人与人之
间关系场境建构起来的生活空间。按理说，人的生活空间
应该是有质性的存在，可是在资产阶级的金钱"编码"的世
界中，存在被可计量的集合化的效用所赋型，人们每天早
上起来去上班打工，晚上回家吃饭睡觉，都是作为劳动力
的再生产过程，量化时间就是金钱，抽象的点线空间就是
财富，人不过是"为资本主义和工业发展服务"的抽象理性
统治下的没有质性存在的经济动物。在当代资本主义社
会中，人们活着只是为了追逐商品的购进和遗弃，生命本
身被抽象为一种无尽的消费之流，用情境主义者的话来判

① Patrick Marcolini, *Le Mouvement Situationniste*：*une histoire intellec-
tuelle*，Montreuil：L'Échappée，2012，p.92.中译文参见刘冰菁译稿。

定,这是资产阶级世界创造出来的新的"生活的集中营组织"。德波等人的情境主义式的漂移游戏,就是要打破这种无形经济枷锁中的微观劳作和日常生活氛围,他们决不在一个量化的时间和抽象的点线空间中过一种**凝固化的经济劳作的日常生活**。所以,德波的那个"永不工作"的口号正是他们的革命旗帜。

正是为了"对抗城市的封闭和区隔,对抗路线的干线化,对抗地点的'去质化'(dequalification)",让资产阶级用金钱量化效用法则锁住生活场境的凝固性被打碎,心理地理学意义上的漂移游戏就是要对抗城市空间的"封闭和区隔",对抗每天上班劳作路线的"干线化",对抗固定地点"去质化",在革命性的解构了量化时间和抽象点线空间的移动中获得的在场性,将是重新获得有质性的存在。所以,"为了反对资本主义社会中扩散的同质化和几何化空间中死去的点,情境主义计划就是探索空间中值得注意的点和区域,从而我们会得到一种异质的空间"①。漂移,其实就是一种现代的游牧方式,只是,它不再是古代游牧民族游荡在原野上,而是刻意追逐有质性场境空间的革命艺术家们在不同的城市或一个城市不同的区域之间移动:在

① Patrick Marcolini, *Le Mouvement Situationniste*:*une histoire intellec-tuelle*,Montreuil:L'Échappée, 2012, p.92.中译文参见刘冰菁译稿。

人与物的关系和人与人的关系上，是不断地非功利的偶遇；在生活情趣和主观心理上，是创造新的充满诗意的革命情境。这里让我想到青年马克思在他的博士论文中对德莫克利特和伊壁鸠鲁原子论差异的讨论，在青年马克思眼里，前者原子论中的原子下降是决定论的直线，而后者的原子下降则会出现偶然性的偏斜，而只有原子在非决定论的偶然偏斜中才会发生碰撞而生成物质世界。情境主义国际的漂移，正是打破经济决定论的日常生活氛围的偶然性偏斜。这种非常的生活偏斜创造了革命情境的新世界。

1956 年，德波创作了城市漂移地图——《巴黎心理地理学指南》(*Guide psychogéographique de Paris*：*Discours sur les passions de l'amour*)，其副标题就是"爱的激情絮语"。1957 年，德波发表了表达心理地理学革命的漂移地图《赤裸城市》(*The Naked City*：*Illustration de l'hypothèse des plaques tournantes en psychogéographie*)。

德波《赤裸城市》

在这些漂移地图中,原有的商业化的巴黎城市空间被撕裂成无序的碎片,穿越式的漂移的行动通过象征着诗意和热情的红色箭头表示出来,重新把碎片化的空间连接起来。在 1958 年德波和约恩合作完成的《回忆

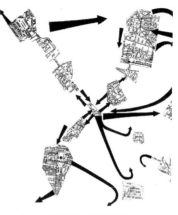

德波制作的漂移地图(局部)

录》中,这个象征当下革命情境建构的红色箭头,被约恩的跳动的不同色彩的泼墨绘画所替代。当然,在那里对 1953 年字母主义国际三个革命情境建构的重构,不一定是漂移,而是革命的实践行动。一是这些红色的箭头就是空间移动中革命性的游戏——漂移,它打碎了原有资产阶级都市主义的时间和空间构式,日常生活场境的微观氛围重新成为艺术性的革命情境。二是这些红色的箭头也具体表示了情境主义国际艺术家对于城市区域之间的革命心理认知和游戏性漂移的路线。这一系列创作直接展现了前述情境主义主张的整体都市主义的空间情境建构。可能也是在这个构境层面上,马克里尼说,"漂移其实是一种**生活方式**,一种**诗意**的生活形式,其根本特征是直接地、高密

烈火吞噬的革命情境建构

度地生活在情境里，而情境正是再现了诗意或是艺术"①。
这有一定的道理。

其实，在前述的心理地理学和游戏的讨论中，德波等人在批判资产阶级都市主义的基础上所指认的建筑和城市环境建设实践中的情境建构，也是为了人们在新型的建筑和城市功能环境中能够获得非效用性的偶然遭遇和"新的美丽"游戏。而这里所讨论的漂移，就是德波等人所创造的让心理地理学和革命游戏落地的情境建构实践。我觉得，漂移是德波前期前卫行为艺术的一种革命化，作为心理地理学的实验，它的意义在于表现为一种打破经济目的论的毫无目的的穿行和移动，它像电影蒙太奇一般，让资产阶级平庸的日常生活场境断裂在不同的环境之间快速通过，由此，使漂移者感受到不同于金钱逻辑的全新空间感受和游戏般的自由情感，彻底打碎资产阶级的商品-市场逻辑和消费意识形态景观空间。我们可以注意到，后来的红色五月风暴也是一种大学与大学之间、街道与街道之间没有伟大的目的指向的漂移。并且，对于没有能力去真的打碎资产阶级商品-市场经济现代性城市、都市主义物质现实环境和消费意识形态的情境主义国际的艺术家

---

① Patrick Marcolini, *Le Mouvement Situationniste：une histoire intellectuelle*, Montreuil: L'Échappée, 2012, p.81.中译文参见刘冰菁译稿。

来说,真正能够上手去实践的革命情境建构,就只有漂移了。这也是一个现实中的反讽。

在 1958 年《情境主义国际》第 2 期上的《漂移理论》一文中,漂移得到德波这样的定义:

> 情境主义者(Situationniste)的基本实践之一是**漂移(*dérive*)**,一种穿过各种各样周围环境的快速旅行的方法或技巧。漂移包括幽默嬉戏的建构行为和心理地理学的感受意识,因此,是完全不同于经典的旅游或散步概念的。①

这是明确界划袪序资产阶级金钱构式的革命性的漂移活动与布列东式的美学散步和通常的旅游活动的差异。革命的心理地理学的感受意识和解构性游戏的场境转换和情境建构行为,是其重要的支撑点。其中可以看到,一是漂移采取了在不同环境中的快速旅行的方式,不在一个固定的空间与时间中被经济结构所锚定,这是故意在打破效用工具性空间和量化时间的凝固状态;二是漂移本身是拒绝资本构序的工作关系和非生命的生活节奏,"一人或

---

① Guy Debord,«Théorie de la dérive»,*Documents relatifs à la fondation de l'Internationale Situationniste*,Paris:Allia,1985,载《景观社会》,王昭风译,南京大学出版社,2006 年版,第 150 页。

多人在一个特定时期要放下他们的关系，他们的工作和休闲活动，他们的所有其他运动和行动的通常动机，使他们自己被他们在那里所发现的地形和遭遇的魅力所吸引"。不是为了赚钱和谋利，而是要在不同的时间和空间中偶遇金钱逻辑之外的自然和他人，并重新发现人与自然和主体际的陌生性。漂移的本质是非劳作关系的游戏行为。三是反对资产阶级消费意识形态，有意识地坚持心理地理学的策略构架，"从漂移的观点看，与持续的流动、固定的场点和强烈阻止对特定地区进入或退出的中心相一致，城市有其心理地理学的地形线"①。这也就是说，漂移实际上是地理心理学的感性实践，是对资产阶级都市主义生活微观氛围的解构。它最核心的本质，是从资产阶级的交换价值构式中重新恢复城市空间的使用价值。对此，麦克唐诺的评论是深刻的，他说，"作为一种行人话语行为的漂移，是对一个社会里'空间使用价值'的恢复，这个社会给予'空间交换价值'以特权——其作为财产的存在。以这样的方式，漂移是对空间的一种政治利用，通过其'嬉戏构建行为'构建新的社会关系"②。这一观点后来被列斐伏尔所具

---

① Guy Debord，«Théorie de la dérive»，*Documents relatifs à la fondation de l'Internationale Situationniste*，Paris：Allia，1985，载《景观社会》，王昭风译，南京大学出版社，2006年版，第150页。

② ［美］麦克唐诺：《情境主义空间》，方宸、付满译，载《社会理论批判纪事》第7辑，南京大学出版社，2014年版，第229页。

体深化和发展。

首先,漂移的具体实施,通常是有共同意向的人分成2—3人的漂移小组,"虽然人们可以独自漂移,但全部的迹象都

德波、瓦纳格姆和伯恩斯坦等人在一起,1962年

表明最富成效的人数安排是两人或三人组成的小组,并且这些小组的人都达到了意识的同一水平"②。不是什么人都可以漂移,当然是具有共同革命意志的人的**自由联合体**,才有可能共同建构反景观的革命情境。其次,漂移的时间不是无限定的,"漂移的平均时间期限为一天",并且"夜晚的最后一段时间,一般是不适于漂移的"。在一个城市之中,可以进行几个小时的漂移,而在城市之间的漂移,则会花上更多的时间。其三,漂移的方式可以是行走,也可以坐出租车和地铁,小组相互之间,还可以通过通讯器

① [法]列斐伏尔:《空间:社会产物与使用价值》,王志弘译,载包亚明编《现代性与空间的生产》,上海教育出版社,2003年版。

② Guy Debord,«Théorie de la dérive», *Documents relatifs à la fondation de l'Internationale Situationniste*, Paris:Allia,1985,载《景观社会》,王昭风译,南京大学出版社,2006年版,第151—152页。

材保持联系（如列斐伏尔提到了步话机）。听起来，这似乎是一个可操作的行动方案。

列斐伏尔曾经描述过他所看到的情境主义国际艺术家们的漂移活动。他说，情境主义者"第一次在阿姆斯特丹使用步话机进行了这方面的尝试。即一群人走到城市的一个区域，仍然可以与另一个区域的人进行联系"，这是在一个城市中进行的漂移，小组之间通过无线电通信器材保持联系。漂移的行进目标是非功利性的，从体验内容来看，它既可以是历史性的异质性，也可以是对抽象日常生活的中断性体验：对于前者，列斐伏尔曾经这样描述过。情境主义国际在巴黎漂移的起点是巴士底广场，

> 巴士底广场是古老巴黎的尽头——其后就是在19世纪的首次工业化中成长起来的巴黎。孚日山广场依然是17世纪贵族的巴黎——当你走到巴士底，又是另一个巴黎，是19世纪的巴黎，不过是中产阶级、商业和工业扩张的巴黎，而且从事商业和工业的中产阶级占领了巴黎的中心玛莱区——然后扩张到了巴士底、侯葛特路、圣安托万市郊路等。①

---

① ［法］列斐伏尔、［美］罗斯：《列斐伏尔论情境主义：一次访谈》，载《社会理论批判纪事》第7辑，方宸、付满译，南京大学出版社，2014年版，第245页。

这是对同一个城市空间不同区域的漂移中,有意识地体验城市建筑的历史异质性。对于后者,列斐伏尔列举了德波他们从阿姆斯特丹的一个区域到另一个区域,不是为了去买东西或看电影,就是无目的地从一个城区空间转换到另一个空间,以感受不同区域日常生活场境内嵌的异质性。城市之间的漂移也是如此。列斐伏尔也看到的情境主义者们的城际漂移,开始是在阿姆斯特丹,然后在斯特拉斯堡,都使用了步话机。列斐伏尔认为,"他们的理念是要让城市成为一个整体,不过是一个不断运动和不断变化的整体"①。这其实已经是两个不同的城市生活了。后现代性的差异化的阿姆斯特丹中发生的生活空间场境,与相对保守的斯特拉斯堡是根本不同的,这种非功利的漂移游戏,会使两个国家不同城市之间的日常生活场境差异突显出来。在内心里,列斐伏尔并不想参加这种真正改变日常生活的革命实践。这可能也是大部分"口头革命派"西方马克思主义学者与"说干就干"的革命的先锋艺术家不同的地方。

---

① [法]列斐伏尔、[美]罗斯:《列斐伏尔论情境主义:一次访谈》,载《社会理论批判纪事》第 7 辑,方宸、付满译,南京大学出版社,2014 年版,第 238—240 页。

第十四章
异轨：革命的话语"剽窃"

> 抄袭是必要的。进步导致这样做。它紧紧地靠近一个作者的语句，利用他的表达，抹去一个错误观念，换上正确观念。
>
> ——洛特雷阿蒙①

德波自己说，"我们必须提出整体都市主义、实验行为（comportement expérimental）、超政治（hyper-politique）宣

---

① 洛特雷阿蒙［Comte de Lautréamont，原名伊齐多尔·吕西安·迪卡斯（Isidore Lucien Ducasse），1846—1870］：法国诗人。洛特雷阿蒙出生于乌拉圭首都蒙得维的亚，他的童年是在处于战乱之中的乌拉圭度过的，他的父母都是法国移民。1859年他被送回法国读书，1863年进入波城中学（Lycée Louis Bartho），在校成绩优异。1867年底赴巴黎开始在科尔理工学院学习，一年后才放弃。不久，在巴黎圣母院附近的一家旅馆创作《马尔多罗之歌》等作品。1870年，年仅24岁的洛特雷阿蒙去世。代表作品有：《马尔多罗之歌》（*Les Chants de Maldoror*，1869）、残篇《诗Ⅰ-Ⅱ》（*Poésies* Ⅰ-Ⅱ）等。他的思想极大地影响了超现实主义和情境主义国际。

传以及氛围构建(construction d'ambiances)的关键词。这些激情已得到足够的阐释:现在的要点是发现其他的激情①。"这是德波摆脱不掉的前卫艺术家的冲动。在这一点上,他与主张"先锋派永不放弃"的约恩是完全一致的。或者说,相对于想要具体改变日常生活场境的革命艺术家来说,总是会有新的"情境主义的技术尚待发明"。在德波、约恩等人那里,不断地探求新的情境建构的实践途径,是情境主义国际从不放弃的努力,他们"让生活成为艺术"的尝试也是多方面、多层次的。可是,从情境主义者已经使用的建构情境的技术形式来看,不能不说的,还有著名的**异轨**(*détournement*)。

对于情境主义国际的异轨观念,瓦纳格姆曾经有过一个历史性的分析。他说,"异轨在艺术中创造了自己最初的武器,它现在已经成为所有武器的一门使用艺术(l'art du maniement)。异轨最早出现于 1910—1925 年文化危机的动荡不安中,逐渐扩展到解体所触及的所有领域"②。异轨最初是先锋艺术家反抗旧世界的手法,但是它逐渐成

---

① [法]德波:《关于情境构建以及情境主义国际倾向的组织和行动之条件的报告》,载《社会理论批判纪事》第 7 辑,方宸、付满译,南京大学出版社,2014 年版,第 61 页。

② [法]瓦纳格姆:《日常生活的革命》,张新木、戴秋霞、王也频译,南京大学出版社,2008 年版,第 273—274 页。

为反对资产阶级景观世界的普遍性的斗争武器。具体说，这一转变发生在 1955 年，"德波惊叹于洛特雷阿蒙在作品中对异轨的系统使用（l'emploi systématique）"，之后，在情境主义国际的语境中，异轨有了自己新的革命含义：

> 关于这一技术，约恩在 1960 年写道："异轨是归功于贬值能力（dévalorisation）的一种游戏。文化往事（passé culturel）的所有因素都应当重新进行投资或者消失不见。"最后，在《情境主义国际》杂志（第 3 期）中，德波重新提及这个问题，他说道："异轨的两条根本法则是重要性的丧失，甚至于最初意义（sens premier）的消失，被异轨的独立因素的消失；同时，还有对有意指作用的另一个整体的组织，它赋予每个因素以新的意义。"①

瓦纳格姆评论了约恩和德波在异轨问题上的贡献。在情境主义国际这里，原先只是诗人"旧瓶换新酒"的异轨成了一种革命性的夺回游戏，这种游戏将使资产阶级景观（"文化往事"）构序起来的一切旧有投资无效，异轨会让平

---

① ［法］瓦纳格姆：《日常生活的革命》，张新木、戴秋霞、王也频译，南京大学出版社，2008 年版，第 272 页。

庸日常生活中所有苟生存在都在解构性的游戏中具有新的意义。瓦纳格姆说,"应当将异轨的方法作为消费者的基本知识推广开来,这些消费者不愿再保持他们作为消费者的身份"①。这是说,在资产阶级消费社会中的人可以用异轨的方式,来消解"被售出的、用来对抗自己的商品"魔力。把景观-消费意识形态对我们的控制反转为游戏般的活动,异轨是一种"调转武器对准敌人的艺术",应该把资产阶级消费社会的景观武器调转枪口对准资产阶级。于是,"创造性没有界限,异轨没有终结"(La créativité n'a pas de limite,le détournement n'a pas de fin)。② 瓦纳格姆对异轨概念的分析,还是过于抽象和僵硬,我们再来做一些具体的历史分析。

1956 年,还是字母主义国际成员的德波与沃尔曼合作写下了一篇重要的文献《异轨使用手册》(«Mode d'emploi du détournement»)。③ 在这一文本中,德波曾经具体讨论过异轨概念的基本构境意向。他表明,现在通过前卫的"艺术捣乱"来反对资产阶级的文化,这种"将尸体挖掘出

---

① 〔法〕瓦纳格姆:《日常生活的革命》,张新木、戴秋霞、王也频译,南京大学出版社,2008 年版,第 273 页。
② 同上书,第 274 页。
③ Guy Debord,Wolman,*Mode d'emploi du détournement*,Les Lèvres nues n° 8,mai 1956.

并再一次将其杀死"的闹剧已经不是一个稀奇的现象了，"杜尚所画的长胡子的蒙娜丽莎（moustaches de la Joconde）并不比这幅画的原版更令人感兴趣"。这是说，作为革命情境建构的异轨已经不再是简单的"捣乱"。这当然是认识上很大的一个进步。德波从布莱希特的一个文本删改事件开始谈起。布莱希特对德波的影响是多方面和深刻的。德波说：

> 贝尔托特·布莱希特在最近《法国观察家》杂志的访谈中透露了这样一个信息，为了使戏剧的演出更具教育性（éducative），他对经典戏剧名著做了一些删除（coupures），这比杜尚更接近于我们所提倡的革命方向。但是我们必须注意，在布莱希特案例中这些有益的变更，是在很狭小的界限内进行的，是通过他对统治阶级定义的对文化尊敬的不成功尊敬而做出的。①

长胡子的蒙娜丽莎只是在**原画上**的涂鸦，这不是真正具有革命性的异轨，而布莱希特对经典剧本进行了删除，当演出塑形所依循的**筑模模具**发生质变时，整个表演就会

---

① ［法］德波、沃尔曼：《异轨使用手册》，载《景观社会》，王昭风译，南京大学出版社，2006 年版，第 155—156 页。

发生根本性的差异,它会导致表演本身在**另一条**运行轨道上奔跑。德波认为,这种改章易道式的根本质变,比胡乱祛序的杜尚更接近情境主义所主张的革命性的方向。这里,我脑海中突然浮现的构境有二:一是德波在此批评"在原画上涂鸦",这是不是无形中也批评了他的战友约恩?因为后者的《先锋派永不放弃》也是如此,可细想起来,约恩的这幅画已经是在建构革命情境的赋形中完成的,与杜尚纯粹的艺术造反还是有一定区别的。二是让我记起来,马克思在《1844年经济学哲学手稿》和《神圣家族》中,都曾批评蒲鲁东等人"在国民经济学的框架内反对经济学"的无用功,而晚期海德格尔的本有哲学,也是在显性存在论话语之外的"另一开端"中另起炉灶的。这是异轨理论更宽泛的支援背景。德波说,布莱希特的做法暗示我们,像传统马克思主义研究者那样对经典的无创新的原文引用,其实是一种不成功的尊重,他似乎更想将经典文本碎片化后再拼接起来,让它在不同的思想轨道上发挥新的作用,这应该就是异轨最核心的内容了。认真梳理德波等情境主义国际的革命艺术家写下的文本,虽然说,也是在马克思主义的思想构架内批判资产阶级意识形态,可是,他们的确很少大段引用马克思恩格斯的原文。无论是德波的《景观社会》,还是瓦纳格姆的《日常生活的革命》,都很难找到"无创新的原文引用"。《景观社会》中有几处对费尔巴哈、卢卡奇和黑格尔的原文引用，都是小心翼翼地放置在一章的引文中的。而在正文中，出现的经典文本全部都是异轨后的话语。

德波认为，在这方面，法国诗人洛特雷阿蒙是异轨构式最重要的开先河者。在1994年德波与布里吉特·科尔南（Brigitte Cornand）为"Canal＋"电视台①合作拍摄的电影《居伊·德波——他的艺术与时代》（*Guy Debord, son art, son temps*）中，德波甚至说："我认为全世界最令我尊敬的人是阿瑟·克拉凡和洛特雷阿蒙。"这个洛特雷阿蒙也极为深刻地影响了瓦纳姆。对于我们前面已经提到过的克拉凡，他不仅在是变动不居的漂移行动上的先驱，而且也在异轨观念上影响过德波。德波说，"挑衅文字是在一种本世纪颇占一席之地的文学类别，这并非无理取闹。……关于这一点，我从超现实主义者，尤其是阿瑟·克拉凡身上学到了很多"。这也意味着克拉凡的挑衅文字也是这里异轨理论的先驱。洛特雷阿蒙曾经说，"诗歌是为每个人创造的"，任何一个诗歌作品，自它被创作出来，就已经不属于作者，而是所有人可以拥有和使用的共有财富。这倒是一种诗歌共产主义。其实，洛特雷阿蒙的意思是说，在对诗歌的使用中，只要是为了艺术创新和观念的

_____

① Canal＋即 Canal Plus，在法语中的意思是"提供更多内容的电视台"。

进步,我们就可以加以**挪用和改变**。在后来的哈亚提写作的《被俘的词语——一本情境主义词典之序言》中,他认为,异轨是"被马克思广泛使用且被洛特雷阿蒙系统化,而情境主义国际则将其置于每个人触手可及之处"的重要革命工具。① 在这个意义上,马克思也成了异轨的先驱者。在马克思的文本中,我们的确可以看到大量对黑格尔、费尔巴哈、斯密和李嘉图文字的"改写"。如果说,指认洛特雷阿蒙是诗歌共产主义,还有一些调侃的意味,那么在德波的深层构境中,对已有文本的直接挪用和重构,这正是一种反对资产阶级文化和**知识私有制**的开始,甚至,这是"无产阶级艺术教育的真正方法,是迈向**文学共产主义**(*communisme littéraire*)的第一步"②。我认为,这恐怕是情境主义国际异轨理论的真正革命本质。这种观点其实还有一个参照点,即后现代文本学中的互文性问题,罗兰·巴特和克里斯多娃所提出的互文性,是试图摆脱现代性文本学的走向原初语境逼真性的努力,但是,由于互文

① 〔法〕哈亚提:《被俘的词语——一本情境主义词典之序言》,载《社会理论批判纪事》第7辑,方宸、付满译,南京大学出版社,2014年版,第160页。

② 〔法〕德波、沃尔曼:《异轨使用手册》,载《景观社会》,王昭风译,南京大学出版社,2006年版,第155—156页。《教育价值》(*La valeur educative*)的剧本就直接异轨了《共产党宣言》,这一剧本发表于1955年3月的《冬宴》杂志上。

性没有明确的政治批判意向，所以没有达到德波情境主义国际异轨概念的所突显的革命性。

从文化史的进程来看，洛特雷阿蒙第一个提出，面对所有经典文本，如果"各种观念变好了。这些词汇的意义有助于此。抄袭是必要的。进步导致这样做。它紧紧地靠近一个作者的语句，利用他的表达，抹去一个错误观念，换上正确观念"①。这是洛特雷阿蒙 1870 年出版的《诗集》中的一段表述，也是异轨方法的原初语境。我的体会是，洛特雷阿蒙这段话有如下几个构境层：一是异轨的**反解释学**特征，它不仅拒斥神学教义的基要主义，也不是现代性哲学解释学中对作者原文的复杂解释和读者对原始构境的逼真还原，异轨的出发点已经是超越性的"进步"。在这一点上，它甚至比后来巴特"生产性"的后现代文本学更加激进。二是异轨的本质，在于对一种历史文本内在的话语和词语的"抄袭"和故意挪用，所以，异轨是一个当下话语生产与经典文本之间的差异性关系范畴，由此，异轨后的话语构境会是一个**诗意的此-彼之间的复杂转喻构式**：此文本的塑形外壳是彼，但彼的构序和赋形实质内容已经不再存在，此在彼中生成全新的构境。三是异轨的具体做法，表现为将原来经典文本中的具体表达和陈旧语句删

---

① ［法］洛特雷阿蒙：《洛特雷阿蒙作品全集》，车槿山译，东方出版社，2001年版，第 249—250 页。

除,替换为思想进步所需要的全新观点和概念。在原初语境中,洛特雷阿蒙所提出的"抄袭"或"剽窃"式的异轨,是对**历史文本的非意识形态和非功利性的使用**。在神学语境中,我们引述神的福音,目的是让上帝的光照耀存在;在教条主义的意识形态中,大段地援引经典文本,是拉着虎皮当大旗式的为自己壮胆,而异轨的革命性在于切割大他者式的文本,让文本为创造性服务。应该说明,洛特雷阿蒙这里使用的"抄袭",显然不是我们今天在反对学术不端中所批评的将别人的学术成果不加说明地据为已有的错误,而是有特定含义的故意挪用。这包括下面德波所说的"革命的剽窃",也在这个构境意向之中。可以看出,德波正是将洛特雷阿蒙这一原则,奉为情境主义讨论异轨概念的前提。在德波的《景观社会》一书的第207条中,他完全照抄了洛特雷阿蒙上面的表述。① 他的《景观社会》一书和后来拍摄的《景观社会》电影,可以堪称异轨实验的典范。甚至,德波自己还为《景观社会》一书整理了一份"异轨清单",详细列举了文本中异轨他人文本的出处。后来,法国法郎多拉(Fàrandola)出版社提供了更加翔实的清单。②

---

① ［法］德波:《景观社会》,张新木译,南京大学出版社,2017年版,第130页。
② 具体情况参见刘冰菁博士整理的《〈景观社会〉中的引用和异轨的清单》。［法］德波:《景观社会》,"附录",张新木译,南京大学出版社,2017年版。

在《被俘的词语——一本情境主义词典之序言》一文中,哈亚提对异轨做了如下的评论:

> **异轨**,洛特雷阿蒙谓之为剽窃,证实了很久就被现代艺术肯定的命题,即词语的反抗,权力**彻底控制**创造的意义、一劳永逸确定当前意义的不可能性——简言之,一种"新语"的客观不可能性。新的革命理论,如果不对支撑它的主要概念重新界定,就不可能进行下去。①

词语的反抗,反抗谁? 可以说,这是反抗包括了现代性阐释理论的解释学在内的所有文本学构式,在传统文本学研究对文本语境的逼真性返回中,存在着一种看不见的"权力的彻底控制",就像教义学对圣经、典籍文化对经典文本,斯大林的教条主义对马克思主义经典,这些解读构式严重奴役着后来的读者与作者。情境主义国际所主张的异轨,则是一种对资产阶级意识形态词语,特别是景观话语的革命性反抗。在他们看来,任何一种革命性的理论,不可能不对支撑自己的思想的主要观念进行重新界

---

① 〔法〕哈亚提:《被俘的词语——一本情境主义词典之序言》,载《社会理论批判纪事》第 7 辑,方宸、付满译,南京大学出版社,2014 年版,第 160 页。

定,否则,就会沦为**无批判的原教旨主义**。例如,作为情境主义国际指导思想的马克思主义,也不能简单地、原封不动地引用,"要挽救马克思的思想,就必须不断地根据一百年异化的强化和否定它的机会对其进行阐明、改正和重构。马克思需要被那些赞成那种历史轨迹,且被又被形形色色的恢复者愚蠢引用的人们的挪用"①。当然,这里需要注意的是,如果这是在拒绝教条主义的构序方向上对马克思一些历史性结论的"异轨",将当代资本主义统治和奴役的新情况、日常生活场境异化的强化,纳入马克思主义对资产阶级意识形态的批判中,这当然是正常的,可这种异轨的对象是马克思主义的理论原则和基本立场,则不是正道。

在1956年的《异轨手册》一文中,德波还具体界定了"异轨原理的两种主要范畴,这就是轻度异轨和重度异轨"(les détournements mineurs, et les détournements abusifs):

> 轻度异轨是一种本质上不太重要,并因而从被置换了的新语境中吸取它的全部意义的元素异轨(détournement d'un élément)。如一份剪报、一句中

---

① [法]哈亚提:《被俘的词语——一本情境主义词典之序言》,载《社会理论批判纪事》第7辑,方宸、付满译,南京大学出版社,2014年版,第161页。

性短语、一张普通照片。

重度异轨也被称为有预兆主题异轨（détournement de proposition prémonitoire），与一个对象的元素意义改变不同，它是从新语境中派生出的一个不同的领域。如神圣-正义的口号，或来自著名导演谢尔盖·米哈罗维奇·爱森斯坦的一个电影情节。①

所谓轻度异轨，也就是通过对文本中一个元素的异位挪用，使之发生在原语境中没有的情境。一张相片、一个话语片段、一个电影片断，被拼接到一个新的文本或话语情境中，突显出新的意义场。

在德波的电影和实验性文本中，存在着大量这种轻度异轨的尝试。在 1961 年德波拍摄的电影《分离批判》（*Critique de la séparation*）

德波的拼贴，《回忆录》，1958 年

① ［法］德波、沃尔曼：《异轨使用手册》，载《景观社会》，王昭风译，南京大学出版社，2006 年版，第 158 页。

中,几乎全部是各种时尚杂志、新闻影片再加上漫画、报纸、照片组成轻度异轨拼贴。然而,这些在彼处入序的文本残片已经失去了原先的构式意义,而在此处话语拼贴中获得反讽式的赋形和情境。约恩的许多绘画作品都是这种所谓的轻度异轨,即我们前面已经看到的在捡来的二手作品上进行二度创作的异轨。在1959年约恩举办的一次美术作品展览的目录文章中,约恩写道:"要现代化,收藏家们,博物馆。要是你有古画,切勿绝望。保持你的记忆但是对它们实施异轨,以便它们与你的时代同步……绘画的时代已经结束。你也可以将其毁灭。异轨。绘画万岁。"[1]从这里可以看出,约恩所理解的美术异轨是让过去的作品"与时代同步"的革命,这也是一个奇特的此-彼结构。

而重度异轨,则是一个复杂文本或者存在情境本身经过根本性的重塑获得的新境。这可能是一个话语主题,一种问题式,一个方法,一个生活片段,通过异轨性情境重建,塑造出一个全新的情境。这里的此-彼结构是断裂中的革命链接。比如,从马克思的经济拜物教理论"重度异轨"出**景观拜物教**的新逻辑。在《景观社会》一书的第一条

[1] Asger Jorn, «Peinture detourne», in *Vingt peintures modifiées par Asger Jorn*, Paris: Galerie Rive Gauche, 1959. Translated as "Detourned Painting" in Sussman, ed., On *the Passage of a Few People*, 140.

中,德波的"在现代生产条件占统治地位的各个社会中,整个社会生活显示为一种巨大的**景观**的积累",就是异轨自马克思的《资本论》:"在现代生产条件占统治地位的各个社会中,整个社会生活显示为一种巨大的商品的积累。"①仔细分析德波的这一理论逻辑中的重度异轨,我们会发现,马克思是从作为资本主义市场经济细胞的商品出发,一步一步引领我们探索各种形式迥异的物与物关系背后真实存在的货币、资本关系,尤其是资本家获得剩余价值的秘密。而德波一上来就提出了一个与马克思截然不同的时代断言,他认为在今天这个"现代生产条件无所不在的社会"中,在早先资本主义经济王国**彼处**存在的那个物性的商品经济世界已经转化成**此处**景观的总体存在,这里的此-彼结构的转变的实质在于"直接存在的一切全都转化为一个表象"。请一定注意,此处已经悄然发生了一个**二重颠倒**! 马克思面对的资本主义经济现实是人与人关系的**经济物化颠倒**,而德波眼中的事实却是已经颠倒的物化本身的**表象化再颠倒**。于是,这就实现了德波对马克思

---

① 马克思《资本论》第一卷中译本作:"资本主义生产方式占统治地位的社会的财富,表现为'庞大的商品堆积'。"([德]马克思:《马恩斯恩格斯全集》第二版第四十四卷,人民出版社,2001年,第47页。)法文的《资本论》将其中的"资本主义"翻译为"现代"(moderne),故而在翻译上显示出了比较大的差异。MEGA德文版中作"kapitalistische"(资本主义)。

这段话的重度异轨。不过，德波说，一般的异轨作品，会由一系列轻度异轨和重度异轨共同建构起来。这是一个比较清晰的构式界定。

除去对异轨的轻重度界划，德波宣称，异轨操作中的方法论原则可以有四：一是"**那种对整体印象有强烈影响的东西是最远的异轨元素，而不是直接决定这一印象本质的元素**"①。这是说，在异轨中，往往是看起来与此事件最没有关联的元素，却是异轨效果最好的，德波在这里例举的是西班牙内战的诗歌抽象拼贴画中与最鲜明的革命意念相一致的短语，竟然是当时的口红广告词："漂亮的嘴唇是红的。"此处异轨的此-彼隐喻构式为：革命才是最美的。二是"**引入异轨元素中的变形因素，一定要尽可能地简单化（simplifier），因为异轨的主要效果直接与对这一元素原始语境的意识或模糊的回忆相关联**"②。异轨的原则是简单化，是人们最容易记住和直觉到的东西。我们在《景观社会》电影中看到的画面，是通常在广告和新闻纪录片中都可以看到的，经过拼贴和刻意的位移，让它们产生反景观的此-彼震撼性。三是"**异轨越是接近一种理性**

① ［法］德波、沃尔曼：《异轨使用手册》，载《景观社会》，王昭风译，南京大学出版社，2006年版，第157页。
② 同上。

（*rationnelle*）的回答，它就越是低效（*moins opérant*）"。[1]
这与第二原则一致，异轨不能变成复杂的学术考究，它就
是那么直接地"拿来"为我所有。这也是革命艺术家对列
斐伏尔一类学究式研究的抵制。比如在《景观社会》一书
中，第52条中的"在经济**本我**所在的地方，必须有**自我**到
来"。就是简单异轨自弗洛伊德的《自我与本我》："本我存
在的地方，必有自我。"[2]读者一看，就知道是来自弗洛伊德
的异轨，但"经济本我"概念本身，已经很深地在马克思的政
治经济学批判构式中完全重构了弗洛伊德原先的精神分析
构境。四是"**借助于简单的颠倒**（*simple retournement*），**异轨
总是最直接的和最少效力的**"[3]。颠倒式的异轨是最有效
的，这也是从马克思颠倒黑格尔的逻辑开始的革命性思想
变革方式，德波将这种"既颠覆同时又保存了那种形而上学
的价值"的方法，也纳入了自己的异轨构境。他还专门说
明，第一个法则是基本的，可以普遍适用于各种异轨，其他
三个法则，实际上"只能运用于重度异轨原理中"。

---

① ［法］德波、沃尔曼：《异轨使用手册》，载《景观社会》，王昭风译，南京大
    学出版社，2006年版，第157页。
② Sigmund Freud, «Neue Folge der Vorlesungen zur Einführung in die
    Psychoanalyse», in Ders.：*Studienausgabe*，*Bd. 1*. Fischer Frankfurt
    am Main：Taschenbuch Verlag 2000，S.516. "Wo es war, sol Ich werden".
③ ［法］德波、沃尔曼：《异轨使用手册》，载《景观社会》，王昭风译，南京大学
    出版社，2006年版，第158页。

在德波所列出的对资产阶级景观意识形态可异轨范围中，包括了"海报、录音和无线电广播"，还有散文、小说和"抽象拼贴画作品"等，也可以扩展到建筑学和音乐中。在情境主义的宣传单和标语中，我们经常会看到这些异轨的做法。1964年夏天发行的国际情景主义传单以《西班牙之心》(*España en el corazón*)为标题，通过剪贴西班牙色情杂志《他》(*Lui*)中裸体女郎的照片，讽刺色情与汽车、时装、香烟一样成为消费品。在1967年10月出版的《情境主义国际》第11期上，刊登了一幅德国爱美牌家庭电影摄影机的杂志广告，情境主义国际编辑的异轨说明为，"这则爱美牌摄影机广告(1967年夏季)唤醒了已经转化为景观经济的僵化的个人生活：现在的生活马上就能成为记忆。时间屈从了永远

"我喜欢我的摄影机，因为我喜欢生活。"

存在的现在的虚幻的顺序，并且在这种时间的空间化中，时间和生命一起迷失了"①。记忆总是对已经过去的历史的回忆，可摄像机将现在"已经转化为景观经济的僵化的个人生

————————

① 《情境主义国际》第11期，1967年，第57页。

活"立刻变成死去的过去的东西,这样,日常生活的时间就开始屈从于资产阶级的景观伪构序,由此,人的真正生命时间就迷失于"时间和空间化"。这里的复杂彼-此结构,是从此广告中的摄像机商业构序延伸到对不可见的异化彼处——资产阶级景观存在论的深刻批判。

其实,这种异轨的奇特想法一直影响到今天。我们在今天法国"黄背心运动"①的各种招贴画中,也看到了德波情境主义国际的异轨战术。我们从中选两个例子。

第一个是"可口可乐"招贴画,这是一个十分精彩的图像重度异轨。原来可口可乐的标识被抠掉,替换为"爽一下资本主义"(Enjoy Capitalism),这是一个表象中的彼-此关系转换,恰恰在这一异轨情境中,原先遮蔽起来的非强制支配的此-彼构式突现出来,并且,瓶口上的奶嘴太亲

巴黎街上异轨可口可乐的招贴

---

① 法国巴黎"黄背心运动"(Mouvement des gilets jaunes),始于 2018 年 11 月 17 日,是法国巴黎近 50 年来最大的社会骚乱,起因为抗议政府加征燃油税。首日逾 28 万人参与,持续多日,重创法国经济。至今仍然在进行中。

切太柔情,以至于我们在追逐他者欲望时那种迫不及待的被喂养性此-彼构境,也从意识形态迷雾中直接在场。这是一个非常复杂的异轨批判构境。与前面提及的弗罗姆所揭露的可口可乐的消费异化①不同,这一异轨事件所揭露的东西是可口可乐背后的政治意识形态本质。

第二个是关于传媒意识形态的招贴画。此招贴画中大字写出的法文"La voix de leur maitre",原来是英国著名HMV唱片公司的法文译名,HMV为"His Master's Voice"(它的主人的声音),公司标志是一条狗在听留声机唱片内**已故**主人录音的专注神态。

而此招贴画的异轨者却将"它主人的声音"中的主人(此1),巧妙地异轨为今天资产阶级统治者的主子(彼1),而卷成发声筒状并伸出舌头是今天法国最著名的新闻媒体(此2)《费加罗报》(*Le Figaro*)、《巴黎人报》(*Le Parisien*)、《解

今天巴黎街头异轨 HMV 英国唱片公司的招贴

英国 HMV 唱片公司商标

① [美]弗罗姆:《健全的社会》,欧阳谦译,中国文联出版公司,1988年版,第134页。

放报》(Libération)、《法国观点周刊》(le Point)等,这种异轨,隐喻着这些制造景观的媒体不过是忠实地听**已经死掉**的资产阶级主人旨意并狂吠的喉舌狗(彼2)。而最有趣的是原来商品中听唱片的狗(彼3)却在彼-此结构中不在场了,因为那是资产阶级景观意识形态期望所有媒体的听众都成为无脑的狗(此3),现在,真正听死去主人声音的狗只是变成喉舌的资产阶级媒体自己。真是深刻而精准的异轨。

甚至,德波有些开玩笑地说,"为了做好对《英雄交响曲》标题的最后修改,将《英雄交响曲》(Symphonie héroïque)通过改动变为《列宁交响曲》(Symphonie Lénine),这可能不是个坏主意"①。贝多芬的《英雄交响曲》歌颂的是资产阶级的英雄拿破仑(彼),德波则想将其异轨为无产阶级革命的领袖列宁(此),当然,这只是一个抽象的异轨,因为德波并无法做到贝多芬第3交响乐本身的音乐异轨。应该说,德波最拿手的异轨领域还是电影,他说,"在电影中,异轨能够达到它最大的功效。而且毋庸置疑,对于关心这方面的人来说,异轨可以表现出最美丽的一面"②。他所拍摄的电影,几乎都是异轨的产物。从他的第一部电影《为萨德

---

① [法]德波、沃尔曼:《异轨使用手册》,载《景观社会》,王昭风译,南京大学出版社,2006年版,第160页。

② 同上书,第158页。

呐喊》开始,除去白屏和黑屏,电影的旁白内容主要是经过异轨的杂志片段、詹姆斯·乔伊斯的作品摘录、《拿破仑法典》、伊苏的《电影美学》,以及约翰·福特的《格兰德河》等杂乱无序的内容,甚至还有莫名的日常生活杂音,这里的彼-此结构是对人们已经习惯了的视听景观奴役的爆炸性断裂。而在后来的《关于在短时间内某几个人的经过》中,德波在影片的画面拼贴中则使用了巴黎、英格兰和日本等地的警察,阿尔及尔的殖民者、伞兵,戴高乐的演说,太阳爆发等影片断片和图片异轨的集合,以及一些黑屏上对文本的异轨,而在电影的旁白中,则能听到德波等人在1959年4月在慕尼黑召开的第三届情境主义国际大会辩论声的录音。因为是在通过非景观的方式展示情境主义国际艺术们自己的革命情境建构活动,这里的彼-此关系似乎不是处于对抗性的批判构境中,而是批判认识论构式中的情境重构。

最后,德波断言,"异轨有一种在日常社会生活中运行的趋向",它不再局限于语言和文本,异轨将成为改变日常生活场境现实的有力斗争武

《关于在短时间内某几个人的经过》影片中,异轨马克思的话语:"在运动的过程中短暂的一面。"

器。他认为，

> 超出语言的范围，与其强烈的情感内涵相一致，运用
> 同样的方法去异轨服装（vêtement）是可能的。在这里我们
> 再一次发现伪装的概念（notion de déguisement）非常接近
> 于游戏（jeu）。最后，当我们开始达到建构情境（construire
> de situations）和我们行动的最终目标的阶段时，通过故意
> 地改变这个或那个他们的决定性条件，我们将自由地异轨
> 全部情境（situations entières）。①

是的，异轨不再是文本中发生的剽窃和挪用，它可以
异轨服装和其他所有日常生活场境中发生的事情。当然，
德波的生活异轨还是站在文化革命情境的立场上，但遗憾
的是，他的异轨服装的想法很快就被资产阶级巧妙地入序
于商业逻辑。比如，现在流行的破洞牛仔裤和做旧牛仔裤
就是生动的一例，在好端端的新裤子上剪出破洞来，将新
崭崭的牛仔服磨出泛白色，都是流行文化中的"异轨"，只

---

① ［法］德波、沃尔曼：《异轨使用手册》，载《景观社会》，王昭风译，南京大
学出版社，2006 年版，第 161 页。中译文有改动。参见 Guy Debord，
Wolman，*Mode d'emploi du détournement*，*Œuvres*，Paris：Gallimard，
2006，p.229。应该说明，这四条原则在原文中都是用加粗字体的标识
出来的。

是,德波的革命异轨被资本驯服为商业构式。就像我们前面提到的"长胡子的蒙娜丽莎"和瓦格纳的相片变成商业流行文化的符码,德波如果看到,会气歪鼻子的。在德波看来,日常生活场境中异轨就是以无功利目的的游戏态度,打碎消费意识形态和景观的支配和控制,说得更大一些,异轨就是通过改变现实中的决定性条件,进而彻底变革整个资产阶级世界的武器。对于这一点,考夫曼有一段分析是深刻的,他指认,德波的异轨就是在下"没有棋盘的棋",或者是"戴着假面而前行"。在他看来,"异轨的概念意味着绕行,克服障碍的意愿,包含游戏和战争的元素。异轨使读者或公众成为战士。这包括干扰表象战略,拒绝景观要求的比较引语,这是目前由真实性的陈词滥调引发的好奇。还包括对讲话顺序,分配、对号入座、签名和责任逻辑的全部拒绝,每个人都在以某种方式进入或找回自己的位置"①。德波异轨战略的核心,是拒斥资产阶级的景观支配,人们通过游戏和反讽的情境建构,干扰表象的布展效果,不再进入消费意识形态给出的日常生活"对号入座"和顺从性购买,让装模作样的景观控制土崩瓦解。

---

① [法]考夫曼:《居伊·德波——诗歌革命》,史利平译,南京大学出版社,2014年,第53页。

插上革命红旗的历史雕像

让德波真正开心的事情,是异轨从生活变革走向社会文化革命。在 1968 年发生的红色五月风暴中,各种革命标语、漫画和糊乱涂鸦中的都市诗歌、节日狂欢般的游行和整条街道的路障,都可以被看成情境主义国际艺术家们眼中人们颠覆日常生活的异轨。我们来看其中两个很典型的异轨例子。

上图这尊雕塑是索邦大学校园里的一所纪念雕像,是为了纪念法国生物学家、微生物学家、化学家路易·巴斯德(Louis Pasteur,1822—1895)而建,然而,造反学生却在巴斯德(彼)的手中插上一面象征五月风暴的红旗(此)。这是五月风暴中经常出现的彼-此反转式的"异轨"构境,让历史人物的雕像(彼)异轨为今天的革命者(此)。

油画《自由引导人民》　　　　五月风暴中的红五月
　　　　　　　　　　　　　　姑娘卡罗琳

　　右图这张相片上的女孩是被推崇为"红五月姑娘"的
23岁的卡罗琳,她在五月风暴的游行队伍中手持越南人民
共和国的旗帜的这一造型也成为"红五月"永恒的象征。
这里,卡罗琳实现了双重异轨:一是她(此1)模仿了左图中
的欧仁·德拉克洛瓦(Eugène Delacroix,1798—1863)名画
《自由引导人民》(La Liberté guidant le peuple)中1830年
七月革命事件中的克拉拉·莱辛(彼1),但是,这一异轨抠
去了资产阶级已不复存在的革命性(彼2),却用今天反对
资产阶级景观社会的革命情境(此2)对其进行了重度异
轨;二是她将手中高举的旗帜从法国三色国旗异轨(彼3)
为越南的两色国旗(此3,轻度异轨),这象征着红色五月风
暴(此4)与越南人民反抗法国殖民者奴役和压迫的政治斗
争(彼4)一样,也是一场反对资本殖民日常生活的政治斗
争场境(此5)。这是现实新型文化革命斗争中的复杂异

轨。卡罗琳之所以成为具有重大历史象征意义构境中的
"红五月姑娘",就是因为这一奇妙的**多重彼-此-彼、重度-
轻度异轨建构**的深刻革命情境。由此,异轨就不再仅仅是
情境主义国际发明的文本和话语的革命"剽窃",而是现实
中活生生革命实践活动的有力武器。

第十五章
景观：表象背后隐性认同的霸权关系

在景观中，所有的社会生活和人为的革命的再现都被写在权力充满谎言的语言中，被机器所过滤。景观是宗教在尘世中的继承者，是在商品的"丰裕社会"的资本主义鸦片，是在"消费社会"中被实实在在消费的幻象。

——居伊·德波

我们最后再来专题分析德波眼中的当代资本主义的**景观**（spectacle）概念。它的重要性在于，景观是情境建构要刻意打破和祛序的东西，也是异轨、漂移和整体都市主义革命的破境对象，甚至我们可以说，景观概念是德波用来揭示今天资产阶级世界日常生活**主观构境**和**场境存在中**隐性奴役本质的决定性批判范式。由于在《文本的深度耕犁》第二卷中，我在讨论德波的《景观社会》一书时，已经

烈火吞噬的革命情境建构

比较详尽地解读过成熟期的景观概念①,这里的讨论,算是重新追述一下景观概念的历史性发生线索。

依德波 1988 年在《关于〈景观社会〉的评论》中的说明,他说,资本主义社会现实中的景观现象出现于《景观社会》(1967 年)一书发表的前 40 年,即 1927 年。② 这是一个有趣的历史指认。按照乔纳森·加里的解释,因为在 1927 年,弗拉基米尔·茨沃里金这位俄国出生、美国培训的工程师为其光电摄像管申请了专利,这使得电视技术成为可能;也是在这一年,"首次上演的电影《爵士歌手》标志着有声电影,更确切地说是声像同步时代的到来"③。我觉得,这应该只是一个推测,德波是不是真的这样想,我们不得而知。同样在这一文本中,德波明确指认说,"景观产业:电视、电影和出版业",而在美国,景观已经渗透到音乐领域。显然,在德波的心目中,景观生产的主要领域都是与人的感官直接相关的主观构境和生活场境发生,电影和电视是综合性的音像景观,出版业则会泛指报刊、书籍和其他平面媒体景观,这里德波所说的音乐景观,应该是指

① 参见拙著:《文本的深度耕犁——后马克思思潮哲学文本解读》第二卷,中国人民大学出版社,2008 年版,第 2 章。

② [法]德波:《关于〈景观社会〉的评论》,载《景观社会》,王昭风译,南京大学出版社,2003 年版,第 108 页。

③ [美]加里:《景观、注意力和反记忆》,方宸、付满译,载《社会理论批判纪事》第 7 辑,南京大学出版社,2014 年版,第 379 页。

美国大众文化支配人们日常生活隐秘想象空间的流行音乐。在德波景观概念的影响下，鲍德里亚打破了景观的感性视觉中心主义构式，而提出超出景观的象征符号论，以及相应的"符号政治经济学批判"。在今天，首当其冲的景观产业，就是无时无处不在的网络信息媒介。

如上所述，德波的景观概念赋形核心——**被动性迷入**，缘起于布莱希特1948年对传统戏剧观的颠覆性批判。在布莱希特那里，自亚里士多德以来的戏剧演出（spielt），是让观众（zuschauer）在现场建构的当下情境中无思地认同于剧情，布莱希特通过陌生化的间离效果，使作为消极旁观者的观众重新成为场境存在的能动的干涉者。而在法文翻译过来的布莱希特的文本中，德波直观看到的"演出"就是 spectacle（景观），而观众正是景观的旁观者（spectateur）。我以为，这里有一个重要的细节，即现场演出的复杂场境存在和伪构境转换成**可视性的**景观概念，容易让人误认景观的本质为**视觉中心论**，其实，在德波这里，电影电视广告等音像表象只是建构景观的外部**第三持存**（*rétentions tertiaires*）①，

①　这是我从斯蒂格勒哲学中挪用来的概念。他在胡塞尔关于意识时间现象学中的第一、二记忆（mémoire）基础上提出的概念，意指脱离了人的主体记忆的外部记忆载体。他将胡塞尔停留在主体当下听觉体验中的第一、二记忆中的可以连续发生的时间性持存，扩大到人体之外的义肢性第三持存（记忆）之中。如 CD 和数字化贮存器中保存的可重新播放的音像数据。

景观正是由这些表象作用于人，而生发出来的伪主观构境和日常生活伪场境存在。这就像马克思的经济拜物教批判，商品、金钱一类物性持存的作用恰恰是掩盖自己不断建构起来的将劳动交换关系事物化颠倒为事物与事物关系的伪场境存在。要想入境于德波的景观批判构式，一定要从传统的主-客二元认识论转向马克思开创的**场境认识论和批判认识论**，记住这一点格外重要。

我个人以为，德波自己的批判性景观概念的现实缘起，并非出自 1957 年的《关于情境构建以及情境主义国际倾向的组织和行动之条件的报告》已经理论化的景观定义，而是更早的反叛式先锋艺术实践。正像我们前面已经接触到的情境，在伊索的引领下，德波在 1953 年的电影《为萨德呐喊》中，最先将布莱希特的陌生化手法引入电影，通过无影像（无表演景观之死亡）的返熵作品，让原先习惯于被动认同电影叙事景观的沉迷观众激怒起来，以暴露电影景观在**现场伪构境中**支配与消极被动的无思观众之间的内在关联。电影景观是德波始终聚集的对象，后来，他发现了明星在电影景观臣服关系建构中的核心**牧领**[①]地位。这

---

① 牧领，是福柯透视资产阶级生命政治统治的关键性概念，它表征了意识形态构序人们内心认同支配的无形机制。参见拙著：《回到福柯——暴力性构序与生命治安的话语构境》，上海人民出版社，2016 年版，第 486—490 页。

也成了《景观社会》一书中的重要观点。其实,在德波那里,spectacle的直接缘起是电影中五花八门的音像建构起来的捕获人心的伪交往情境,而不是戏剧的直接现场演出。景观不是电影音像本身,而是由这些复杂音像产生的虚拟场境存在之伪构境,观众迷入的不是电影画面和现场的音像,而景观伪构境背后的意识形态幻象。德波电影中的反景观的陌生化手法,是反打①的极端化,但它的打击点不是简单地解构影像,而是祛序意识形态控制场境。为什么这么说?

依我的理解,在德波那里,景观概念所生成的理论构境有五层:一是可见的影像(文字)外观,有如广播电影电视的画面和音效在观看时当下建构起来的动人场境,也应该包括平面媒体制作的报纸杂志阅读,以及从传统戏剧舞台挣脱出来的娱乐演出场境,如果再延伸到现实生活场境中,它也包括了城市建筑和其他交通物流等物性设施建构的关系性空间景观,总之,一切可以作用于人们感官以生成捕捉心灵的表象建构和制作,都是景观生产。开始,资产阶级是利用音像产品、平面媒体和大众流行文化生产景观,以及城市都市主义客观地布展景观的空间场境重要任

---

① 反打是电影评论中的一个重要术语。在电影放映的过程中的某一个瞬间你突然回头看放映机,你会突然发现这个影像是一个巨大的幻象建构起来的。

务,今天再依托网络信息媒介塑形数字化景观世界的基本构式。今天这一切景观都获得了网络远程登录和智能手机界面的重构,不像传统影院会关门,电台电视台停播,演唱会散场,在脸书、微信和抖音世界中,景观已经成为无时无处不在的供养性存在。这只是景观的表象构境层。二是由景观表象的发生当下所建构起来的人们个体生活和共在的主观**伪构境**和日常生活**伪场境存在**,人们在看电影电视,听广播,阅读文本,川流于城市空间和交通工具时,景观总是以吸引人的图像、声音、复杂叙事情境和现场塑形的诱惑享乐,紧紧抓住听众、观众和消费者,以建构起一个无意识层面上被感动、被吸引和被诱惑的主观伪构境以及建构日常生活的伪场境存在,这是景观的**存在论层面**。这是我们在研究景观概念时,最容易误认和忽略的方面。三是由影像中的有形无形的表演构式所赋型的隐性支配关系,不是影像、文字、演出场境或城市建筑和道路本身,而通过影像、文字、演出和城市物性设施构序出来的**功能性表演**背后的意识形态同一性控制。它悄无声息地渗透在当下建构起来的伪构境和伪场境存在之中,这是景观双重伪境中的"看不见的手"。也是所有资产阶级意识形态之下的文学艺术、电视-电影叙事、大众传媒和城市环境空间布展中的不可见暴力。景观中这种杀人不见血的软暴力,正是当代资产阶级社会统治最重要的基础。这与后来福柯所指认的科学知识与现代权力的同谋关系是不同的东西。四是最重要的构境层,即作为景观软暴力施暴的**关系受动方**——观众在看电影电视,翻阅报纸杂志,参与演出现场和身处城市景观环境的时候,对景观双重伪境的无批判性认同,可怕的现象是,没有人会在电影院、在电视机旁思考一部影片或电视剧中的政治意图,也不可能在现场听一位流行歌手唱歌时,揣摩其中的意识形态支配因素,更没人会在商业拱廊街里反思性地批判背后赚钱的资本家,所有人都会幸福地依循景观建构自己的虚假日常生活,被动地迷入景观伪境之中。这个**对他者的非暴力的自我认同性**,是葛兰西并没有真正弄清运行机制的文化霸权理论的根基,也是德波景观概念中内嵌的批判张力所在。五是破境景观伪境控制的关键,在于打破景观表演观看所建构的伪场境存在中的"伪交往"(pseudo-communication)关系,重新引入主动性和参与性。这就是革命性的情境建构。进入这五个相互关联的构境层,我们就有可能入境于德波的景观批判构境。

对于景观,德波有过一段概要性的表述,在他看来,当代资产阶级用景观制造了一种新的社会历史现实:

在这个历史中,我们熟悉的内容并不是同样地为人所熟知,那是因为真实的生活本身可能以奇幻的形式（forme fantastique）出现，只可能在现代的**景观**（*spectacle* moderne）世界所强加的颠倒的图像（l'image renversée）中出现：在景观中，所有的社会生活和人为的革命的再现都被写在权力充满谎言的语言中，被机器所过滤。景观是宗教在尘世中的继承者，是在商品的"丰裕社会"（société d'abondance）的资本主义鸦片（l'opium du capitalisme），是在"消费社会"中被实实在在消费的幻象（illusion）。①

在我看来，这是德波对于资产阶级景观意识形态批判最重要的一段隐喻性表述：第一，景观是资产阶级制造的新的宗教，原来在赫斯②那里，资产阶级交往异化中的准宗教场境是：金钱就是上帝，而到了马克思那里，能够带来增殖的货币——资本才是"普照的光"，德波则将景观视作新的"能使鬼推磨"的隐性神灵。景观拜物教是新型的宗教。第二，景观是丰裕的商品世界中害人的鸦片，这是一个十分贴切的比喻，与人们又爱又恨的金钱等于财富的直观强

---

① Guy Debord, *Œuvres*, Paris：Gallimard, 2006, p.688. 中译文参见刘冰菁译稿。
② 赫斯（M. Hess, 1812—1875）：德国近代社会主义理论家。主要论著有：《人类的圣史》（1837）、《欧洲三同盟》（1841）、《行动的哲学》（1843）、《论货币的本质》（1844）等。

暴不同,景观的本事是让所有人陷入不能自已的疯狂迷恋中,就像人们上瘾于鸦片一样,吞云吐雾醉死其中而不可自拔。第三,景观诱惑人的虚假欲望陷入疯狂消费的幻象,它的宗教式牧领和鸦片式沉醉,目的都在于使人永不停止地虚假消费,景观生产他者欲望隐性控制人的无意识,使日常生活中的每个细微层面中的选择和需要都被景观的毛细血管般的权力所支配。你看,德波就是这么恨景观。在德波看来,今天的历史现实中人们生活的场境存在是被景观颠倒地重构的伪境,所有人的日常生活甚至是革命性的活动,都被景观机器所过滤,通过电影电影广播、铺天盖地的文字影像广告,以及身边无法逃脱的城市关系空间,**罐装**的景观意识形态反复洗脑,我们的一切主观意识和现实存在都成了权力谎言的塑形物。

德波这里的"景观是宗教在尘世中的继承者"一语,让我们想到后来德波在《景观社会》中对费尔巴哈宗教批判观念的援引。在第一章开篇的"引语"①中,德波援引了费尔巴哈《基督教的本质》第二版序言里的一段话,核心要义是批判基督教神学语境中上帝之城的幻象取代人之真实感性生活的著名论断,德波形象而深刻地说,那是一个"偏

---

① 德波的《景观社会》一书共分为九章,文本由 221 段帕斯卡-尼采式的警言文字组成,每段文字长短不等。在每一章的开始,德波都选用了一段他人的文字作为开章引语。

爱图像而不信实物,偏爱复制本而忽视原稿,偏爱表现而不顾现实,喜欢表象甚于存在"(préfère l'image à la chose, la copie à l'original, la représentation à la réalité, l'apparence à l'être)①的被颠倒的时代,这段剖析可谓入木三分。这是**人本学批判认识论**的重要开端。如同赫斯在经济领域第一次延伸费尔巴哈的宗教异化构式一样,德波将景观视作现代资产阶级日常生活交往中取代商品和金钱的新型神灵,因为,它在虚幻的景观伪境中以虚幻的交往关系取代了主体际的真实关系。在德波看来,景观支配中最坏的东西,就是无处不在的图片和电影中迷人的影像再现,在景观表象中,人们会忘记**景观在则存在不在场**,景观是离开了人的在场的表象存在,而当人迷入景观建构的伪境时已经是存在本身的场境异化,这也是德波自己拒绝在一切景观中出场的原因。他的那些故意模糊和有划痕的相片和拼接杂乱的电影影像,就是德波对由表象异化建构起来的景观的拒绝。只是,在德波的字母主义国际开始转向马克思主义的激进立场后,作为艺术表象的景观概念才在"超越艺术"的转向中,走向资产阶级现实社会的批判。还应该说明,在前卫艺术中对景观表象的反叛,并非

---

① [法]德波:《景观社会》,王昭风译,南京大学出版社,2003 年版,第 157 页。

从德波起始,依德波自己的回溯,这是从达达主义和超现实主义发端的,而在杜尚的作品和约恩的眼镜蛇运动等先锋艺术思潮中,也是已经通行的表象"造反"方式。

德波第一次明确说明景观概念,就是1957年《关于情境构建以及情境主义国际倾向的组织和行动之条件的报告》中那段著名的表述:"情境的构建开始于景观观念(notion de spectacle)在现代衰落的对立面。景观的原则本身——不干涉(non-intervention)——在多大程度上依附于旧世界的异化(l'aliénation du vieux monde)。"[①]这是我们前面已经指认过的,消除景观伪境的革命,就是情境建构,这是正面的针对性,以表明情境主义国际的革命对象与十月革命"宏大"目标不同的独特性。在一定的意义上说,情境主义国际成立就是为了打倒当代资产阶级的景观世界的。不过,这里对"景观的原则"的判断成了"不干涉"。我理解,此处的不干涉有双重构境:一是景观独特的隐性支配作用,相对于传统政治统治中的直接控制和干涉来说,它恰恰表现为**非强制性和不干涉**,景观的支配技巧正是在于这种表面的不干涉原则背后的更隐秘的干涉和支配。

① [法]德波:《关于情境构建以及情境主义国际倾向的组织和行动之条件的报告》,方宸、付满译,载《社会理论批判纪事》第7辑,南京大学出版社,2014年版,第57—58页。中译文有改动。参见Guy Debord, *Œuvres*, Paris: Gallimard, 2006, p.325。

这是资产阶级政治统治手段的革新。二是被景观支配的观众(消费者)也处于不干涉的无思状态之中,面对让我们追逐幸福生活的广告式牧领(人们最喜欢的影星和歌手举着数码相机说,"改变你的世界"),在一部让我们感动地落泪的电影场境中,在贴心地送到我们智能手机和网页上的服务中,人们是很难在这种他性伪构境和实际的消费伪场境存在中说"不"的。在德波这里,景观所制造的表象异化已经被放大到整个资产阶级世界的全面异化上了。可是,此时,景观概念并没有得到具体的深入讨论。

我注意到,景观理论在德波思想实验中下一步的进展,首先是通过景观概念向资本主义**经济领域**的伸延开始的。与前期的艺术革命思考构式不同,这是一个极其重要的领域转换,虽然德波十分清楚,他对经济现象的关注,已经不再是马克思和传统马克思主义研究中那种资本主义雇佣制度那样的宏观社会关系的批判,而是资产阶级生产关系从经济奴役到日常生活场境的全面浸透转换中,并且,与马克思更多地关注经济生产领域中剩余价值的发生不同,德波更关注的是景观在经济**消费环节**中所起到的隐秘支配作用。我个人认为,相对于20世纪战后发达资本主义社会的重大现实改变,特别是后福特主义和福利政策之下,消费在整个商品-市场经济结构中地位的上升状况来看,这是一个合理的理论推进。当然,后来鲍德里亚由此颠倒生产与消费的关系,彻底否定物质生产的基础性地位是错误的。1958年,德波已经意识到,景观在资产阶级日常生活场境中的作用,就是通过虚假的追逐流行时尚潮流生成**伪交往场境**,在一种特殊的消费意识形态中布展了从欲望制造伪构境到疯狂消费的奴役性场境关系。这是马克思没有注意到的与日常生活直接关联的**微观**经济事件。虽然这并不是剩余价值直接生产的领域,却是资本掠夺剩余价值最重要的战场。

我以为,伪交往批判的理论始祖是赫斯,在他那里,作为人的类本质的交往关系异化为金钱关系中的伪交往。这也是费尔巴哈人本学批判认识论在经济领域的重要延伸。进一步说,赫斯曾经发现的人与人的交往类本质异化,在德波这里,现在表现为所有人都**不愿意落伍于景观幻象**(欲望对象)的虚假互动关系,电影电视里"成功人士"(大他者)的幸福生活我也必须有,景观他者欲望着的对象就是我的欲望,他拥有的消费品我也必须有,这是交往类本质异化为消费"伪交往"的一种新的构式。并且,景观制造的伪交往不仅仅发生在人们看电影电视和广告的那个动人的**主观伪构境**瞬间,而且是由复杂的日常生活**客观伪场境存在**实现的,伪交往是资产阶级生产出来的经济微观化场境存在。想想我们身边所发生的一切景观生产出来的伪交往关系,中国的大妈在国外一线品牌店中狂扫名牌包,在韩国机场堆积如山的中国代购商品袋,在"抖音"上晒出的豪车排场,这里有多少是人的真实生活需要?其中,绝大部分都是由景观制造出来的"伪交往"关系中诱发的无脑式炫耀消费。这种虚假的日常生活,正是景观意识形态伪境引发和建构起来的**客观伪交往场境存在**。

所以,正是针对景观-消费意识形态所制造的"伪交往"关系统治,德波才提出"我们必须使全部伪交往(pseudo-communication)的形式走向彻底的毁灭,并走向真实的直接交往(communication réelle directe)的那一天(在我们更高的文化手段的工作假设中:建构情境)"①。原先在马克思和恩格斯那里,经济拜物教批判是要彻底消除商品市场中介的事物化"伪交往"关系,这已经是一种科学的批判认识论透视:在人们追逐商品和金钱这些可见财富的地方,马克思发现了人与人的劳动交换关系在客观抽象的基础上,历史地颠倒为事物与事物之间的虚假物化关系,它通过价值等价物结晶为物,经济拜物教批判就是要揭露这种物性"自然"存在背后,资本关系对生产过程、经济结构和整个社会场境存在的统治。所以在未来的共产主义共同体中,人与人之间将会通过消灭商品-市场交换中介重

① 〔法〕德波:《关于文化革命的提纲》,载《景观社会》,王昭风译,南京大学出版社,2006年版,第169页。

新建立直接交往关系,而在德波这里,今天资产阶级世界中的伪交往,是由景观-消费意识形态在人的日常生活场境中介构序和塑形的。在这里,原来在戏剧-电视表演中被布莱希特意识到的"不参与"的景观,开始与当代资产阶级的市场消费关系链接在一起。在现场观看的被迷入主观构境,走向了客观发生的日常生活伪场境存在。显然,这会迅速引起一种景观批判理论深化上的突变。

我注意到,在德波1960年完成的《定义一种整体革命计划的预备措施》(《Préliminaires pour une définition de l'unité du programme révolutionnaire》)一文①中,这种伪交往的消费意识形态本质被充分地讨论了。在此,当代资本主义社会被指认为"一个没有文化的社会"(société sans culture),因为有景观的统治和支配,再聪明的人也会无脑,整个社会的日常生活就必然没有文化。在德波看来,今天的资产阶级景观世界中,所有被景观支配的人"在每一个行动、生活的每一个瞬间、每一种思想、行为的每一个类型上都是异化的"②。由一位时尚的小姑娘,在"抖音"上的站姿和裙子上的流苏从什么地方垂下,都是从影视剧中

---

① 这是德波与"社会主义或野蛮"小组成员丹尼尔·布兰沙尔合作的文本。原载《情境主义国际》第5期,1960年。

② [法]德波:《定义一种整体革命计划的预备措施》,载《景观社会》,王昭风译,南京大学出版社,2006年版,第173页。

模仿而来的;我们在商店里购买东西,在伸手的那一瞬间也是被下意识中的广告支配的;我们写微信上的"朋友圈",以为是在抒发个人的情感,可绝大多数情况下都是无意识复制景观意识形态制造的他性话语("心灵鸡汤"),等等。由于景观占据和支配了人们日常生活主观构境和客观场境存在的每一个瞬间和每一个细节,所以人在景观世界中的生存是全面场境异化的。这与列斐伏尔所最早指认的,与传统马克思主义关注的经济政治宏大异化关系不同的"小事情异化"的批判构境是一致的。

德波认为,资产阶级是通过掏空生产,将消费景观化,让日常生活场境所有层面从根本上发生异化。他分析道,

> 资本主义,从车间到实验室,掏空了(vider)所有生产性活动的意义,将生命的意义取代为娱乐活动,并且将原来的生产活动重新确定在娱乐提供意义的基础上。由于在现在流行的道德解读模式中,生产是地狱,因而真正的生命只能是消费,是对消费品的使用。①

---

① [法]德波:《定义一种整体革命计划的预备措施》,载《景观社会》,王昭风译,南京大学出版社,2006 年版,第 173 页。

资本主义消费通过经常性的人造需要（besoins artifi-ciels）的满足，强制推行了一种普遍的欲望化简，它保留的需要不再是任何欲望的需要——真实的需要被压制以保持不能实现（或者以景观的形式作为补充）。消费者实际上在精神上和心理上被市场所消费（consommé par le marché）。①

这是双重摧毁：一是掏空和摧毁生产的意义。传统意义上的物质生产被贬斥，"生产是地狱"，体现生命意义的劳动的创造性被娱乐所替代，生产只是为了娱乐而获得价值，实际上，此处的娱乐是对资产阶级所谓"幸福生活"的戏称，它的实质就是疯狂地消费和占有不断死去的消费品，现在资产阶级世界中苟生的人，活着就是为了买得起别墅、不断更换高档轿车和奢侈品。这样，景观将生产变成了制造**消费品死尸**的过程。二是摧毁和伪造人的真实需要。在资产阶级的日常生活场境中，人们丧失了自己的起初需要，而控制他们消费的是被景观制造出来的虚假欲望，所以在这个意义上，不是人在购买东西，而是市场在消费人被消费意识形态建构起来的心理伪构境。当伍尔芙说，在流行时尚中，从来都不是女孩子穿衣服，而是衣服穿

① ［法］德波：《定义一种整体革命计划的预备措施》，载《景观社会》，王昭风译，南京大学出版社，2006年版，第173页。

女孩子时,她是深刻的。这当然是消费异化和日常生活本身场境存在的异化。

然而,这一切是如何发生的? 德波指认,这就是**消费景观化**的出场。首先,资产阶级对**广告**的利用,是消费景观化最重要的途经。前面我已经提及,对资产阶级广告的批判性反思,缘起于法兰克福学派的弗罗姆的社会心理分析,在《为自己的人》(1947)、《健全的社会》(1955)中,他都深刻地分析了广告在制造虚假消费中的隐性支配作用。德波分析说,"在支持消费的当前宣传框架中,广告的根本骗局是将幸福的观念与物体联系(电视、花园家具、汽车等等),此外还要切断这些物体与其他物体可能存在的自然联系"①。这里的批判构境有两个层面:一是广告的秘密在于通过切断物与物之间的自然联系,赋型商品与商品之间新的内在消费体系关联,这种新型的**消费上手性的环顾世界**替代了马克思的劳动生产塑形的周围世界和海德格尔的操持-交道世界。这是**关系存在论**和**实践存在论**意义上,景观对客体世界的构式和塑形。应该说,这是关系存在论中一次比较重要的进展。也是过去我们在研究景观概念时严重忽略的地方。从这里,我们可以看到后来鲍德

---

① 《情境主义国际》第 5 期,"编者按",参见《社会理论批判纪事》第 7 辑,方宸、付满译,南京大学出版社,2014 年版,第 108 页。

里亚《物体系》和《消费社会》构式逻辑的缘起。[1] 二是广告也切断了人的真实需要与物品的直接关系，取而代之的是广告幻象制造出来的"幸福的观念"一类虚假欲望。这正是资产阶级追逐幸福生活骗局的存在论本质。相对于第一构境层中客体（消费品）之间的构序关系，此处是改写主体（伪主体构境）与客体（虚假的欲望对象）之间的关系，传统社会中主体对客体的直接需要已经被景观所偷偷篡位了。

其次，景观意识形态的支配机制是**攀比性的互景观化**。这是说，除去广告的隐性支配，更多的是依托被消费意识形态洗脑的消费者之间盲目的相互影响关系建构起来的巨大伪构境和控制关系网络。这是资产阶级时尚潮流的意识形态本质。依德波的判断，

> 消费的世界实际上是每一个人相互景观化（spectacle de tous pour tous）的世界，是每一个人分离的、疏远的和不参与（non-participation）的世界。指挥的领域同样严格指挥这一景观，它与外在于社会的规则相一致，它也是自动的悲惨的组成的（composé au-

---

[1] 参见拙著：《反鲍德里亚——一个后现代学术神话的祛序》，商务印书馆，2009 年版，第 19—53 页。

tomatiquement et pauvrement)，荒谬的价值被认为是这一规则的属性。①

显而易见，布莱希特的那个"不参与的表演"，现在被异轨到资产阶级通过景观对当代消费场境的控制中。只不过，现在不是演员在舞台上表演，而是资本家通过制造虚假欲望的景观在表演，观看景观（表演）的也不再是普通的被动迷入的观众，而是无思的消费者。最可怕的是，无脑的消费者之间在你追我赶的羡慕攀比中相互景观化伪构境：广告上的明星拥有了宝马和奔驰，景观夸张地说，这意味着幸福生活，那么，我们也要；电影电视中的她背上了名牌包，景观渲染道，这就是贵族气质，那么，我们也要。后来瓦纳格姆甚至指认了"我羡慕故我在"（J'envie，donc j'existe）的生存格言。② 依德波的看法，资产阶级景观所制造和不断再生产的"这个社会试图把人们分裂成孤立的消费者，防止其互相交流。日常生活因而是私人的生活，是

---

① ［法］德波：《定义一种整体革命计划的预备措施》，载《景观社会》，王昭风译，南京大学出版社，2006 年版，第 174 页。

② ［法］瓦纳格姆：《日常生活的革命》，张新木、戴秋霞、王也频译，南京大学出版社，2008 年版，第 22 页。中译文有改动，参见 Raoul Vaneigem，*Traité de savoir-vivre à l'usage des jeunes générations*，Paris：Gallimard，1992，p.43。

分离和景观的领域"①。被分离开来的人们之间在现实的日常生活场境中没有真正的交流，只有景观建构的伪交往场境，所有消费者都在一个相互羡慕伪构境和"相互景观化"消费牢狱伪场境之中，无脸的景观的奴役机制就在于，没有高举皮鞭的主人，一切都在追逐幸福和成功的他者欲望中"自动地、悲惨地组成"。可怕的事情在于，消费者在这种虚假的异化消费中所获得的他性认同和满足感伪构境，正是当代资产阶级社会统治和新型治安的现实基础。我以为，这是马克思主义批判认识论的一次重要进展，德波对景观场境异化和消费意识形态的迷雾的透视，建构了景观拜物教批判的基本构式线索。这都是值得我们认真思考和内省的内容。

然而，这个建立在相互景观化中的伪交往之上的**伪需要**问题，德波在此并没有深入的讨论。一直到1965年，德波才再一次回到这个主题的沉思上来。他说，

> 景观的目标是迫使每个人在到处扩散的生产的有效消费中，去认识和实现自身，……这样一种消费，作为对这些扩大生产的需求的景观式回答，本质上一

---

① Guy Debord, *Œuvres*, Paris：Gallimard，2006，p.576. 中译文参见刘冰菁译稿。

直是景观式的,因为这种消费就是"伪-使用"(pseudo-usage):它只有在作为体系必不可少的经济交换时,才具有有效真实的作用。因此,真正的需要根本不会被看到;被看到的东西里面根本就没有现实。客体先要被展示,为了让人们想要占有它;然后,占有物体后再为了展示出这种占有而再展示出物体。这些被人赞赏的客体被集中到了一起,其功能是代表了特殊的地位和名誉,以及"伪-个性"(pseudo-personnalité),因为这种个性完完全全和这些物品一致,这些物品就代表了这种个性。①

这是景观赋型的一连串的伪性构序和塑形:景观通过欺骗性广告展示消费品,制造欲望的诱惑性伪构境的导引是代表了资产阶级特殊财富占有和权势地位的"成功",你拥有了金钱就拥有了无穷无尽的消费品,然而,德波说,你虽然开着豪车、住着别墅,但这并非正常生活中真实的需要,而是景观赋型的**伪-使用**,因为,你的个性就是消费物的伪个性,手指粗的金项链在场,你却不在场。仔细分析,德波的这段表述也是场境存在论上的一个重要推进:这是

----

① Guy Debord, *Œuvres*, Paris: Gallimard, 2006, p.515. 中译文参见刘冰菁译稿。

一个**伪交往-伪需要-伪使用-伪个性**的连续异化构式。一是景观制造了无脸他者的欲望,通过广告和其他景观使消费者生成**相互羡慕的伪构境和相互羡慕的伪关系场境中的相互景观化**。这就是景观关系中人与人之间的伪交往。二是它化身为所有想走向"成功"梦想的人的本己性需要(一生的奋斗目标),可是在这里面,"真正的需要根本不会被看到;被看到的东西里面根本就没有现实"。这当然是**欲望异化下的伪需要**。三是人们发疯一样地占有被景观展示出来的消费品,但这些物品并不是它自身,而是对景观的**应答式的伪使用**,就像海德格尔解说"自然"是向存在的涌现,这里德波是说,消费品对日常生活的塑形和构序,不过是对资产阶级景观意识形态质询的结果。四是通过消费品来实现自己存在的主体,他的个性从来不是他自己的个性,而是景观建构起来的被他者"赞赏"的"特殊的地位和名誉",说穿了,这是景观场境中的**伪个性**。这是一个幸福生活中的伪个性,而身处其中的人恰恰是意识不到的。这正是资产阶级世界中真正的人间悲剧。

也因此,德波界划道,与马克思《资本论》中的经济贫困下的剥夺不同,景观支配下的日常生活场境,就是被奴役的工人也是**被富裕地被剥夺**。他说,

> 消费的问题只是商品的问题。这是一种等级制

的消费……在现代商品化中,使用价值的下降和虚假呈现在每个人面前,虽然是不平等的。所有人都生活在这个景观的和真实的商品消费中,生活在基础的贫困中,这是因为"这不是剥夺,而是更富裕地剥夺"。这些工人也在消费景观、被动性、意识形态的谎言中过日子。但是另外,工人他们更少地有幻想,对强调给他们的具体的条件、关于他们的花费和他们生活的每个瞬间,所有这些的生产。①

这是极具反讽意味的现象。可能也是过去德波并没有直接挑明的社会事实,即 20 世纪西方发达国家进入后福特主义和垄断资本主义时期后,资产阶级景观直接支配的消费主体已经不再仅仅是资产阶级,而恰恰是劳动阶层。这里隐含的构境有三:一是资产阶级本身为景观意识形态的直接践行者,真正开着法拉利,过着醉生梦死的奢侈生活的人,主要还是处于这个社会顶端的资本家和权贵们,但是,今天的资产阶级意识到,只有"让老百姓买得起汽车"(福特 T 型车和大众汽车),才能救活深处经济危机和矛盾中苟延残喘的资本主义。二是,今天资产阶级对劳

① Guy Debord, *Œuvres*, Paris: Gallimard, 2006, p.928. 中译文参见刘冰菁译稿。

动者的盘剥,已经不再是简单地直接剥夺,而是在疯狂消费中实现的"更富裕地剥夺",这是无痛的流血。三是景观统治下追逐幸福生活的主体正是过去马克思寄予革命希望的无产阶级。应该说,对资产阶级而言,当无产阶级的阶级意识全部转换为消费意识形态谎言所建构起来的"幸福生活"伪境时,资产阶级的政治统治才是真正治安和稳固的。

德波认为,景观不仅是资产阶级消费控制的工具,同时也是当代资本主义社会全部生活的内在本质。他说,在所有人的

> 工作之外,景观(spectacle)是人们自始至终相互联系的支配性模式(mode dominant),只有通过景观人们才能获得社会生活特定的普遍方面的虚假-知识(connaissance-falsifiée),从科学、心理学的成就到流行行为类型(types de conduite régnants)再到国际政治名流的会见(rencontres)。作者和观众(auteurs et spectateurs)之间的关系恰恰是领导者与执行者之间基本关系的一种调换。它正是对这一异化和物化的文化(culture réifiée et aliénée)需要的一个完美回答:景观所搭建的关系(le rapport qui est établi à l'occasion du spectacle)本质上是资本主义构序

(l'ordre capitaliste)的牢固支座。①

其实,到这里,德波写作《景观社会》的结论已经有了,景观所赋型的伪构境和伪交往关系,已经不仅仅是消费的构式逻辑,也成为全部日常生活塑形的根本赋形机制,由此生成当代"资本主义构序的牢固支座"。这是说,景观在今天资产阶级世界中的作用,不再局限于经济活动中的消费控制,还包括流行的生活方式、虚假的知识传递,甚至欺诈的政治交往,景观已经成为资产阶级世界人们所有**主观构境和客观场境存在**中相互关联的"支配性模式"。这是景观构式的新型构境异化和场境物化世界,也因为五彩缤纷的景观遮蔽了当代资产阶级社会真实的奴役性关系,才会出现以下这种倒错的异化现象:

> 这个时代被庄严地宣称新鲜实则陈腐的观念,这个有序松散、借助大众交流手段确定的孤立和充耳不闻的时代,这个大学里教授更高形式无知的时代,这个以科学方式担保谎言的时代,这个由主导的精神不

---

① [法]德波:《定义一种整体革命计划的预备措施》,载《景观社会》,王昭风译,南京大学出版社,2006年版,第174页。中译文有改动。参见Guy Debord, *Œuvres*, Paris: Gallimard, 2006, p. 515。

健全支配压倒性技术权力的时代。①

在景观世界之中，满满的新鲜时尚，实质是陈腐不堪；看起来充满热情的大众媒介铺天盖地，可是人与人之间却彼此孤寂；拥有无数知识的专家教授，却都是批判性思想上的无脑儿；科学治理一切，却是以谎言支撑虚假欲望的制造；等等。景观时代，是资产阶级所制造的看起来光亮的黑暗时代。

然而，我们所看到的景观建构的伪构境和伪场境存在，正好与它布展的意识形态的谎言相反。对此，德波气愤地说，现在的资产阶级景观控制是一种物质与文化统一的"综合的机制"（mécanisme complexe），它的目的就是"布展资本主义的秩序"（diffuseur de l'ordre capitaliste）。这是德波对景观的意识形态本质的揭露。此时，德波还没有生成综合景观与集中景观的区分，但综合景观的机制已经被涉及。它的直接结果就是，"生活本身被剥夺了，它残忍地缺席了。人们被剥夺了交流和自我实现的可能性（Les gens sont aussi privés qu'il est possible de communication；et de réalisation d'eux-mêmes）。应该说，人们被剥夺了他们亲自创造他们自己的历史的可能性（Il faudrait dire：de

---

① 《再论解构》，参见 *Internationale situationiste* 6，1961 August。

faire leur propre histoire，personnellement)"①。景观所建构的伪境在场，就是存在本身的被剥夺：人不再直接生活，景观伪构境让你在日常生活的疯狂购物中苟生，主体际不再直接面对，而是消费者们和粉丝们在景观中介生成常人间的伪交往；人们不再自己创造历史，而是景观幻象制造伪历史。其实，早在 1963 年，在《情境主义国际》第 8 期的编者按《在场之先锋派》②中，情境主义者已经认识到，资产阶级"景观世界里在社会意义上**可见的**一切，比任何时候都更加远离社会现实"，并且，"大众景观的专门化构成分离和非交流的中心"③。景观所构序和塑形的"看见"和"听见"，乃至所有关于世界的表象，都是虚构的远离现实存在的幻象，如果说，黑格尔发现了市民社会中原子化个体通过市场交换重新关联起来，那么，在景观社会中，大众之间交流则是由看起来亲近的景观赋型的分离，比如当时的广播和电视。今天则是智能手机上的脸书、微信、"头条"和"抖音"。

在 1966 年出版的《情境主义国际》第 10 期上，德波发

---

① Guy Debord, *Œuvres*, Paris：Gallimard, 2006, p.577. 中译文参见刘冰菁译稿。

② *Internationale situationiste* 8，1963 January，14—22.

③ 《情境主义国际》第 8 期编者按：《在场之先锋派》，参见《社会理论批判纪事》第 7 辑，方宸、付满译，南京大学出版社，2014 年版，第 133 页。

表了《景观的和商品的经济的没落和崩溃》(«Le declin et la chutede l'economie spectaculaire-marchande»)一文。[①] 此文是对 1965 年美国洛杉矶黑人反抗运动[②]的评论。此时，德波已经开始撰写《景观社会》一书。我们可以看到，景观的概念正在进一步深化。

一是德波已经认识到，对当代资本主义的社会生活来说，景观的作用已经不仅仅是商品流通领域的骗局，而是一个具有**存在论**性质的问题。他说，就像马克思发现商品是 19 世纪自由资本主义社会定在中最基本的构序元素一样，今天的"景观就像是商品那样**普遍的**"(le spectacle est *universel* comme la marchandise)。这是说，景观正取代商品，成为当代资本主义社会定在的"细胞"。这正是《景观社会》开篇第一条断言的基础："在现代生产条件占统治地位的各个社会中，整个社会生活显示为一种巨大的**景观**的积聚(accumulation de *spectacles*)。直接存在(était

---

① 此文是德波在 1965 年 7 月用英文完成的，原来的标题为《"景观的"商品经济的没落和崩溃》(«The Decline and the Fall of the ⟨ spectacular⟩ commodity-economy»)，在阿尔及利亚分发。随后，刊登在 1966 年 3 月的《情境主义国际》第 10 期上。

② 1965 年 8 月，美国洛杉矶发生了黑人为争取平等的公民权利的反抗运动，黑人与警察发生了正面冲突，也发生了黑人冲击商业区的社会事件，导致 28 人死亡、800 多人受伤、3000 多人被捕。美国舆论将其视为种族冲突的结果。

directement）都已经离我们而去，进入了一种表象（représentation）"①。如果马克思面对的资本主义经济现实是人与人关系的**经济事物化颠倒**，而德波眼中的事实却是已经颠倒的事物化本身的**表象化再颠倒**。在我看来，德波是在本体论的意义上使用表象化一词的，意指资本主义社会的事物化存在沦为**故意呈现出来**的表象，一种新的伪存在，或者叫伪场境存在的"二次方"。

二是景观的布展，本质上是在维系和塑形着商品世界的等级结构。这是一个深刻的新认识。我们都知道，资产阶级革命的最大政治成果，是消灭了宗法关系之上的外在社会等级制度，可是，商品-市场经济却在法人主体形式上平等的起点之后，建构出新的生产资料所有关系中的生存等级。德波发现，景观布展是当代资产阶级世界中维系等级结构的重要工具。他分析：

> 既然商品世界建立在阶级对立的基础上，商品本身就是等级制的。商品必然既是普遍性的，同时也是等级制的（因此景观也必然是普遍性的同时也是等级制的，因为景观的功能就是宣传商品世界），因而结果

---

① ［法］德波：《景观社会》，张新木译，南京大学出版社，2017年版，第3页。中译文有改动，参见 Guy Debord, *La Société du Spectacle*, Paris：Gallimard，1992，p.15。

是商品必然导致了普遍的等级制。不过事实上，这种等级化必须保持在"未言明的"（inavouée）状态，表现为隐瞒的增值性的等级制（valorisations hiérarchiques）。[1]

德波的深刻之处，在于他明确指认了资产阶级社会的等级制是**隐性的社会定在**，虽然资产阶级民主反对一切公开的等级制度，却在"未言明"的状态下构式了实际存在的经济和政治等级。景观的作用，恰恰在表象层面遮蔽和巩固了这种等级。或者说，资产阶级和劳动者所进入的景观构境和场境存在中的"幸福生活"，在本质还是不一样的。在今天的大数据景观推送中，成功人士的智能手机中收到的广告与普通劳动者是完全不一样的，他可能被推销千万元以上的游艇，而普通劳动者可能会是可乐和麦当劳。你每天在智能手机上看的每一条图片和信息，都将成为景观为你量身定做的欲望对象之精准定位。对劳动者来说，你可以梦想得到游艇，但这永远只会出现在卖火柴的小女孩式的幸福光影中。

三是无产阶级反抗资产阶级景观统治的途径。这显然是一个新问题，即在景观批判之上，对传统无产阶级革

---

① Guy Debord, «Le declin et la chutede l'economie spectaculaire-marchande», *Œuvres*, Paris：Gallimard，2006，p.712.中译文参见刘冰菁译稿。

命能动性丧失问题的深层次思考。这也是葛兰西和青年卢卡奇开创的西方马克思主义思潮在反思革命主体问题上的继续和深化。在这篇文章中，德波高度评价了美国黑人反抗运动的做法。他认为，这里出现了一种"'**新的无产阶级意识**，即只要成为自己活动、自己生活的主人的意识**"**（la conscience de n'être en rien le maître de son activité, de sa vie）①。与马克思列宁主张的传统无产阶级革命不同，劳动者起来反抗资产阶级世界，不再是直接打碎资产阶级的国家暴力机器，夺取政权，而是转换成反对景观操控的苟生，做回自己日常生活的主人，这是对场境存在自主性的再获得。这可能是很大的一个异质性。德波不会意识到，这也是情境主义国际在现实革命道路上终将失败的原因。依他的分析，"洛杉矶的黑人反抗事件，是在反抗商品（contre la marchandise），反抗商品和服从于商品规则的、被等级制划分的劳动者-消费者"②。这里的意义在于他们不再是像德波、约恩的革命艺术实验，只是以返熵和祛序的方式反对景观表象，他们**绕过了那个控制人欲望的景观**，"黑人们拒绝的就是被经济体系所决定和生产出的需

---

① Guy Debord, « Le declin et la chutede l'economie spectaculaire-marchande », *Œuvres*, Paris：Gallimard，2006，p.710. 中译文参见刘冰菁译稿。

② 同上文，p.704。中译文参见刘冰菁译稿。

要"（les besoins déterminés et produits par le système économique que le pillage précisément rejette）。① 他们通过偷盗和抢夺，直接获取了自己真实需要的东西！

> 他们现在就是想要占有所有被景观展示和抽象地（似乎）可以得到的物品，因为他们想要"使用"它们。这样，他们是在挑战交换价值，挑战商品现实……通过盗窃和礼物，他们找回了"使用性"，找回了直接驳斥了商品的压抑理性的"使用性"（la rationalité oppressive de la marchandise）——揭示出商品的关系和生产是任意的和不必要的。②

在德波看来，这里发生的事情正是《冬宴》所曾经主张的革命事件。因为，在黑人兄弟们拒绝景观的反抗活动中，他们从资本家的商店里偷走的东西，正是没有经过景观-交换价值中介过的"礼物"，这才是废除了景观"伪交往"制造出来的虚假异化需要的真实的欲望满足。德波激

---

① Guy Debord，«Le declin et la chutede l'economie spectaculaire-marchande»，*Œuvres*，Paris：Gallimard，2006，p.704. 中译文参见刘冰菁译稿。
② 同上文，p.705。中译文参见刘冰菁译稿。

动地说，"真正的欲望（vrais désirs）就开始在节日（fête）的庆祝中、在游戏的（ludique）自我肯定中、在耗尽的**冬宴**（*potlatch* de destruction）中展现出来。摧毁了商品的人，才展示出了人对商品的优越性，而不是被禁锢在抽象的形式之中的囚徒"①。不再是被广告左右，不得不购买那些下意识中被操控的商品，而是直接在狂欢的节日中拿走，这是从景观场境牢狱中逃出的解放者。其实，在这里我们已经可感受到即将来临的红色五月风暴的风雨气味。

所以，针对资产阶级的景观统治，德波在 1967 年发表的《革命组织的最低定义》（«Définition minimum des organisations révolutionnaires»）一文中，明确提出了情境主义国际新的革命总任务：首先，"针对整个世界的整体批判（critique unitaire），因为在资本世界化的进程中，到处都是社会-经济活动所产生的殖民化和分裂；因此，真正的革命批判必须是针对所有世界范围的"②。正因为，资本世界化进程中的最新阶段是世界性景观支配，通过跨国公司在全世界的布展，资产阶级的景观统治是世界性的，所以，对景

---

① Guy Debord，«Le declin et la chutede l'economie spectaculaire-marchande»，*Œuvres*，Paris：Gallimard，2006，p.705. 中译文参见刘冰菁译稿。

② Guy Debord，*Définition minimum des organisations révolutionnaires*，*Œuvres*，Paris：Gallimard，2006，p.731.

观的批判和拒绝也应该是世界性的。现在,可以将马克思恩格斯所提出的"全世界无产者联合起来"一语,改为"全世界景观奴隶团结起来"了。其次,景观对人的存在支配是整体的,"从信息文化到大众文化,景观已经完全垄断了人们之间的所有交流,通过将他们异化的活动的图像进行单向度的介入",所以,新型的革命也必须是面对整个资产阶级世界的。如果说,葛兰西和青年卢卡奇已经意识到反抗资产阶级统治的总体性革命,那么,这种革命在今天就变成解构图像、信息文化和大众文化中景观伪境支配和解构日常生活场境存在异化的总体性革命。其三,德波明确说,情境主义国际走向解构景观,全面反对资产阶级世界的计划,从根本上看,就是要有针对性地去除景观(资本)对日常生活的殖民化统治,或者叫非殖民化破境:

> 开始和结束都在于对日常生活的总体的非殖民化(décolonisation totale de la vie quotidienne);因此,它的目标不是通过大众实现对现存**世界**的自我管理(pas l'autogestion *du monde* existant),而是不间断的对世界的变革。它带来的是彻底的对政治经济学的批判,和对商品和雇佣劳动的超越(dépassement de la

marchandise et du salariat)。①

　　当然，"资本对日常生活的殖民"，这是德波改写列斐伏尔日常生活批判中最重要的理论断言。终止这种资本通过景观对日常生活场境的殖民，就是要靠前述马克思主义革命观的异轨了。今天新型的革命的目标不再是政治经济关系的直接改变，甚至也不是列斐伏尔的一般日常生活批判，而是日常生活的**非殖民化**了。因为，对商品和雇佣劳动的真正超越，恰恰是在日常生活中对景观微观殖民的超越。

　　应该说，德波对当代资产阶级世界中景观现象的批判，是有其深刻和合理的方面，这是我们研究资本主义社会新问题的一个重要入口，但是我也认为，德波的景观批判理论从根本上说，仍然是不科学的。德波对马克思政治经济学理论的批评和超越，存在着严重的破绽。整个情境主义国际的艺术家，对马克思主义基本理论的掌握还是不够深入的。特别是在历史研究和经济学理论上的积累和认识都是普遍不足的。前面我已经指出，约恩曾经在 1960 年出版一本名为《政治经济学批判》(*Critique de la poli-*

---

① Guy Debord, *Définition minimum des organisations révolutionnaires*, *Œuvres*, Paris: Gallimard, 2006, p.731.

LA SOCIÉTÉ DU SPECTACLE

Publié en 1967 aux Éditions Buchet-Chastel, en 1971 aux Éditions Champ Libre, en 1992 aux Éditions Gallimard

德波的《景观社会》手稿一页

　　　　　　　　　烈火吞噬的革命情境建构

《景观社会》的漫画版第 4 章
"作为主体和表象的无产阶级"

tique économique)的著作,其中,他不自量力地全面批评马克思的政治经济学"过时了"。可他自己提出的观点却是违反经济学学识的,根本不值得反驳。

1967年,德波出版了《景观社会》(*La Société du Spectacle*)一书。这是多年来他的革命实践和理论构序的结晶之作。德波自己说,"《景观社会》第一次出版是在1967年11月由布歇-夏斯特尔出版社在巴黎出版的。1968年的动乱使之一举成名"①。

1973年,他根据这一文本拍摄了著名电影《景观社会》(*La Société du Spectacle*,88分钟)。在他看来,"电影的景观,就是伪-交往的形式之一"②,从1952年的《为萨德呐喊》开始,对这种伪交往景观的批判,始终是他直接践行的革命场域。1975年,德波拍摄电影《驳斥所有对电影〈景观社会〉的判断,无论褒贬》(*Réfutation de tous les jugements, tant élogieux qu'hostiles, qui ont été jusqu'ici portés sur le film 'La société du spectacle'*,22分钟);1978年,德波又拍摄电影《我们一起游荡在夜的黑暗中,然后被

---

① [法]德波:《景观社会》,张新木译,南京大学出版社,2017年版,第1页,"序言"。关于我对德波《景观社会》的研究,可参见拙作:《文本的深度耕犁——西方后马克思思潮的文本学解读》第2卷,中国人民大学出版社,2008年版,第2章。

② Guy Debord, *Œuvres*, Paris: Gallimard, 2006, p.560. 中译文参见刘冰菁译稿。

烈火吞噬》(*In girum imus nocte et consumimur igni*,100
分钟)。1978 年,德波出版了《电影作品全集》(*Œuvres
cinématographiques complètes*)一书。这本书包含了他的
所有文本和电影剧本,以及从影片中节选的剧照。

德波的电影《景观社会》,1973 年,1′20″片段

正在拍摄电影的德波　　　　　正在剪辑胶片的德波

结　语
红色的终点

――――――

> 跟从主人已经很痛苦，选择主人更痛苦。
>
> ――红色五月风暴标语

1967 年，法国著名的伽利玛出版社几乎同时出版了德波的《景观社会》和瓦纳格姆的《日常生活的革命》。这是整个情境主义国际发展思想史中两本最重要的理论文本。不到一年的时间，法国大学生与后起的工人没有坐等情境主义国际断言的"最终的贫困的来临"，他们奋起反对资产阶级的消费意识形态和景观支配，这就爆发了震惊和波及全球的 1968 年巴黎红色五月风暴。我们看到，在这场不是一个"伟大的晚上"（十月革命）的新型文化总体革命中，学生和工人在索邦大学和巴黎拉丁区的墙上写了很多源自情境主义国际的建构革命情境的口号。5 月 14 日，索邦大学贴出了源自《景观社会》和《日常生活的革命》中的如下标语：

　　　　　　　烈火吞噬的革命情境建构

上帝之后，艺术已死。教父也不再将其带回（Après Dieu，l'art est mort. Que ses curés ne la ramènent plus）！

反对所有艺术的苟生（CONTRE toute survie de l'art）！

反对分离的统治（CONTRE le règne de la *séparation*）！

直接的对话（DIALOGUE DIRECT）！

直接的行动（ACTION DIRECTE）！

日常生活的自我管理（AUTOGESTION DE LA VIE QUOTIDIENNE）！①

这里的"艺术已死"是情境主义国际自 1957 年喊出来的口号；反对社会"分离"和反对日常生活"苟生"的观点，分别来自德波的《景观社会》和瓦纳格姆的《日常生活的革命》；拒绝景观场境虚假的中介，建构人与人、人与物之间直接的对话与行动，让非凡的日常生活场境成为艺术般的自我管理，这都是情境主义国际通过情境建构走向新型日常生活革命的目标。

---

① Guy Debord，*Œuvres*，Paris：Gallimard，2006，p.881.中译文参见刘冰菁译稿。

5月16日,索邦大学再次贴出了这样的标语:

打倒消费社会(À bas la société de consommation)!

消除阶级社会(Abolition de la société de classes)!

消除异化(Abolition de l'aliénation)!

人性在最后一个资本主义者与最后一个左派灭亡之前不会幸福(L'humanité ne sera heureuse que quand le dernier capitaliste sera pendu avec les tripes du dernier gauchiste)![1]

这些标语,几乎都是情境主义国际从1957年就开始疾呼的革命口号,它们显然不会出现在同时代的中国大街上。当然,客观地说,这些标语也表达了整个西方马克思主义和情境主义国际的总体性革命观念。当考夫曼说,

"让想象力夺权"

"废除异化劳动"

---

[1] Guy Debord, Œuvres, Paris: Gallimard, 2006, p.889. 中译文参见刘冰菁译稿。

"情境主义者是 1968 年五月风暴的伟大设计师,提供了它的正式结构"时,话讲得有些绝对了,其实,情境主义国际由于自身理论构式的弱项,并不可能提供一个全新的革命实践的指导,准确地说,情境主义国际与西方马克思主义思潮共同建构了红色五月风暴的支援背景。只是,情境主义国际的艺术感性和造反激情,是直接点燃反抗资产阶级景观社会怒火的导火索。红色五月风暴似乎真的对象化了德波的预言:"当群众粗暴地打断创造历史的时候,发现他们的行动是直接的经验(experience directe),像是节日一样(fête),这种革命行动就会达到顶峰。"[①]一场革命竟然成了游戏般的人民狂欢,资产阶级通过景观布展的消费意识形态伪构境和伪场境存在,在突然到来的"革命诗意瞬间"中荡然无存。五月巴黎的天是明朗的天!

红色五月风暴爆发之后,德波等情境主义国际的同志们欣喜若狂,像萨特和福柯那些左翼知识界的大佬一样,他们也直接走进学生和工人们的游行队伍,散发情境主义国际的传单,张贴和悬挂大幅标语,直接参与到这场他们曾经梦想的游戏般的革命节日狂欢之中。5 月 10 日,情境主义国际参加了盖伊·卢萨克街上构筑路障的夜间活动。

[①]　Guy Debord, *Œuvres*, Paris: Gallimard, 2006, p.238. 中译文参见刘冰菁译稿。

5月14日，与激进学生组织"激愤派"①共同成立"激愤-情境主义（Enragés-Situationist）"委员会。5月17日与工人和学生共同组织"维护职业委员会"（CMDO）。5月22日，CMDO发布了六张海报：

打倒景观-商品社会；

占领工厂；

终结大学；

赋予工人委员会权力；革命运动现在能做什么？一切。

它在党和工会手中将变成什么？没有。

运动要什么？通过工人委员会的力量实现无阶级社会。

6月15日，已经不是情境主义成员的约恩也制作了四张海报，以向红色五月风暴致敬：

建构情境的热情革命万岁；

粉碎窒息景观的框架；

---

① 楠泰尔大学的一个学生小组，参加了1967年11—12月的学生游行，取名为"激愤派"（Enragés）。

"终结大学"

"占领工厂"
"赋予工人委员会权力"
"废除阶级社会"

"打倒景观-商品社会"

情境主义国际在索邦大学的教室（Jules-Bonno），第一次散发占领委员会（Comité d'Occupation）的传单 ①

---

① Guy Debord, *Œuvres*, Paris: Gallimard, 2006, p.880.

情境主义国际在索邦大学的教室（Jules-Bonno）窗户上方悬挂的革命标语："占领工厂！（Occupation des usines）工人委员会！（Conseils Ouvriers）"①

德波和瓦纳格姆等情境主义国际的艺术家与造反学生在一起

支持应当自由学习的学生；

没有强大的影像就没有想象力。

在1968年红色五月风暴爆发之后，法国著名的伽利玛和布切·查斯特尔出版社都紧急再版了前一年问世的德波的《景观社会》和瓦纳格姆的《日常生活的革命》等情境主义国际的相关作品。1969年夏天，情境主义国际与斯特拉斯堡大学的学生合作的小册子《关于大学生生活的贫困——对经济的、政治的、心理的、性别的特别是智力方面的关注及其补救的可行性提议》（*De la misère en milieu étudiant：considérée sous ses aspects économique，politique，psychologique，sexuel et notamment intellectuel et*

---

① Guy Debord, *Œuvres*, Paris：Gallimard，2006，p.880.

《关于大学生生活的贫困》一书的首页

de quelques moyens pour y remédier）被翻译成六种语言，
印刷到了 30 万份。①

　　早在这本写于 1966 年的小册子里，斯特拉斯堡大学
的学生和情境主义国际的革命艺术家已经有了这样的认
识：今天的资产阶级世界是"一个被商品和景观所主宰的
社会"。首先，"商品生产的本质是在一个完全不受创造者
控制的世界的混沌和无意识的创造中失去自我"，只是它
的本质被拜物教遮蔽起来了。这是向马克思的经济拜物
教批判和**物役性**②理论的致敬。其次，这是一个景观统治

---

① 　*Enragés et Situationnistes le dans mouvement des occupations*，Paris：
　　Commission paritaire des papiers de Presse，1966.

② 　马克思认为，在人类社会发展的特定的历史时期内，由人类主体创造出
　　来的物化的经济力量颠倒地表现为社会历史的统治者（"物役性"），人
　　类主体自身不能成为自己活动的主人，而畸变为经济关系的人格化，历
　　史的发展仿佛是独立于人之外发生和运转，呈现出一种类似自然界盲目

的社会，

> 近代史和所有过去的历史一样，是社会实践的产物，是人类活动（无意识）的结果。在极权统治的时代，资本主义产生了自己的新宗教：景观。景观是意识形态在人间的实现。世界从来没有如此颠倒过。"就像马克思时代的'宗教批判'一样，对景观的批判是今天任何批判的基本前提。"（《情境主义国际》第 9 期）①

这一段批判景观拜物教的表述，几乎完全是从德波的文章和论著中抄来的。可见，情境主义国际对学生们的影响有多深。小册子还分析：

> 景观社会以其对自身及其敌人的展现，把自己的意识形态范畴强加给世界及其历史。它让人安心地呈现发生的每件事，仿佛它是事物自然秩序的一部

运动的状态（"似自然性"）。因而，人类主体的社会历史就不正常地异化为自然历史过程，人类自己所构成的主体活动总体也畸变成一种不以人的意志为转移的客体运动，人的历史却往往呈现出反人的性质。关于马克思的物役性和似自然性概念的具体讨论，可参见拙著：《马克思历史辩证法的主体向度》第三版，武汉大学出版社，2010 年，第 3 章。

① *Enragés et Situationnistes le dans mouvement des occupations*，Paris：Gallimard，1968，p.241－242.中译文参见刘冰菁译稿。

分,并将那些预示着其衰退的真正新发展,降低到肤浅的消费式的新奇感。①

这是一个批判资产阶级景观**似自然性**的深刻观点。景观之所以能够欺骗和支配人,重要的原因之一就是它将自己装扮成"事物的自然秩序"。你追逐时尚、疯狂于消费,这是你追求幸福的天性(nature)。在这个商品和景观控制的社会定在中,"现代资本主义的物化使每个人都在普遍的被动状态下扮演着特定的角色"②。景观角色批判的观点,接近瓦纳格姆在《日常生活的革命》等论著中的讨论。学生在日常生活中的贫困,却在"从文化商品的鸦片中得到了直接而奇妙的补偿",他们会是"文化超市里陈列的包装碎片最狂热的消费者",或者是在"炫耀性消费"中,"受制于广告而对那些同质化的无价值商品保持不同的态度,狂热偏好一个品牌"③。显而易见,这是情境主义国际特别是德波对景观批判的观点在大学学生日常生活场景中的延伸。

---

① *Enragés et Situationnistes le dans mouvement des occupations*,Paris:Gallimard,1968,p.228.中译文参见刘冰菁译稿。
② 同上书,第 220 页,中译文参见刘冰菁译稿。
③ 同上书,第 225 页,中译文参见刘冰菁译稿。

由于缺乏真正的激情,学生们在无趣的名人那毫无激情的争论中寻找乐趣——从阿尔都塞——迦罗蒂——萨特——巴特——皮卡德——列斐伏尔——列维-斯特劳斯——哈利代——夏太莱,直到安托万。其功能是通过对诸如人文主义——存在主义——结构主义——科学主义——新批评主义——辩证法——自然主义——控制论——计划主义——元哲学的这些虚假问题的辩论来掩盖真实问题。①

这完全是情境主义国际那种艺术先锋派的腔调,因为在他们眼里,对应于当代资产阶级的景观意识形态和消费社会奴役,一切法国当时的左翼理论家和激进话语都是狗屁不通的东西,不仅迦罗蒂、萨特、阿尔都塞和列斐伏尔不同的马克思主义都是无趣名人的无意义争论,甚至像列维-斯特劳斯和巴特那样的知识名家的各种新奇思想,也都是远离日常生活微观压迫的空谈。他们主张,今天的大学生要自觉地反抗今天资产阶级的"整个基于等级制度、经济和国家独裁统治的社会体系",就必须拒绝接受专门的教育在商业和体制内为人们设计的角色,对那种"使所

---

① *Enragés et Situationnistes le dans mouvement des occupations*, Paris: Gallimard, 1968, p.225.中译文参见刘冰菁译稿。

有活动及其产品与其生产者疏远的生产制度"提出根本性的质疑。这里的理论观点,几乎一字不差地来自情境主义国际的社会批判观念。小册子号召,大学生应该站起来斗争,今天"对异化现实所强加的一切价值观念和行为模式的彻底批判和自由重构是其最大纲领",这当然就是情境主义国际所主张的革命情境建构。"让死人去埋葬死人吧。历史运动的实际解谜,是对革命意识中萦绕不去的幽灵的祛魅;日常生活的革命正面临着艰巨的任务。革命和它所宣告的生活都必须被重新创造。"[1]这简直就是即将来临的红色五月风暴的革命宣言。

1969年9月,《情境主义国际》第9期的印数由原来的5000份提高到10000份。一时间,情境主义国际的影响达到了有史以来的最高点。瓦纳格姆后来说,"在五月风暴拒绝商品的革命中。我虽然不能说那些工人们都读过我们的期刊、《景观社会》和《日常生活的革命》,但那是一种感觉,我们的思想像是其中更深的来源那样在运动中出现了和被理解了"[2]。这是对的。因为情境主义国际艺术家们的话语比西方马克思主义的大学问家们的沉思更加感

---

[1] *Enragés et Situationnistes le dans mouvement des occupations*,Paris:Gallimard,1968,p.238.中译文参见刘冰菁译稿。

[2] Gérard Berréby,Raoul Vaneigem,*Rien n'est fini,tout commence*,Paris:Allia,2014,p.217. 中译文参见刘冰菁译稿。

性，所以，激情澎湃的学生更容易接受。

也是在 1969 年，德波在总结红色五月风暴的经验时，仍然无法平抚内心里的兴奋。他写道：

> 占领运动，是作为历史阶级的无产阶级的突然回归（retour soudain），**扩展**（*élargi*）到了现代社会的雇佣劳动（salariés）的大部分人身上，而且总在趋向有效废除阶级和雇佣制。这场运动，无论是从集体和个人的层面上，都是对历史的重新发现（redécouverte）。[1]

在德波看来，红色五月风暴恰恰是情境主义国际所主张的新型文化革命。首先，因为这是一场前所未有的"对所有异化的**普遍批判**，对所有意识形态和过去掌管日常生活、热情和联合的组织的总体批判"（la *critique généralisée* de toutes les aliénations，de toutes les idéologies et de l'ensemble de l'organisation ancienne de la vie réelle，la passion de la généralisation，de l'unification）[2]。这是一件划时代的重大历史事件。与马克思和列宁心目中的社会革命不同，革命者起来造反的对象不再只是资本家，而是全部生活场境存在的异化，是当代资产阶级微观到日常生活场境中的奴役

---

[1]　Guy Debord，*Œuvres*，Paris：Gallimard，2006，p.918.中译文参见刘冰菁译稿。

[2]　同上。

和统治,它表现为无脸的意识形态对人的欲望和社会群体属性的赋型。其次,在更深的存在论层次上,"在这个过程中,所有权被否定了,每个人都归为自己所有。对话中的承认欲望、完全自由的陈述、真实的共同体的追求"(Le *désir reconnu du dialogue*, de la parole intégralement libre, le goût de la communauté véritable)①。在这场革命的狂欢中,人们会突然发现每天支配自己的资产阶级意识形态维护的私人所有权失效了,在诗意的革命活动和战斗中,人与人之间的分离关系和拜物教神秘同时消失了,相互之间的直接认可,自由的思想交流与构境,以及在游行队伍中共同的口号呼喊和"英特纳雄奈尔"的高歌共在,当下建构起一个革命场境的"真实的共同体"。其三,德波认为,这场革命性的活动真正实现了情境主义国际所憧憬的理想愿景,一个没有了景观异化的、充满诗意的革命情境建构:"占领运动,很明显地就是对异化劳动的拒绝(refus du travail aliéné);因此'节日''游戏',是人和时间的真实在场(la fête, le jeu, la présence réelle des hommes et du temps)。"②摆脱了景观时间和消费幻象,逃离了异化关系,人的生命存在中的真实时间第一次在游戏般的盛大节日中在场了,过去在艺术实践中尝试的"漂移""异轨"情境,

---

① Guy Debord, *Œuvres*, Paris: Gallimard, 2006, p.918. 中译文参见刘冰菁译稿。

② 同上。

现在是在大街小巷里由大学生和工人们践行起来了。德波激动地说，在这一片红色的海洋里，

> 到处都不再可见对异化的服从。年轻人、工人、各色人种、同性恋、女人和小孩都敢于要求他们被禁止拥有的东西；同时，他们拒绝旧的阶级社会允许他们得到和支持的巨大灾难。他们不再需要老板、家庭和国家。他们批评建筑，他们开始学习如何互相交流。……现在每天的惯例就是**废除雇佣劳动**（Ce qui vient maintenant à l'ordre du jour, c'est *l'abolition du salariat*）。①

我觉得，德波、瓦纳格姆等情境主义国际的革命艺术家们，真的有理由高兴和得意，因为，在这场红色的五月风暴革命中，他们看起来不切实际的艺术革命和新型激进思想，真的将他们钟爱的马克思《关于费尔巴哈的提纲》中的第十一条"改变世界"推向了资产阶级社会中的日常生活革命。虽然，这场"蔷薇花式的革命"注定会失败，但它真的改变了当代西方社会历史和马克思主义的革命思想史。这是需要我们关注的一个重要的思想史标定点。

---

① Guy Debord, *Œuvres*, Paris: Gallimard, 2006, p.1094. 中译文参见刘冰菁译稿。

德波等人在五月风
暴的人群中

"我们只是进行了我们革命的第一场暴动"

当格雷尔·马尔库塞评论说，情境主义国际"无休无止地谈论'日常生活'，却忽视了既从政治上又以最细微方式考察日常生活的作品(詹姆斯·阿基的《让我们赞美名人》、福柯的《癫狂与文明》、年鉴派的书籍、瓦尔特·本雅明的《单向街》和《柏林编年史》)，并且没有写出可与之比肩的作品来"[①]。尊敬的格雷尔·马尔库塞先生，您说错了！德波的《景观社会》和瓦纳格姆的《日常生活的革命》，当然都是比肩于福柯和本雅明相关文本的大师级经典。读不懂可以，可是千万别妄下肤浅的结论。

1966 年，《关于大学生生活的贫困》小册子的最后一段话这样写道：

[①] ［美］格雷尔·马尔库塞：《情境主义国际的漫漫征程》，方宸、付满译，载《社会理论批判纪事》第 7 辑，南京大学出版社，2014 年版，第 28 页。

诗性(*poésie*)唯一能够承认的是对生活中所有时刻和事件建构中的自由创造(la construction de tous les moments et événements de la vie),这是由一切人共同创作的史诗,这是革命狂欢的开端。无产阶级的革命要么是伟大的节日,要么什么也不是,因为节日是他们所宣扬的生活的基调。**游戏**(*jeu*)是这个节日的终极原则,它的唯一规则就是没有终点的尽情生活(vivre sans temps mort)和没有限制的自由欢歌(jouir sans entraves)。①

这是 20 世纪 60 年代,那个异国他乡的红色海洋中传来的诗性话语,那种游戏般的自由欢歌一直回荡在历史断裂的思想峡谷之中。我们重新听到它的回声,因为布尔乔亚的景观迷雾并没有完全消散,有时,它还以每秒钟 30 万公里的网络信息速度弥漫于令人窒息的市场上空。

---

① *Enragés et Situationnistes le dans mouvement des occupations*,Paris:Gallimard,1968,p.243.中译文参见刘冰菁译稿。

参考文献

Guy Debord，*Œuvres*，Paris：Gallimard，2006.

Guy Debord，*La Société du Spectacle*，Paris：Gallimard，1992.

Guy Debord，*Correspondance* volume 3，Paris：Fayard，2003.

Guy Debord，*Potlatch*（1954 - 1957），Paris：Gallimard，1996.

Gérard Berréby，*Textes et Documents Situationnistes*（1957 - 1960），Paris：Allia，2004.

Internationale Situationniste（1958 - 1969），Paris：Fayard，1997.

Enragés et Situationnistes le dans mouvement des occupations，Paris：Gallimard，1968.

Raoul Vaneigem，*Traité de savoir-vivre à l'usage des jeunes générations*，Paris：Gallimard，1992.

Raoul Vaneigem, «Banalité de Base», *Internationale Situationniste*, No.7, 1962.

Raoul Vaneigem, «Banalité de Base Ⅱ», *Internationale Situationniste*, No.8, 1962.

Gérard Berréby, Raoul Vaneigem, *Rien n'est fini, tout commence*, Paris: Allia, 2014.

Patrick Marcolini, *Le Mouvement Situationniste: Une histoire intellectuelle*, Montreuil: L'Échappée, 2012.

［法］鲁尔·瓦纳格姆:《日常生活的革命》,张新木、戴秋霞、王也频译,南京大学出版社,2008年版。

［法］居伊·德波:《景观社会》,王昭风译,南京大学出版社,2003年版。

［法］居伊·德波:《景观社会》,张新木译,南京大学出版社,2016年版。

［法］樊尚·考夫曼:《居伊·德波——诗歌革命》,史利平译,南京大学出版社,2014年版。

［法］米歇尔·德·塞托:《日常生活实践:1. 实践的艺术)》,方琳琳译,南京大学出版社,2009年版。

［法］米歇尔·德·塞托:《日常生活实践:2. 居住与烹饪》,冷碧莹译,南京大学出版社,2014年版。

张一兵主编:《社会理论批判纪事》,第7辑,南京大学出版社,2014年版。

〔德〕卡尔·马克思、〔德〕弗里德里希·恩格斯,《马克思恩格斯全集》第 44 卷,人民出版社,2001 年第二版。

〔德〕莫泽斯·赫斯:《论货币的本质》,《赫斯精粹》,南京大学出版社,2010 年版。

〔法〕雅克·拉康:《拉康选集》,褚孝泉译,上海三联书店,2001 年版。

〔法〕亨利·列斐伏尔:《空间的生产》,刘怀玉等译,商务印书馆,2019 年版。

〔法〕亨利·列斐伏尔:《日常生活批判》(全三卷)叶齐茂、倪晓辉译,社会科学文献出版社,2017 年版。

〔法〕亨利·列斐伏尔:《都市革命》,刘怀玉、张笑夷、郑劲超译,首都师范大学出版社,2018 年版。

〔法〕亨利·列斐伏尔:《空间与政治》,李春译,上海人民出版社,2008 年版。

〔法〕亨利·列斐伏尔:《辩证唯物主义》,乔桂云译,载《西方学者论〈1844 年经济学哲学手稿〉》,复旦大学出版社,1983 年版。

〔德〕贝托尔特·布莱希特:《戏剧小工具篇》,张黎、丁扬忠译,北京师范大学出版社,2015 年版。

〔德〕贝托尔特·布莱希特:《论史诗剧》,孙萌译,北京师范大学出版社,2015 年版。

〔荷〕赫伊津哈:《人:游戏者》,成穷译,贵州人民出版社,1998年版。

〔法〕洛特雷阿蒙:《洛特雷阿蒙作品全集》,车槿山译,东方出版社,2001年版。

〔法〕阿尔都塞:《黑格尔的幽灵——政治哲学论文集(1)》,唐正东译,南京大学出版社,2005年版。

〔法〕阿尔都塞:《论再生产》,吴子枫译,西北大学出版社,2019年版。

〔美〕弗罗姆:《健全的社会》,欧阳谦译,中国文联出版公司,1988年版。

〔德〕马尔库塞:《单向度的人:发达工业社会意识形态研究》,张峰、吕世平译,重庆出版社,1988年版。

〔美〕马斯洛:《人性能达的境界》,林方译,云南人民出版社,1987年版。

〔法〕让·鲍德里亚:《物体系》,林志明译,上海人民出版社,2001年版。

〔法〕让·鲍德里亚:《消费社会》,刘成富、全志钢译,南京大学出版社,2001年版。

〔法〕让·鲍德里亚:《符号政治经济学批判》,夏莹译,南京大学出版社,2009年版。

〔法〕福柯:《词与物——人文科学考古学》,莫伟民译,上海三联书店,2001年版。

〔法〕福柯:《癫狂与文明:理性时代的精神病史》,孙淑强、金筑云译,浙江人民出版社,1990年版。

[意]吉奥乔·阿甘本:《幼年与历史:经验的毁灭》,尹星译,河南大学出版社,2011年版。

[德]布莱希特:《布莱希特论戏剧》,丁扬忠、李健鸣译,中国戏剧出版社,1990年版。

[美]马克·波斯特:《战后法国的存在主义马克思主义:从萨特到阿尔都塞》,张金鹏译,南京大学出版社,2015年版。

[法]洛特雷阿蒙:《马尔多罗之歌》,车槿山译,四川文艺出版社,2018年版。

[德]马克斯·韦伯:《新教伦理与资本主义精神》,于晓、陈维纲译,生活·读书·新知三联书店,1987年版。

[意]塔夫里:《建筑学的理论与历史》,郑时龄译,中国建筑出版社,2010年版。

张一兵:《社会理论批判纪事》第2辑,中央编译出版社,2007年版。

张一兵:《回到马克思——经济学语境中的哲学话语》,江苏人民出版社,2020年第四版。

张一兵:《回到列宁——对"哲学笔记"的一种后文本学解读》,江苏人民出版社,2008年版。

张一兵:《马克思历史辩证法的主体向度》,武汉大学出版社,2010年第三版。

张一兵:《不可能的存在之真——拉康哲学映像》(修订版),上海人民出版社,2020年版。

张一兵:《反鲍德里亚——一个后现代学术神话的祛序》,商务印书馆,2008年版。

张一兵:《回到福柯——暴力性构序与生命治安的话语构境》,上海人民出版社,2016年版。

张一兵、哈维等:《照亮世界的马克思:张一兵与齐泽克、哈维、奈格里等学者的对话》,上海人民出版社,2018年版。

张一兵:《文本的深度耕犁——当代西方激进哲学的文本学解读》第一卷,中国人民大学出版社,2004年版;第二卷,中国人民大学出版社,2008年版;第三卷,中国人民大学出版社,2019年版。

张一兵:《遭遇阿甘本——赤裸生命的例外悬临》,南京大学出版社,2019年版。

张一兵:《物象化图景与事的世界观——广松涉哲学的构境论研究》,天津人民出版社,2020年版。

王昭风:《〈景观社会〉解读与批判》,博士论文,存南京大学档案馆,2006年。

刘冰菁:《景观社会中的异轨与突围——居伊·德波的激进哲学研究》,博士论文,存南京大学档案馆,2018年。

张一兵:《劳动塑形、关系构式、生产构序与结构筑模》,《哲学研究》2009 年 11 期。

张一兵:《西方马克思主义、后马克思思潮和晚期马克思主义》,《福建论坛》2000 年第 4 期。

张一兵:《景观意识形态及其颠覆——德波〈景观社会〉的文本学解读》,《学海》2005 年第 5 期。

张一兵:《颠倒再颠倒的景观世界——德波〈景观社会〉的文本学解读》,《南京大学学报》2006 年第 1 期。

张一兵:《虚假存在与景观时间——德波〈景观社会〉的文本学解读》,《江苏社会科学》2005 年第 6 期。

张一兵:《孤离的神姿:阿甘本与德波的〈景观社会〉》,《马克思主义与现实》2013 年第 6 期。

王昭风:《影像消费的时间和时间消费的影像——试析德波的"景观时间"观》,《南京社会科学》2004 年第 4 期。

王昭风:《居伊·德波的景观概念及其在西方批判理论史上的意义》,《南京社会科学》2008 年第 2 期。

仰海峰:《德波与景观社会批判》,《南京社会科学》2008 年第 10 期。

刘怀玉:《消费主义批判:从大众神话到景观社会——以巴尔特、列斐伏尔、德波为线索》,《江西社会科学》2009 年第 7 期。

朱橙:《建构情境与反资本主义文化体制:情境主义国际的前卫艺术实践》,《艺术探索》2017 年第 4 期。

刘悦笛:《从日常生活"革命"到日常生活"实践"——从情境主义国际失败看"生活美学"未来》,《文艺理论研究》2016 年第 3 期。

张颢曦:《情境主义国际:尚未结束的乌托邦》,《新美术》2013 年第 2 期。

张颢曦:《情境主义国际的城市批判与实践》,《新美术》2013 年第 8 期。

附　录

一、《字母主义国际宣言》①

德波、沃尔曼等

《**再见，扁平足！**》(«Finis Les Pieds Plats»)

马克·森内特导演、麦克斯·林代演员、泪眼汪汪的未婚母亲斯塔维斯基和奥特伊的孤儿，您是卓别林、情感敲诈者、歌唱不幸的主唱。

---

① 1952 年，字母主义国际的德波、沃尔曼(Gil Joseph Wolman)、贝尔纳 (Serge Berna)、布罗(Jean-Louis Brau)，去卓别林在法国的《舞台生涯》电影发布会的现场，朗读该文，发送传单且咒骂卓别林。此次"丑闻"事件标志着字母主义国际的成立，独立于伊索的字母主义。«Finis Les Pieds Plats», *Documents Relatifs a la fondation de l'Internationale Situationniste*, Editions Allia, 1985, p.147.

电影放映机需要它的黛丽。您将自己的作品、美好的作品都赠给了它。

由于您已经将自己标识为了弱者和被压迫者，所以攻击您就是攻击弱者和被压迫者，但是从您挥舞的藤手杖里，有人已经可以看到警察的警棍。

您是"转过另一边脸给别人打的人"（臀部的另一边脸），但对我们、年轻而美丽的人来说，对苦难的唯一答案就是革命。

有着扁平足的马克斯·德维兹（Max de Veuzit），我们没有购买让您成为受害者的那些"荒谬的迫害"。在法国，移民局自称为广告代理商。您在瑟堡举行的新闻发布会只能提供一块牛肚。为了《舞台生涯》的成功，您无所畏惧。

滚去睡觉吧，你这个隐藏的法西斯主义者，爱赚钱、融入上流社会（在小伊丽莎白面前跪倒得多么标准）。快死吧，我们将为你举办一流的葬礼。

我们祈祷你最新的电影会是你最后一部作品。

灯光融化了所谓"哑剧"的妆容,暴露了阴险而妥协的老人。

卓别林先生,回家吧!

（刘冰菁译）

二、《眼镜蛇运动宣言》①

康斯坦特执笔

西方古典文化的消亡是一种只有在社会演进的背景下才能被理解的现象,它将以一种存在了数千年的社会原则的全面崩溃结局而告终,并被这样一种制度(system)所代替,这种制度的法则是建立在人类生命力的直接需要之上的。历史上统治阶级对创造性意识的影响已经使艺术日益沦至一种从属的地位,直到最后,这种艺术的真正的通灵功能(psychic function)只有在少数天才的精神中才能达到,他们在饱受挫折和长期斗争之后能够打破形式的惯例,重新发现一切创造性活动的基本原则。

这种个人的文化,连同产生它的阶级社会,面临着毁灭。因为阶级社会的制度是人为地保持着活力,而不再为

---

① 《宣言》首次于 1948 年以荷兰文发表于 *Reflex* 第一期,参见 Constant Nieuwenhuys, "Manifest", in *Reflex: orgaan van de experimentele groep in Holland*, n°1, 1948。再版于有关情境主义国际(1948—1957)成立的档案中,参见 Constant Nieuwenhuys, "Manifest", in *Documents relatifs à la fondation de l'Internationale Situationniste 1948—1957*, Paris: Allia, 1985, pp. 20 - 34。后由莱昂纳德·布莱特(Leonard Bright)译为英文,标题为"Manifesto"。

创造性的想象力提供任何机会，而且只会阻碍人类生命力的自由表达。在过去五十年的艺术史上，所有典型的主义（isms）都代表着许许多多的尝试，即试图为这种文化注入新的生命，使其审美适应它所处的社会环境的贫瘠土壤。具有一种永恒的建构性倾向并痴迷于客观性（objectivity）〔它是由那种已经摧毁我们的思辨的-理想化的文化（speculative-idealizing culture）的疾病所造成的〕的现代艺术在一个似乎执意要自我毁灭的社会中孤立无援、无能为力。作为一种为社会精英打造的风格的延伸，现代艺术已经随着这种精英的消失而失去了自己的社会正当性，而只能面对一群鉴赏家和业余爱好者所炮制的评论。

西方艺术，曾经的皇帝和教皇的歌颂者，已经转身服务于新兴的强有力的资产阶级，成为赞颂资产阶级理想的工具。既然这些理想已经随着它们的经济基础的消失而变为一种虚构，一个新的时代就正在向我们走来。在这个新的时代，文化传统的母体将失去它的意义，一种新的自由将从最主要的生命源泉中涌现出来。但是，正如社会革命一样，这种精神革命不可能不受到斗争的诱惑。资产阶级思想顽固地抓住它的审美理念，并孤注一掷地用尽一切手段使漠不关心的大众皈依同样的信仰。暗示（suggestions）通过利用兴趣的普遍缺失而制造出一种特殊的对于所谓"美的理念"（an ideal of beauty）的社会需求，而这些暗示都是为了阻止从生命情感中产生的一种新的充满冲突的美感盛行起来。

早在一战结束时，达达运动（the Dada movement）就试图以暴力手段来摆脱旧的美的理念。尽管这场运动越来越聚焦于政治领域，因为参与其中的艺术家们意识到，他们为自由而进行的斗争使他们同构成社会基础的法则发生冲突，但是这种对抗所释放出来的生命力也激发了一种新的艺术视野的诞生。

1924 年，《超现实主义宣言》（*Surrealist Manifesto*）发表，展现出一种迄今为止仍然隐藏着的创造性冲动——一种新的灵感源泉似乎已经被发现了。但是，布勒东运动（Breton's movement）在自身的理智主义（intellectualism）中窒息了，而从未将它的基本原则转化为切实的价值。由于超现实主义是一种观念艺术（an art of ideas），因而也染上了过去阶级文化的弊病，但是，这场运动并没有消灭这种文化在它自己的辩护中所宣扬的那种价值观。

正是这种破坏行为构成了将人类精神从被动状态中解放出来的关键。这是一种包含着所有人的人民艺术（people's art）得以繁荣的基本前提。普遍的社会萎靡，大众的被动状态，都是各种文化标准（cultural norms）阻碍生命力的自然表达的一种表征，因为对生命表达这种原始需求的满足是生命的驱动力，是治疗各种形式的生命弱点的良药。它将艺术转化为一种保持精神健康的力量。就其本身而言,它是所有人的财产,正是由于这个原因,所有将艺术贬低为一小群专家、鉴赏家和艺术能手的专属物的限定都必须被废除。

但是,这种人民的艺术并不是一种必然符合人民设定的标准的艺术,因为他们期待的是同他们的成长相伴而行的东西,除非他们有机会体验一些不同的东西。换句话说,除非人民自己积极地参与艺术创作。一种人民艺术就是只被一种自然的因而是普遍的表达欲望所滋养的表达形式。这种艺术不能解决预先形成的审美理念难题,而只是认识到由它自身的直觉所自发引导的表达标准。人民艺术的伟大价值——正因为它是未经训练的表达形式——就在于赋予了无意识以最大可能的自由度,因而为理解生活的秘密打开了更加广阔的视域。而这对于天才的艺术来说同样如此。西方古典文化已经认识到无意识的价值,因为正是无意识使艺术有可能从束缚它的传统中获得部分的解放。但是,这只能在经历了一段漫长的个人的发展过程之后才能实现,而且总是被看作革命性的。我们称之为艺术演进的革命行动的循环(the cycle of revolutionary deeds)现在已经进入最后阶段:文体惯例的松动。它已经被印象主义(Impressionism)削弱了,被立体主义(Cubism)[后来又被建构主义(Constructivism)和新造型主义（Neo-Plasticism）]暴露了，它标志着作为一种高于生活的审美唯心主义的力量（a force of aesthetic idealism）的艺术的终结。我们所谓的"天赋"（genius）只不过是使个人的力量从支配性的审美中解放出来，并将其置于这种审美之上。随着这种审美解除它的束缚，随着超常的个人表现的消失，"天赋"将成为公共财产，"艺术"一词将获得一种全新的含义。这并不是说所有人的表达都将拥有一种相似的普遍化的价值，而是说每个人都将能够表达自己，因为人民的天赋，即一种人人都可以在其中沐浴的源泉，将取代个人的表现。

在这个变革的时期，创造性的艺术家只能扮演革命者的角色：他的职责就是摧毁一种空虚的、令人厌恶的审美的最后残余，唤醒人类头脑中仍沉睡在无意识中的创造本能。在外界强加的审美传统中成长起来的大众还没有意识到自己的创造潜能。这种潜能将通过一种不是加以定义（define）而是给予暗示（suggests）的艺术，通过联合（associations）的觉醒和由此产生的思索（speculations）而被激发出来，创造出一种新的奇妙的观察方式。一旦审美传统不再妨碍无意识发挥作用，观众（onlooker）的（人类本性所固有的）创造能力就会把这种新的观察方式带给每一个人。

迄今为止，观众在我们的文化中始终被谴责为一个纯粹被动的角色,而(今后)他们自己也将会参与到创作过程之中。创作者与观众之间的互动将使这类艺术成为激发人们的创造力的一种强大动力。我们的文化的越来越巨大的解体和越来越明显的无能为力,使得今天的创造性艺术术家们的斗争比他们的前辈们的斗争变得更加容易——时间站在他们这一边。"媚俗"(kitsch)现象传播得如此之快,以至于今天它掩盖了更有教养的表达形式,要不然就是与这些表达形式紧密地交织在一起,以至于很难划清界限。由于这些发展,旧的审美理念的力量注定会衰退,并最终消失。而一种如今正在生成的新的艺术原则将自动取代它们。这种新的原则是建立在物质对创造精神的总体影响之上的。这种创造性的概念并不是一种可以被描述为固化物质(solidified matter)的理论或形式,而是来源于人类精神与展现形式和思想的原材料之间的对抗。

关于形式的每一种定义都制约了物质的效果(material effect)以及它所表达的意象。暗示艺术(suggestive art)是唯物主义的艺术(materialistic art),因为只有物质(matter)才能激发创造性活动,而形式越被完美地定义,观众就越缺乏能动性。因为我们把激发创造的欲望看作艺术的最重要的任务,在接下来的一段时期里,我们将努力争取实现最大可能的唯物主义效果(materialistic effect)和最大可能的暗示效果(suggestive effect)。从这个角度看,创造性行为比它创造的东西更加重要,而后者的意义在于它越多地揭示使它得以存在的工作,它就越少地表现为一种精美的最终产品。艺术品拥有一种固定价值的幻想已经被打破:它的价值取决于观众的创造能力,而观众的创造能力反过来又是由艺术品唤起的暗示(suggestion)所激发的。只有活的艺术才能激发出创造精神,只有活的艺术才具有普遍的意义。因为只有活的艺术才能表达情感、渴望、反应和抱负,这些都是我们共同具有的社会缺陷所产生的东西。

一种活的艺术不会区分美与丑,因为它没有设定审美标准。在过去几个世纪的艺术中,已经成为美的附属物的丑就是对非自然的阶级社会及其艺术审美的一种永久控诉,就是对这种审美阻碍和限制自然的创造欲望的一种证明。如果我们考查一下包含着人类生命的每一阶段的各种表现形式,例如尚未被社会整合的孩童的表现形式,那么我们就不会看到这种区分。除了对生活的自发性感觉,孩童不知道任何其他的法则,他们觉得没有必要表达任何其他的东西。原始文化同样如此。这就是为什么原始文化对于今天被迫生活在一种充斥着非现实(unreality)、谎言和不育症(infertility)的病态氛围中的人类来说具有如此大的吸引力。一种新的自由正在生成,它将使人类能够依照他们的本能来表达自己。这种变化将会剥夺艺术家的特殊地位,因而会遭到他们的顽强抵抗。因为当艺术家单独享有的自由为所有人拥有的时候,他的全部个人地位和社会地位便都将遭到动摇。

我们的艺术是一种革命时期的艺术,既是对正在沉沦的世界所做出的反应,又预示了一个新时代的来临。因此,它不符合前者的理念,而后者的理念还尚待阐明。但是,这是一种生命力量的表现,这种生命力由于受到抵制而变得更加强大,并且在建构一种新社会的斗争中具有相当大的心理意义。资产阶级的精神仍然渗透进了生活的各个领域,甚至还不时地假装要把艺术带给人民(这是一种特殊的人民,也就是掌控在资产阶级精神手中的人民)。

但是,这种艺术由于太过于陈腐而不再是良药了。人行道和墙壁上的粉笔画清楚地表明,人类生来就是要表现自己;现在,反对这样一种力量的斗争正在如火如荼地进行着,这种力量将迫使他们穿上职员或平民的束身衣,并剥夺他们第一个至关重要的需求。一幅画不是一种颜色和线条的混合物,而是一只动物,一个夜晚,一声尖叫,一个人,或者将所有这些东西组合在一起。资产阶级世界的客观的抽象精神(the objective, abstracting spirit of the bourgeois world)已经使绘画沦为手段——正是这种手段才使绘画得以存在;然而,创造性的想象力试图辨识出每一种形式,即使在贫瘠的抽象环境中,它也已经创造出一种同现实的新关系,并为积极的观众开启了每一种自然的或人工的形式所拥有的暗示力量。这种暗示力量是无限的,因此我们可以说,艺术在经历了一段它在其中毫无意义的时期之后,现在已经进入了一个它在其中意味着一切的时代。

文化真空(the cultural vacuum)从未像上次战争之后那样变得如此强烈或如此广泛,彼时几个世纪的文化演进的连续性被一根弦的拨动打破了。超现实主义者在对文化秩序的拒斥中将艺术表达抛到一边,并体验到天赋才能(talent)在一种反抗艺术、反抗社会的破坏性运动中变得毫无用处的幻灭和痛苦,尽管他们认识到这是社会的责任,但他们仍然足够强大地将其看作他们的责任。然而,二战后的画家们发现自己面对的是一个充满舞台布景和虚假幕墙的世界,在这个世界里,所有的交流途径都被切断了,所有的希望都消失了。作为这个世界的一种延续的未来的总体性缺失使得建设性的思想变得不可能。他们唯一的救赎就是背弃全部文化[包括现代否定主义(modern negativism)、超现实主义(surrealism)和存在主义(existentialism)]。在这一解放过程中,愈加明显的是,这种不能使艺术表达成为可能的文化只能使自己变得不可能。正如资产阶级唯心主义者所警告的那样,这些画家的唯物主义并没有导致一种精神空虚(就像资产阶级唯心主义者自己的精神空虚一样?),也没有导致创造无能。相反,人类精神的每一种能力第一次在同物质(matter)的丰富关系中被激活了。与此同时,开始了这样一个进程,即在这一阶段中仍然发挥作用的束缚和特殊文化形式自然而然地被抛弃了,就像它们在其他生活领域中所发生的一样。

现代艺术发展中的这个有问题的阶段已经结束,随之而来的是一个试验期。换言之,根据在这种无限自由的状态中获得的经验,支配新的创造性形式的规则正在制定之中。一种新的意识将遵循辩证法的法则,或多或少不知不觉地产生出来。

(张福公译)

三、《想象包豪斯的形成》①

约恩,1957 年

什么是包豪斯?

包豪斯是在回答一个问题:为了在机器时代占据一席之地,艺术家们需要什么样的"教育"?

包豪斯的想法是如何实现的?

它是在德国的一所"学校"里实现的,首先是在魏玛,然后在德绍。它由建筑师沃尔特·格罗皮乌斯(Walter Gropius)于 1919 年创立,于 1933 年被纳粹摧毁。

什么是想象包豪斯国际运动?

这是在回答**在哪里、如何**为机器时代的艺术家找到合理位置的问题。这个答案表明,旧包豪斯的教育是错误的。

如何实现想象包豪斯国际运动这一构想?

---

① https://www.cddc.vt.edu/sionline/presitu/bauhaus.html.

该运动于 1953 年在瑞士成立,旨在形成一个统一的组织,它能够促进整体的革命文化态度。1954 年,阿尔比索拉(Albissola)①集会的经验表明,实验艺术家必须掌握工业手段,并使它们服从自己的非功利目的。1955 年,在阿尔巴(Alba)建立了想象主义实验室。总结阿尔比索拉的经验是:装饰的现代价值的全面通货膨胀性贬值(参见儿童生产的陶瓷)。1956 年,阿尔巴会议辩证地定义了整体都市主义。1957 年,运动宣布了心理地理学行为的口号。

我们想要什么?

我们想要科学研究已经拥有的经济和实用的手段和可能性,每个人都知道它们的重大成果。

艺术研究与“人类科学”一样,对我们而言,艺术研究指的是“相关的”科学,而不仅仅是历史科学。这项研究应由艺术家在科学家的协助下进行。

为此目的成立的第一个研究所是 1955 年 9 月 29 日在阿尔巴成立的、为开展免费艺术研究的实验室。这样的实验室不是教学机构;它只是为艺术实验提供了新的可能性。

旧包豪斯的领导人是有着非凡才华的伟大导师,但他

---

① 阿尔比索拉:意大利利古里亚大区萨沃纳省的一个小城市。

们是糟糕的老师。学生的作品只是对其导师的虔诚模仿。导师的真正影响是间接的,例如通过罗斯金对范德维德的影响、范德韦德对格罗皮乌斯的影响。

这根本不是批评、只是对现实的认知,从中可以得出以下结论:艺术礼物的直接转让是不可能的;艺术的改变经历了一系列相互矛盾的阶段:震惊-奇迹-模仿-排斥-实验-占有。

尽管不需要每一个人都经历所有这些阶段,但无法避免这些阶段。

我们的实际结论如下:我们放弃了所有在教学活动上的努力,而转向实验活动。

（刘冰菁译）

四、《关于文化革命的提纲》①

（一）

美学的传统目标是在匮乏和缺席中使人们感知到过去生活的某些元素，这些元素通过艺术的媒介从表象的混乱中逃离，因为表象是遭受着时间统治的东西。美学成功的程度只能被与持续时间不可分离的美所度量，甚至只能被与自认为永恒的东西不可分离的美所度量。情境主义者的目标是通过断然安排的短暂瞬间的变化，直接参与和分享一种生活的激情和丰富。这些瞬间的成功只能是他们的短暂效应。从总体的观点看，情境主义者认为文化活动是一种建构日常生活的实验方法，而日常生活会随着劳动分工（首先是艺术劳动的分工）的消失和休闲的扩张持久地发展壮大。

（二）

艺术可能不再是关于感觉的报道而成为一种更高级

---

① 原载于《情境主义国际》第 1 期，1958 年。

感觉的直接组织。它是展现我们自己的事情,而不是奴役我们的事情。

(三)

马斯可罗指出,工作日的减少是"能够显示革命可靠性的确定性保证"。确实,"如果人是一件商品,如果他被作为一个物来对待,如果人们之间人的普遍关系是物对物的关系,这只是因为从他那里购买他的时间是可能的"。然而,马斯可罗是如此急躁,不能匆忙做这样的结论,"自由雇用的人的时间"总是会充分用尽,并且"时间的购买是唯一罪恶"。对日常生活的建构来说,如不拥有现代工具,雇用时间是不存在自由的。这种工具的使用标志着乌托邦革命艺术向实验性革命艺术的飞跃。

(四)

情境主义者的国际联合可以被认为是一种文化最先进部分的工人的联合,或者更准确地说,是一种要求现在被社会环境所阻碍的艰苦事业有权利的所有人的联合;因此,它也被视为在文化领域职业革命家组织的一种联合尝试。

（五）

实际上,我们被来自这个时代所积累的真正控制性的物质力量所分离。共产主义革命没有发生,我们仍然生活在旧的文化上层建筑的腐烂体制之中。亨利·列斐伏尔正确认识到,这一矛盾是进步的个人和世界之间特定的现代不协调的中心,并称文化趋势是以这种现代不协调的革命浪漫主义为基础的。列斐伏尔概念的缺点在于对在文化内部革命行动的这一充分的标准——不协调——做了过分简单的解释。列斐伏尔预先宣布与通向深刻文化变革的所有实验断绝关系,然而他又对能够意识到的文化变革的可能性与不可能性感到满意:不论它在这一腐烂文化体制内采取什么表达形式。

（六）

那些在所有方面都要克服旧的确定秩序的人,不可能让他们自己热爱现在的无序状态,特别是在文化领域。为了使未来动态的秩序获得一个具体的形象,人们必须战斗,不能再继续等待,在文化领域也是如此。现在这种可能性已存在于我们之中,它以大家知道的文化形式降低了全部表达的价值。我们必须使全部虚假交往的形式走向彻底的毁灭,并走向真实的直接交往的那一天(在我们更高的文化手段的工作假设中建构情境）。胜利将支持那些能够创造混乱秩序而又不钟情于它的人。

（七）

在这个文化解体的世界中，我们可以检验我们的力量但不使用它。例如战胜我们与世界不协调的实践任务，通过更高的建设来克服分裂等，这不是浪漫主义。在列斐伏尔的意义上，对于一定范围内我们的失败来说，我们将是"革命的浪漫主义"。

（王昭风译）

五、《阿姆斯特丹宣言》①

德波、康斯坦特,1958 年

译者注:最初文本是 1958 年由德波和康斯坦特所作,为在慕尼黑举办的情境主义国际第三次国际会议所准备,发表在 1958 年 11 月的《情境主义国际》第 2 期上。

作为章程,在慕尼黑的情境主义者在接受时对此做了一些改动,[　]里便是后来的改动。改动的版本发表在1959 年 4 月《情境主义国际》第 3 期上,署名是情境主义国际的德国、比利时、丹麦、法国、荷兰和意大利分部。

以下十一条是情境主义者行动的最低目标,是在讨论情境主义国际第三次会议的准备性文本。
[这一段在《情境主义国际》第 3 期上没有]

第一,情境主义者应该在提出生命意义这一问题的文化领域和其他所有领域中在任何时刻反对意识形态和落

---

① 《Les Déclaration d'Amsterdam》,*Documents Relatifs a la fondation de l'Internationale Situationniste*,Editions Allia,1985,pp.82 - 83.

后的力量。

［第一条改为，情境主义者应该在提出生命意义这一问题的文化领域和其他所有领域中在任何时刻反对意识形态体系和落后的实践。］

第二，任何人都不应该把参与到情境主义国际仅仅视为原则上的协议一致；所有参与者的基本活动是必须一起阐述思想，服从有纪律的行动，无论在实践还是在公共场合里。

第三，个体艺术的解构已经宣告了统一、集体创造的可能性。情境主义国际不会为恢复这些艺术做任何尝试。

［第三条增改为，个体艺术的解构已经宣告了统一、集体创造的可能性。情境主义国际不会为重复这些艺术做任何尝试。统一的创造（création unitaire）将会带来个体创造者的真正实现。］

第四，情境主义国际的最低限度的计划是进行完整的环境装饰（décor complets），后者必须扩展到整体都市主义、研究环境装饰中出现的新行为。

第五，整体都市主义是一种复杂和持续的活动，它根据每个领域中最新发展的观念,有意识地再创造人的环境。

第六,只可能从社会的、心理学的和艺术的观点中,思考解决居住、交通、娱乐问题的方法,这些观点最后汇聚在生命风格(style de vie)层面的综合假设上。

第七,整体都市主义,独立于所有的美学推论,是一种新形式的集体创造的成果;而且这种创造精神的发展,也是整体都市主义的先决条件。

第八,创造有利于这种创造精神发展的环境,是今天创造者的当务之急。

第九,只要用于统一的行动(action unitaire),任何手段都可使用。协调使用艺术的和科学的手段,必须走向两者的完全融合。

〔第九条增改为,只要用于统一的行动(action unitaire),任何手段都可使用。协调使用艺术的和科学的手段,必须走向两者的完全融合。艺术和科学的研究应该保持总体的自由。〕

第十，情境的建构是在营造临时的微－氛围（une mi-cro-ambiance transitoire）和在几个人生活的独特瞬间里创造事件的游戏（un jeu d'événements）。整体都市主义与建构一个普遍的、相对持久的氛围密不可分。

第十一，被建构的情境是一种靠近整体都市主义的方法，而整体都市主义是发展情境建构不可缺少的基础，两者像是更自由的社会中的游戏和严肃。

〔将第十一条补充完整，被建构的情境是一种靠近整体都市主义的方法，而整体都市主义是发展情境建构不可缺少的基础，两者像是更自由的社会中同时存在的游戏和严肃。〕

（刘冰菁译）

六、《情境主义国际宣言》[①]

居伊·德波（发表时匿名）

现有的社会框架无法压制新的人类力量——它伴随着无可阻挡的科技发展，以及在毫无意义的社会生活中未能实现如此发展可能用途的不满，一天天壮大。

这个社会中的异化与压迫无法在一定范围的变体中被分散，而只能被这个社会全面地拒斥。一切真实的进程都已经清晰明确地被悬置了，直到当前以多种形式存在的危机的革命性解决方案出现为止。

在一个真正实现了"于生产者的自由与平等联合的基础上重新组织生产"的社会中，什么是生活的组织性观念？通过生产的自动化以及重要物品的社会化，工作将越来越削减为一种外在的需要，最终将使个体获得彻底的自由。从一切经济责任中解放出来，从对过去和他人的一切债务

[①] 最初发表于 1960 年 5 月 17 日，重刊于 1960 年 6 月的《情境主义国际》第 4 期。

和责任中解放出来,人类将显示出一种新的剩余价值,这是无法用金钱来衡量的,因为它将无法被削减为一种根据有偿劳动来衡量的东西。

对于任何一个人以及所有人的自由的保证,是这个游戏以及自由建构起来的生活价值所在。这种嬉戏式娱乐的练习,构成了人与人之间唯一非剥削性平等关系的框架。游戏的解放,它的创造性的自治,取代了旧有的强迫性劳动与消极休闲之间的区分。

教会已经烧死了所谓的巫师,以压制民间节庆中保留的原始嬉戏倾向。今天的主流社会制造了可悲的非参与性伪游戏,而真正的艺术行动则不可避免地被归类为犯罪行为。它是半秘密的。它以丑闻的形式出现。

那么到底何为情境?它是一个更好的游戏的实现,这个游戏更恰当地说,是被人类存在本身所激发的。来自所有国家的革命游戏参与者们,可以在情境主义国际的旗帜下联合起来,开始从日常生活的史前史中走出来。

因此,我们建议成立一个新文化生产者的自治性组织,独立于现今存在的政治和工会组织——我们怀疑它们除了现有已存在的管理之外,是否有能力组织起任何东西。

从这个组织离开它最初的实验阶段而投入公开战斗那一刻起,我们赋予它最迫切的任务是占领联合国教科文组织——它在世界范围内搞串联,这种艺术以及一切文化的官僚化是一种新现象,它反映了建立在折中保守主义与复制过去基础上并存的社会体制间的深刻联系。革命艺术家对这些新状况的还击,一定是某种新型的行动。由于这种文化的集中管理真实存在,坐落在某个单独的建筑中,喜欢通过政变来进行夺取;由于这个机构彻底缺乏任何在我们颠覆性观念之外的合理用途,我们觉得在同时代人面前夺取这个机构是名正言顺的。我们将会占领它。我们决意接管联合国教科文组织,即使只是很短的时间,我们也确信可以迅速地开展工作,对于澄清系列需求,它将是至关重要的。

什么将是新文化的主要特征,如何将它与古代艺术进行对比?

反对景观,情境主义文化将引入全面的参与。

反对保存下来的艺术，它是对直接存在时刻的组织。

反对特定的艺术，它将是每时每刻对待一切可利用元素进行的一种全球性实践。这自然倾向于集体性生产，而且毫无疑问是匿名的（至少在作品不再作为商品储存起来这个意义而言，这个文化将不被任何留下个人印迹的需要所统治）。这些经验至少将提出一种行为方式上的革命，以及一种动态的整体都市主义，它将扩展到整个地球，甚至有可能在未来扩展到一切适合人类居住的星球。

反对单方面的艺术，情境主义文化将是一种对话的艺术，一种互动的艺术。今天的艺术家——就所有已知的文化而言——已经彻底与社会分离，正如他们通过相互竞争而彼此分离。但是面对资本主义的绝境，艺术实际上始终做出的是单向的回应。这个封闭的原始主义时期必须被全面交流所取代。

在一个更高的阶段，每个人都将成为艺术家，也就是说，他同时是一种参与总体文化创造的不可分割的制作者-消费者，这种总体文化创造有助于那些围绕新奇事物的线性评判标准迅速解体。可以这么说，每个人都将成为情境主义者，有着向各个维度扩张的倾向、经验或是完全不同的"学派"——不是依次出现的,而是同时并存的。

我们将开创的是历史上最后的技艺。业余-职业情境主义者的角色——反专家的角色——是再一次进行专业化,以达到经济和精神上的富足,那时每个人都成为"艺术家",而今天艺术家尚未获得他们自己生活本身的建构。不管怎样,历史最后的技艺如此接近于一个没有固定分工的社会,当它在情境主义国际内部出现的时候,它作为技艺的状态总的来说却是被否定的。

对于那些没有恰当理解我们的人,我们报以一种不可减少的轻蔑:"你们相信自己也许可以加以评判的情境主义者,有一天会来评判你们。我们等待着转折点的到来,它将是对这个匮乏世界必然发生的清算,以各种各样的形式。这是我们的目标,也是人性未来的目标。"

(丛峰译)

七、《关于定义革命规划同一体的纲要》①

布兰沙尔、德波,1960 年 7 月 20 日

第一部分　资本主义,没有文化的社会

1. 我们可以认为,"文化"是一个各种工具的集合,通过这些工具,社会思考和展现自身;因此,选择它可以使用的剩余价值的所有方面,即组织起超过其再生产的直接必要性的组织。

今天,资本主义社会的所有形式,似乎都建立在坚固和普遍的分离之上,即领导者和执行者之间的分离之上,领导者是指发出指令的人,执行者是指执行指令的人。把这移植到文化领域上来说,这就意味着"理解"和"做"之间的分离,是没有能力组织(在被永久剥削的基础上),总是在加速的对本性的统治。

实际上,对资产阶级来说,统治生产,就必须要垄断对生产活动和劳动的理解。为此,一方面,劳动越来越被分

---

① «Preliminaires pour une definition de l'unité du programme révolutionnaire», *Textes et Documents Situationnistes* (1957 - 1960), Paris: Editions Allia, 2004, pp.222 - 228.

成部分(parcellarisé)，也就是说让劳动者越来越不能理解；另一方面，通过一个专业化的有机体(un organe spécialisé)重新被建构成一个同一体(unité)。不过，这个专业化的有机体本身服从于一种管理——它在理论上掌握对整体的理解，因为它通过诸多总体目标、来为生产加上自己的意义逻辑。不过，这种理解、这些目标本身在一定程度上也是偶然的，因为它们是从实践、从所有现实的知识中分离出来，没有人有兴趣传递这些实践和现实的知识。

全世界的社会活动因此就被分为三个层次：车间(l'atelier)、办公室(le bureau)和管理(la direction)。文化，作为对社会的实践的、主动的理解，也同样被划分为三个方面。只有当人们持续不断地超越社会组织结构所在的领域时，即通过秘密的、零散的方式，同一体(unité)才能被重新建构起来。

2. 文化的构成机制因此导致了人类活动的物化，文化的构成机制能够将人及其传播固定在商品的传播之上；这强力保证了过去对未来的统治。

这样运作的文化和资本主义一直以来的要求相矛盾，它在将人拘禁起来的框架中，获得人的粘连性，时时刻刻地鼓动他们的创造性活动。总之，资本主义秩序只可以存活在这样的条件下，就是不停地在每个人面前投射一个新的过去。这在文化领域尤其真实，因为文化领域的所有定期出版物都是建立在启用了错误的新奇事物（fausses nouveautés）上。

3. 劳动因此就被归为纯粹的执行（exécution pure），因而劳动也变得荒谬（absurde）。随着技术追求自己的发展，劳动越来越简单化，而劳动的荒谬性就越来越深。

但是，这种荒谬性扩展到了办公室和实验室，因为他们活动的最终决定外在于他们自己，取决于统治整个社会的政治领域。

另一方面，随着办公室实验室的活动越来越被整合到资本主义整体的运作中去，那么，想要充分剥削其中的活动的必然会要求引入劳动的资本主义分工，即劳动的分块化（parcellarisation）和等级化（hierarchisation）。科学综合的逻辑问题便和集权（centralisation）的社会问题融合在一起。这些变化的结果，与其表象完全相反，代表的是在所有知识层面上的文化的缺失（inculture）。科学，不再被执行，科学，不再理解自身。科学不再是对人和世界之间的关系的真实实质的阐述；科学摧毁了所有古老的再现，而没有能力提供新的再现。世界像是一个不可被理解的同一体（illisible comme unité）；只有专家们，他们手里拿着理性的几个碎片，但也只能承认没有能力互相传递其含义。

烈火吞噬的革命情境建构

4. 这就引起了一些冲突。首先是技术（technique）——作为物质过程发展自身的逻辑（科学发展的逻辑）和工艺（technologie）——为了剥削工人、为了挫败工人的抵抗而严格挑选的应用——之间的冲突。还存在在资本主义命令和人们的基础需要之间的冲突，即现存的实践核心与生命的趣味之间的矛盾也在扩散，可以在一些物理学家的道德抗议活动中看到这一矛盾的回响。人们从此能够在自己的本性上做出的修改，也会要求社会被人自己控制，废除所有的专业化领导。

5. 现在的文化整体是异化的，是因为——生命的所有的活动、生命的所有时刻、所有想法、所有行为，都只可能在自我之外（dehors de soi）寻找到意义，而这个"外部"不再是以前的天堂，而是比天堂更难以找到的——乌托邦（une utopie），实际上它统治了现代世界的生活。

6. 资本主义，从车间到实验室，掏空了所有生产性活动的意义，将生命的意义取代为娱乐活动，并且将原来的生产活动重新确定在娱乐提供意义的基础上。由于在现在流行的道德解读模式中，生产是地狱（la producton étant l'enfer），因而真正的生命只能是消费、是对消费品的使用。

可是,大部分这些消费品没有任何使用性,只是为了满足一些自私的需要,大部分消费品为了回应市场的要求而畸形地发展。资本主义消费,通过持续地满足人们认为被制造出来的需要(besoins artificiels),而强制地普遍减少了欲望(désirs),这剩下了从来没有成为欲望的需要;真正的欲望就被约束在未被实现的阶段(或是通过景观的形式被补偿)。

在精神上和心理上,消费者事实上是被市场所消费。特别是,这些消费品并不具有社会使用性,因为社会层面被工厂所统治了;在工厂之外,其他的都是沙漠(无论是复合式住宅区、高速公路、还是停车场)。消费的地方就是沙漠。

可是,在工厂里建立起来的社会,对这片沙漠有着绝对的统治地位。对消费品的真正使用,只是用来作为一种社会性的装饰(parure sociale),买来作为权威的象征和区别,也同时变成了每个人的强迫症。工厂象征性地体现在各种娱乐活动之中,仍然给个体性的差异留足了空间,以便能够给一些不满足的情况做出补偿。消费的世界,实际上是每个人都景观化的世界,因而,也是一个每个人都分离、陌生、无参与。管理层严格地主导着这片景观,自动地、也是不幸地在按照社会之外的要求——也是荒谬的价值——主导着。(管理者本身作为活着的人,可以被看作

这个自动运作机制的受害者）

7. 在劳动之外，景观也是支配人与人之间关系的模式。只有通过景观，人们才能够习得认识——歪曲的认识——对社会生活整体的某些方面的认识，比如科学或技术成就，现下流行的行为类型，和世界政治名流的会面等。作者和观众之间的关系，只不过是领导者和执行者（dirigeants et executants）之间的根本关系。它完美地回答了物化和异化的文化的需要：景观-观众的关系本身，就是资本主义秩序坚定的承载者。

这就是为什么资本主义社会，为了能够提高自己运作的效率，首要的是不断地改进自己的景观机制。这显然是一个复杂的机制，因为如果它的主要功能是作为资本主义秩序的扩散者（le diffuseur de l'ordre capitaliste），它必须不能在公众面前表现为资本主义的狂热；它必须是要通过各种碎片化的再现元素、整合到社会理性（la rationalité sociale）中去的方式，来管理大众。它必须转移被统治秩序所禁止的欲望。比如，现代的旅游业只不过是让人们去看看城市的风景，而从来不是为了满足生活在这个环境里的人们真正的欲望，只不过给人们快速的表面的景观（最后只不过是留下了对景观的回忆）。脱衣舞表演是最简单的景观。

8. 艺术的发展和保存已经被这些力量统治了。一方面,艺术已经被资本主义制定为治理大众的方法(moyen de conditionnement de la populaiton)。另一方面,资本主义赋予了艺术一项永久的特权,那就是艺术,作为纯粹的创造性活动,是所有其他活动异化的不在场证明。但是同时,这个"自由的创造的活动"(activité créatrice libre)所保留的领域,是唯一一个我们真正提出我们怎样生活、交流的问题的地方。在这个意义上,艺术能够反映出一些基本的矛盾,在被官方给出的生活的理由上的支持者和反对者之间的基本矛盾。无意义和分离导致了传统艺术方法的根本危机,这种危机所关联着的是另一种体验生活的经验,以及对这种经验的要求。革命的艺术家们是那些呼唤介入的人(ceux qui appellent à l'intervention);是介入其中为了扰乱和摧毁景观的人。

第二部分 革命的政治和文化

1. 革命运动就是无产阶级的斗争,为了争取当下的统治和改变社会生活的方方面面——开始于工人们自己管理生产和工作,直接决定所有事情。这样的变革会直接导致工作性质的根本改变,新型技术的发展也是为了保证工人对机器的统治。

这场改变工作意义的根本变革,会导致一系列的后果,其中主要之一就是会发生从生活关于被动的娱乐的中心,转向新形式的生产活动。这并不意味着,在一夜之间,所有的生产活动都会变得非常有趣。而是,在彻底颠倒了工业生产的手段和目的之后,无论如何生产活动最起码都是一个自由社会中的热情。

在这样的社会中,所有的活动都会将之前在娱乐和工作之间分离的生活,变成一种唯一的,但是无限不同的进程。生产和消费会合并,会在对社会所有物品的创造性使用所取代。

2. 这样的计划对人们提议的要求,只是让他们自己建构他们自己的生活。这就要求,不仅是人们应该从现实的需要(饥饿的问题)中客观地解放出来,而且特别是要人们能够开始把欲望(désirs)投射到他们自己跟前,完全取代什么现实的补偿(compensations actuelles);他们要拒绝所有其他人发出指令的行为,为了能够永远重新创造他们独特的实现;他们不再把生活看作为了维持某一程度的平衡,而是他们能够在他们毫无限制的行动中追求富足。

3. 这种要求的基础于今天不再是乌托邦。因为首先,这是基于无产阶级在所有层面上的斗争,以及明确的拒绝和漠不关心,不稳定的统治社会,必须坚持不断地用各种手段与它斗争。同时,这还基于教训,所有缺少了一点点的激进变革的失败的教训。最后,它们还基于当下在某些领域中年轻人和一些艺术领域的人的极端抗争和行动。

但是,这些基础,在另一种意义上也是乌托邦的,因为它所说的,在我们还没有确信是否现在实现的所有条件都已经准备好了的情况下,要去创造和尝试面对现在的问题的解决途径(还要提一句,这种乌托邦的尝试,也在现代科学中发挥了重要作用)。这种暂时的、历史性的乌托邦是具有合法性的;而且,这是必要的,因为它是用来培养欲望的投射,若没有欲望的投射,自由的生活将会是缺少内容的。因而,与它不可分割的是,必然要解散日常生活当下的意识形态和日常压迫的关系,由此,革命阶级能够发现现在和未来的自由的可能性。

不过,乌托邦的实践,只有在紧密地和革命斗争的实践结合在一起时,才是成立的。相对应地,革命斗争的实践如果没有乌托邦的实践一起,也只是贫瘠的、不结果的实践而已(une telle utopie sous peine de stérilité)。那些寻求一种体验文化(une culture expérimentale)的人,是不可能不在革命运动的胜利中实现这种文化的。同时,革命运动也不可能在脱离了先锋文化朝向日常生活批判及其自由建构的努力之后,单独创造出真正的革命条件。

4. 革命政治要求社会问题的统一性（la totalité des problemes de la société）。这就要求通过对自由生命的体验实践的形式,组织起反对资本主义秩序的斗争。所以,革命的运动自身必然成为体验的运动。从此刻开始,它就应该深层次地发展和解决革命的微观社会（micro-société révolutionnaire）的问题。当群众粗暴地打断创造历史的时候,发现他们的行动是直接的经验,像是节日（fête）一样,这种革命行动就会达到顶峰。从而,人们学会了有意识地、集体地建构生命后,他们就不会再停止。

（刘冰菁译）

八、《一月宣言》①

1961 年 1 月　慕尼黑

作者:情境主义国际德国分部"马刺"小组斯图姆(Sturm)、普雷姆(Prem)、菲舍尔(Fischer)、昆泽尔曼(Kunzelmann)、齐默尔(Zimmer)

1. 他/她在政治、国家、教会、经济、军队、党派和社会组织中看不到游戏(jeu),这样的人与我们没有任何关系。

2. 抵制所有权力的系统和惯习,将其视为不成功的游戏。

3. 所有真正的艺术家都是生来便能改变他们的环境。

4. 奖品、奖金、表示赞扬的评论,如果你愿意,可以将它们给予我们;但可以肯定的是:我们是不能被利用的。

5. 不能被利用是我们的首要目标:节日是不受人们欢迎的艺术。

6. 整个世界都是只在节日中散发的创造性冲动、舒展自身的地方。

---

① http://www.notbored.org/spur-manifesto1961.html.

7. 所有可被利用的都不是属人的。没有艺术家,人类将在此刻消失。

8. 我们反对狂欢节,因为狂欢节将节日改为商业目的。滥用节日是最大的罪行。

9. "为了艺术而艺术"已经结束,"为了金钱而艺术"和"为了女人而艺术"也已结束。现在开始是"为了节日而艺术"。

10. 要有创造力,就必须在持续的消遣中使一切成为节日。

11. 要成为人,那必须是人:游戏者(*homo ludens*)和快乐的人(*homo gaudens*)。

12. 自辩证唯物主义和决定论的统治以来,节日不再是属于文化的瞬间:我们要求将其从主流意识形态和理性主义的压迫中解放出来。

13. 开创了科学时代的"知识就是力量"之后,将是开创游戏时代的"玩乐就是力量"(Jouer, c'est pouvoir)。

14. 正如马克思推断出科学的革命一样,我们推断出节日的革命。

15. 社会主义革命滥用了艺术家。革命动荡得过于简单、片面,来自工作与游戏的分离。没有节日的革命不是革命。

16. 没有节日的力量,就没有艺术的自由。

17. 所有不满的力量都聚集在一个反-组织者的组织中,该组织将在全球革命中实现自身。

18. 我们非常严肃地要求游戏。我们要求城市的节日,统一的、全面的、真实的、想象的、性的、非理性的、完整的、军事的、政治的、心理的、哲学的节日……

19. 随着情境主义节日的实现,世界上所有的问题都将得到解决:东西方问题、阿尔及利亚问题、刚果问题,流氓的斗殴、对亵渎宗教和性压迫的审判。

20. 我们让全世界参与我们的节日!

（刘冰菁译）

烈火吞噬的革命情境建构

九、红色五月风暴标语

（一）德波和情境主义国际被引用的口号

1. 占领工厂！

Occupation des usines.

工人委员会！

Conseils Ouvriers.

Des travailleurs en grève devant leur usine
occupée en juin.

同时期工人在巴黎罢工，使用了相似的口号："usine
Occupee par les ouvriers"（工人占领工厂）

1968 年 5 月 14 日在索邦大学的墙上可见情境主义国际的标语（《德波全集》第 881 页）

2. 警惕！间谍在我们之中！"消灭有可能会摧毁你作品的一切！"（萨德）

Vigilance! Les récupérateurs sont parmi nous! "Anéantissez donc à jamais tout ce qui peut détruire un jour votre ouvrage."（Sade）

3. 日常生活要自行主导！（先贤祠）

Autogestion de la vie quotidienne（Place du Panthéon）.

4. 艺术已死，让我们自己解放日常生活！

L'art est mort, libérons notre vie quotidienne.

5. 让想象力夺权。

L'imagination prend le pouvoir.

6. 一系列于 5 月 16 日在索邦大学贴出的标语（见《德波全集》第 889 页）。

打倒消费社会！

À bas la société de consommation.

打倒景观商品社会！

À bas la société spectaculaire-marchande.

消除阶级社会！

Abolition de la société de classes.

消除异化！

Abolition de l'aliénation.

终结大学！

Fin de l'Université.

人性在最后一个资本主义者与最后一个左派灭亡之

前不会幸福。

L'humanité ne sera heureuse que quand le dernier cap-
italiste sera pendu avec les tripes du dernier gauchiste.

7. 情境主义国际在索邦大学的朱尔斯·邦诺（Jules-
Bonnot）教室、第一次散发占领委员会（Comité d'Occupation）
的传单（见《德波全集》第 880 页）。

8. 1968 年 5 月 19 号设置的路障图（见《德波》全集第
879 页）。

　　　　　　　　　　　　　　烈火吞噬的革命情境建构

（二）其他口号

不。

Non.

无限享乐。

Jouissez sans entraves.

滚蛋幸福。

Merde au bonheur.

商品是人民的鸦片。

La marchandise est l'opium du peuple.

权力归于想象。

L'imagination prend le pouvoir.

严禁使用严禁。

Il est interdit d'interdire!

求不可能之事。

Demandez l'impossible!

梦想是真实的。

Le rêve est le vrai.

要做爱，不要作战。

Make love，not war.

社会是一株食人花。

La société est une fleur carnivore.

我们都是德国犹太人。

Nous sommes tous des juifs allemands.

我已经快活了 10 天啦。

Déjà 10 jours de bonheur.

石雨之间，我历劫归来。

Pluie et vent et carnage ne nous dispersent pas mais nous soudent.

立足现实，指向不可能。

Soyez réalistes，demandez l'impossible.

宁跟萨特错，不跟阿隆对。

Plutôt avoir tort avec Sartre que raison avec Aron.

自由自在，真是太好了。

C'est merveilleux de se sentir libre.

我不知道想说什么，但我想说。

Je ne sais pas quoi dire, mais j'ai envie de le dire.

不要改变主人，自己成为生活的主人。

Ne changeons pas de maîtres, devenons les maîtres de notre vie.

教授，您让我们变老。

Professeurs，vous nous faites vieillir.

能意识到自己的需求就叫自由。

La liberté, c'est la conscience de la nécessité.

只有革命行动，没有革命思想。

Il n'est pas de pensées révolutionnaires. Il n'est que des actes révolutionnaires.

半吊子搞革命，无异于自掘坟墓。

Ceux qui font les révolutions à moitié ne font que se creuser un tombeau.

前进，同志，旧世界已经被你抛在脑后。

Cours camarade，le vieux monde est derrière toi.

六岁就开始与人竞争。

L'arrivisme commence à six ans.

咱们一起推倒托儿所、大学和其他牢狱的大门吧。

Ouvrons les portes des asiles et des prisons，des lycées et des jardins d'enfants.

我们不询问，我们不要求，我们把它拿下，接着就占领。

On ne revendiquera rien，on ne demandera rien，on prendra，on occupera.

一旦国民会议变成布尔乔亚剧院，布尔乔亚剧院就该变成国民会议。

烈火吞噬的革命情境建构

Quand l'assemblée nationale devient un théâtre bour-
geois，tous les théâtres bourgeois doivent devenir des
assemblées nationales.

打倒议会中的小部分人！智慧存在于布尔乔亚之中，创造力存在于大众之中，不要参加选举！（索邦）

À bas l'objectivité parlementaire des groupuscules.
L'intelligence est du côté de la bourgeoisie. La créativité est
du côté des masses. Ne votez plus.（Sorbonne）

酒精有害健康，吃 L. S. D.。

L'alcool tue. Prenez du L.S.D.

我们就是无政府主义者。（南特尔校区，A1 入口处）

L'anarchie c'est Je！（Nanterre，entrée côté A1）

对武器的批评已经代替了批评的武器！（奥德翁，罗特鲁街）

Les armes de la critique passent par la critique des
armes.（Odéon，rue Rotrou）

停止这个世界，我要下来。

Arrêtez le monde, je veux descendre

艺术已死,戈达尔也救不了它。(索邦)

L'art est mort. Godard n'y pourra rien.(Sorbonne)

注意:投机者与野心家会变身成冒牌社会主义者。

Attention: les arrivistes et les ambitieux peuvent se travestir en "socialards".

日常生活要自行主导。(先贤祠广场)

Autogestion de la vie quotidienne.(Place du Panthéon)

平时我们只能走向鸦片,今天我们走上了街。(楠泰尔校区)

Autrefois, nous n'avions que le pavot. Aujourd'hui, le pavé.(Nanterre)

在书写之前,先学会思考。

Avant donc que d'écrire, apprenez à penser.

出售:抗议专用皮衣,保证扛得住警察攻击,大尺寸,100 法郎。(楠泰尔校区)

　　　　　　　烈火吞噬的革命情境建构

À vendre, veste en cuir spéciale manifestation, garantie anti-CRS, grande taille, prix 100 F. (Nanterre)

请你有点思想。（先贤祠法律系）

Ayez des idées. (Faculté de droit du Panthéon)

先互相 fxxx，否则他们就会来 fxxx 你。（索邦，黎谢留大厅）

Baisez-vous les uns les autres sinon ils vous baiseront. (Sorbonne，hall Richelieu)

禁止鼓掌，戏已经到处开演了。①

Bannissons les applaudissements，le spectacle est partout.

街垒封住了街道，但打开了路途。（圣米歇尔广场，楠泰尔校区音乐教室）

La barricade ferme la rue mais ouvre la voie. (Place Saint-Michel et/ou Nanterre，amphi musique)

---

① 意即你已经不再是观众，景观（spectacle）已经到处都是。

棍棒教育出了冷漠。（索邦）

Le bâton éduque l'indifférence.（Sorbonne）

用脑袋来驱赶警察。

Chassez le flic de votre tête.

只有基督才是真正的革命者。（索邦）

Le Christ seul révolutionnaire.（Sorbonne）

战斗就是造物之初。

Le combat est père de toute chose.

在教堂的阴影下，怎能自由思想。（索邦）

Comment penser librement à l'ombre d'une chapelle ?
（Sorbonne）

对最蠢的教授考试，写下你的考题。（索邦）

Concours du prof le plus bête. Osez donc signer les su-
jets d'examen.（Sorbonne）

保守主义就是腐烂与丑陋的代名词。（医学院、大厅）

Le conservatisme est synonyme de pourriture et de laideur.（Nouvelle faculté de médecine，Grand Hall）

消费越多，你活得就越少。（雷恩街，索邦大学黎谢留大厅）

Consommez plus，vous vivrez moins.（Rue de Rennes et/ou Sorbonne，hall Richelieu）

如今，人人都想呼吸但无人可以呼吸。许多人说"我们以后再呼吸吧"。而绝大部分人死不了，因为他们已经死了。

Et cependant，tout le monde veut respirer et personne ne peut respirer et beaucoup disent "nous respirerons plus tard". Et la plupart ne meurent pas car ils sont déjà morts.

你是消费者，还是参与者？

Êtes-vous des consommateurs ou bien des participants?

在 1968 年，想要获得自由，就要参加革命。

Être libre en 1968，c'est participer.

富有，就是为自己的贫穷而满足。

Être riche c'est se contenter de sa pauvreté ?

我们就是烧了索邦又如何？（索邦）

Et si on brûlait la Sorbonne ?

国家就是我们每个人。

L'état c'est chacun de nous.

学生就是白痴。

Les étudiants sont cons.

嫌我们夸张？现在他们的枪来了。

Exagérer? voilà l'arme!

注意你的耳朵，它们已经被墙堵上了。

Fais attention à tes oreilles, elles ont des murs.

做一次爱，再做一次爱。（雅克布街或奥德翁街）

Faites l'amour et recommencez. (Rue Jacob et/ou Odéon)

算算你到底有过多少后悔，并且以此为耻。

Faites la somme de vos rancoeurs et ayez honte.

每个人心里都有一个警察，必须铲除他。

Un flic dort en chacun de nous，il faut le tuer.

工作的人在不工作时感到无聊，不工作的人永远不感到无聊。（索邦）

Les gens qui travaillent s'ennuient quand ils ne travaillent pas. Les gens qui ne travaillent pas ne s'ennuient jamais.（Sorbonne）

人并非卢梭所谓的好野人，也不是教会和拉罗什富科定义出来的变态。人被压迫时会暴烈，而在他自由时会变得温和。

L'homme n'est ni le bon sauvage de Rousseau，ni le pervers de l'église et de La Rochefoucauld. Il est violent quand on l'opprime，il est doux quand il est libre.

人没有聪明愚蠢之分：他们有自由与不自由之分。

Un homme n'est pas stupide ou intelligent：il est libre ou il n'est pas.

从一个人之中，能制造出一个警察、一块砖头，但就是造就不出一个人？（楠泰尔，音乐教室）

D'un homme, on peut faire un flic, une brique, un para, et l'on ne pourrait en faire un homme? (Nanterre, amphi. musique)

这里，很快就会成为迷人的废墟。

Ici, bientôt, de charmantes ruines.

跟从主人已经很痛苦，选择主人更痛苦。

Il est douloureux de subir les chefs, il est encore plus bête de les choisir.

没有革命思想，只有革命行动。

Il n'est pas de pensées révolutionnaires. Il n'est que des actes révolutionnaires.

以后只有两种人：牛与革命者。结婚，就会变成牛。

Il n'y aura plus désormais que deux catégories d'hommes：les veaux et les révolutionnaires. En cas de mariage, ça fera des réveaulutionnaires.

就算他们铲除所有花，也阻挡不了春天的到来。

Ils pourront couper toutes les fleurs, ils n'empêcheront pas la venue du printemps?

让想象力夺权。（巴黎政治学院、赛纳街）

L'imagination prend le pouvoir. (Rue de Seine et/ou Science Po，escalier)

粗鲁是革命的新武器。

L'insolence est la nouvelle arme révolutionnaire.

禁止禁止。

Il est interdit d'interdire.

自由运动发端于禁止别人自由的一纸禁令。（索邦）

La liberté commence par une interdiction：celle de nuire à la liberté d'autrui.(Sorbonne)

让我们发明新的性变态（我是脓！）。（楠泰尔，咖啡厅前，C厅）

Inventez de nouvelles perversions sexuelles. (je peux pus!)(Nanterre，devant cafetaria hall C)

我不喜欢在墙上写字。

J'aime pas écrire sur les murs.

我有些话要说，但我不知道说什么。

J'ai quelque chose à dire mais je ne sais pas quoi.

我宣布永久的幸福状态。（巴黎政治学院）

Je décrète l'état de bonheur permanent. (Sc. Po, escalier)

我要刺激人们。我不卖面包，我自己就是酵母。

Je me propose d'agiter et d'inquiéter les gens. Je ne vends pas le pain mais la levure.

我侮辱了社会，社会却给我好处。

J'emmerde la société et elle me le rend bien.

一场需要我们为之献身的革命，是不是模仿了我们父亲们的革命？

Une révolution qui demande que l'on se sacrifie pour elle est une révolution à la papa.

一个不革命的周末，比持续一个月的革命流的血还多。（东方语言所）

Un seul week-end non révolutionnaire est infiniment

plus sanglant qu'un mois de révolution permanente. (Institut des langues orientales)

你想要幸福，就吊死你的房东。

Si tu veux être heureux, pends ton propriétaire.

新社会必须建立在自我中心的消失，还有自我中心主义者的消失。我们的道路是向着博爱的长途跋涉。（索邦、图书馆大厅）

La société nouvelle doit être fondée sur l'absence de tout égoïsme, de tout égolatrie. Notre chemin deviendra une longue marche de la fraternité. (Sorbonne, hall bibliothèque)

所有向军队低头的行为都让我活着烂掉，在被执法人员杀掉前死掉。

Tout acte de soumission à la force qui m'est extérieure me pourrit tout debout, mort avant que d'être enterré par les légitimes fossoyeurs de l'ordre.

（刘冰菁编译）

后　记

　　这本关于情境主义国际的小册子还是"偶然偏斜"（马克思评伊壁鸠鲁）的意外之作。2019 年 6 月,在我完成瓦纳格姆《日常生活的革命》的文本解读之后,我总觉得缺少些什么。首先,在我十多年前向国内译介情境主义国际之后,也有一些美术或艺术研究的学者开始评介德波的电影和艺术活动,可是这些讨论大多受到美国学界重构情境主义的资产阶级意识形态话语影响。① 美国学界对德波和情

---

① 这主要是指麻省理工学院出版社出版的美国艺术期刊《十月》(*October*),威斯康星大学出版社出版的美国艺术期刊《主旨》(*Substance*),分别于 1997 年和 1999 年刊登了德波和情境主义国际的专刊。这两个期刊,都属于早在 20 世纪 60—70 年代就开始介绍法国思想和理论的重要期刊。当然,也有一些马克思主义学者正确地理解了情境主义国际的革命地位,如安迪·梅里菲尔德(Andy Merrifield)、弗雷德里克·詹姆逊(Fredric Jameson)、斯蒂芬·贝斯特(Steven Best)、道格拉斯·凯尔纳(Douglas Kellner)等人。参见 Andy Merrifield, *Guy Debord*, Reaktion Books, 2005;[美]弗雷德里克·詹姆逊:《文化转向》,胡亚敏等译,中国社会科学出版社,2000 年版;[美]斯蒂芬·贝斯特、[美]道格拉斯·凯尔纳:《后现代转向》,陈刚译,南京大学出版社,2002 年版。

境主义的重新生产和发明,主要是故意阉割了情境主义运动的马克思主义特质和革命批判精神。其二,《日常生活的革命》一书的构境意向过于复杂和异端,即便读者看了我的文本解读,也不一定能够理解其意。想想,还是需要写一个介绍整个情境主义国际思潮背景的导论部分,这时,我手上有了两本不错的德波和情境主义的传记,一本是我们已经译成中文的考夫曼所著的《居伊·德波——诗歌革命》,这本书聚焦于德波和情境主义国际的艺术活动,但在许多思想质性的判断上,常常是肤浅的;另一本是刘冰菁译的一些关键内容的马克里尼的《情境主义学术史》,这后一本书,是我目前为止所看到的写得最好的一本思想学术传记。再加上我们已经购回的全部情境主义文献,经过十分艰难的努力之后,我还是在完全陌生的领域中写出了一个令自己基本满意的导言。①

然而,导言的初稿写完之后,我却犯难了,因为它竟然超出了二十万字。对一本文本解读的书来说,这个导言真是过多了一些,放在原稿中,在逻辑结构上显然有些奇怪和不谐调。在与出版社的编辑老师反复讨论之后,最后决定还是将它独立出来。这样,它与我关于《日常生活的革

---

① 在拙著《文本的深度耕犁》第二卷中,德波的《景观社会》的文本解读之前,我也曾经写过一个简短的情境主义运动的背景介绍,但现在看来,那个介绍还是浮于表面的。

命》的书稿,再加上原来我指导的王昭风关于德波《景观社会》的博士论文,做成一个关于情境主义研究的小系列。正好对应我们已经译出的情境主义国际的相关原著,也蛮好。

感谢我的学生刘冰菁博士和张福公博士,他们在文献收集和翻译上帮了我很大的忙。特别是刘冰菁,她在博士论文的写作过程中,已经将大量情境主义国际的文献都译成了中文,这几乎成了我写作此书的主要参考资源。也感谢南京大学出版社的领导和编辑老师,没有他们的努力,本书也不可能以这样精美的方式呈现给学界。

张一兵

2019 年 2 月 2 日于南京仙林南大和园

2020 年 3 月 18 日二稿于南大和园

2020 年 4 月 6 日三稿于和园

图书在版编目(CIP)数据

烈火吞噬的革命情境建构：情境主义国际思潮的构境论映像/张一兵著.—南京：南京大学出版社，2021.9(2022.1重印)

ISBN 978-7-305-24273-1

Ⅰ.①烈… Ⅱ.①张… Ⅲ.①思想史-研究-世界-现代 Ⅳ.①B151

中国版本图书馆 CIP 数据核字(2021)第 052995 号

出版发行　南京大学出版社
社　　址　南京市汉口路 22 号　　　　邮　编 210093
出 版 人　金鑫荣

书　　名　**烈火吞噬的革命情境建构**
　　　　　——情境主义国际思潮的构境论映像
著　　者　张一兵
责任编辑　王冠蕤

照　　排　南京紫藤制版印务中心
印　　刷　南京爱德印刷有限公司
开　　本　880×1230　1/32　印张 17.125　字数 305 千
版　　次　2021 年 9 月第 1 版　2022 年 1 月第 2 次印刷
ISBN　978-7-305-24273-1
定　　价　88.00 元

网址:http://www.njupco.com
官方微博:http://weibo.com/njupco
官方微信号:njupress
销售咨询热线:(025)83594756